Gerhard Bosch, Frederic Hüttenhoff

Der Bauarbeitsmarkt

Soziologie und Ökonomie einer Branche

2., aktualisierte und erweiterte Auflage

unter Mitarbeit von Thorsten Kalina, Angelika Kümmerling, Claudia Weinkopf

Campus Verlag
Frankfurt/New York

Das Werk einschließlich aller seiner Teile ist urheberrechtlich geschützt. Der Text dieser Publikation wird unter der Creative Commons Lizenz Namensnennung-Nicht kommerziell-Keine Bearbeitungen 4.0 International (CC BY-NC-ND 4.0) veröffentlicht. Den vollständigen Lizenztext finden Sie unter: https://creativecommons.org/licenses/by-nc-nd/4.0/legalcode.de

Verwertung, die den Rahmen der CC BY-NC-ND 4.0 Lizenz überschreitet, ist ohne Zustimmung des Verlags unzulässig. Das gilt insbesondere für die Bearbeitung und Übersetzungen des Werkes.

Die in diesem Werk enthaltenen Bilder und sonstiges Drittmaterial unterliegen ebenfalls der genannten Creative Commons Lizenz, sofern sich aus der Quellenangabe/Abbildungslegende nichts anderes ergibt. Sofern das betreffende Material nicht unter der genannten Creative Commons Lizenz steht und die betreffende Handlung nicht nach gesetzlichen Vorschriften erlaubt ist, ist für die oben aufgeführten Weiterverwendungen des Materials die Einwilligung des jeweiligen Rechteinhabers einzuholen

ISBN 978-3-593-51540-3 Print
ISBN 978-3-593-45011-7 E-Book (PDF)
DOI 10.12907/978-3-593-45011-7
2., aktualisierte und erweiterte Auflage 2022

Copyright © 2000, 2022. Campus Verlag GmbH, Frankfurt am Main.
Einige Rechte vorbehalten.
Umschlaggestaltung: Campus Verlag GmbH, Frankfurt am Main
Satz: publish4you, Roßleben-Wiehe
Gesetzt aus der Garamond
Druck und Bindung: Beltz Grafische Betriebe GmbH, Bad Langensalza
Beltz Grafische Betriebe ist ein klimaneutrales Unternehmen (ID 15985-2104-1001).
Printed in Germany

www.campus.de

Inhalt

Vorwort 9
1. Einleitung. 13
    1.1 Das Baugewerbe – Im Schatten der Forschung. 13
    1.2 Fokus auf dem Bauhauptgewerbe. 14
    1.3 Der Bauarbeitsmarkt – ein regulierter Facharbeitsmarkt. . 16
    1.4 Das Regulierungssystem der Bauwirtschaft
         vor neuen Herausforderungen 19
    1.5 Anlage und Methode der Untersuchung. 23
2. Die Besonderheiten der Baubranche 27
    2.1 Einleitung 27
    2.2 Bauen ist standortgebunden und rationalisierungs-
         resistent 29
    2.3 Die unterschiedliche Größe nationaler Bauwirtschaften . . . 33
    2.4 Die Gemeinsamkeiten der Bauwirtschaft mit der Arbeit
         in anderen Branchen 36
    2.5 Die Rolle von Arbeitsgemeinschaften und Sub-
         unternehmen 39
    2.6 Marktversagen in und Regulierung von Baumärkten 48
    2.7 Zusammenfassung 51
3. Wirtschaft und Produktmarkt. 57
    3.1 Einleitung 57
    3.2 Die Produzentengruppen des Baugewerbes 58
    3.3 Das Gewicht des Baugewerbes in der Gesamtwirtschaft . . . 60

3.4	Das Baugewerbe im Konjunkturzyklus	65
3.5	Unternehmensstrategien im Baugewerbe	69
3.6	Der Trend zu kleineren Betriebseinheiten und zum Nachunternehmertum	77
3.7	Zusammenfassung	82

4. Beschäftigung und Arbeitslosigkeit im Bauhauptgewerbe 87
   4.1 Einleitung 87
   4.2 Niveau und Struktur der Beschäftigung 89
      4.2.1 Vom Beschäftigungszugpferd zum Krisensektor und erneuten Wachstum 89
      4.2.2 Von der Muskel- zur Facharbeit 90
      4.2.3 Altersstruktur und Austritte aus dem Erwerbsleben 94
   4.3 Konjunkturelle Flexibilität der Beschäftigung 98
      4.3.1 Externe Anpassung über Einstellungen und Entlassungen 98
      4.3.2 Durchschnittliche Dauer der Betriebszugehörigkeit 102
   4.4 Berufswechsel der Bauarbeiter 106
   4.5 Arbeitslosigkeit der Bauarbeiter 107
      4.5.1 Die Dynamik der Arbeitslosigkeit in der Baubranche 107
      4.5.2 Von der vorübergehenden zur strukturellen Arbeitslosigkeit 110
      4.5.3 Zur Struktur der Arbeitslosigkeit 112
   4.6 Arbeitsbedingungen im Baugewerbe: Die Sicht der Beschäftigten 114
      4.6.1 Wie schätzen Bauarbeiter ihre Arbeit ein? ... 116
      4.6.2 Welche Rolle spielt die Zufriedenheit mit dem Lohn? 118
      4.6.3 Welche Rolle spielt der Betrieb für den Wechselwunsch? 119
   4.7 Zusammenfassung 120

Inhalt

5. Industrielle Beziehungen, Tarifpolitik und Sozialkassen......... 131
   5.1 Einleitung.. 131
   5.2 Arbeitgeberverbände und Gewerkschaften............ 132
   5.3 Allgemeinverbindlicherklärung von Tarifverträgen...... 144
   5.4 Tarifliche Regelungen zur Entlohnung............... 147
   5.5 Tarifliche Mindestlöhne........................... 152
   5.6 Tarifbindung und Betriebsräte..................... 158
   5.7 Lohnverteilung im Bauhauptgewerbe................ 164
   5.8 Die Sozialkassen im Bauhauptgewerbe............... 168
       5.8.1 Aufbau und Struktur der Kassen.............. 169
       5.8.2 Aufgaben und Leistungen.................... 170
       5.8.3 Beiträge an die Sozialkassen................. 175
       5.8.4 Akzeptanz und strategische Neuausrichtung
             der SOKA-BAU........................... 180
   5.9 Zusammenfassung................................ 184

6. Bauspezifische Arbeitsmarktpolitik........................ 191
   6.1 Einleitung.. 191
   6.2 Förderung der ganzjährigen Beschäftigung
       1959 bis 1993.................................... 193
       6.2.1 Das Schlechtwettergeld (SWG)................ 194
       6.2.2 Die Produktive Winterbauförderung........... 196
       6.2.3 Die Evaluation der bauspezifischen Arbeits-
             marktpolitik von 1960–1992................ 199
   6.3 Abschaffung des Schlechtwettergeldes und Übergangs-
       regelungen 1996–2005............................ 200
   6.4 Das Gesetz zur Förderung ganzjähriger Beschäftigung
       von April 2006................................... 204
   6.5 Abnehmende Inanspruchnahme des Saison-KUG?...... 211
   6.6 Zusammenfassung................................ 213

7. Der Sonderweg der Bauwirtschaft in der Berufsausbildung..... 219
   7.1 Einleitung.. 219

7.2	Reform der Berufsausbildung 1975	221
7.3	Die Neuordnung der Bauberufe 1999	232
7.4	Eckpunkte für eine Neuordnung 2019.............	238
7.5	Ausbildungsquoten und Struktur der Ausbildungsverhältnisse	244
7.6	Erschließung neuer Gruppen für die Berufsausbildung ...	250
7.7	Finanzierung der Berufsausbildung	252
7.8	Zusammenfassung.............................	255

8. Die Transnationalisierung des Bauarbeitsmarktes 261
   - 8.1 Einleitung 261
   - 8.2 Die rechtlichen Grundlagen grenzüberschreitender Bauarbeit..................................... 262
   - 8.3 Die kontroverse Debatte über Branchenmindestlöhne im Bauhauptgewerbe 274
   - 8.4 Umfang der Entsendungen 279
   - 8.5 Schwarzarbeit und organisierte Kriminalität........... 288
   - 8.6 Zusammenfassung.............................. 296

9. Zur Ökonomie und Soziologie des Bauarbeitsmarktes 303
   - 9.1 Einleitung..................................... 303
   - 9.2 Die Besonderheiten des Bauarbeitsmarktes............ 304
   - 9.3 Branchenbild des deutschen Bauarbeitsmarktes 307
       - 9.3.1 Tarifpolitik und Sozialkassen................ 310
       - 9.3.2 Berufsausbildung – Beispiel für eine erfolgreiche Umlage.................................. 315
       - 9.3.3 Die bauspezifische Arbeitsmarktpolitik 319
       - 9.3.4 Transnationalisierung 322
   - 9.4 Brancheninterne Arbeitsmärkte – ein eigener Arbeitsmarkttyp 324
   - 9.5 Ein Ausblick................................... 331

Abkürzungen 339

Abbildungen und Tabellen 341

Vorwort

Der Anstoß, ein Buch über den Bauarbeitsmarkt in Deutschland zu schreiben, kam vor über 20 Jahren von der Industriegewerkschaft Bau-Agrar-Umwelt (IG BAU). Sie hatte zusammen mit den beiden Arbeitgeberverbänden des Bauhauptgewerbes in den Nachkriegsjahren über Umlagen finanzierte gemeinsame Sozialkassen eingerichtet. Die Sozialpartner waren über ihre enge Kooperation mit der Politik erfolgreich in der Entwicklung einer bauspezifischen Arbeitsmarktpolitik. Zugleich wurden zentrale Arbeitsbedingungen über allgemeinverbindliche Tarifverträge bundesweit standardisiert. Die Branche übernahm nicht nur die Verantwortung für die Finanzierung der Ausbildung ihres gemeinsamen Fachkräftenachwuchses, sondern sorgte auch für den Ausgleich oder die Vermeidung der besonderen branchenspezifischen Risiken, wie der chronisch hohen Winterarbeitslosigkeit, der Sicherung von Urlaubsansprüchen auch bei häufigen Betriebswechseln oder zu geringen Renten durch unstete Beschäftigung. Damit wollten die Sozialpartner einen attraktiven Bauarbeitsmarkt mit guter Ausbildung und hoher sozialer Sicherheit zur Vermeidung der Abwanderung der Fachkräfte schaffen.

Dieses Regulierungssystem geriet in den 1990er Jahren massiv unter Druck. Die Politik – beeinflusst durch den damals dominierenden Trend der Deregulierung von Arbeitsmärkten – wollte sich aus der Finanzierung der bauspezifischen Arbeitsmarktpolitik zurückziehen. Gleichzeitig wurden zunehmend ausländische entsandte Beschäftigte zu den erheblich schlechteren Bedingungen ihrer Heimatländer auf deutschen Baustellen eingesetzt. Die bald folgenden Vereinbarungen von Branchenmindestlöhnen in der Bauwirtschaft zur Vermeidung von Dumpinglöhnen stießen auf massiven Widerstand in der Bundesvereinigung der deutschen Arbeitgeberverbände, die sowieso schon große ordnungspolitische Vorbehalte gegen die Umlagen in der Bauwirtschaft hatte. Da damals die positiven wirtschaftlichen und sozialen Funktionen der Regulierungen in der Bauwirtschaft grundlegend infrage gestellt wurden, entwickelte sich ein hohes Interesse nicht nur der IG BAU, sondern auch der beiden Arbeitgeberverbände der Branche an einer ausgewogenen Untersuchung des Bauarbeitsmarktes.

Dieses Interesse deckte sich mit unserem Wunsch, eine offensichtliche Forschungslücke zu schließen und dabei auch neue Erkenntnisse für die Arbeitsmarkttheorie zu gewinnen. Besonders unbefriedigend war der Erkenntnisstand zu überbetrieblich organisierten Arbeitsmärkten, wofür der Bauarbeitsmarkt ein Musterbeispiel ist. Die Forschung mit ihrem starken Fokus auf Großbetriebe hat die Bauwirtschaft mit ihren vielen kleinen und mittleren Betrieben weitgehend ignoriert und allenfalls Einzelaspekte ihres interessanten Regulierungssystems untersucht.

Mit Unterstützung der Hans-Böckler-Stiftung konnte die erste Analyse des Bauarbeitsmarktes durchgeführt und im Jahr 2000 mit einer Veröffentlichung abgeschlossen werden (Gerhard Bosch, Klaus Zülke-Robinet 2000: Der Bauarbeitsmarkt. Soziologie und Ökonomie einer Branche, Frankfurt Campus). Es ging uns dabei nicht nur um eine detaillierte Untersuchung einzelner Regulierungen, sondern vor allem um eine Gesamtanalyse des Bauarbeitsmarktes. Die Arbeitsmarktinstitutionen dieser Branche sind eng miteinander verflochten und gerade diese Verflechtungen wollten wir verdeutlichen.

Die Idee zu einer Neuauflage kam erneut von der IG BAU. Es wurde schnell klar, dass kleinere Korrekturen und Aktualisierungen nicht ausreichen würden. Zuviel hatte sich in der Branche seit 2000 getan. Sie hatte nach Auslaufen des Wiedervereinigungsbooms und der chronischen Unterinvestition des Staates in die Infrastruktur und den Wohnungsbau den größten Personalabbau in ihrer Geschichte hinter sich und begann danach wieder zu wachsen. Die bauspezifische Arbeitsmarktpolitik wurde mit der Erfindung des Saisonkurzarbeitergelds 2003 wieder auf stabile Beine gestellt. Zur Vermeidung von Dumpinglöhnen durch entsandte Kräfte wurden Mindestlöhne eingeführt, die inzwischen durch die Erosion der Entgelttarife zunehmend auch für heimische Kräfte immer wichtiger werden. Die Bauberufe wurden während unserer Untersuchung reformiert und die Qualität der überbetrieblichen Ausbildungszentren wird mittlerweile regelmäßig überprüft. Diese und andere Veränderungen machten uns schnell klar, dass eine neue empirische Analyse mit Datenauswertungen sowie Interviews mit den zentralen Akteuren der Branche und in der Arbeitsmarktpolitik nötig waren. Wiederum war die Hans-Böckler-Stiftung bereit, diese empirischen Arbeiten und die Neufassung unseres Buches zu finanzieren, wofür wir ganz herzlich danken.

Danken möchten wir auch Klaus Zühlke-Robinet, dem Koautor der ersten Auflage. Viele seiner Gedanken finden sich noch in dieser Neuauflage, die ja weitgehend dem empirischen Design und der Struktur der ersten Auflage folgt. Auch dieses Buch konnte nur in Teamarbeit entstehen. Die Empirie wurde gemeinsam durchgeführt, die Kapitel wurden im Team intensiv diskutiert und aufeinander abgestimmt. Gerhard Bosch verfasste die Kapitel 1, 2, 7, 8 und 9 und gemeinsam mit Claudia Weinkopf das Kapitel 6. Frederic Hüttenhoff verantwortet die Kapitel 3 und 5. Kapitel 4 wurde von Frederic Hüttenhoff und Thorsten Kalina unter Mitarbeit von Angelika Kümmerling geschrieben.

Allen unseren Interviewpartnern[1], die bereit waren, uns einen Einblick in die komplizierte Realität der Bauwirtschaft zu geben, sind wir zu großem Dank verpflichtet. Sie haben uns viel von dem besonderen Geist der Sozialpartnerschaft, aber auch der Konflikte in dieser interessanten Branche vermittelt. Ohne ihre Offenheit und Auskunftsbereitschaft wäre dieses Buch nicht entstanden.

---

1 Wir schätzen Diversität sehr und versuchen daher eine gendersensible Sprache zu verwenden. Da jedoch die Baubranche überwiegend männlich geprägt ist (vgl. Kapitel 4), verwenden wir (da wo nötig) zur besseren Lesbarkeit das generische Maskulinum. Wir meinen im Sinne der Gleichbehandlung grundsätzlich alle Geschlechter. Die verkürzte Sprachform hat ausschließlich redaktionelle Gründe und beinhaltet keine Wertung.

1. Einleitung

1.1 Das Baugewerbe – Im Schatten der Forschung

Die Bauwirtschaft liegt weitgehend im Schatten der Forschung. Während sich Untersuchungen über die Arbeitsbedingungen und industriellen Beziehungen in der verarbeitenden Industrie und inzwischen auch im Dienstleistungssektor häufen, kann man vergleichbare Arbeiten über die Bauwirtschaft immer noch an einer Hand abzählen. In einer auf industrielle Großbetriebe und die wachsenden Dienstleistungsbranchen orientierten Öffentlichkeit und Forschung gilt die »Altindustrie« Bauwirtschaft mit ihren vielen Kleinbetrieben als wenig interessant.

Das ist weder qualitativ noch quantitativ berechtigt. Die Bauwirtschaft gehört zu den wichtigsten Sektoren der bundesdeutschen Wirtschaft. 2020 wurde etwa mehr als jeder zehnte Euro fürs Bauen ausgegeben, was einem Anteil von 11,3 Prozent am Bruttoinlandsprodukt entspricht. Mit seinen rund 2,6 Millionen Arbeitskräften im Jahre 2020 beschäftigt dieser arbeitsintensive Sektor mehr Arbeitskräfte als die Chemische Industrie, der Fahrzeug- oder der Maschinenbau. Der Öffentlichkeit ist dies kaum bewusst, da die Beschäftigten überwiegend nicht, wie in den anderen genannten Branchen, in bekannten Großunternehmen, sondern verstreut in zahlreichen Mittel-, Klein- und Kleinstbetriebe arbeiten.

Darüber hinaus haben die Sozialpartner in wichtigen Teilen dieser Branche wie im Bauhauptgewerbe oder der Dachdeckerei gemeinsam mit dem Staat ein Netz von besonderen Regulierungen und Arbeitsmarktinstitutionen aufgebaut, das es ermöglicht, in diesem hochflexiblen Arbeitsmarkt mit vielen Betriebswechseln sowie saisonalen und konjunkturellen Schwankungen soziale Sicherheit und Nachwuchssicherung mit einer hochwertigen Ausbildung zu verbinden. Solche Regulierungssysteme, die gleichzeitig wirtschaftliche Effizienz und sozialen Ausgleich sicher stellen, ist für Wirtschaftszweige zukunftsweisend, in der mehrfache Betriebswechsel im Erwerbsverlauf die Regel sind und in der man nicht zu frühkapitalistischen

Arbeitsmarktstrukturen mit schlecht ausgebildeten »Gelegenheits-arbeitern« zurückkehren will.

Die Struktur- und Funktionsweise des Bauarbeitsmarktes und seiner Institutionen sind Thema dieses Buches. Unsere Hauptthese ist, dass sich Bauarbeit nicht allein durch neue Technologien und Bauverfahren, sondern auch durch veränderte Arbeitsmarktbedingungen, wie die Verfügbarkeit kostengünstiger in- und ausländischer Subunternehmen, wandelt, gleichzeitig aber durch eine Weiterentwicklung der Regulierungen aktiv gestaltet werden kann. Wie Bauarbeit heute und morgen aussieht, ist also nicht durch die technologische Entwicklung oder die Globalisierung vorbestimmt, sondern hängt auch von den Weichenstellungen durch die wichtigsten Akteure in der Branche und in der Politik ab. Genau diese Weichenstellungen, die im optimalen Fall die Modernisierung der Branche ohne Gefährdung der sozialen Sicherheit vorantreiben, wollen wir in den Blick nehmen. Dabei geht es nicht nur um eine detaillierte Analyse von Einzelaspekten, wie etwa der Berufsausbildung oder der grenzüberschreitenden Mobilität, sondern vor allem auch um eine Gesamtschau auf den Bauarbeitsmarkt mit seiner Dynamik und seinen Institutionen. Diese Institutionen sind – wie wir sehen – eng miteinander verflochten und diese wechselseitigen Zusammenhänge wollen wir verdeutlichen.

1.2 Fokus auf dem Bauhauptgewerbe

In dieser Studie befassen wir uns ausschließlich mit dem Bauhauptgewerbe, dem größten Einzelsektor im Baugewerbe. Das Bauhauptgewerbe umfasst den Hochbau, den Tiefbau, Abbrucharbeiten und sonstige Baustellenarbeit sowie sonstige spezialisierte Bautätigkeiten (vgl. Kasten 1.1).

Kasten 1.1: Bauwirtschaft, Baugewerbe und Bauhauptgewerbe

Die Begriffe Bauwirtschaft, Bauindustrie oder Baubranche sind keine offiziellen Definitionen. Sie haben ihren Weg in den Sprachgebrauch gefunden und werden oft synonym verwendet. In der amtlichen Statistik werden die verschiedenen Branchen in der Wirtschaftszweigsystematik (WZ 2008) aufgelistet, darunter auch das Baugewerbe als der Oberbegriff für die Unternehmen, die Bauleistungen erbringen.

Unter dem »Baugewerbe« werden alle Unternehmen zusammengefasst, die Bauleistungen im originären Sinne erbringen. Zum Baugewerbe zählen:
- das Bauhauptgewerbe,
- das Ausbaugewerbe sowie
- die Bauträger.

Vereinfacht kann gesagt werden, dass das Bauhauptgewerbe eine Baustelle vorbereitet (zum Beispiel durch Abbrucharbeiten) und dann den Rohbau inklusive des Daches erstellt. Das Ausbaugewerbe umfasst alle Installations- und Ausbauleistungen, die zur Fertigstellung des Bauwerkes notwendig sind. Die Bauträger, die in der Regel auch die Grundstücke erschließen (planerische Leistungen und Baugenehmigung), erbringen in der Regel keine eigene Bauleistung, vielmehr beauftragen sie ihrerseits bauausführende Firmen.

Der Arbeitsmarkt und das Beschäftigungssystem in dieser Branche sind geprägt durch teilweise allgemeinverbindliche Branchentarifverträge, die Einrichtung paritätisch verwalteter Sozialkassen, besondere Branchengesetze, wie das Verbot der Leiharbeit aus anderen Branchen, und durch eine bauspezifische Arbeitsmarkpolitik, die auch für einige andere bau- und baunahen Branchen gilt. Dieser im deutschen Beschäftigungssystem besondere Mix von komplementären tariflichen und staatlichen Arbeitsmarktregulierungen strukturiert nicht nur die Branche, sondern macht sie auch als Forschungsgegenstand interessant, da man hier exemplarisch die Wirkungen vorbildlicher Arbeitsmarktregulierungen analysieren kann. Vergleichbare Strukturen finden sich auch noch bei den Dachdeckern und einigen anderen baunahen Branchen, wie bei den Malern und Lackierern, Gerüstbauern oder im Garten- und Landschaftsbau, die ihre eigenen Sozialkassen geschaffen haben.

Die Konzentration auf das Bauhauptgewerbe ermöglicht es, die Auswirkungen der Institutionen und Regulierungen auf die Bauarbeit besser herauszuarbeiten, als wenn wir noch zusätzlich das heterogene Feld der sehr unterschiedlichen Arbeitsmärkte in den Gewerken des Ausbaugewerbes mit ganz unterschiedlichen Akteuren miteinbeziehen würden.

1.3 Der Bauarbeitsmarkt – ein regulierter Facharbeitsmarkt

Das Regulierungssystem im Bauhauptgewerbe ist kein zufälliges Produkt, sondern die über viele Jahrzehnte entwickelte gemeinsame strategische Antwort der Sozialpartner und des Staates auf besondere Probleme der Branche. Um gemeinsame Antworten finden zu können, müssen die Sozialpartner handlungsfähig sein, was in einer Branche mit vielen kleinen Betrieben vor allem für die Unternehmerseite nicht einfach ist. Das Verständnis dieser Besonderheiten ist damit auch der Schlüssel zum Verständnis der inneren Logik der bauspezifischen Regulierungen und ihrer Veränderungen. Der Hinweis auf diese Besonderheiten ist gewissermaßen das Narrativ, das unsere Analyse und die Einzelkapitel verbindet.

In der Bauwirtschaft wird in »wandernden« Fabriken und nicht in stationären Fertigungsstätten gearbeitet. Die Endprodukte sind bis auf wenige Ausnahmen (Fertighausbau) nicht transportfähig und können daher nicht wie im verarbeitenden Gewerbe vorgefertigt werden. Die Produktion findet also da statt, wo das Gebäude oder die Straße gebraucht wird, und die Arbeitskräfte müssen sich an stets wechselnde Einsatzorte begeben. Bauarbeit ist nicht nur durch immer neue Einsatzorte gekennzeichnet, sondern auch durch eine hohe Arbeitsmarktdynamik. Während in industriellen Großbetrieben die Arbeitskräfte oft langjährig in einem Betrieb beschäftigt sind, ist die Fluktuation im Bauhauptgewerbe überdurchschnittlich. Witterungsabhängigkeit, die hohe Konjunkturempfindlichkeit der Bauinvestitionen, das Fehlen von Anschlussaufträgen, sowie die unstete öffentliche Auftragsvergabe lassen die Beschäftigung stärker schwanken als in den meisten anderen Branchen. Die Unstetigkeit der Bauarbeit ist sowohl für die Beschäftigten als auch für die Betriebe mit beträchtlichen Problemen verbunden: Bauarbeiter sind häufiger als Beschäftigte in stationärer Produktion arbeitslos und müssen immer wieder mit Einkommensverlusten rechnen. In Wirtschaftskrisen und bei langen wetterbedingten Winterpausen wandern daher immer wieder Fachkräfte in andere Sektoren ab. Nur in den seltensten Fällen kehren sie wieder in die Baubranche zurück. Dies ist spätestens der Punkt, an dem die sozialen Probleme der Bauarbeiter zu wirtschaftlichen Problemen der Betriebe werden. Denn beim Wiederanziehen der Konjunktur und besserem Wetter fehlt es dann an den dringend benötigten Fachkräften.

Diese enge Verquickung wirtschaftlicher und sozialer Probleme sind der erforderliche Nährboden für die sozialpartnerschaftliche Erstellung von

»Kollektivgütern« für die Branche. Eine ausreichende Versorgung mit Fachkräften, Schutz vor Winterarbeitslosigkeit, Nachteilsausgleich bei der Urlaubsgewährung und bei der Altersversorgung sind solche »kollektiven Güter, die die Betriebe allein nicht erzeugen können« (Streeck 1987: 245). Kollektivgüter dienen dazu, die Beschäftigungsverhältnisse im Bauhauptgewerbe zu »normalisieren« (Voswinkel u. a. 1996: 39) und soweit an die Standards in anderen produzierenden Branchen heranzuführen, dass der Verbleib in der Branche attraktiv wird.

Unter Regulierung der Arbeitsbeziehungen wird die absichtliche nichtpreisliche Beeinflussung der Handlungsalternativen von Arbeitsanbietern und -nachfragern bzw. ihrer kollektiven Vertretungen im Wege der Vereinbarung zwischen beiden oder der Auferlegung untereinander bzw. durch Dritte verstanden. Regulierungen sind Institutionen des Arbeitsmarktes. Sie sind ein normatives Regelwerk oder ein dauerhaftes Muster sozialer Beziehungen, das erzwungen oder legitim ist und als tatsächlich gelebtes Muster entsprechendes Regulierungspotential enthält. Institutionen des Arbeitsmarktes sind zum Beispiel die Tarifautonomie, die Mitbestimmung, das System der sozialen Sicherung und die Arbeitsmarktpolitik (Buttler 1986: 12).

Voraussetzung für den Aufbau und das Funktionieren branchenweiter Regulierungen sind kooperative und zentralisierte Formen der industriellen Beziehungen, Mit ausschließlich dezentralen Vereinbarungen lässt sich ein nationaler Branchenarbeitsmarkt nicht gestalten. Aus einem verbandsübergreifenden Grundverständnis entwickelte sich über Jahrzehnte eine vertrauensvolle, stabile und dauerhafte Kooperation der Tarifvertragsparteien, die es den Sozialpartner ermöglichte, gegenüber der Politik mit einer Stimme aufzutreten und Brancheninteressen wirkungsvoll zu vertreten. Wie wir sehen werden, wurde damit auch der übliche Regelungsbereich von Tarifverträgen weit überschritten, und es kam zu der für das Bauhauptgewerbe »typischen Verschränkung der Tarif-, Sozial- und Strukturpolitik« (Müller-Jentsch 1973: 99).

Dabei ging und geht es immer um die Gestaltung und die Stabilisierung eines branchenbezogenen fachlichen Arbeitsmarktes. In der Arbeitsmarktforschung hat man diesen Typ von Arbeitsmärkten bislang zu wenig beachtet und sich mit der Aufteilung in unstrukturierte, fachliche und betriebliche Arbeitsmärkte begnügt (Sengenberger 1987). Unstrukturierte Arbeitsmärkte sind weitgehend unreguliert, gelten zumeist nur für Arbeitskräfte mit einer so genannten »Jedermannsqualifikation«, die wechselseitige Bindung zwischen Arbeitskräften und Unternehmern ist gering und der

Lohn variiert kurzfristig je nach Angebot und Nachfrage. Die beiden anderen Arbeitsmärkte sind durch Regulierungen strukturiert, die die Funktion haben, entweder die Bindung zwischen Beschäftigten und Betrieben zu stärken (betriebliche Arbeitsmärkte) oder die Vermittlung und Anerkennung betriebsübergreifender Qualifikationen zu gewährleisten (fachliche Arbeitsmärkte). Im branchenbezogenen Bauarbeitsmarkt werden Elemente von betrieblichen und fachlichen Arbeitsmärkten verknüpft. Wie in fachlichen Arbeitsmärkten wird die Qualifikation der Beschäftigten durch überbetrieblich anerkannte Berufe und Regularien hinsichtlich der Finanzierung und Qualität der Ausbildung gesichert, was die Mobilität der Fachkräfte innerhalb der Branche erleichtert. Da Bauberufe fast nur in der Baubranche nachgefragt werden und damit – wenn man von der nicht unerheblichen Abwanderung in andere Branchen und Berufe absieht – auch die Erträge kollektiv finanzierter Bauausbildung in der Branche bleiben, konnte eine Einigung über eine Ausbildungsumlage erzielt werden. Mit dem dualen System der Berufsausbildung liegt in Deutschland ein leistungsfähiges Ausbildungssystem vor, in dem die Sozialpartner ihre Branchenberufe im Rahmen der im internationalen Vergleich hohen Mindeststandards selbst gestalten können. Diese Möglichkeiten wurden genutzt, so dass der Anteil der Fachkräfte in der deutschen Bauwirtschaft höher ist als in den meisten anderen Ländern. Im Unterschied zu betrieblichen Arbeitsmärkten zielen die Regulierungen in der Bauwirtschaft nicht nur auf eine Bindung an den Betrieb, sondern sollen auch die Bindung der Arbeitskräfte an die Branche erhöhen. Durch überbetriebliche Risikoumlagen wird die Beschäftigung im einzelnen Betrieb stabilisiert (Winterbauumlage); bei anderen Sozialleistungen (Urlaubsvergütung und zusätzliche Altersversorgung) ist nicht die Betriebs-, sondern die Branchenzugehörigkeit entscheidendes Anspruchskriterium.

Funktionsvoraussetzung für die Institutionalisierung von Branchenarbeitsmärkten sind erstens handlungsfähige überbetriebliche Akteure (Streeck 1987). Arbeitgeberverbände und Gewerkschaften müssen dazu auf zentraler Ebene verhandlungsfähig sein und die für Branchenvereinbarungen notwendige Folgebereitschaft ihrer jeweiligen Mitglieder sicherstellen können. Der Staat kann die Akteure dabei unterstützen und durch komplementäre Regulierungen den Wirkungsbereich von Tarifvereinbarungen erweitern. Zweitens müssen die Akteure bzw. der Staat über ein Regelungsmonopol für den jeweiligen Branchenarbeitsmarkt verfügen, so dass nicht Außenseiter ohne eigenen Beitrag von den Kollektivgütern der Branche profitieren können. Drittens ist schließlich eine gewisse Vergleichbarkeit des technisch-ökonomischen Entwicklungsstands und der Baukompetenzen der Betriebe notwendig. Denn bei großen Diskrepanzen in der Produktivität können die ausgehandelten sozialen Mindeststandards nicht erwirtschaftet und eingehalten werden und Abweichungen von den vereinbarten Branchenstandards, etwa durch Lohnunterbietungen, würden für einen Teil der Betriebe zum einzigen Mittel des Überlebens.

1.4 Das Regulierungssystem der Bauwirtschaft vor neuen Herausforderungen

Die Institutionen des deutschen Bauarbeitsmarktes – und dies gilt auch für die westlichen und nördlichen Nachbarländer mit ähnlichen Regulierungen – entstanden in einer Zeit, als das Baugewerbe hohe Wachstumsraten verzeichnete, die Preissteigerungen von Bauprojekten über der allgemeinen Preisentwicklung lagen, der inländische Bausektor keiner internationalen Konkurrenz unterworfen war, Fachkräfte knapp waren und das Verbandsmonopol der Arbeitgeberverbände und Gewerkschaften unumstritten war. Die Regulierungen wurden über Jahrzehnte gestreckt eingeführt, so dass die Betriebe Zeit hatten, ihr Produktivitätsniveau dem erforderlichen Mindestniveau anzupassen. Vor diesem Hintergrund akzeptierten fast alle Betriebe, dass durch allgemeinverbindliche Regulierungen wesentliche Teile der Lohnkosten aus dem zwischenbetrieblichen Wettbewerb genommen wurden. Es ist nachvollziehbar, dass in solchen Zeiten ruhigen Fahrwassers die Unternehmen die von ihren Verbänden gesetzten Wettbewerbsregeln befolgten und ohne große Kritik in ihre Kalkulationen einpreisten.

Das dichte Geflecht von Arbeitsmarktregulierungen in der Bauwirtschaft ist in den vergangenen drei Jahrzehnten unter hohen Veränderungsdruck geraten. Grund dafür sind mehrere parallel verlaufende Entwicklungen, die die Lohnhöhe zum immer wichtigeren Wettbewerbsparameter werden ließen:

– Der Baumarkt hat sich vor allem in der tiefen Baukrise von 1995 bis 2005 wegen abnehmender Wachstumsraten und wachsender Überkapazitäten vom einem Anbietermarkt, in dem die Bauunternehmen wegen der hohen Nachfrage die Preise setzen konnten, zu einem Käufermarkt mit hartem Preiswettbewerb entwickelt;

– Durch die Dienstleistungs- und Niederlassungsfreiheit innerhalb der Europäischen Union sind die nationalen Grenzen für ausländische Subunternehmer durchlässig, die mit ihren Arbeitskräften in Deutschland zu ihren Standards bauen können;
– Durch die Erweiterung der europäischen Union zuerst in den Süden und dann in den Osten vergrößerte sich durch das wachsende Lohngefälle in der erweiterten EU der Pool billiger Arbeitskräfte, die als über Entsendungen oder als Scheinselbständige zu niedrigeren als den heimischen Sozialstandards beschäftigt werden konnten; gleichzeitig hat die extrem ausbeuterische illegale Beschäftigung im Zuge der neuen Arbeitskräftemigration deutlich zugenommen. Im Ergebnis blieb der Druck auf Preise und Löhne selbst in Wachstumsphasen wie ab 2007 hoch;
– Mit der Wiedervereinigung ist innerhalb Deutschlands ein großes wirtschaftliches und soziales Gefälle entstanden. Das in Westdeutschland über Jahrzehnte gewachsene Tarifgefüge ließ sich nicht auf Ostdeutschland übertragen. Während in Westdeutschland das differenzierte Tarifgitter weiterhin die Entgeltstrukturen prägt, ist der tarifliche vereinbarte Mindestlohn des Bauhauptgewerbes in Ostdeutschland die »going rate«.

Die Unternehmensstrukturen der Anbieter von Bauleistungen haben sich daher in den letzten 30 Jahren zunehmend in Generalunternehmer und Zulieferer ausdifferenziert, so dass die Schnittmenge gleicher Interessen zwischen den Bauunternehmen in Lohnfragen abgenommen hat. In bestimmten Segmenten des Baumarktes, etwa bei den ausführenden Tätigkeiten im Hochbau, waren die tarifgebundenen mittleren und größeren Unternehmen mit ihren Stammbelegschaften nicht mehr konkurrenzfähig. Sie setzten zunehmend auf den Einsatz preislich günstigerer Subunternehmen aus dem Inland und dem Ausland und wurden deutlich schlanker. Die heimischen Subunternehmen befinden sich häufig in direkter Konkurrenz mit ausländischen Konkurrenten und können nicht nach Tarif zahlen.

Die Veränderungen auf dem Arbeitsmarkt haben weitreichende Folgen für die Arbeitsbedingungen der Beschäftigten. So erfordert etwa der Einsatz ausländischer Werkvertragsarbeitnehmer, die oft keine einschlägige oder mit hiesigen Standards vergleichbare Berufsausbildung haben, neue hierarchischere Formen der Arbeitsorganisation mit mehr Kontrollen auf den Baustellen. Die Unternehmen verlieren im härteren Preiswettbewerb auch Freiheitsgrade bei der Wahl ihrer betrieblichen Strategien. Mit eigenen Stammkräften zu bauen ist – wie wir es in vielen Interviews gehört haben – in vielen Segmenten »kostenmäßig nicht mehr darstellbar«.

Auch in anderen Branchen hat der Kostenwettbewerb zugenommen. Dass jedoch die Baubranche unter besonderem Veränderungsdruck steht, hat zwei Gründe: Zum einen ist in dieser arbeitsintensiven Hochlohnbranche, anders als in manchen Dienstleistungsbereichen (zum Beispiel dem Gastgewerbe), die Differenz zwischen Tariflöhnen bzw. Löhnen für legal und illegal entsandte Werkvertragsarbeitnehmer sowie für unter Tarif beschäftigte heimische Arbeitskräfte so groß, dass über eine Senkung der Lohnkosten beträchtliche Wettbewerbsvorteile erzielt werden können. Viele Betriebe brechen aus dem Regulierungssystem aus, da bei Ausschreibungen auch öffentlicher Auftraggeber nur noch der Preis, nicht aber die Einhaltung gesetzlicher und tariflicher Vorschriften zählt. Zum anderen wird im Baugewerbe in »wandernden Fabriken« mit stets wechselnden Mannschaften produziert, so dass, anders als bei stationärer Produktion, die Einhaltung tarif- und gesetzlicher Standards nur sehr schwer zu kontrollieren ist. Regelbrüche werden durch das branchenspezifische Kontrolldefizit geradezu herausgefordert.

Die Sozialpartner und der Staat stehen vor der Frage, ob und wie sie das Regulierungssystem im Baugewerbe »wetterfest« machen können. Dabei geht es nicht mehr um einzelne Korrekturen, sondern ums Ganze. Denn mit den genannten Veränderungen sind alle drei Funktionsvoraussetzungen branchenbezogener Arbeitsmärkte in Frage gestellt. Das Regulierungsmonopol für die Branche wird durch die Beschäftigung legaler und illegaler ausländischer Werkvertragsarbeitnehmer und Scheinselbständiger zu Niedriglöhnen ausgehöhlt. Durch die Ungleichheit der Entlohnungsbedingungen verschärft sich der Preiswettbewerb, und die Spannungen im Arbeitgeberlager wachsen. Die für die Kartellwirkung von Tarifverträgen notwendige hohe Folgebereitschaft aller Unternehmen ist immer schwieriger zu erreichen. Für die meisten ostdeutschen Bauunternehmen ist es wegen des hohen innerdeutschen Lohngefälles schwierig, die Tarife zu respektieren. Die IG BAU ist überwiegend nur noch in den mittleren und größeren Betrieben vertreten, die zahlungsfähiger als die kleinen Betriebe sind. Für Arbeitgeberverbände wie Gewerkschaften wird es immer schwieriger, bei ihren Mitgliedern die nötige Folgebereitschaft für ihre Vereinbarungen, die eben nicht mehr den ganzen Bauarbeitsmarkt abdecken, zu erreichen. Vor allem fehlen in den vielen kleinen Baubetrieben Betriebsräte, die die Einhaltung der Tarifverträge und Gesetze kontrollieren könnten.

Das deutsche Bauhauptgewerbe hat zwischen 1996 und 2005 zusätzlich durch das Auslaufen des Widervereinigungsbooms, die massiven Einschnitte beim sozialen Wohnungsbau und die Unterinvestition des Staats in seine Infrastruktur ungefähr die Hälfte seiner Erwerbstätigen verloren. Infolge des aufgestauten Erneuerungsbedarfs und der wachsenden Nachfrage nach Wohnungen wächst die Branche seit 2005 wieder, konnte aber ihre in der Krise verlorenen Fachkräfte nicht zurückgewinnen. Fast das gesamte Wachstum der Beschäftigung seit 2005 entfällt auf Ausländer – sei es über ihre direkte Beschäftigung oder sei es über Entsendungen, niedergelassene Selbständige oder Scheinselbständige. Es sind so viele inländische Baukapazitäten verloren gegangen, dass sich die Abhängigkeit von ausländischen Subunternehmen verfestigt hat, die in einigen Teilsegmenten der Bauwirtschaft inzwischen dominieren.

Aus der Sicht mancher Unternehmen ist das Regulierungssystem des Bauhauptgewerbes zu einer Fessel im zwischenbetrieblichen Wettbewerb mit in- und ausländischen Konkurrenten geworden. Allerdings unterstützen nach unserer Untersuchung die meisten Unternehmen weiterhin die Sozialpartner in ihren Anstrengungen, das bauspezifische Regulierungssystem weiterzuentwickeln und anzupassen, um seine Akzeptanz in der Branche zu stärken.

Da die Sozialpartner nicht völlig gegen den Markt regulieren und gegenüber dem Anpassungsbedarf resistent sein können, mussten sie in den vergangenen Jahrzehnten immer wieder ihre Interessen neu arrangieren und ausbalancieren. Die zentrale Grundlage der Jahrzehnte langen vertrauensvollen Zusammenarbeit, nämlich die Sozialkassen des Baugewerbes, wurden in ihrer Substanz dabei nicht infrage gestellt, so dass die institutionellen Voraussetzungen für eine gemeinsame Gestaltung der Umbruchprozesse trotz zunehmender Spannungen gegeben waren. Wie wir nicht zuletzt bei der Einführung des Saison-Kurzarbeitergelds sehen werden, war dabei immer wieder politische Unterstützung notwendig. Das kann nicht überraschen, wenn man bedenkt, wie eng die Tarifverträge und die Sozialkassen mit gesetzlichen Garantien und der bauspezifischen Arbeitsmarktpolitik verknüpft sind. Diese politische Unterstützung – das ist den Sozialpartnern bewusst und bindet sie aneinander – ist nur durch ein gemeinsames politisches Auftreten der Interessensvertreter der Branche zu gewährleisten.

1.5 Anlage und Methode der Untersuchung

Der Strukturwandel des Bauarbeitsmarktes und seines Regulierungsgefüges ist Gegenstand dieses Buches. Ziel ist es, ein Gesamtbild des deutschen Bauarbeitsmarktes, seiner Umbrüche und Neugestaltung zu zeichnen. Eine aktuelle derartige Gesamtanalyse des Bauarbeitsmarktes liegt nicht vor. Deshalb haben wir uns entschlossen, unser Buch aus dem Jahr 2000 (Bosch/Zühlke-Robinet 2000) völlig neu zu überarbeiten. Eine einfache Fortschreibung war nicht möglich, da sich viel zu viel geändert hat, worauf wir im Einzelnen eingehen werden.

Unsere Studie stützt sich auf die sehr überschaubare Forschung zu Bauarbeit, unsere eigene zum Teil auch international vergleichende Bauforschung im Institut Arbeit und Qualifikation (IAQ) in den letzten 20 Jahren (Bosch/Zühlke-Robinet 2000; Bosch/Philips 2003; Bosch/Rehfeld 2006; Kümmerling/Worthmann 2011; Bosch u. a. 2011; Bromberg u. a. 2012; Bosch u. a. 2013; Bosch/Hüttenhoff/Weinkopf 2019). Gelegentlich haben zur Illustration auch Zitate aus den Experteninterviews unserer früheren Studien verwendet, was jeweils kenntlich gemacht wurde. Weiterhin stützen wir uns auf Auswertungen der amtlichen Statistik und der SOKA-BAU. Mit Hilfe der Stichprobe der Integrierten Arbeitsmarktbiografien (SIAB) wurden Arbeitsmarktbewegungen und -muster Baubeschäftigten nachgezeichnet. Schließlich wurden 30 strukturierte Experteninterviews mit den wichtigsten Akteuren der Branche (Verbände, Sozialkassen), der Bundesagentur für Arbeit sowie mit Arbeitgebern und Betriebsräten in ausgewählten Baubetrieben unterschiedlicher Größe und den Verantwortlichen in zwei überbetrieblichen Ausbildungszentren des Baugewerbes geführt. Hinzu kamen zahlreiche Telefongespräche mit unterschiedlichen Experten zur Klärung offener Fragen, zur Dateninterpretation und -beschaffung, aber auch zur Einschätzung von Veränderungen und Reformen. Schließlich haben wir 3052 Baubeschäftigte (davon 62 Prozent Arbeiter, 38 Prozent Angestellte), die Mitglieder der IG BAU sind, online nach ihrer Beschäftigungssituation und ihrer subjektiven Bewertung einer Beschäftigung im Bauhauptgewerbe befragt. Die Auswertung dieser Befragung wird gesondert veröffentlicht. Ausgewählte Ergebnisse zur Beschäftigungssituation haben wir in Kapitel 4 eingefügt.

Die Studie ist in acht Kapitel gegliedert. In Kapitel 2 werden die Besonderheiten des Bauarbeitsmarktes im Unterschied zu den Arbeitsmärkten anderer Branchen, die man verstehen muss, um ihn angemessen analysieren zu können. Diese Besonderheiten sind – wie erwähnt – unser analytisches Narrativ und auch Bezugspunkt in den anschließenden empirischen Kapiteln.

Kapitel 3 befasst sich mit den dem Produktmarkt des Baugewerbes in den letzten Jahrzehnten. Dabei werden die veränderte gesamtwirtschaftliche Bedeutung des Bauhauptgewerbes, die starke Abhängigkeit der Branche von Konjunkturkrisen sowie ihre eigene existenziell bedrohliche Strukturkrise, die Veränderung der Wettbewerbsbedingungen, die wachsende Segmentierung des Sektors in General- und Subunternehmer sowie die steigende Bedeutung von Klein- und Mittelunternehmen herausgearbeitet. In der folgenden Untersuchung der Entwicklung der Beschäftigung und der Arbeitslosigkeit (Kapitel 4) werden die ausgeprägten konjunkturellen und strukturellen Schwankungen der Beschäftigung, ihre Folgen für die Fluktuation der Arbeitskräfte, Stellenumschlag, Beschäftigungsstabilität und Arbeitslosigkeit sowie die Veränderung der Beschäftigtenstruktur thematisiert.

Es folgt die Analyse der industriellen Beziehungen der Branche (Kapitel 5) mit einer Beschreibung der Organisationen der drei zentralen Akteure (der beiden Arbeitgeberverbände und der IG BAU) und der von den Sozialpartnern gemeinsam geschaffenen und verwalteten überbetrieblichen Einrichtungen, die Sozialkassen des Baugewerbes. Dazu gehört auch eine Analyse der wichtigsten Tarifverträge und ihrer Inhalte, die sich ebenso wie die Sozialkassen in den letzten 30 Jahren erheblich verändert haben. Vor allem hat sich der tatsächliche Geltungsbereich der Lohntarife verringert, so dass die unteren Lohngruppen trotz steigenden Fachkräfteanteils an Bedeutung gewonnen haben und das Tarifgefüge durch Branchenmindestlöhne stabilisiert werden musste. Auch die Tarifverträge zu den Sozialkassen haben sich deutlich verändert. Hier sticht die Vereinbarung zu einer neuen Alterssicherung hervor.

In den folgenden drei Kapiteln wenden wir uns Themenfeldern zu, die zwar ebenfalls durch tarifpolitische Vereinbarungen strukturiert sind, aber gleichzeitig wichtige Schnittstellen zu anderen Handlungsfeldern und Akteuren haben. In Kapitel 6 geht es um die Schnittstelle zur Arbeitsmarktpolitik. Mit der Einführung des Schlechtwettergelds 1959 konnte die für die Branche typische hohe Winterarbeitslosigkeit verringert werden. Ab Mitte der 1990er Jahre zog sich der Staat aus der Finanzierung der bauspezifischen Arbeitsmarktpolitik zurück und schaffte das Schlechtwettergeld- und Winterbauförderungen ab. In einer hektischen Übergangsphase schufen die Sozialpartner ohne die traditionelle Unterstützung des Staates mehrere suboptimale Übergangsregelungen, bevor 2006 mit dem Saison-Kurzarbeitergeld ein bis heute gültiges, akzeptiertes und wirkungsvolles Instrument der Stärkung der ganzjährigen Beschäftigung in der Branche entwickelt wurde (Kapitel 6).

Kapitel 7 ist der umlagefinanzierten Berufsausbildung gewidmet. Wir mussten feststellen, dass die Ausbildungsquote trotz der Umlagefinanzierung nicht ausreicht, um den künftigen Fachkräftebedarf zu decken. Die Sozialpartner versuchten, neue Gruppen von Auszubildenden am unteren (Berufsstart Bau) und am oberen Qualifikationsrand (Duales Studium) zu gewinnen, ohne damit allerdings bislang die Fachkräftelücke in der Branche schließen zu können. Gleichzeitig soll durch eine weitere Reform der Berufsbilder und der Lernformen sowie die seit langem fälligen Qualitätskontrollen der überbetrieblichen Ausbildungsstätten die Qualität der Berufsausbildung verbessert und die Branche beim digitalen Wandel und den Übergang zum umweltgerechten Bauen unterstützt werden.

Im Kapitel 8 zur Transnationalisierung des Bauarbeitsmarktes werden zunächst die verschiedenen Formen der grenzüberschreitenden Migration und ihre unterschiedliche Regulierung im Zuge der Arbeitnehmerfreizügigkeit sowie der Niederlassungs- und Dienstleistungsfreiheit untersucht. Neben einer Darstellung der quantitativen Dimensionen der verschiedenen Migrationsformen werden die Effekte der Branchenmindestlöhne thematisiert, die gleiche Wettbewerbsbedingungen für heimische und ausländische Anbieter von Bauleistungen sicherstellen sollen. Unterlaufen werden diese Bemühungen durch illegale Praktiken, die mit dem Einsatz von entsandten Arbeitskräften und Scheinselbständigen verbunden sind.

In Kapitel 9 werden die Ergebnisse der vorangegangenen Kapitel zusammengefasst. Weiterhin werden auf dieser Basis die Funktionsbedingungen eines über Tarifverträge geregelten branchenspezifischen Bauarbeitsmarktes herausgearbeitet. In Szenarien über die künftige Entwicklung wird abschließend die Zukunftsfähigkeit eines solchen Arbeitsmarktmodells mit offenen Grenzen diskutiert.

Literatur

Bosch, Gerhard/Zühlke-Robinet, Klaus (2000), Der Bauarbeitsmarkt. Soziologie und Ökonomie einer Branche, Frankfurt

Bosch, Gerhard/Philips, Peter (Hg.) (2003), Building Chaos. An international comparison of deregulation in the construction industry, London

Bosch, Gerhard/Rehfeld, Dieter (2006), Zukunftschancen für die Bauwirtschaft – Erkenntnisse aus der Zukunftsstudie NRW, in: Bundesamt für Bauwesen und Raumordnung (Hg.) (2006), *Bauwirtschaft und räumliche Entwicklung. Informationen zur Raumentwicklung*. H. 10, S. 539–552.

Bosch, Gerhard/Weinkopf, Claudia/Worthmann, Georg (2011), *Die Fragilität des Tarifsystems: Einhaltung von Entgeltstandards und Mindestlöhnen am Beispiel des Bauhauptgewerbes*, Berlin.

Bosch, Gerhard/Nestic, Danijel/Neumann, László (2013), Minimum wage and collective bargaining in the construction industry, in: Grimshaw, Damian (Hg.), *Minimum wages, pay equity, and comparative industrial relations*, S. 168–193.

Bosch, Gerhard/Hüttenhoff, Frederic/Weinkopf, Claudia (2019), Kontrolle von Mindestlöhnen, Wiesbaden.

Bosch, Gerhard/Hüttenhoff, Frederic/Weinkopf, Claudia (2020), *Corona-Hotspot Fleischindustrie: Das Scheitern der Selbstverpflichtung*. Duisburg: Inst. Arbeit und Qualifikation. IAQ-Report 2020-07.

Buttler, Frieder (1986), Regulierung und Deregulierung der Arbeitsbeziehungen, in: Winterstein, Helmut (Hg.), *Sozialpolitik und Beschäftigungskrise*. Schriften des Vereins für Socialpolitik, N.F., Bd. 152, Berlin/München, S. 217–245.

Bromberg, Tabea/Gerlmaier, Anja/Kümmerling, Angelika/Latniak, Erich (2012), *Bis zur Rente arbeiten in der Bauwirtschaft – Tätigkeitswechsel als Chance für eine dauerhafte Beschäftigung*. Duisburg: Inst. Arbeit und Qualifikation. IAQ-Report 2012-05.

Kümmerling, Angela/Wortmann, Georg (2011), *Fortführung und Vertiefung der Evaluation des Saison-Kurzarbeitergeldes. Schlussbericht*, Universität Essen Duisburg.

Müller-Jentsch, Walther (1973), IG Bau-Steine-Erden: Juniorpartner der Bauindustrie, in: Jacobi, Otto/Müller-Jentsch, Walter/Schmidt, Eberhard (Hg.), *Gewerkschaften und Klassenkampf*. Kritisches Gewerkschaftsjahrbuch, Frankfurt/M, S. 94–109.

Sengenberger, Werner (1987), *Struktur und Funktionsweise von Arbeitsmärkten*, Frankfurt/New York.

Streeck, Wolfgang (1987), Industrielle Beziehungen, soziale Ordnung, Produktion und Beschäftigung. Ein Kommentar, in: Matzner, Egon/Kregel, Jan/Roncaglia, Allessandro (Hg.), *Über ökonomische und institutionelle Bedingungen erfolgreicher Beschäftigungs- und Arbeitsmarktpolitik*, Berlin, S. 241–246.

Voswinkel, Stephan/Lücking, Stefan/Bode, Ingo (1996), *Im Schatten des Fordismus: Industrielle Beziehungen in der Bauwirtschaft und im Gastgewerbe Deutschlands und Frankreichs*, München/Mehring.

2. Die Besonderheiten der Baubranche

2.1 Einleitung

Nicht jedes Land produziert Automobile. Nicht jedes Land hat einen Bergbau. Aber jedes Land verfügt über eine Bauwirtschaft. Bauen ist standortgebunden und die Beschäftigten folgen den wechselnden Baustellen, arbeiten also in »wandernden Fabriken«. Im Unterschied zu vielen anderen wirtschaftlichen Tätigkeiten, kann Bauen nicht in andere Länder verlagert werden. Der Rationalisierung in der Bauwirtschaft sind durch die Produktion von Unikaten Grenzen gesetzt. Die branchenspezifischen Rationalisierungssperren in Verbindung mit der Standortbindung haben einen Arbeitsplatzabbau wie in einigen Industriebranchen verhindert. Die Globalisierung führt in der Bauwirtschaft daher nicht zum Export von fertigen Bauwerken, sondern zum »Import« von Arbeitskräften auf heimische Baustellen bzw. zum Kauf ausländischer Unternehmen zur Bedienung von Auslandsmärkten.

Bauarbeit hat viele Gemeinsamkeiten mit den Tätigkeiten anderer Sektoren. Es werden, wie bei Dienstleistungen, keine fertigen Produkte, sondern das Versprechen künftiger Leistungen, in diesem Fall das Versprechen Bauwerke zu erstellen oder zu renovieren, verkauft. Die hohen zyklischen und konjunkturellen Schwankungen der Nachfrage und die körperlich schweren Arbeitsbedingungen teilt die Bauwirtschaft mit der Landwirtschaft und der Industrie ebenso wie die hohen Unfallrisiken mit dem Transportgewerbe und dem Bergbau. Schließlich sind Bauwerke Vertrauensgüter, deren Qualität nur Fachleute beurteilen können und auch das oft erst nach einiger Zeit, da nicht alle Mängel sofort sichtbar sind. Zum Schutz der Kunden, der Allgemeinheit (zum Beispiel vor gefährlichen Schäden) und der Umsetzung gesellschaftlicher Ziele, etwa des Umweltschutzes, sind zahlreiche Bauvorschriften und Regulierungen notwendig, die der Markt aus sich heraus nicht zustande bringt. Wie der Dienstleistungssektor verkaufen Bauunternehmen keine fertigen Produkte, sondern das Versprechen künftiger Leistungen, in diesem Fall das Versprechen Bauwerke zu erstellen oder zu renovieren. Die hohen zyklischen und konjunkturellen Schwankungen der Nachfrage und die körperlich schweren Arbeitsbedingungen teilt die Bauwirtschaft mit der Landwirtschaft und der Industrie ebenso wie die hohen Unfallrisiken mit dem Transportgewerbe und dem Bergbau.

Bauen ist durch die Beteiligung vieler unterschiedlicher Gewerke sehr arbeitsteilig. Große Bauwerke entstehen durch das Zusammenwirken vieler kleiner Bauunternehmen. Im Unterschied zur stationären Produktion werden diese Wertschöpfungsketten aber nicht für hohe Stückzahlen mit zentralen Betriebsstätten organisiert, sondern müssen für jedes Bauwerk neu bestimmt und ausgehandelt werden. Wegen der ständig neuen Zusammensetzung der Wertschöpfungsketten für jedes Bauprojekt prägen temporäre Arbeitsgemeinschaften und hoher Subunternehmereinsatz mit häufig wechselnden Unternehmen schon immer die Branche. Durch die Verfügbarkeit eines großen Pools billiger Arbeitskräfte aus der EU und anderen Ländern ist heute zu der traditionellen kompetenzorientierten Vergabe an fachliche spezialisierte Unternehmen die kostenorientierte Auslagerung an Unternehmen mit geringeren Löhnen hinzugekommen, was der ohnehin schon hohen Fragmentierung der Baubranche einen weiteren Schub gab. Schließlich sind Bauwerke Vertrauensgüter, deren Qualität nur Fachleute beurteilen können und auch das oft erst nach einiger Zeit, da nicht alle Mängel sofort sichtbar sind. Zum Schutz der Kunden, der Allgemeinheit (z. B. vor gefährlichen Schäden) und der Umsetzung gesellschaftlicher Ziele, etwa des Umweltschutzes, sind zahlreiche Bauvorschriften und Regulierungen notwendig, die der Markt aus sich heraus nicht zustande bringt.

Diese Besonderheiten von Bauarbeit sollen im Folgenden herausgearbeitet werden. In Abschnitt 2.2 werden die Auswirkungen, die die Standortbindung des Bauens auf Unternehmensstrukturen und auf Rationalisierungsmöglichkeiten hat, untersucht. Auch wenn es überall eine Bauwirtschaft gibt, ist sie jedoch nicht immer gleich groß. Die Gründe für diese Länderunterschiede werden analysiert (Abschnitt 2.3). Die Gemeinsamkeiten der Bauarbeit mit den Tätigkeiten anderer Sektoren ist Thema von Abschnitt 2.4. Abschließend wird auf die Notwendigkeit von Regulierungen in der Bauwirtschaft eingegangen, die der Markt allein nicht hervorbringen kann. Da die Bauqualität von der Qualifikation der Planer und der Bauarbeiter abhängt, die der Kunde beim Kauf des Leistungsversprechens nicht einschätzen kann (Bosch/Wagner 2002), müssen auch Bauarbeitsmärkte stärker als die Arbeitsmärkte in anderen Branchen reguliert werden. Es wird gezeigt, dass dies selbst in Ländern mit überwiegend deregulierten Arbeitsmärkten gilt (Abschnitt 2.5). An einigen internationalen Beispielen soll illustriert werden, wie unterschiedlich Bauarbeitsmärkte reguliert werden können, ohne jedoch den Anspruch auf einen systematischen internationalen Vergleich zu erheben, der an anderer Stelle veröffentlicht wurde (Bosch/Philips 2003a).

2.2 Bauen ist standortgebunden und rationalisierungsresistent

Gebäude ebenso wie die Infrastruktur werden für konkrete Räume geplant und in diesen dann gebaut. Selbst bei hohen Anteilen von vorfabrizierten Produkten und Baumodulen bleiben sie durch diese spezifische Raumbindung Unikate. Selbst Standardplanungen müssen an den vorgefundenen Baugrund angepasst werden. Für die Bauarbeiter bedeutet dies, dass sich ihre Einsatzorte und ihr Aufgabenzuschnitt ständig ändern. Wenn sie nach der Beendigung eines Bauprojekts nicht auf neuen Baustellen ihres Unternehmens weiterbeschäftigt werden können, weil dem Unternehmen Folgeaufträge fehlen, müssen sie sich eine neue Beschäftigung suchen. Die Möglichkeiten interner Versetzungen zum Ausgleich unterschiedlicher regionaler Auftragsschwankungen sind selbst in großen Bauunternehmen begrenzt. Anders als große Industrieunternehmen können sie ihre Produktion nicht an wenigen Standorten konzentrieren und ihre Produkte von dort aus in alle Welt liefern (Abbildung 2.1). Nur raumunabhängige Tätigkeiten wie Verwaltung, Einkauf, Kalkulation und Planung lassen sich zentral konzentrieren. Auch der Lieferradius vorgefertigter Teile oder von Fertighäusern ist wegen des hohen spezifischen Gewichts der Bauteile und der damit verbundenen hohen Transportkosten begrenzt. Wegen der notwendigen räumlichen Nähe zu den Baustellen müssen die Großunternehmen in den Regionen mit Niederlassungen präsent sein. Dort konzentrieren sich die ausführenden Tätigkeiten und der Maschinenpark. Die meisten Beschäftigten lassen sich nicht so leicht in andere Regionen versetzen, umso mehr, wenn sie im regionalen Arbeitsmarkt eine andere vergleichbar bezahlte Beschäftigung finden können. Nur bei spezialisierten Tätigkeiten und eher überregionalen Produktmärkten wie etwa beim Autobahnbau sind die Beschäftigten die Woche über auf Montage, was für die Unternehmen durch die hohen Zulagen und Unterbringungskosten mit erheblichen Aufwendungen verbunden ist. Die wechselnden Standorte und die wegen der geringen Betriebsgröße begrenzten Auffangmöglichkeiten interner Arbeitsmärkte sind zusammen mit der hohen Abhängigkeit der Bauarbeit von der Konjunktur und den Jahreszeiten die Gründe für die überdurchschnittliche hohe Mobilität auf dem Bauarbeitsmarkt.

Abbildung 2.1: Organisation von Großunternehmen in der Bauwirtschaft im Vergleich zum verarbeitenden Gewerbe

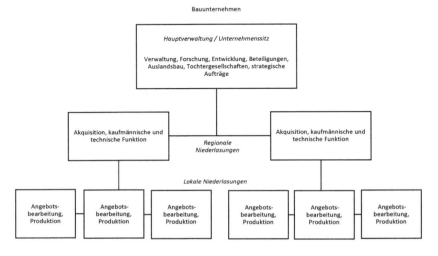

Quelle: Eigene Darstellung

Die Standortbindung des Bauens prägt auch die Auswirkungen der Globalisierung auf diese Branche. Während in der verarbeitenden Industrie Zwischen- und Endprodukte über die Grenzen geliefert werden können, müssen Bauunternehmen zur Bedienung ausländischer Märkte in den betreffenden Ländern Bauunternehmen mit ihren Arbeitskräften kaufen. Die Arbeitsplatzeffekte einer solchen Expansion im eigenen Land sind gering (Rußig u. a. 1996: 243ff). Neue Beschäftigungsmöglichkeiten werden allenfalls für Kaufleute, die Planung und das Projektmanagement geschaffen, während die eigentlichen Bauleistungen im Ausland bis auf Spezialtätigkeiten mit örtlichen Arbeitskräften geleistet werden müssen. Bauunternehmen laufen auch nur wenige Produkte aus anderen Ländern. Importiert werden vor allem Baudienstleistungen ausländischer Subunternehmer, die ihre Arbeitskräfte auf die jeweiligen Baustellen entsenden. Wegen der schon erwähnten höheren Kosten längerer Montageeinsätze lohnen sich Einsätze ausländischer Subunternehmer nur bei unverzichtbaren Spezialkenntnissen der Entsendebetriebe oder bei deutlichen geringeren Lohnkosten in den Entsendeländern. Die Alternative zu Entsendungen ist die Gründung von Niederlassungen ausländischer Unternehmen in Deutschland mit eigenen Arbeitskräften. Das lohnt sich allerdings bei temporären Aufträgen nicht. Außerdem würde man den besonderen Status von im Ausland beschäftigten und geringer entlohnten Werkvertragskräften (vgl. Kapitel 8) verlieren und dem deutschen Arbeits- und Tarifrecht unterliegen, was erhebliche Kostensteigerungen und Auftragsverluste zur Folge hätte.

Wie auch andere Branchen setzt die Bauwirtschaft zunehmend arbeitssparende Technologien ein. So hat sich beispielsweise die Leistungsfähigkeit der Maschinen im Straßenbau oder beim Erdaushub dramatisch verbessert. Pflaster oder Schienen können mithilfe von Maschinen in großen Stückzahlen verlegt werden, um nur einige Beispiele zu nennen. Die größten Rationalisierungspotentiale werden wegen der zahlreichen Schnittstellen mit den vielen Subunternehmen in der verbesserten Planung und Organisation des Bauprozesses gesehen. Während früher die einzelnen Akteure sowohl bei den Planern als auch bei den ausführenden Gewerken unabhängig voneinander und konsekutiv agierten, können heute alle Tätigkeiten und Prozesse von der Ausschreibung über die Planung und Ausführung bis hin zu Nacharbeiten und dem späteren Betreiben in ein digitales Bauwerksmodell, auf das alle am Bau Beteiligten zugreifen, eingegeben werden. Angestrebt – aber bislang nur vereinzelt erreicht – ist die vollständige Integration aller digitalen Fachmodelle in einem Building Information Modell (BIM), auf das alle am Bauprozess Beteiligten über den gesamten Lebenszyklus eines Bauwerkes zurückgreifen. In den traditionellen Bauabläufen arbeiteten Planung, Ausführung und Betrieb mit unterschiedlichen Modellen und an den Schnittstellen mussten Informationen meist noch analog ausgetauscht werden, wodurch es zu Verzögerungen und aufgrund der unterschiedlichen Aktualität der Informationen auch zu Fehlern kommen konnte, von den Schwierigkeiten der gemeinsamen Dokumentation aller Bauschritte ganz zu schweigen (Abbildung 2.2). Die Einführung dieser digitalen Werkzeuge ist nicht nur eine

Abbildung 2.2: Informationsbasis in Bauprojekten – traditionell und mit BIM

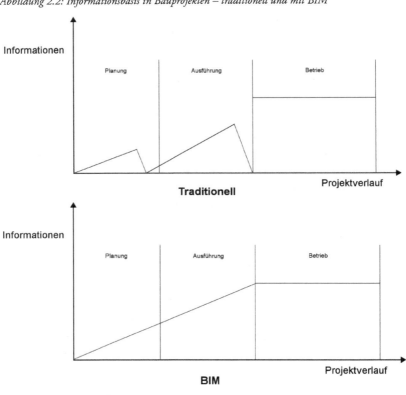

Quelle: Przybylo 2015: 4

technische Herausforderung. Ihre Potentiale können nur dann ausgeschöpft werden, wenn auch die Arbeitsabläufe besser aufeinander abgestimmt werden. Das gilt in besonderem Maße für den Hochbau, in dem eine größere Anzahl von Gewerken zu koordinieren ist als etwa im Straßenbau. Allerdings sind BIM-Systeme bislang erst in wenigen Betrieben umgesetzt worden.

Trotz des zunehmenden Einsatzes von Vorfabrikaten und effizienteren Maschinen sowie einer verbesserten Planung und Organisation über digitale Werkzeuge hat sich der Anteil der Baubeschäftigten im längeren historischen Verlauf nicht in gleichem Maß verringert wie der im verarbeitenden Gewerbe. Wie kommt es dazu? Zwei Gründe sind für die weiterhin hohe nationale und vor allem auch regionale Bedeutung der Baubeschäftigung zentral. Erstens kann man durch die Vorfertigung nur Teile des Bauprozesses auslagern, während im verarbeitenden Gewerbe im Extrem die gesamte Fertigung in andere Länder verlagert wird. Zweitens können Industrieprodukte standardisiert und damit auch die Fertigungsprozesse leichter rationalisiert werden als in der Bauwirtschaft. Bauprodukte sind – wie erwähnt – in der Tendenz immer Unikate, nicht zuletzt wegen der räumlichen Besonderheiten, die beim Planen und Bauen zu berücksichtigen sind. Auch die vielen unterschiedlichen individuellen Kundenwünsche und auch regionale Baustile sind eine schwer unüberwindbare Grenze der Rationalisierung. Deshalb ist die Variantenvielfalt im Bau ungleich größer als in der Automobilindustrie. Syben spricht hier von einer branchenspezifischen Rationalisierungssperre, die selbst durch eine vollständige Einführung von BIM nicht überwindbar wäre (Syben 1999: 373).

2.3 Die unterschiedliche Größe nationaler Bauwirtschaften

Wegen der nicht auflösbaren lokalen Bindung und natürlich auch infolge des unabweisbaren hohen Bedarfs eines jeden Landes nach Wohn- und Geschäftsgebäuden, öffentlichen Gebäuden sowie einer funktionierenden Infrastruktur, spielt die Bauwirtschaft eine zentrale Rolle in allen Ländern. In den großen Ländern der Europäischen Union sind in der Bauwirtschaft gegenwärtig zwischen 5 und 7,5 Prozent aller Beschäftigten tätig. Wegen der unterdurchschnittlichen Produktivität der Bauwirtschaft liegt ihr Anteil an der Bruttowertschöpfung in allen Ländern unterhalb des Anteils an der Beschäftigung (Tabelle 2.1).

Deutlich höher sind die Anteile der Bauwirtschaft an den Bruttoinvestitionen (Tabelle 2.1). In den größten Mitgliedsländern der EU entfallen zwischen acht und etwas mehr als elf Prozent auf die Bauinvestitionen, die die Vorleistungen aus anderen Branchen einschließen. Das Baucluster, also die vom Bauen letztlich abhängigen Leistungen und Arbeitsplätze in der gesamten Wertschöpfungskette, hat also eine größere wirtschaftliche Bedeutung als die Bauwirtschaft im engeren Sinne.

Tabelle 2.2 gibt Aufschluss, welche Leistungen aus anderen Branchen in die Eurostat-Statistik zu den Bauinvestitionen einfließen. Dazu zählen Produkte aus dem verarbeitenden Gewerbe sowie zahlreiche Dienstleistungen – angefangen von den Planungen der Architekten und Bauingenieure über die Tätigkeiten der Bauämter, der Immobilienmakler bis hin zu Finanzbeamten, die die Grunderwerbssteuer erheben. Hinzu kommt eine Restgröße, die auf

Tabelle 2.1: Anteil der Bauwirtschaft an den Erwerbstätigen, der Bruttowertschöpfung und den Bauinvestitionen in der EU 27 und ausgewählten Ländern 2020 in Prozent

Land	Anteil des Baus an den Erwerbstätigen	Anteil an der Bruttowertschöpfung	Anteil der Bauinvestitionen am Bruttoinlandsprodukt
EU27	6,5	5,6	10,7
Dänemark	6,4	6,1	11,2
Deutschland	5,7	5,8	11,3
Frankreich	6,5	5,2	11,8
Italien	6,2	4,4	8,2
Niederlande	5,4	5,4	11,1
Schweden	7,6	6,7	11,0
Spanien	6,6	6,2	10,6
Tschechien	7,7	5,7	11,3
Österreich	6,9	7,0	11,8

Quelle: Eurostat 2021

Schätzungen der Schwarzarbeit und der Nachbarschaftshilfe beruht. Einige mit dem Bauen verbundene Dienstleistungen fehlen allerdings in dieser umfangreichen Liste. Dazu zählen etwa die Dienstleistungen zur Finanzierung von Bauprojekten. Nach einer Input-Output-Analyse hatten sie in Deutschland 2004 einen Anteil von zwei Prozent an der gesamten Bruttowertschöpfung (Lichtblau 2008: 92). Dieser überraschend hohe Anteil lässt sich mit dem weit überdurchschnittlichen Einsatz von Fremdkapital beim Bauen erklären. Wegen der Langlebigkeit der Bauten und ihrer hohen Kosten werden die meisten Bauprojekte über Kredite finanziert, die regelmäßig erneuert werden müssen. An Bedeutung gewonnen haben Planungsleistungen, was nicht überraschen kann, da Bauprojekte komplexer wurden und deutlich mehr Bauvorschriften zu beachten sind. Der wachsende Anteil der Dienstleistungen zur Grundstücksübertragung lässt sich durch die deutliche Erhöhung der Grunderwerbssteuer seit den 1990er Jahren erklären.

Dass so viele der stark wachsenden Dienstleistungen, wie etwa die der Architekten und Bauingenieure, anderen Branchen zugeordnet sind, ist der Grund für den »proletarischen Charakter des Baugewerbes« (Plumpe 1989: 373). Der Arbeiteranteil des Bauhauptgewerbes übertrifft mit fast 70 Prozent (vgl. Kapitel 4) bei weitem den des verarbeitenden Gewerbes, in dem

Tabelle 2.2: Bauinvestitionen nominal nach Produzenten in € und nach Anteilen in Prozent für die Jahre 1991, 1995, 2000, 2005, 2010, 2015, 2020

Jahr	Umfang der Bauinvestitionen in Euro	Anteile der Bauinvestitionen in Prozent							
		Insgesamt			Davon					Bauinvestitionen (neue Bauten)
	Gesamte Bauinvestitionen	Baugewerbe insgesamt	Baugewerbe		Verarbeitendes Gewerbe[1]	Dienstleister für die Bauplanung[2]	Dienstleister Grundstücksübertrag[3]	Übrige Produzenten[4]	
			Baugewerbe Bauträger	Ausbaugewerbe					
1991	130,906	67,9	39,8	28,1	8,6	6,2	4,0	13,4	100,0
1995	178,829	68,3	39,3	29,1	7,2	8,0	3,9	12,7	100,0
2000	159,110	65,8	35,5	30,2	7,8	7,8	4,6	14,0	100,0
2005	125,752	62,7	32,2	30,5	8,2	8,2	5,3	15,5	100,0
2010	150,498	63,3	31,1	32,2	7,6	9,5	4,8	14,8	100,0
2015	181,009	62,2	31,9	30,2	7,5	9,4	6,6	14,4	100,0
2020	236,504	62,2	33,6	28,6	7,0	9,2	6,9	14,6	100,0

[1] Stahl- und Leichtmetallbau, sonstiger Fertigteil- und Montagebau, ausbauorientierte Einbauten und Installationen
[2] Architekten, Bau- und Vermessungsingenieure, Bauämter
[3] Immobilienmakler, Rechtsanwälte und Notare, Gerichte, Grunderwerbssteuer
[4] Eigenleist. Priv. Haush., Nachbarschaftshilfe, Schwarzarbeit, selbsterst. Bauten, Hausanschlüsse, Außenanl.

Quelle: Statistisches Bundesamt 2021

die Arbeiter durch die allgemeine Tertiarisierung schon lange in der Minderheit sind (Haipeter/Slomka 2014).

Die Länderunterschiede in den gesamtwirtschaftlichen Anteilen der Bauwirtschaft an der Wertschöpfung haben mehrere Gründe. Zu nennen sind erstens unterschiedliche demografische Entwicklungen. Eine wachsende und vor allem junge Bevölkerung lässt den Baubedarf steigen. Zweitens liegt der Baubedarf in Ländern mit hohem wirtschaftlichem Wachstum und raschem Strukturwandel höher als in Ländern mit einer stagnierenden Wirtschaft. Drittens können Booms in der Bauwirtschaft durch Finanzspekulationen, niedrige Zinsen, steuerliche Anreize und leichtem Zugang zu Krediten ebenso schnell ausgelöst werden, wie sie dann durch Zinserhöhungen und Bankenkrisen auch wieder beendet werden. In Spanien hatten die Bauinvestitionen in den 2000er Jahren aufgrund eines spekulativen Booms zeitweise einen Anteil von über 20 Prozent an der Bruttowertschöpfung. Nach der Finanzkrise ist die Branche dort wieder auf ein Normalmaß geschrumpft. Viertens ist der Staat einer der großen Nachfrager; er kann durch stabile Investitionsquoten in die öffentliche Infrastruktur für eine verlässliche Nachfrage sorgen und durch antizyklische Nachfrageprogramme Konjunktureinbrüche mildern ebenso wie er sie aber auch durch eine Austeritätspolitik verschärfen kann. Ein extremes Beispiel ist Griechenland, wo die Bauinvestitionen nach einem Hoch mit einem Anteil an der Bruttowertschöpfung von über 15 Prozent nach der Finanzkrise auf nur noch 4,1 Prozent im Jahre 2020 abstürzten. Fünftens spielen Sonderereignisse wie die deutsche Wiedervereinigung mit dem anschließenden Erneuerungsbedarf in Ostdeutschland eine große Rolle. Sechstens schließlich ist die Produktivität der Branche von Bedeutung: eine produktive Bauwirtschaft mit gut qualifizierten Arbeitskräften, einer innovativen Zulieferindustrie sowie hoher Innovationskraft vor allem durch effiziente Planungen und Abläufe kommt mit weniger Arbeitskräften bzw. weniger Arbeitsstunden aus als eine traditionelle und wenig innovative Bauwirtschaft.

2.4 Die Gemeinsamkeiten der Bauwirtschaft mit der Arbeit in anderen Branchen

Die Bauwirtschaft und die Bauarbeit teilen einige wichtige Charakteristika mit anderen Wirtschaftszweigen, die sich aus den Besonderheiten ihrer Produktverfahren ergeben (Bosch/Philips 2003a). Die Nähe zum verarbeitenden Gewerbe ist unübersehbar. Beide Branchen stellen physische Produkte her und die damit verbundenen direkt produzierenden Tätigkeiten, wie etwa die Maschinenbedienung oder die Montage, ähneln sich. Das erleichtert auch die Mobilität der Arbeitskräfte über diese Branchengrenze, da ein Teil der beruflichen Qualifikationen übertragen werden kann.

Ähnlichkeiten sind auch zwischen Bau- und Landwirtschaft festzustellen: Die Tätigkeiten beider Sektoren finden überwiegend im Freien statt und unterliegen somit der Wechselhaftigkeit des Wetters sowie der Jahreszeiten. Dies betrifft natürlich besonders den Straßen-, Kanal-, Brücken- und Gleisbau sowie den Rohbau von Gebäuden, nach dessen Abschluss erst die vom Wetter geschützten Ausbauarbeiten beginnen können. In Ländern und Regionen mit ausgeprägten Temperaturunterschieden im Jahresverlauf wird Bauen nicht nur durch Regen und Unwetter beeinträchtigt, sondern ist – wie auch viele landwirtschaftliche Tätigkeiten – weitgehend saisonal. In Québec beispielsweise arbeiten die Bauarbeiter wegen der dort sehr strengen Winter im Jahr durchschnittlich um die 1000 Stunden pro Jahr (Commission de la construction du Québec 2021a: 14), weil sich im Winter die Bautätigkeit um 50 bis 70 Prozent verringert (Charest 2003). In Ländern mit einem gemäßigten Klima sind die saisonalen Unterschiede geringer und die Jahresarbeitszeiten reichen an die in der stationären Produktion heran oder übertreffen sie sogar in Boomperioden durch die vielen Überstunden.

Ähnlich wie persönliche Dienstleistungen sind Bautätigkeiten an konkrete Orte gebunden. In der Industrie oder in der Landwirtschaft werden die Produkte in Fabriken fertiggestellt oder auf den Feldern geerntet, dann zum Ort des Verkaufs transportiert und dort an die Kunden verkauft. Bei vielen Dienstleistungen, wie bei einem Haarschnitt, einer Busfahrt oder einer Bildungsmaßnahme, ist die Anwesenheit des Kunden erforderlich und die Dienstleistung ist wegen dieses uno actu Prinzips nicht lagerfähig. Elemente dieses Prinzips finden sich auch beim Bauen, wenngleich die permanente Anwesenheit des Kunden – anders als beim Haarschnitt – nicht erforderlich ist. Die Beschäftigten müssen ebenso wie die Baumaschinen und Baumaterialien zum Ort der Dienstleistung transportiert werden.

Die Dienstleistungsfunktion der Bauwirtschaft wurde in den letzten Jahrzehnten immer wichtiger. In der Vergangenheit wurde die Bauwirtschaft oft als reines Bereitstellungsgewerbe bezeichnet. Sie befand sich am Ende einer langen Entscheidungskette und sollte die von den Bauherren und Planern zuvor getroffenen Entscheidungen und Planungen ausführen. Die Rollen von Bauherrn, Planern und Bauunternehmen haben sich teilweise verschoben, da inzwischen Bauunternehmen zunehmend auch planende Tätigkeiten übernehmen und selbst Bauherrn werden.

Das kunden- und ortsspezifische Bauen erhöht die Gefahren der Bauarbeit. Jede Baustelle ist neu und daher auch immer zu einem gewissen Grad unvertraut. Das begrenzt – wie erwähnt – die Möglichkeiten der Standardisierung und Routinisierung, die Arbeit berechenbarer und auch sicherer machen kann. Diese Besonderheit, die die Arbeit ungewöhnlich gefährlich machen, teilt die Bauwirtschaft mit der Arbeit im Bergbau und im Transport. Die An- oder Abfuhr von schweren Materialien, wie Erdaushub, Abbruchmaterialien, Paletten mit Steinen, oder vorgefertigten Betonmodulen, oder der Transport und Aufbau von schweren Baummaschinen wie Kränen oder Baggern sind besonders unfallträchtige Tätigkeiten. Die Risiken des Ausrutschens, des Fallens, der Verletzung durch herabfallende Gegenstände, der Maschinen- und Verkehrsunfälle, der Verschüttung, der Gehörbeeinträchtigung durch großen Lärm oder der Exposition gegenüber schädlichen Stoffen sind in der Bauarbeit besonders hoch. Es kann daher nicht überraschen, dass die Unfallquoten in der Bauwirtschaft deutlich über dem Durchschnitt der gewerblichen Wirtschaft und der öffentlichen Hand liegen (Tabelle 2.3). Danach kommt die Verkehrswirtschaft, deren Tätigkeiten auch in der Bauwirtschaft ausgeübt werden.

Tabelle 2.3: Meldepflichtige Unfälle nach Berufsgenossenschaft (BG) bzw. Unfallversicherung (UV) je 1000 Vollarbeiter 2019 und 2020

UV der gewerblichen Wirtschaft	2019	2020
UV der gewerblichen Wirtschaft	23,50	21,20
BG Rohstoffe und Chemische Industrie	19,03	17,43
BG Holz und Metall	32,80	31,44
BG Energie Textil Elektro	17,85	15,99
BG der Bauwirtschaft	52.03	49,83
BG Nahrungsmittel und Gastgewerbe	33,47	31,58
BG Handel und Warenlogistik	23,58	22,17
BG Verkehrswirtschaft PostLogistik Telekommunikation	43,12	39,00
Verwaltungs-BG	14,22	11,44
BG für Gesundheitsdienst und Wohlfahrtspflege	15,68	13,85
UV der öffentlichen Hand (Allgemeine UV)	9,52	7,20
Insgesamt	*20,97*	*18,45*

Quelle: Deutsche Gesetzliche Unfallversicherung 2021

Bauarbeit weist also trotz aller Unterschiede wichtige Gemeinsamkeiten mit den anderen großen Bereichen der Wirtschaft auf. Bauen ist saisonal wie die Landwirtschaft; es werden Maschinen und Werkzeuge eingesetzt wie in der Industrie; es ist standortgebunden wie viele Dienstleistungen, und es ist schließlich ungewöhnlich gefährlich, wie der Bergbau und das Transportwesen.

2.5 Die Rolle von Arbeitsgemeinschaften und Subunternehmen

Bauen ist auch betriebswirtschaftlich riskant. Die meisten Bauunternehmen kalkulieren ihre Kosten auf Basis der Erfahrungswerte in vorherigen Bauprojekten und von Standardsätzen der Branche. Der konkrete Bauprozess birgt allerdings deutlich höhere Risiken als industrielle Fließprozesse für ein Repertoire überschaubarer Produktvarianten. Der Baugrund kann schwieriger zu bearbeiten sein als erwartet, und die Zulieferung von Teilen an sehr unterschiedliche Baustellen mit unterschiedlichen Losgrößen ist ebenso wie der Einsatz der Arbeitskräfte unterschiedlicher Gewerke und Unternehmen komplexer und störanfälliger als in einer kontinuierlichen Fertigung, so dass die Kosten leicht aus dem Ruder laufen können. Zudem muss das Bauwerk den Wünschen der Kunden angepasst werden, und kann nicht, wie in der Industrie vorrangig nach Fertigungsgesichtspunkten standardisiert werden. Diese besonderen Branchenrisiken werden in den meisten betriebswirtschaftlichen Veröffentlichungen zur Bauwirtschaft, die eher Techniken der Kostenkalkulation und Ablaufkontrollen vermitteln (zum Beispiel Bauer 2007), nicht angesprochen. Eine Ausnahme ist die lesenswerte Veröffentlichung des betriebswirtschaftlichen Instituts der Bauindustrie (BWI-Bau 2013) zum Baumarkt, das die Unterschiede zwischen Bau- und Industrieunternehmen zum Ausgangspunkt ihrer Analyse macht.

Die Autoren unterscheiden zwischen Leistungsversprechern und Produktanbietern. Die Produktmärkte für diese beiden Unternehmenstypen sind völlig unterschiedlich organisiert. Durch die üblichen Vergabepraktiken dominiert im Markt der Leistungsversprecher der Preis, während bei den Produktanbietern, die ja für die Kunden fassbare Endergebnisse produzieren, die Differenzierung nach Kompetenz und Qualität leichter ist. Nur kleine Segmente dieser zweipoligen Unternehmensstrukturen entfallen in der

Abbildung 2.3: Zweipolige Unternehmensstrukturen in der Bauwirtschaft und anderen Branchen

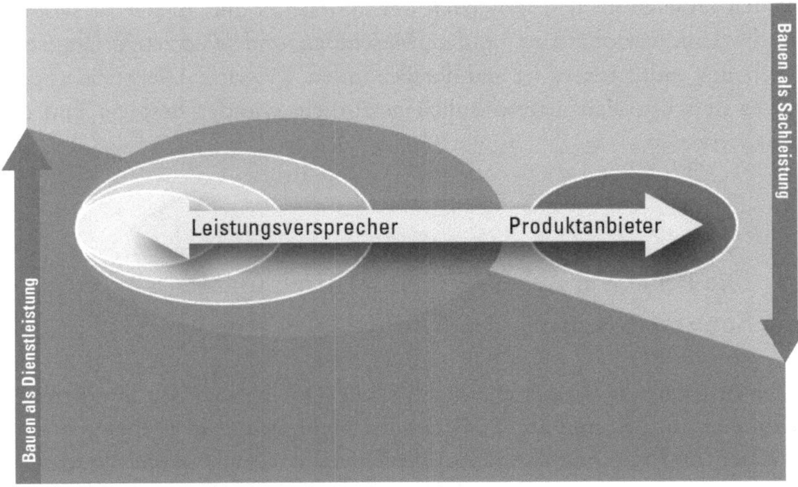

Quelle: BWI-Bau 2013: 37

Bauwirtschaft im Unterschied zur Industrie auf Produktanbieter (zum Beispiel die Fertighäuserproduzenten). Die überwiegende Anzahl der Bauunternehmen sind Leistungsversprecher (Abbildung 2.3). Kostendruck in Verbindung mit den Risiken der Leistungserstellung zählen daher zu den größten betriebswirtschaftlichen Risikofaktoren in der Bauwirtschaft.

Hinzu kommt die hohe Konjunkturanfälligkeit der Bauwirtschaft. Krisen und überhitzte Nachfrage wechseln sich wegen der starken Konjunkturabhängigkeit häufig ab. Durch den lokalen Charakter der Baunachfrage kommen noch Zyklen der regionalen Baumärkte hinzu. Die Beendigung großer Bauvorhaben führt zu starken Nachfragerückgängen in der einen Region, während der Beginn solcher Vorhaben in anderen Regionen einen Aufschwung einleitet. Die Nachfrage verschiebt sich zudem vielfach von einer Teilbranche der Bauwirtschaft in eine andere, etwa vom Wohnungs- zum Straßenbau. Durch die begrenzte räumliche Beweglichkeit der Maschinen und der Baubeschäftigten sowie der Spezialisierung der Unternehmen können diese Unterschiede innerhalb der Unternehmen oft nicht kompensiert werden. Für jede Baustelle ist ein anderer Mix von Qualifikationen und Maschinen gefragt, was den Aufbau großer Maschinenparks und Stammbelegschaften, wie in der standardisierten stationären Produktion, erschwert.

Die Produktion besonders langlebiger Güter erhöht die Risiken von starken Konjunkturausschlägen und strukturellen Krisen durch die Verschiebung notwendiger Bauinvestitionen. Bauwerke gehören zu den langlebigsten Produkten in der Wirtschaft. Fabriken, Bürogebäude, Straßen, Geschäfte und andere Bauprodukte haben eine zu erwartende Lebensdauer von 10 bis 100 Jahren und vielfach noch darüber hinaus. Das schlägt sich auch in der steuerlichen Behandlung nieder. Wirtschaftsgebäude können über einen Zeitraum bis zu 33 Jahren abgeschrieben werden, was deutlich über der Abschreibungsdauer komplexer Maschinen und Anlagen liegt (Bundesministerium der Finanzen 2020). Die Ironie der Geschichte ist, dass gerade die Dauerhaftigkeit der Produkte die zentrale Ursache hoher Nachfrageschwankungen und möglicher Strukturkrisen ist. Denn wegen ihrer Langlebigkeit kann man die Erneuerung von Bauwerken ebenso wie auch die von Maschinen oder langlebigen Konsumgütern in einer Krise verschieben und sie länger als geplant nutzen. Je länger die mögliche Nutzungsdauer ist, desto ausgeprägter können solche Krisenausschläge sein, weshalb die Bauwirtschaft besonders konjunkturanfällig ist. Daher ist oft zu hören, dass die Bauwirtschaft eine Lungenentzündung bekommt, wenn die Wirtschaft eine Erkältung hat.

Hier spielt auch die Finanzierung eine wichtige Rolle. Wegen der langen Nutzungsdauer ist es sinnvoll, die finanziellen Lasten des Bauens über den Zeitraum der Nutzung zu verteilen. Langfristige Baukredite ermöglichen genau dies. Die Baunachfrage von Privatpersonen und auch der Wirtschaft reagiert wegen der langfristigen Kreditbelastung besonders stark auf den Preis dieser Kredite, also die Zinsen. Zinserhöhungen, mit denen die Zentralbanken eine Überhitzung der Wirtschaft abbremsen, lassen die Baunachfrage immer überdurchschnittlich zurückgehen. Umgekehrt treiben niedrige Zinsen die private Baunachfrage an. Die Baunachfrage der Unternehmer schwankt somit exponentiell mit der Konjunktur. Im Boom überschlägt sich die Nachfrage, da die Wirtschaft die Kapazitäten schnell erweitern will. Auch die privaten Nachfrager können dann mit ihren guten Einkommen lang gehegte Wünsche nach einer besseren Wohnsituation realisieren. Sobald die Wachstumsraten zurückgehen und sich die Zukunftsprognosen eintrüben, werden als erstes die Bauinvestitionen zurückgestellt. In einer tiefen Krise kollabiert die Baunachfrage häufig und beschränkt sich auf die notwendigsten Reparaturen. Die Geldpolitik hat solche Schwankungen in den letzten Jahrzehnten vielfach durch eine antizyklische Zinspolitik verstärkt. Kommt es zu dauerhaften Phasen einer Niedrigzinspolitik (Hochzinspolitik) kann die Bauwirtschaft auch zyklusübergreifend wachsen (schrumpfen).

Die öffentliche Hand kann durch verlässliche Investitionsquoten zur Stabilität der Bauwirtschaft beitragen und durch eine antizyklische Konjunkturpolitik Rückgänge der privaten Baunachfrage kompensieren. Die Ausschläge der Baunachnachfrage erhöhen sich allerdings, wenn der Staat in einer Wirtschaftskrise auf eine antizyklische Fiskalpolitik verzichtet oder – noch schlimmer – wenn er durch nicht nachhaltige Steuersenkungen die öffentlichen Budgetprobleme verschärft und prozyklisch in der Krise spart. Genau eine solche Entwicklung war in den letzten beiden Jahrzehnten in Deutschland zu beobachten, als die öffentlichen Investitionen vor allem der Gemeinden, die überwiegend in die Bauwirtschaft fließen, teilweise sogar negativ waren, man also vorübergehend von der Substanz lebte (vgl. Kapitel 3).

Wie die Bauunternehmen mit diesen Risiken umgehen, unterscheidet sich von Land zu Land und wird stark durch die unterschiedlichen Regulierungen der Baumärkte geprägt (Bosch/Philips 2003b). Eine Gemeinsamkeit über alle Länder hinweg ist die geringe durchschnittliche Unternehmensgröße in der Baubranche. Im Unterschied zur Industrie beschäftigten die meisten Bauunternehmen meist nur wenige Arbeitskräfte. In den mittleren und kleinen Betrieben sind auch der Kapitalstock und damit die fixen Kosten, die bei geringer Nachfrage die Kosten belasten, überschaubar. Das Wachstum spezialisierter Maschinenverleiher in den letzten Jahrzehnten ermöglicht die Variabilisierung der fixen Kapitalkosten, so dass heute auch kleinere Unternehmen Zugang zu teuren Maschinen haben. Große und selbst mittlere Unternehmen haben sich in den letzten Jahrzehnten zur Risikoabfederung oft auch in mehrere Unternehmen aufgeteilt. So ist es etwa üblich geworden, den Maschinenpark in einer eigenen Firma zu bündeln, die diese Maschinen auch an externe Unternehmen verleiht.

Aber wie kann man mit so vielen kleinen Unternehmen oft sehr große Bauprojekte bewältigen? Überall in der Welt sind hier die Antworten die gleichen. Zum einen werden die eigene Leistungsfähigkeit überschreitende große Aufträge durch eine vorrübergehende Kooperation von Unternehmen in Arbeitsgemeinschaften mit besonderem rechtlichen Status, den sogenannten ARGEn[2], realisiert. Solchen ARGEn gehen Bietergemeinschaften selbständiger Unternehmen voraus. Die Vorteile einer ARGE liegen in der Verteilung der Risiken, etwa für die Haftung oder Vorfinanzierung, auf eine größere Anzahl von Unternehmen sowie der Kombination und Koordinati-

---

2 »Es handelt sich bei der ARGE stets um einen befristeten Zusammenschluss nur für einen Bauauftrag. In diesem Sinne trägt die ARGE den Charakter einer Gelegenheitsgesellschaft und keine normierte Unternehmensform.« (Bauprofessor.de 2021)

on der unterschiedlichen Gewerke mit dem erforderlichen Know-how. Vor allem aber bleiben die Unternehmen selbständig, verhandeln miteinander auf Augenhöhe und teilen den Gewinn. Es ist leicht erkennbar, dass allein schon die mit der Bildung einer Arge zu lösenden betriebswirtschaftlichen und rechtlichen Probleme, eine Barriere für Kleinstbetriebe sind. Das Model setzt eine gewisse Größe mit eigenständiger Verwaltung voraus.

Zum anderen realisieren mittlere und größere Unternehmen ihre Aufträge mit Hilfe von Subunternehmen. Jedes Bauprojekt erfordert eine neue und oft andere Kooperation von Subunternehmen. Die Bauunternehmen lassen sich durch den Platz, den sie in dieser Auftragskette einnehmen, unterscheiden. Dabei lassen sich folgende Typen unterscheiden. An der Spitze der Wertschöpfungskette stehen meist Total- oder Generalunternehmer. Ein Totalunternehmer – der Begriff ist allerdings nicht so geläufig – übernimmt neben der Ausführung auch die Planung eines Bauwerks für einen Bauherrn. Beispiel für ein Totalunternehmen sind Architekten, die ein Haus planen, die Subunternehmer auswählen und die Ausführung überwachen. Generalunternehmer bieten bei Ausschreibungen von privaten oder öffentlichen Projekten mit oder erhalten ihren Auftrag direkt vom Bauherrn. Generalunternehmen übernehmen die Verantwortung für den gesamten Bauprozess, führen oft einen Teil der Tätigkeiten mit eigenen Kräften aus und vergeben die weiteren Tätigkeiten an Nachunternehmen. Total- und Generalunternehmer sind für die gesamte technische, wirtschaftliche und zeitliche Koordination der Bautätigkeit verantwortlich und haften für Mängel des gesamten Bauwerks.

Als Bauträger werden Unternehmen bezeichnet, die nicht im Auftrag eines privaten oder öffentlichen Bauherrn, sondern selbständig oder mit einem Generalunternehmer ein Bauwerk planen und herstellen, für die sie einen Markt sehen. Bauträger bauen etwa Gewerbeimmobilien, Eigenheime oder Wohnungen, die sie dann verkaufen. Über solche Bauträger können kapitalkräftige Finanzanleger in den Baumarkt investieren. Schließlich übernehmen viele kleine Bauunternehmen oder Soloselbständige, also Mini-Unternehmen ohne Angestellte, neben ihrer Tätigkeit als Subunternehmer Aufträge direkt vom Bauherrn etwa in der Renovierung oder auch für kleinere An- und Neubauten.

Weiterhin ist es üblich, Architekten oder Planungsbüros zu beauftragen, Bauprojekte zu entwerfen und die Ausführung zu planen. Projektplaner unterstützen den Bauherrn, das eigene Bauprojekt zu entwerfen. Ihre Arbeit reicht von der Entwurfsplanung über die Detailplanung bis hin zu aufwän-

Abbildung 2.4: Integration vor- und nachgelagerter Wertschöpfungsstufen

Bauherren		Planer	Bauunternehmer	Betreiber
Grundstücksbeschaffung	Finanzierung	Planung	Hochbau/Tiefbau	Nutzung
– Prüfungen von Standorten – Nutzungskonzept erstellen – Ermittlung von Investitionen – Schätzung der Mietverträge	– Finanzierungsmodelle – Feststellung der Wirtschaftlichkeit – Investorensuche	– Entwicklungsplanung – Bebauungsplanung – Genehmigung – Ausführungsplanung	– Bauvorbereitung – Aushub – Kanalbau – Außenanlagen – Rohbau – Straßenbau – Dachgewerbe	– Immobilienvermarktung – Immobilienvermittlung – Übergabeabwicklung – Verwaltung mit Haus- und Grundstücksservice

⇐ *Übernahme neuer Aufgaben* ⇒

Quelle: Bock 1996: 29; eigene Darstellung

digen Abstimmungen mit Behörden, Bauämtern, Einhaltung der Energieeinsparverordnung, Wärmeschutznachweis und das Erstellen von Brandschutz- und Schallschutz-Konzepten. Auch Bauunternehmen versuchen, ihre Wertschöpfungskette zu verlängern und zusätzliche Planungsleistungen zu integrieren. Dies wird an der unterschiedlichen Rolle, die etwa Architekten einnehmen können, sichtbar. Ihr Tätigkeitsspektrum reicht von der reinen Planung bis hin zum Totalunternehmer; weiterhin können sie selbständig tätig sein oder als Angestellte von Total-, Generalunternehmen oder Bauträgern arbeiten.

Die hohe Bedeutung der Planung durch Architekten, Bauingenieure und von Planungsbüros lässt die unterschiedliche Rolle des Konsumenten in Baumärkten im Vergleich zu anderen Branchen erkennen. Im Wohnungsbau kann der Konsument zum Beispiel aus einem Angebot von Wohnungen wählen, die von Bauträgern schlüsselfertig geplant worden sind. Veränderungen kann er nur gegen zusätzliche Kosten vornehmen, wenn die Wohnung schon vor Baubeginn gekauft wurde. Beim Eigenbau sowie bei den meisten anderen Bauprojekten spielen die Konsumenten jedoch eine aktive Rolle beim Entwurf des Bauprodukts, das sie kaufen. Die Komplexität des Bauens zwingt sie jedoch dazu, Architekturen und Bauingenieure zu beauftragen, ihnen beim Entwurf und der Detailplanung zu helfen. Vielfach benötigen sie auch Hilfe bei der Umsetzung von Plänen oder Ideen, die sie selbst entworfen haben. Wegen der langen Lebensdauer von Bauprodukten fragen die meisten Kunden solche Leistungen nicht häufig in ihrem Leben nach. Wenn sie dann unerfahren bauen, sind sie mit einer verwirrend hohen Anzahl unterschiedlicher Baumaterialien und Anbietern konfrontiert. Projektplaner versprechen dem Kunden nicht nur die notwendigen Planungsleistungen, sondern auch die Hilfe bei der Auswahl und dem Kauf der Materialien sowie der Bauleistungen.

Die aktive Rolle des Konsumenten erhöht die Komplexität der Branche. Ein Vergleich mit der Automobilindustrie lässt das schnell erkennen. Die Autofirmen entwerfen, konstruieren, montieren und verkaufen ihre Produkte. Der Kunde kann Sonderausstattungen nur aus einem begrenzten Katalog wählen. Solche fertig geplanten Produkte mit einem begrenzten Katalog für Sonderwünsche bieten Bauträger etwa im Wohnungs- oder Eigenheimbau an. Da die Bearbeitung von Sonderwünschen kostspielig ist, schränken sie oft die Auswahlmöglichkeiten, wie in der Industrie, ein, oder nehmen prohibitive Preise für Extrawünsche. Überwiegend werden aber die Bauwerke als Unikate auf spezifische Wünsche der Endkunden hin geplant und gebaut.

Wer am Ende plant und ausführt, ist – wie wir gesehen haben – je nach Rollenverteilung sehr unterschiedlich. Manche Bauunternehmen sind ausschließlich Subunternehmen, andere führen fertige Planungen als Generalunternehmer aus, weitere schließlich übernehmen auch die Planung. In der Folge bietet die Branche ein buntes Bild von Akteuren mit einer ständig wechselnden Aufgabenverteilung. Die Rollen der Bauherren, Architekten, Bauingenieure, Planungsbüros und der Bauunternehmen sind in ständigem Fluss. Dieser kontinuierliche Wandel ist eine – wenn auch immer nur eine temporäre – Antwort auf die allgegenwärtigen Turbulenzen in dieser Branche. Gleichzeitig versuchen einige Unternehmen aus der »ungemütlichen Lage« des reinen Bereitstellungsgewerbes (Syben 1999: 118), das nur von anderen geplante und im Detail definierte Aufträge ausführt, herauszukommen. Das kann durch die Integration vor- oder nachgelagerter Tätigkeiten geschehen (Abbildung 2.5).

Maßgeschneiderte und nicht bewegliche Produkte sind mit Risiken verbunden. Ein Risiko besteht darin, dass die von Bauträgern für den Markt entworfenen Bauwerke nicht verkauft werden, was – wie etwa ein halbleeres Bürogebäude – mit hohen Wertverlusten verbunden ist. Ein weiteres Risiko sind Qualitätsmängel aufgrund von Fehlplanungen oder mangelhafter Ausführung, die oft erst nach Ende des Bauprojekts erkennbar sind. Die Lasten und die Verantwortung für diese Risiken werden auf die verschiedenen Akteure, die entwerfen, planen und bauen, verteilt und hin und her geschoben. Die ständig wechselnde Aufgabenverteilung ist also nicht nur eine Antwort auf die Turbulenzen des Baugeschehens, sondern auch auf die Unsicherheiten, die mit dem Kauf und der Produktion von Bauprodukten verbunden sind.

Aus der vergleichenden Forschung ist bekannt, dass sich die Strukturen des Nachunternehmertums von Land zu Land unterscheiden. Regierungen üben mit gesetzlichen Regulierungen einen großen Einfluss auf diese Strukturen aus. Sie können den Zugang zu bestimmten Bautätigkeiten von Qualifikationsnachweisen abhängig machen, wie durch die Meisterpflicht in Deutschland oder das »licensing« in den angelsächsischen Ländern. Durch Bau-, Garantie- und Haftungsvorschriften können sie die Risiken langer Subunternehmerketten für die Kunden oder die beteiligten Architekten, Bauingenieure und Bauunternehmen erhöhen oder einschränken. Auch die Steuerpolitik kann eine Rolle spielen, wenn wie in Großbritannien steuerliche Anreize gesetzt werden, sich selbständig zu machen (Harvey 2003). In einigen Fällen wird das Subunternehmertum auf die Spitze getrieben, wenn auf großen Baustellen überwiegend Soloselbständige eingesetzt werden, um Sozialabgaben einzusparen.

Bei der Vergabe an Nachunternehmer können zwei Typen unterschieden werden: die kooperative und die kostenorientierte Vergabe (Harvey 2003: 195f). Bei der kooperativen Vergabe werden Aufträge an auf diese Aufgaben spezialisierte Unternehmen vergeben, die über besondere Qualifikationen verfügen und nicht durch un- und angelernte Kräfte ersetzt werden können. Bei der wettbewerbsorientierten Vergabe geht es vor allem um den niedrigsten Preis. Oft werden diese Aufträge an mehrere Unternehmen zugleich vergeben und auf Dauer überlebt nur der Anbieter mit dem niedrigsten Preis.

Der Einsatz von Subunternehmen kann also dazu genutzt werden, das Angebot um Leistungen, die man selbst nicht erbringen kann, zu erweitern. Aber dies ist schon lange nicht mehr der wichtigste Grund für die Fragmentierung der Bauwirtschaft infolge des wachsenden Einsatzes von Subunternehmen. Kostensenkungen und Risikoverschiebungen werden immer wichtigere Gründe für die Beauftragung von Subunternehmer. Eine kostenorientierte Auslagerung von Tätigkeiten leistet allerdings keinen Beitrag zur Spezialisierung und führt auch nicht zu Innovationen. Der Vorteil der Vergabe liegt nicht in der höheren Kompetenz des Nachunternehmers, sondern ausschließlich in den geringeren Kosten. Die kostenorientierte Vergabe betrifft vor allem Tätigkeiten, die vormals intern geleistet wurden, und billiger von außen eingekauft werden können, was automatisch zum Personalabbau bei den auftraggebenden Unternehmen führt und die abnehmende Betriebsgröße in der Branche erklärt. Zudem werden – zumindest bei größeren Bauprojekten – im Unterschied zur kooperativen Vergabe die Tätigkeiten nicht nur an ein fachlich spezialisiertes Unternehmen vergeben, sondern gleichzeitig an mehrere miteinander konkurrierende Subunternehmen, deren Beschäftigte nebeneinander arbeiten. Da die Subunternehmer ihren Auftrag oft weitervergeben und dabei noch Profit machen wollen, lohnt sich eine kostenorientierte Vergabe nur bei beträchtlichen Unterschieden der Arbeitskosten zwischen General- und Subunternehmen. Die starke Ausweitung der Subunternehmerketten in der deutschen Bauwirtschaft (vgl. Kapitel 3) lässt sich mit der schrittweisen Öffnung der Grenzen nach Mittel- und Osteuropa erklären, die den Zugang zu einem großen Pool billiger Arbeitskräfte eröffnete. Da in unüberschaubaren Subunternehmerketten auf stets wechselnden Baustellen die Einhaltung gesetzlich oder tariflich verpflichtender Arbeitsstandards nur schwer kontrollierbar ist, beruhen die geringen Kosten der Subunternehmer oft auf illegalen Praktiken, wie der Nichtbezahlung von Mindestlöhnen, Steuern oder Sozialversicherungsbeiträge bis hin zur Missachtung der Unfallvorschriften (vgl. Kapitel 8). Das gilt für den Subunternehmereinsatz in fast allen Hochlohnländern (für die USA siehe zum Beispiel Ormistan u. a. 2019).

Die unterschiedlichen Gründe für die Vergabe an Nachunternehmer sind oft nicht kompatibel, wenn sie miteinander vermischt werden, also kostenorientierte Aspekte auch bei der Vergabe von spezialisierten Fachtätigkeiten dominieren. Wenn das der Fall ist, steigen die Risiken für die Generalunternehmer, die zeitlichen Vorgaben und die Qualitätsstandards nicht einhalten zu können, was zu kostenträchtigen Konventionalstrafen oder Nachbesserungen führen kann.

Inwieweit nationale Regulierungen der Baumärkte auch die Bildung von Arbeitsgemeinschaften kleiner und mittlerer Unternehmen fördert, ist nach unserer Kenntnis bislang nicht systematisch untersucht worden. Es kann jedoch davon ausgegangen werden, dass eine gute Aufstiegsfortbildung, die – wie die deutsche Meisterausbildung – auch betriebswirtschaftliche Grundlagen vermittelt, und eine aktive Unterstützung durch Weiterbildung, Mustervereinbarungen oder Rechtsberatungen, wie es die deutschen Bauarbeitgeberverbände tun, unabdingbare Voraussetzungen für die Bildung von ARGEn sind. Eine weitere Voraussetzung liegt auch in der Ausschreibungspraxis. Nur wenn große öffentliche Projekte in Teillosen, etwa für unterschiedliche Abschnitte einer Autobahn, ausgeschrieben werden, haben auch mittlere und kleiner Unternehmen die Chance, alleine oder gemeinsam mitbieten zu können. Dies setzt allerdings kompetente öffentliche Bauämter voraus, die auch die Kapazitäten für solche Ausschreibungen haben. Es überrascht nicht, dass die Ausschreibungspraxis der vielleicht größte Konfliktpunkt zwischen dem Zentralverband des deutschen Bauhandwerks, der überwiegend die kleinen und mittleren Baubetriebe vertritt, und dem Zentralverband der deutschen Bauindustrie, ist. Besonders kontrovers werden Public Private Partnerships diskutiert, in denen große Projekte von Generalunternehmern nicht nur gebaut, sondern auch betrieben werden.

2.6 Marktversagen in und Regulierung von Baumärkten

Wegen der Bedeutung seiner Produkte für die Gesellschaft sind sowohl der Produktionsprozess als auch der Produktmarkt in allen entwickelten Ländern Gegenstand vielfältiger Regulierungen. Für den Produktionsprozess sind zahlreiche Bauvorschriften entwickelt worden, die die Qualität des Endprodukts sicherstellen und Probleme, die oft erst lange nach Fertigstellung eines Bauprojekts sichtbar werden, vermeiden sollen. Da in jedem Bauwerk in wechselnder räumlicher Umgebung so viele unterschiedliche Materialien und Produkte verarbeitet werden, bleibt die Information über die abgelieferte Qualität dennoch immer unvollständig. Unbemerkte Qualitätsmängel sind daher üblich.

Schon frühere Studien (Bosch/Philips 2003b) konnten zeigen, dass die Besonderheiten des Bauens eine Arbeitsorganisation erfordern, die sehr gegensätzliche Anforderungen in Einklang bringen muss. Erstens hängt die Produktqualität vom Ausbildungsstand der Beschäftigten ab, da die Tätigkeiten nur begrenzt standardisiert sind und die wechselnden Standorte eine ähnlich dichte Qualitätskontrolle wie in der stationären Produktion nicht erlauben. Zweitens erschweren die strukturellen Turbulenzen auf dem Bauarbeitsmarkt den Aufbau langfristiger Beschäftigung. Die Mobilität zwischen den Betrieben ist daher überdurchschnittlich hoch und Betriebswechsel gelingen vielfach erst nach vorübergehender Arbeitslosigkeit. Wegen der unterdurchschnittlichen Betriebszugehörigkeit zögern die Baubetriebe in unregulierten Arbeitsmärkten, in Aus- und Weiterbildung zu investieren, die auch in anderen Betrieben genutzt werden könnten. Es kommt zu dem bekannten Problem, dass einige Unternehmen als Trittbrettfahrer von den Bildungsinvestitionen anderer Unternehmen profitieren wollen. Dieses Marktversagen führt zu Unterinvestitionen in die Aus- und Weiterbildung, wenn staatliche Regulierungen und kollektive Akteure, die verbindliche Regeln für das gemeinsame Wohl der Branche aushandeln, fehlen. Ohne Regulierungen würden die meisten Unternehmen ihre Arbeiter nur im Arbeitsprozess anlernen, nicht aber mit hohen Kosten und wegen der Gefahr der Abwanderung hohen Risiken ausbilden. Mit einer solchen Branchenstruktur ließe sich keine moderne und innovative Bauwirtschaft entwickeln. Aus den Schwierigkeiten, die Qualität sehr unterschiedlicher Bauwerke über ihren Lebenszyklus zu gewährleisten, die kompetente fachkundige Bedienung zunehmend komplexer Maschinen sicherzustellen und auch wegen den Gefahren des Bauens für nicht fachkundige Beschäftigte ergeben sich unabweisbare Anforderungen an die Mindestqualifikationen von Bauarbeitern.

Selbst in ansonsten weitgehend deregulierten Marktwirtschaften mit fragmentierten industriellen Beziehungen und geringer Tarifbindung muss der Bauarbeitsmarkt wegen dieser besonderen Anforderungen und der Unfähigkeit des Marktes, die notwendigen Mindestqualifikationen bereit zu stellen, stärker als andere Branchenarbeitsmärkte reguliert werden. So gelten beispielsweise in den USA für alle Bauaufträge der Bundesregierung sowie in 32 Staaten für die Bauaufträge dieser Staaten sogenannte »Prevailing Wage Laws« (Yates 2018), wonach Bauarbeitern in Regierungsprojekten die ortsüblichen Löhne[3], die meistens den Tariflöhnen entsprechen, gezahlt werden müssen. Zudem sind viele gefahrenträchtige Bautätigkeiten, wie etwa die der Generalunternehmer, der Elektriker oder der Klempner lizensiert[4], d. h. sie dürfen also nur mit einer entsprechenden Berufsausbildung oder zusätzlich beim Generalunternehmer mit den erforderlichen unternehmerischen Voraussetzungen, wie etwa ausreichenden Versicherungen für die Haftung bei Unfällen, ausgeübt werden (Philips 2003). In der kanadischen Provinz Quèbec wurde ursprünglich über einen allgemeinverbindlichen Tarifvertrag und ab 1987 per Gesetz eine Umlage zur Finanzierung der Berufsausbildung erhoben. Die von den Sozialpartnern gemeinsam getragene Commission de la Construction du Québec (2021b) mit ca. 1.000 Beschäftigten ist nicht nur für die Finanzierung der Berufsausbildung, die Verwaltung von Arbeitszeitkonten und Sozialleistungen zuständig, sondern kontrolliert z. B. auch die Einhaltung der Tarifverträge oder der Arbeitssicherheit (Charest 2003). In England schließlich überlebte das traditionelle Umlagesystem zur Finanzierung der Berufsausbildung die Deregulierungswelle der Thatcher-Regierung im Jahre 1989 nur in der Bau- und Landwirtschaft (Cedefop 2021). Der englische Construction Industry Training Board (CITB), der die Baubetriebe

---

3 In government contracting, a prevailing wage is defined as the hourly wage, usual benefits and overtime, paid to the majority of workers, laborers and mechanics within a particular area. The intention is to prevent the public sector's large expenditures and strict competitive bidding requirements from destabilizing local and regional construction markets. Article 2 of the ILO convention 94 stipulates: »1. Contracts to which this Convention applies shall include clauses ensuring to the workers concerned wages (including allowances), hours of work and other conditions of labor which are not less favorable than those established for work of the same character in the trade or industry concerned in the district where the work is carried on (a) by collective agreement or other recognized machinery of negotiation between organizations of employers and workers representative respectively of substantial proportions of the employers and workers in the trade or industry concerned; or (b) by arbitration award; or (c) by national laws or regulations« (https://www.ilo.org/dyn/normlex/en/f?p=1000:12100:::NO:12100:P12100_INSTRUMENT_ID:312239, letzter Zugriff: 8.7.2021).

4 Eine Übersicht über die lizenzierte Tätigkeit auf der Ebene der Bundesregierung und der Staaten in den USA findet sich in: https://www.harborcompliance.com/landing-pages/state-contractor-licensing-the-ultimate-guide?hsCtaTracking=1d99d359-1488-44f2-b771-7b575271be1d%7C379b030e-f4bd-4a15-a0c4-204062ebfc47, letzter Zugriff: 08.07.2021

berät, eigene Bildungszentren betreibt und die Mittel aus der Umlage für Aus- und Weiterbildung verteilt, schreibt, wie die Umlage von den Unternehmern erfolgreich verteidigt wurde:

»In 1989, however, construction employers made a strong case that CITB should continue with the levy system. They said that the sector's reliance on a highly mobile workforce, use of small-firm subcontractors and short-term labour made the levy-grant system essential for delivering quality training. The government agreed.« (CITB 2021)

Die Einführung, Abschaffung und Wiedereinführung von Prevailing Wage Laws in verschiedenen US-Staaten hat viele quasi-experimentelle Situationen mit Kontroll- und Treatmentgruppen geschaffen. Daraus ist eine weltweit einzigartige Bauforschung entstanden, die Produktivität, die Kosten vergleichbarer Bauprojekte (etwa von Schulen), die Ausbildungsquote, die Arbeitsbedingungen (z. B. die Unfallquote) und die Maschinenausstattung (Kapitalintensität) von Betrieben, die nach Prevailing Wage Laws oder in unregulierten Bauarbeitsmärkten produzierten, miteinander vergleicht. Alle diese Studien zeigen, dass Prevailing Wage Laws signifikant positive Auswirkungen auf die Ausbildungsquote, die Arbeitsbedingungen, die Kapitalintensität und die Produktivität hatten. Im Ergebnis wurden die höheren Lohnkosten unter den Prevailing Wage Laws durch eine höhere Produktivität kompensiert, so dass die Bauwerke im Endergebnis nicht teurer wurden. Zudem profitierten die Staaten und Kommunen durch höhere Nachfrage und Steuereinnahmen – nicht zuletzt, weil die lokale Bauwirtschaft gestärkt und nicht durch vorübergehend herangefahrene Werkvertragsnehmer ersetzt wurde. Die Beschäftigten profitierten ohnehin durch höhere Löhne und geringe Unfallquoten. Diese US-Forschung lieferte sogar die empirische Basis für eine eigene ökonomische Theorie von Tariftreuegesetzen, der »Economics of Prevailing Wage Laws« (Azari-Rad u. a. 2005), die uns hilft, die vorteilhaften Auswirkungen von Regulierungen in fragmentierten Arbeitsmärkten zu verstehen. Vor allem die Erkenntnis, dass die Abschaffung von Prevailing Wage Laws die Baukosten nicht senkt, hat selbst republikanische regierte Staaten dazu veranlasst, diese Gesetze nicht abzuschaffen oder wiedereinzuführen.

2.7 Zusammenfassung

Es konnte gezeigt werden, dass der Bauarbeitsmarkt ein Arbeitsmarkt ist, dessen Besonderheiten man verstehen muss, um ihn angemessen analysieren zu können. Bauarbeit ist anders als Industriearbeit, nicht in andere Länder verlagerbar. Sie ist standortgebunden und Bauarbeiter müssen den wechselnden Orten ihrer Bauprojekte folgen. Ähnlich wie bei standortgebundenen Dienstleistungen, wie etwa in den Krankenhäusern und der Pflege, führt die Globalisierung nicht zu einer Zunahme von Exporten, sondern ausländische Arbeitskräfte müssen zu den heimischen Arbeitsorten kommen. Wie wir im weiteren Verlauf der Analyse sehen werden, haben sich die Formen der Zuwanderung verändert. Zu der individuellen Migration als abhängig Beschäftigter oder Selbständiger kommen heute noch Entsendungen (vgl. Kapitel 8).

Weiterhin teilt Bauarbeit viele Eigenheiten mit der Arbeit in anderen Branchen. Wie im Bergbau und der Landwirtschaft werden Boden und Untergrund mit großen Maschinen bearbeitet. Wie in der Industrie werden physische Produkte mit Maschinen erstellt. Wie in der Logistik und dem Transport müssen schwere Materialien und Maschinen transportiert werden. Wie bei den Dienstleistungen werden Leistungen den besonderen Wünschen der Kunden angepasst. Diese Vielfalt der Anforderungen macht Bauarbeit besonders interessant. Gleichzeitig ist sie aber auch durch die Kombination der ansonsten auf viele Branchen verteilten Gefahrenquellen besonders unfallträchtig. Da Bauprojekte die langlebigsten Gebrauchsgüter überhaupt darstellen, ist Bauarbeit zusätzlich besonders konjunkturanfällig. Schließlich lassen sich die meisten Bauinvestitionen wegen der Langlebigkeit der Bauwerke verschieben. Zudem kommt es wegen der Abhängigkeit vom Wetter auch zu saisonalen Schwankungen, die in Regionen mit kalten Wintern besonders ausgeprägt sind.

Bauarbeit ist wegen der Beteiligung vieler unterschiedlicher Gewerke arbeitsteilig. Da bei jedem Bauvorhaben Umfang und Art der beteiligten Gewerke anders ausfallen, müssen die Wertschöpfungsketten immer wieder neu organisiert werden. Dies und die Tatsache, dass jedes Bauwerk ein Unikat ist, bremsen die Standardisierung des Bauens und sind eine nur schwer überwindbare Rationalisierungsbremse. In der Bauwirtschaft haben sich anders als in der Industrie in der Phase des Fordismus daher keine vertikal integrierten Unternehmen herausgebildet, die alle Leistungen mit eigenen Kräften ausführen. Auch die sehr großen Bauunternehmen waren immer schon schlanke Generalunternehmer oder Dienstleister, die viele Tätigkeiten nach außen vergaben. Sie konnten nicht für jedes Bauwerk in jeder regionalen Niederlassung ausreichend Fachkräfte für alle Tätigkeiten vorhalten. Durch den großen Pool billiger Arbeitskräfte nach Süd- und dann der Osterweiterung der EU bekam die Verlagerung von Bauarbeit in Subunternehmen noch einen kräftigen Schub, was zu einer weiteren Fragmentierung der Branche führte. Bei der Vergabe geht es längst nicht mehr um die Bündelung unterschiedlicher fachlicher Kompetenzen, sondern zunehmend um die Kostensenkung (vgl. Kapitel 8).

Schließlich ist zu beobachten, dass in der Bauwirtschaft nicht nur die Produkt-, sondern auch die Arbeitsmärkte stärker reguliert sind als in anderen Branchen. Da die Qualität von Bauwerken nur von Fachleuten beurteilt werden kann und zudem Mängel oft erst nach einiger Zeit auftreten, müssen die Qualität, der Umwelt-, Unfall- und Gesundheitsschutz schon in den Produktmaterialen und den Bauprozessen gesichert werden, wozu überall in der Welt zahlreiche Vorschriften entwickelt wurden. Eine gute Ausbildung der Arbeitskräfte ist eine der wichtigsten Voraussetzungen für qualitativ hochwertige Arbeit und die Abwendung von Gefahren, die beim Bauen für die Beschäftigten und auch die Allgemeinheit entstehen können (Bosch/Rehfeld 2006). Die Bauwirtschaft mit ihren vielen kleinen Betrieben und der hohen Fluktuation der Beschäftigten ist ein gutes Beispiel für Marktversagen in hochvolatilen Märkten. Eine ausreichende Zahl von Fachkräften kann nur durch Regulierungen sichergestellt werden. Diese Regulierungen reichen von Zugangsregelungen zum Arbeitsmarkt, wie der Meisterpflicht in Deutschland oder dem licensing in angelsächsischen Staaten bis hin zur Finanzierung der Aus- und Weiterbildung über eine Umlage. Die Analyse der besonderen deutschen Regulierungen ist ein zentrales Anliegen dieses Buchs (vgl. Kapitel 4–8).

Literatur

Azari-Rad, Hamid/Philips, Peter/Prus, Mark J. (Hg.) (2005), *The Economics of Prevailing Wage Laws*, London.

Bauer, Hermann (2007), *Der Baubetrieb*, 3., vollst. neubearb. Aufl., Berlin/Heidelberg/New York.

Bauprofessor.de (2021): Arbeitsgemeinschaft (Bau-ARGE), letzter Zugriff: 08.07.2021, https://www.bauprofessor.de/arbeitsgemeinschaft-bau-arge/

Bock, Hubert (1996), Große Bauunternehmen auf dem Weg zum Dienstleister – Neue Anforderungen, Risiken und Chancen für das Baumanagement, in: Steinmann, Rolf/Haardt, Günter (Hg.), *Die Bauwirtschaft auf dem Weg zum Dienstleister: Neue Anforderungen an das Baumanagement.* Baden-Baden, S. 27–37.

Bosch, Gerhard/Wagner, Alexandra (2002), Dienstleistungsbeschäftigung in Europa: ein Ländervergleich, in: Bosch, Gerhard/Hennicke, Peter/Hilbert, Josef/Kristof, Kora/Scherhorn, Gerhard (Hg.), *Die Zukunft von Dienstleistungen: ihre Auswirkung auf Arbeit, Umwelt und Lebensqualität,* Frankfurt/M., S. 41–62.

Bosch, Gerhard/Philips, Peter (Hg.) (2003a), *Building Chaos. An international comparison of Deregulation in the Construction Industry,* London.

Bosch, Gerhard/Philips, Peter (2003b) ›Introduction‹, in: Bosch, Gerhard/Philips, Peter (Hg.), *Building Chaos. An international comparison of Deregulation in the Construction Industry,* London, S. 1–23.

Bosch, Gerhard/Rehfeld, Dieter (2006), Zukunftschancen für die Bauwirtschaft: Erkenntnisse aus der Zukunftsstudie NRW, in: *Informationen zur Raumentwicklung,* Nr. 10, S. 539–552.

BWI-Bau (Hg.) (2013), *Ökonomie des Bauarbeitsmarktes. Grundlagen und Handlungsoptionen: Zwischen Leistungsversprecher und Produktanbieter,* Berlin/Heidelberg/New York.

Bundesministerium der Finanzen (2020), *AfA-Tabelle für die allgemein verwendbaren Anlagegüter (AfA-Tabelle ›AV‹),* letzter Zugriff: 26.07.2021, https://www.bundesfinanzministerium.de/Content/DE/Standardartikel/Themen/Steuern/Weitere_Steuerthemen/Betriebspruefung/AfA-Tabellen/Ergaenzende-AfA-Tabellen/AfA-Tabelle_AV.html.

Charest, Jean (2003), Labor market regulation and labor relations in the construction industry: the special case of Quebec within the Canadian context, in: Bosch, Gerhard/Philips, Peter (Hg.), *Building Chaos. An international comparison of Deregulation in the Construction Industry,* London, S. 95–113.

CITB (2021), The history of CITB, from its set-up in 1964, key milestones, to present day and looking ahead to the future, letzter Zugriff: 09.12.2021, https://www.citb.co.uk/about-citb/what-we-do/history/

Commission de la construction du Québec (2021a), *Statistiques annuelles de l'industrie de la construction 2020,* Montreal.

Commission de la construction du Québec (2021b), Qui somes-nous?, letzter Zugriff: 09.12.2021, https://www.ccq.org/fr-CA/En-tete/qui-sommes-nous

Deutsche gesetzliche Unfallversicherung (2021): Meldepflichtige Arbeitsunfälle je 1.000 Vollarbeiter nach Bereich und Berufsgenossenschaft, Berlin, letzter Zugriff 03.01.2022, https://www.dguv.de/de/zahlen-fakten/au-wu-geschehen/au-1000-vollarbeiter/index.jsp

Europäisches Zentrum für die Förderung der Berufsbildung (Cedefop) (2021), CITB (Construction Industry Training Board) *levy/Industrial Training Levy. Great Britain. Database on financing apprenticeships in the EU,* letzter Zugriff:

26.07.2021, https://www.cedefop.europa.eu/en/tools/financing-apprenticeships/financing-instruments/citb-levyindustrial-training-levy-construction.

Eurostat (2021), Erwerbstätige, Bruttowertschöpfung und Investitionen der Bauwirtschaft in der EU 27 und ausgewählten Ländern 2020, letzter Zugriff: 01.02.2022, https://ec.europa.eu/eurostat/de/data/database

Harvey, Mark (2003), Privatisation, fragmentation, and inflexible flexibilization in the UK construction industry, in: Bosch, Gerhard/Philips, Peter (Hg.), *Building Chaos. An international comparison of Deregulation in the Construction Industry*, London, S. 188–209.

Haipeter, Thomas/Slomka, Christine (2014), *Industriebeschäftigung im Wandel: Arbeiter, Angestellte und ihre Arbeitsbedingungen. IAQ-Report 2014-06*, Universität Duisburg-Essen, Institut Arbeit und Qualifikation (IAQ).

Hauptverband der deutschen Bauindustrie (2021), *Bauwirtschaft im Zahlenbild Ausgabe 2021* (https://www.bauindustrie.de/zahlen-fakten/bauwirtschaft-im-zahlenbild)

Lichtblau, Karl (2008), *Wertschöpfungskette Bau: Analyse der volkswirtschaftlichen Bedeutung der wertschöpfungskette bau*, Institut der deutschen Wirtschaft, IW Consult GmbH, Köln.

Ormistan, Russell/Belman Dale/ Brockman Julie /Hinkel Matt (2019), Rebuilding residential construction, in: Osterman, Paul (Hg.) (2019), *Creating god jobs. An industry based strategy*, Cambridge, S. 75–113.

Philips, Peter (2003), Dual worlds: The two growth paths in US construction, in: Bosch, Gerhard/Philips, Peter (Hg.), *Building Chaos. An international comparison of Deregulation in the Construction Industry*, London, S. 161–188.

Plumpe Werner (1989), Wirtschaftlicher Überblick. Entwicklung und Struktur des deutschen Baugewerbes, in: Klönne, Arno/Reese, Hartmut/Weyrather, Ingeborg/Schütt, Bernd (Hg.), *Hand in Hand. Bauarbeit und Gewerkschaften. Eine Sozialgeschichte*, Frankfurt/M.

Przybylo, Jakob (2015), *BIM – Einstieg kompakt: Die wichtigsten BIM-Prinzipien in Projekt und Unternehmen*, Berlin.

Rußig, Volker/Deutsch, Susanne/Spillner, Andreas/Poppy, Wolfgang/Grefermann, Klaus/Hummel, Joachim/Streit, Peter/Uhlmann, Luitpold (1996), *Branchenbild Bauwirtschaft. Entwicklung und Lage des Baugewerbes sowie Einflußgrößen und Perspektiven der Bautätigkeit in Deutschland*. Schriftenreihe des ifo Instituts für Wirtschaftsforschung Bd. 141, Berlin/München.

Statistisches Bundesamt (2021), Volkswirtschaftliche Gesamtrechnung. Arbeitsunterlage Investitionen. Wiesbaden.

Syben, Gerd (1999), *Die Baustelle der Bauwirtschaft. Arbeitskräftepolitik und Unternehmensentwicklung auf dem Wege ins 21. Jahrhundert*, Berlin.

Yates, Wynton (2018): How do prevailing wage laws work in construction?, Blogbeitrag, letzter Zugriff: 08.07.2021, https://www.levelset.com/blog/prevailing-wage-laws/

3. Wirtschaft und Produktmarkt

3.1 Einleitung

Ohne genaue Kenntnis ihrer wirtschaftlichen Situation kann man die Arbeitsmarktsituation in einer Branche nicht verstehen. Diese Selbstverständlichkeit gilt für das Baugewerbe wegen einer Reihe von Besonderheiten noch mehr als für andere Branchen. In den jährlichen Berichten des Sachverständigenrates (»Fünf Weise«) oder anderen Analysen der konjunkturellen Entwicklung gelten die Bauinvestitionen als Frühindikator für die konjunkturelle Entwicklung und werden deshalb stärker als die Investitionen anderer Branchen beachtet. Zu dieser konjunkturellen Unstetigkeit gesellt sich überdies noch die saisonale, da die Bauproduktion mit dem Wetter und der ungleichen Verteilung von Aufträgen im Jahresverlauf schwankt.

Das Baugewerbe wird zwar zum sekundären Sektor gerechnet, da es materielle Güter erstellt. In seinen Produktionsstrukturen steht die Bauwirtschaft jedoch eher zwischen primärem, sekundärem und tertiärem Sektor (vgl. Kapitel 2). Vom Wetter abhängige Arbeit im Freien zählt zu den Gemeinsamkeiten mit dem primären Sektor. Die Ähnlichkeiten zum Dienstleistungssektor liegen in der besonderen Kundennähe bei der Ausführung der Arbeit und der Unmöglichkeit auf Lager zu produzieren, wodurch die Personalauslastung direkt an die Nachfrage gekoppelt ist. Die Ähnlichkeiten zum sekundären Sektor werden u. a. in der zwischenbetrieblichen Arbeitsteilung sichtbar. Wie in der Automobilindustrie und anderen Industriebranchen sind mittlerweile hierarchisierte Zulieferketten aufgebaut worden. Einige Unternehmen, vor allem die großen und mittleren, haben sich zu Generalunternehmern oder sogar zu Bau-Dienstleistern mit neuen über die klassische Bautätigkeit hinausgehenden Aktivitäten entwickelt. Als Organisatoren einer verlängerten Wertschöpfungskette kaufen sie zunehmend Güter und Bauleistungen von anderen Unternehmen hinzu, die in die Rolle der abhängigen Zulieferer geraten. Die Arbeitsbedingungen der Beschäftigten hängen immer mehr davon ab, an welcher Stelle der verlängerten Wertschöpfungskette sie eingesetzt werden (vgl. Kapitel 2).

Mit den wirtschaftlichen Ausgangsbedingungen der Bauwirtschaft wollen wir uns im Folgenden beschäftigen. Dabei wird zunächst eine kurze Übersicht über die Produzentengruppen des Baugewerbes vermittelt (Abschnitt 3.2), bevor die Bedeutung des Baugewerbes für die Gesamtwirtschaft verdeutlicht (Abschnitt 3.3) und die Branche im Konjunkturzyklus analysiert wird (Abschnitt 3.4). Anschließend werden wir bestimmte Unternehmensstrategien und ihre Veränderungen in den letzten Jahren untersuchen (Abschnitt 3.5) und schließlich den Trend zu kleineren Betriebseinheiten und zum Nachunternehmertum nachzeichnen (Abschnitt 3.6).

3.2 Die Produzentengruppen des Baugewerbes

Das Bauhauptgewerbe ist die größte Produzentengruppe in der Bauwirtschaft. Zu den weiteren Sparten gehören das Ausbaugewerbe, die sogenannten übrigen Produzenten, Dienstleister und das verarbeitende Gewerbe. Zum Bauhauptgewerbe zählen laut aktueller Klassifikation der Wirtschaftszweige der Bau von Gebäuden im Hochbau, der Tiefbau, Abbrucharbeiten und vorbereitende Baustellenarbeiten sowie die sonstigen spezialisierten Bautätigkeiten (Statistisches Bundesamt 2021d: 5). Zu beachten ist, dass die Abgrenzungen der Branchen in der amtlichen Statistik nicht exakt die Abgrenzungen der Tarifverträge widerspiegeln. So erfasst der Geltungsbereich der Tarifverträge des Bauhauptgewerbes etwa nicht das Dachdeckerhandwerk, dafür jedoch die Fliesenleger (HDB 2019: 25).

Innerhalb des Bauhauptgewerbes ist der Hochbau mit 37 Prozent Umsatzanteil am Gesamtumsatz die stärkste Sparte, gefolgt vom Tiefbau mit rund 32 Prozent. Hochbau bedeutet vereinfachend dargestellt die Errichtung des Rohbaus, also des Skeletts von neuen Gebäuden aller Art. Das auf vielen Hochbaustellen zelebrierte »Richtfest« signalisiert das Ende der Rohbauphase. Zum Tiefbau zählen insbesondere der Straßen- und Verkehrswegebau sowie artverwandte Tätigkeiten wie beispielsweise der Rollfeldbau, Pflasterarbeiten, Bau von Sportanlagen und die sogenannten »Schwarzdeckenarbeiten« (Asphaltieren und Teeren).

Steht ein Rohbau oder sollen bestehende Bauten und Einrichtungen baulich verändert werden, dann beginnt die Arbeit des Ausbaugewerbes. Allein

Abbildung 3.1: Bauinvestitionen in Deutschland nach Produzentengruppen. Anteil an den gesamten Bauinvestitionen in Prozent, in jeweiligen Preisen

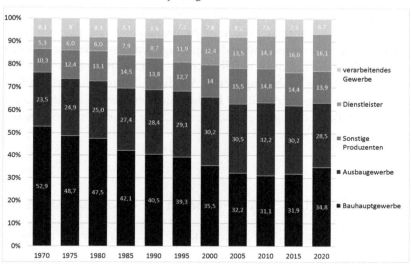

Quelle: Statistisches Bundesamt 2021e

auf die zwei Gewerke Elektroinstallation sowie das Gas-, Wasser-, Heizungs-, Lüftungs- und Klimagewerbe entfallen über 63 Prozent des Umsatzes. Weitere wichtige Gewerke sind: Maler- und Lackierergewerbe, Klempnerei, Gas- und Wasserinstallation, Bautischlerei, Stuckateurgewerbe, Gipserei und Verputzerei, Fließen-, Platten- und Mosaiklegerei sowie Fassadenreinigung.

Die Gruppe »sonstige Produzenten« umfasst Eigenleistungen der Investoren, Aufwendungen für Außenanlagen, Eigenleistungen privater Haushalte sowie die vom Statistischen Bundesamt geschätzte Schwarzarbeit von gewerblichen Bauausführungen, für die keine Rechnungen ausgestellt werden. Zu den Dienstleistern zählen Architekten, Bau- und Vermessungsingenieure, Bauämter, Bauplanung, Immobilienmakler, Notare, amtliche Gebühren und die Grunderwerbssteuer. Zum verarbeitenden Gewerbe gehören der Stahl- und Leichtmetallbau, Holzbau, Fertigbau und Ausbauleistungen, wie etwa Fahrstühle, Rolltreppen, Solarmodule und Schlossereien.

In den letzten Jahrzehnten haben sich die Gewichte zwischen den Produzentengruppen des Baugewerbes deutlich verschoben (Abbildung 3.1). Der Anteil des Bauhauptgewerbes an den Bauinvestitionen ist von mehr als 50 Prozent 1970 auf mittlerweile ein Drittel zurückgegangen. Mit dem Wiederaufbau des zerstörten Deutschlands, dem Abschluss großer Infrastrukturprojekte (zum Beispiel dem Verkehrswegebau, Stadt- und Dorferneuerungsprogrammen) sowie weniger flächenintensiven Produktionskonzepten in der Industrie nahm vor allem der Bedarf an Neubauten und Verkehrseinrichtungen ab. Dadurch hat insbesondere das Ausbaugewerbe an Bedeutung gewonnen und überholte kurz nach der Wirtschafts- und Finanzkrise im Jahr 2010 sogar kurzzeitig das Bauhauptgewerbe. Auf diesen Wirtschaftszweig entfällt ein fast genauso großer Anteil der Bauinvestitionen wie auf das Bauhauptgewerbe. An Bedeutung gewonnen haben auch die »sonstigen Produzenten« und die Dienstleister.

3.3 Das Gewicht des Baugewerbes in der Gesamtwirtschaft

2020 wurde in Deutschland etwas mehr als jeder neunte Euro fürs Bauen ausgegeben. Dem Bruttoinlandsprodukt in Höhe von 3.368 Milliarden Euro standen Bauinvestitionen in der Größenordnung von 387 Milliarden Euro gegenüber, was einem Anteil von rund 11,5 Prozent entspricht. Seit den 1970er Jahren ist der Anteil der Bauinvestitionen am Bruttoinlandsprodukt und des Baugewerbes an der Bruttowertschöpfung zurückgegangen (Abbildung 3.2). Durch den wirtschaftlichen Aufschwung in den 1960er bis Anfang der 1970er Jahre und umfangreichen Bauinvestitionen in Wohn- und Gewerbegebäude, stieg der Anteil der Bauinvestitionen am BIP zwischenzeitlich sogar auf über 16 Prozent. Durch die mit der Wiedervereinigung verbundenen Aufbaumaßnahmen in den ostdeutschen Bundesländern wurde ein weiteres Zwischenhoch von über 14 Prozent erreicht. Durch den Abbau der kurzfristig aufgebauten Überkapazitäten nach der Wiedervereinigung sowie die öffentliche Sparpolitik, die vor allem die Bauinvestitionen betraf, fiel der Anteil der Bauinvestitionen am BIP bis 2005 auf 8,8 Prozent. Seitdem steigt die Bedeutung der Bauwirtschaft durch das Nachholen ausgebliebener öffentlicher Investitionen und Zusatzbedarfe im Wohnungsbau langsam wieder an und erreichte 2020 den höchsten Stand seit dem Jahr 2000. Zudem war das Baugewerbe 2020 einer der wenigen Wirtschaftsbereiche, der in der Corona-Krise mit 3,8 Prozent gegenüber 2019 einen positiven Beitrag zum Bruttoinlandsprodukt geleistet hat, während etwa das produzierende Gewerbe um 9,7 Prozent oder der Handel mit dem Gastgewerbe um 5,4 Prozent eingebrochen sind (Statistisches Bundesamt 2021d).

Abbildung 3.2: Anteil der Bauinvestitionen am Bruttoinlandsprodukt und Anteil des Baugewerbes an der gesamten Bruttowertschöpfung (in Prozent)

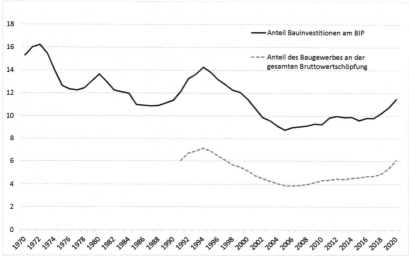

Quelle: Statistisches Bundesamt 2021d. Datenbasis in jeweiligen Preisen.

Für die langfristig abnehmende gesamtwirtschaftliche Bedeutung des Baugewerbes gibt es eine Reihe von plausiblen Gründen:

- Der Wiederaufbau der im Krieg zerstörten Städte, Infrastruktur und Produktionsanlagen war in den siebziger Jahren weitgehend abgeschlossen.
- In der Industrie haben sich die Produktionskonzepte mit erheblichen Konsequenzen für das Baugewerbe verändert. Die Industrieunternehmen konzentrieren ihre Fertigungsaktivitäten zunehmend auf wenige, leistungsfähige Standorte und haben durch Just-in-time Fertigung zudem ihre raumverbrauchenden Lager stark verringert, wodurch der Anteil des Bauens an den Anlageinvestitionen abnimmt. Während 1960 noch mehr als zwei Drittel der Anlageinvestitionen auf Bauten entfielen, war es 2020 nur noch rund die Hälfte.
- Der wachsende Dienstleistungssektor investiert weniger in Bauten als das schrumpfende produzierende Gewerbe. Zudem haben Investitionen in Maschinen, Fahrzeuge oder Software an Bedeutung gegenüber Bauinvestitionen gewonnen.

Die starken konjunkturellen Ausschläge der Bauwirtschaft können – wie wir in Kapitel 2 sahen – durch die Fiskalpolitik gemildert oder verstärkt werden. In Deutschland wurden die nachhaltigen Steuersenkungen Anfang der 2000er Jahre unter anderem durch radikale Einschnitte bei den öffentlichen Investitionen gegenfinanziert. Insbesondere bei den Gemeinden und Städten, auf die zwei Drittel der gesamten öffentlichen Baunachfrage entfallen, brachen die Bauinvestitionen ein. Der Anteil der öffentlichen Nachfrage nach Bauleistungen am gesamten Bauvolumen ist von über 30 Prozent 1970 auf inzwischen 12 Prozent im Jahr 2020 gesunken. Die öffentlichen Nettoinvestitionen konnten über viele Jahre den Ersatzbedarf nicht mehr decken und waren vor allem in vielen Gemeinden negativ. Man lebte also jahrelang von der Substanz (Abbildung 3.6). Weiterhin bremsten geringe Einkommenszuwächse und hohe Zinsen in Verbindung mit einer Nachfragesättigung die Nachfrage nach Häusern und Wohnungen bis zur Finanzkrise. Die Erholung der Bautätigkeit nach 2009 ist unter anderem auch Folge der massiven Zinssenkungen.

Da beim Bauen viele Vorleistungen wie Baumaterialien und Baustoffe, vorgefertigte Bauteile und Baumaschinen aus anderen Branchen bezogen werden, liegt der Anteil der Bruttowertschöpfung des Baugewerbes mit 6,1 Prozent im Jahr 2020 an der gesamtwirtschaftlichen Bruttowertschöpfung deutlich unter dem Anteil des Bauvolumens.

Definition der Bruttowertschöpfung und der Bauinvestitionen

Maßstab für die wirtschaftliche Leistungsfähigkeit der Wirtschaftsbereiche ist die Bruttowertschöpfung. Sie wird ermittelt, indem vom Produktionswert (Umsatz aus eigener Produktion) die Vorleistungen (zum Beispiel Rohstoffe, Vorprodukte, Handelswaren, Reparaturen, etc.) abgezogen werden.

Die Bauinvestitionen umfassen Bauleistungen an Wohnbauten und Nichtwohnbauten. Einbezogen sind mit Bauten fest verbundene Einrichtungen wie Aufzüge, Heizungs-, Lüftungs- und Klimaanlagen, gärtnerische Anlagen und Umzäunungen. Zudem ist der Wert der Dienstleistungen, die mit der Herstellung und dem Kauf von Bauwerken sowie mit den Grundstücksübertragungen verbunden sind (Leistungen der Architekten, Bau- und Prüfingenieure, Notare und Grundbuchämter), Bestandteil der Bauinvestitionen. Auch durch Unternehmen und Staat selbsterstellte Bauten sowie die Eigenleistungen der privaten Haushalte zählen dazu.

Quelle: Statistisches Bundesamt 2021d

Abbildung 3.3: Bauinvestitionen je Einwohner in Ost- und Westdeutschland (in Euro)

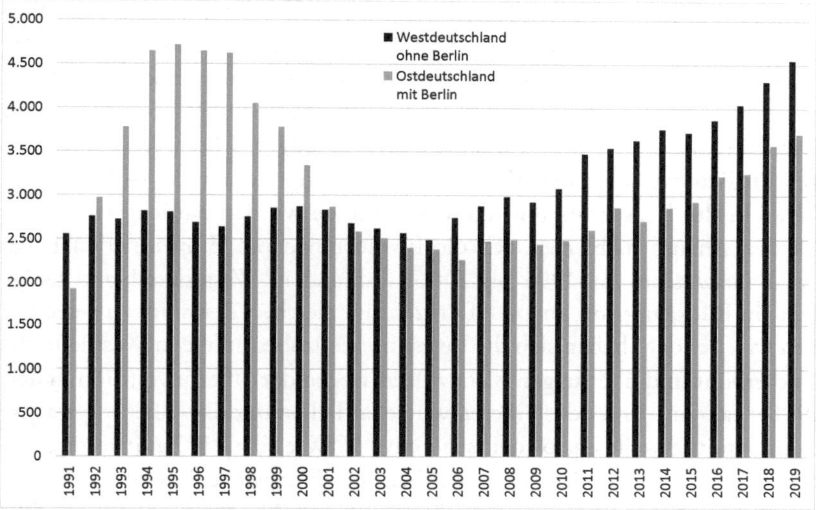

Quelle: HDB 2021. Angaben in jeweiligen Preisen der Bauinvestitionen

Die Investitionen je Einwohner haben sich in Ost- und Westdeutschland unterschiedlich entwickelt. Die Bauinvestitionen je Einwohner lagen in Ostdeutschland in den 1990er Jahren weit über dem westdeutschen Niveau (Abbildung 3.3). Die DDR hat jahrzehntelang von der Substanz der Infrastruktur und der Betriebe, die vielfach noch aus den 1930er und 1940er Jahren stammten, gelebt, so dass sich nach der Wiedervereinigung ein beträchtlicher Erneuerungsbedarf ergab. Die schnelle Zunahme der Baunachfrage in den neuen Bundesländern wurde durch die hohen Finanztransfers der öffentlichen Hand, mit denen Bauinvestitionen gefördert wurden, und die vielfältigen Steuervergünstigungen für Bauinvestitionen möglich.

Die hohe Baunachfrage in den neuen Bundesländern konnte so rasch bedient werden, weil bestehende Produktionskapazitäten erhalten und neue rasch aufgebaut wurden. Im ostdeutschen Baugewerbe ist es nach der Wiedervereinigung nicht zu der gleichen massenhaften Vernichtung von Kapazitäten gekommen wie in großen Teilen des produzierenden Gewerbes, da der Baubedarf wegen der Standortgebundenheit des Bauens nur in den neuen Ländern selbst gedeckt werden konnte. Westdeutsche Unternehmen konnten eben nicht Bauwerke von West- nach Ostdeutschland exportieren, sondern mussten in den neuen Ländern, um auf dem ostdeutschen Markt präsent zu sein, eigene Produktionskapazitäten durch Übernahmen oder Neugründungen aufbauen (Stolt/Syben 1996). Das Baugewerbe war daher der wichtigste Wachstumsmotor in Ostdeutschland zwischen 1991 bis 1995.

Das Jahr 1995 markierte den konjunkturellen Wendepunkt im ostdeutschen Baugewerbe. Mit dem allmählichen Abschluss des »Wiederaufbaus« in Ostdeutschland und dem Auslaufen der großzügigen Steuervergünstigungen für Bauinvestoren und Kapitalanleger verringerte sich das ökonomische Gewicht des Bausektors und die Investitionen wurden zurückgefahren. In Ostdeutschland halbierten sich die Investitionen pro Einwohner in Folge der Baurezession von 1995 bis 2006, während in Westdeutschland lediglich ein Rückgang von knapp elf Prozent im gleichen Zeitraum zu verzeichnen war. Seitdem haben sich die Investitionen insbesondere in Westdeutschland erhöht und übersteigen nicht zuletzt wegen der Unterinvestition in den 1990er Jahren – und des stärkeren wirtschaftlichen und Bevölkerungswachstums – mittlerweile das ostdeutsche Niveau. Wie sehr die Bauinvestitionen durch die unterschiedliche wirtschaftliche und finanzielle Situation der Bundesländer geprägt sind, zeigen die beträchtlichen Länderunterschiede. 2019 lagen die Bauinvestitionen je Einwohner in Bayern mit 6.680 Euro deutlich über denen in Nordrhein-Westfalen mit 3.017 Euro und Bremen mit nur 3.005 Euro. In Ostdeutschland steht Brandenburg mit 4.602 Euro an der Spitze, Schlusslicht ist Sachsen-Anhalt mit 2.696 Euro (HDB 2021).

Heute werden wesentlich mehr Vorleistungen anderer Branchen verbaut als früher. Damit hat sich ein Teil der Arbeitsplätze in andere Branchen verlagert. Diese Entwicklung spiegelt sich in der Art des Bauens wider. Es werden mehr Komponenten montiert (wie im Stahlbau oder durch den Einbau vorgefertigter Bauteile) und höherwertigere Produkte (zum Beispiel teure Installationen, Energiesparsysteme, Glas- oder Metallfassaden) in Gebäude als früher eingebaut. Der wachsende Anteil der Vorleistungen ist also sowohl Folge der Rationalisierung der Bautätigkeit als auch einer Verschiebung der Kundennachfrage.

Zu der seit 2010 durchweg positiven Umsatzentwicklung (Abbildung 3.4) hat überwiegend der Wohnungsbau beigetragen, der mit einem Umsatzanteil von rund 37 Prozent die bedeutendste Bausparte darstellt, gefolgt vom Wirtschaftsbau mit rund 35 Prozent, zu dem auch die Aufträge der Deutschen Bahn und Deutschen Telekom sowie von kommunalen Ver- und Entsorgern (Stadtwerke) zählen, wenn sie als rechtlich eigenständige Unternehmen am Markt auftreten. Der öffentliche Bau hat einen Umsatzanteil von 28 Prozent. Insbesondere die Bauunternehmen mit über 100 Beschäftigten erwirtschaften mit ca. 30 Prozent einen Großteil des Gesamtumsatzes der Branche (Statistisches Bundesamt 2021d). Nimmt man die Unternehmen mit einer Betriebsgröße von 50 bis 99 Beschäftigten hinzu, ist es sogar knapp die Hälfte (46 Prozent) des Umsatzes.

Abbildung 3.4: Gesamtumsatz im Bauhauptgewerbe (in Mrd. Euro), 1995–2020

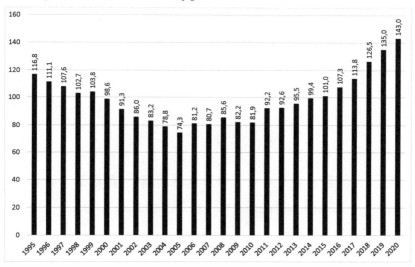

Quelle: Statistisches Bundesamt 2021a, 2021c, 2021d

Die Bedeutung des Wohnungsbaus wird beim Blick auf die Investitionen noch deutlicher. 2020 entfielen auf ihn 61,5 Prozent aller Bauinvestitionen, gefolgt vom Wirtschaftsbau mit 26,4 Prozent und dem öffentlichen Bau mit 12,1 Prozent (Statistisches Bundesamt 2021a; 2021c).

3.4 Das Baugewerbe im Konjunkturzyklus

Die Bauinvestitionen waren im Zeitraum von 1971 bis 1991 in Westdeutschland jahresdurchschnittlich real um 0,8 Prozent gestiegen, während die Gesamtwirtschaft im gleichen Zeitraum jährlich um 2,7 Prozent wuchs. Zwischen 1992 und 2020 betrug der Anstieg der Bauinvestitionen im Schnitt 0,7 Prozent, während sich das BIP im gleichen Zeitraum um jahresdurch-

Abbildung 3.5: Bruttoinlandsprodukt und Bauinvestitionen von 1971 bis 2020, preisbereinigt, Veränderungen gegenüber dem Vorjahr in Prozent

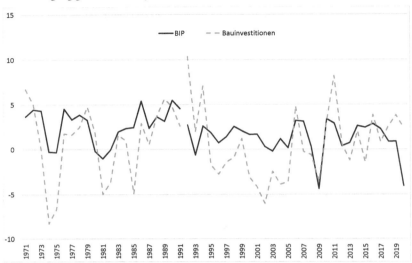

Werte bis 1991 nur für Westdeutschland; Werte ab 1992 für Gesamtdeutschland
Quelle: Statistisches Bundesamt 2021e

schnittlich 1,3 Prozent erhöhte. In solchen Durchschnittsgrößen ist der konjunkturelle Verlauf geglättet und die Turbulenzen wirtschaftlicher Konjunkturzyklen lassen sich nicht nachvollziehen. Schaut man sich hingegen die jährlichen Veränderungen dieser Größen an, so wird erkennbar, dass die konjunkturellen Ausschläge der Bauinvestitionen viel kräftiger sind als die der gesamtwirtschaftlichen Entwicklung (Abbildung 3.5). Für die hohe Konjunkturempfindlichkeit des Baugewerbes gibt es mehrere Gründe:

– Der Bauzyklus wird durch die Wohnungsbauinvestitionen dominiert; über 60 Prozent der Bauinvestitionen werden in dieser Bausparte getätigt. Sie sind abhängig von der Einkommensentwicklung der Privathaushalte, der Zinsentwicklung und von staatlichen Förderprogrammen. Wohnungsbauinvestitionen reagieren empfindlich auf eine Veränderung der wirtschaftlichen und politischen Rahmenbedingungen. Sie werden verstärkt getätigt in Phasen expansiven Wirtschaftswachstums, positiver Einkommenserwartungen und niedriger Zinsen und brechen am Ende eines Konjunkturzyklus, wenn die Zinsen hoch sind und die Arbeitsplatzunsicherheit zunimmt, besonders stark ein.

Abbildung 3.6: Nettoanlageninvestitionen der Gebietskörperschaften in Bauten in Milliarden Euro 1991–2020

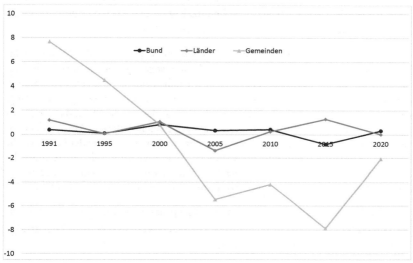

Quelle: Hauptverband der deutschen Bauindustrie 2021: 14

– Gewerbliche Bauinvestitionen sind häufig Ersatz- und Erweiterungsinvestitionen, die im Konjunkturabschwung bei unausgelasteten Kapazitäten als erstes zurückgenommen werden. Sie werden bei anspringender Konjunktur erst dann getätigt, wenn die vorhandenen Kapazitäten ausgelastet sind (vgl. Kapitel 2.5).

Die öffentliche Hand kann durch verlässliche Investitionsquoten zur Stabilität der Bauwirtschaft beitragen und durch eine antizyklische Konjunkturpolitik Rückgänge der privaten Baunachfrage kompensieren. Die Ausschläge der Baunachnachfrage erhöhen sich allerdings, wenn der Staat in einer Wirtschaftskrise auf eine antizyklische Fiskalpolitik verzichtet oder – noch schlimmer – wenn er durch nicht nachhaltige Steuersenkungen die öffentlichen Budgetprobleme verschärft und prozyklisch in der Krise spart. Genau eine solche Entwicklung war in den letzten beiden Jahrzehnten in Deutschland zu beobachten, als die öffentlichen Investitionen vor allem der Gemeinden, die überwiegend in die Bauwirtschaft fließen, teilweise sogar negativ waren, man also vorübergehend von der Substanz lebte (Abbildung 3.6).

In unseren Interviews wurde die Problematik der gesunkenen öffentlichen Investitionen ebenfalls angesprochen und auf das Dilemma des derzeitigen Investitionsstaus verwiesen. Gleichzeitig wurde jedoch angemerkt, dass dadurch die Auftragsbücher gegenwärtig voll seien:

»Die Schrödersche Steuerreform hat den Gemeinden praktisch alle Mittel für öffentliche Investitionen genommen, und wir waren sogar im negativen Bereich. Und das trifft die Bauwirtschaft als erstes. Also wir haben uns ja halbiert, wenn man es so nimmt. Und der Investitionsstau, der ist ja jetzt da. Brückenbau geht jetzt langsam los, Straßenbau, Tiefbau, also wir sind voll ausgelastet. Hochbau, da warten wir eigentlich immer noch ein bisschen auf die öffentlichen Aufträge. Also Schulen sanieren, das kommt ja noch, das muss gemacht werden. Von daher denke ich ist die Perspektive am Bau schon gut. Ich würde sagen, die nächsten zehn Jahre muss das nachgearbeitet werden, was in den letzten 15 Jahren nicht gemacht geworden ist.« (Interview Betriebsrat eines großen Bauunternehmens in Westdeutschland, 7/2020)

Manche Unternehmer merkten in den Gesprächen jedoch an, dass fehlendes Personal in den Bauämtern ein Problem sei, weshalb öffentliche Aufträge teilweise nicht realisiert werden könnten:

»Die öffentliche Hand ist in den Bauämtern ausgehungert. Da fehlt definitiv Personal, um die Mittel, die vorhanden sind, auszugeben. Das ist eine Situation im Bau, die haben wir lange nicht gehabt, ausreichend finanzielle Mittel zur Verfügung, die aber auf die Straße zu bringen, ist sehr schwer. Das sind die Nachwirkungen der ganzen Sparpolitik.« (Interview Unternehmer eines mittelständischen Betriebs in Westdeutschland, 07/2020)

Zum Teil spielen öffentliche Aufträge für die Unternehmen aber auch keine Rolle mehr, weil sie nicht lukrativ sind, da von Seiten der Politik nur auf den Preis und nicht auf die Qualität geschaut wird:

»Die öffentlichen Aufträge sind immer die schlechtesten Aufträge. Weil sie müssen immer der Billigste sein. Wenn Sie einen guten Industriebetrieb haben, wo sie zehn Jahre für arbeiten und die sind mit ihnen zufrieden, da kommen sie viel besser preislich zurecht, weil die wissen, sie sind verlässlich, sie kommen auch zwischen Weihnachten und Neujahr, wenn es sein muss. Da ist der Preis nicht so schlecht, wie bei einer öffentlichen Ausschreibung. Dann war es eben so, dass wir gesagt haben, wir müssen weg von der öffentlichen Hand, sonst gehen wir pleite.« (Interview Unternehmer eines mittelständischen Betriebs in Westdeutschland, 06/2020)

3.5 Unternehmensstrategien im Baugewerbe

Das Innenleben einer Branche, die schrumpft und hohe unausgelastete Kapazitäten hat, sieht völlig anders aus als das einer expandierenden Branche. In einer wachsenden Branche kommt es immer wieder zu Angebotsengpässen, es können Preiserhöhungen durchgesetzt und vor allem Sondergewinne abgeschöpft werden. Eine schrumpfende Branche hat hingegen Überkapazitäten, in der Konkurrenz um die abnehmenden Aufträge verschärft sich der Preiswettbewerb und die Gewinnmargen nehmen ab. Nur wenige Spezialisten und Innovatoren können Sondergewinne verzeichnen.

Die Veränderung aller wirtschaftlichen Parameter mit dem Übergang von einer wachsenden zu einer schrumpfenden Branche und dann wieder zu erneutem Wachstum lassen sich in der Bauwirtschaft beispielhaft beobachten. Noch Ende der siebziger Jahre, als die Baukonjunktur gut lief, konnten jährlich fast zweistellige Preiserhöhungen gegenüber den Vorjahren realisiert werden. Selbst während der tiefen Baukrise zu Beginn der 1980er Jahre gelang es den Baubetrieben, ihre Preise zu erhöhen und damit einen Teil der abnehmenden Nachfrage zu kompensieren. Zu relativ kräftigen Preissteigerungen kam es auch während des Baubooms nach der Wiedervereinigung, als in der Branche noch einmal Goldgräberstimmung aufkam. Mit dem Ende dieser »Goldmine« sanken ab 1996 erstmals in der Nachkriegsgeschichte die Baupreise in Ost- und Westdeutschland über einen längeren Zeitraum (Abbildung 3.7).[5] Dies ist ein deutliches Zeichen für hohe unausgelastete Kapazitäten und den daraus folgenden verschärften Kostenwettbewerb der Baubetriebe um ein schrumpfendes Bauvolumen. Die Kunden nutzten ihre stärkere Preissetzungsmacht, gaben knappe Festpreise vor und suchten sich dazu das passende Angebot aus.

Nach unterdurchschnittlichen und wenig auskömmlichen Steigerungen in der Baukrise zwischen 1995 und 2006, zogen die Baupreise nach 2007 zum Teil deutlich an, was beträchtliche Nachholeffekte signalisierte. Die positive konjunkturelle Entwicklung der Bauwirtschaft in den Jahren schon vor der Corona-Pandemie ermöglichte weiterhin eine überdurchschnittliche Preisentwicklung im Baugewerbe.

Die kontinuierliche Auslastung der Baukapazitäten wird für die Unternehmen durch die erhebliche Verkürzung der Bauzeiten erschwert. Der

---

5 Im Nachkriegsdeutschland gab es bis dahin nur im Jahr 1967 einen Rückgang der Baupreise gegenüber dem Vorjahr (bezogen auf Wohngebäude).

Abbildung 3.7: Veränderungen der Verbraucherpreise und Preisveränderungen für Wohngebäude gegenüber dem Vorjahr von 1963 bis 2020, in Prozent

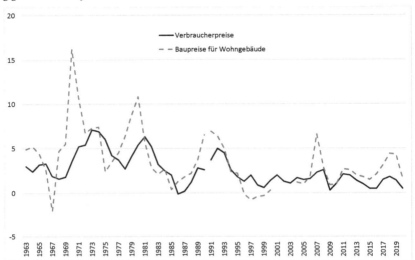

Werte bis 1990 nur für Westdeutschland. Baupreisentwicklung für 2001 bis 2003 nicht verfügbar.

Quelle: Statistisches Bundesamt 2021d

Rohbau eines typischen Eigenheims dauerte nach Auskunft von uns befragter Betriebe in den sechziger Jahren ungefähr ein halbes Jahr. Seitdem ist die Bauzeit mit gleichem Personal erheblich gesunken und liegt mittlerweile höchstens bei wenigen Monaten. Bei Fertighäusern liegt die Bauzeit sogar nur bei wenigen Tagen. Für die Unternehmen bedeutet das, dass sie zur gleichmäßigen Auslastung ihrer Kapazitäten deutlich mehr Aufträge wie früher brauchen und diese Aufträge zudem zeitgleich entsprechend ihren Kapazitäten steuern müssen. Das Vorhalten von Kapazitäten wird daher immer risikoreicher und die Auftragsakquisition ist hektischer als früher geworden.

Die Unternehmen reagieren auf den verstärkten Preiswettbewerb und die größeren Auslastungsprobleme mit mehreren Strategien. Zunächst einmal versuchen sie, ihre Fixkosten zu reduzieren. Vor allem größere Betriebe trennen sich zunehmend von ihren Maschinen bzw. lagern ihren Maschinenpark in Tochtergesellschaften aus und mieten die Maschinen nur für konkrete Projekte an, weshalb die Zahl der Maschinenverleiher zugenommen hat. Neben dem Effekt, dass diese Unternehmensteile unter Umständen nicht mehr unter die Tarifverträge des Baugewerbes fallen, erhöhen sie damit im Übrigen auch ihre räumliche Mobilität, da sie nicht mehr eigene Maschinen zu den Baustellen transportieren müssen, sondern in den verschiedenen lokalen Märkten mieten können. Weiterhin werden die Belegschaften verkleinert, um das Auslastungsrisiko zu verringern. Das Beschäftigungsrisiko wird zunehmend auf Nachunternehmen verlagert.

Gerade bei Standardtätigkeiten und im Massengeschäft (betonieren, mauern, verputzen oder einschalen), wo die Preise am stärksten unter Druck sind, werden die Kosten durch den Einsatz von preisgünstigeren ausländischen Firmen und Arbeitnehmern gesenkt. Um überhaupt noch Aufträge akquirieren zu können, wird auf der Grundlage von sog. Mischkalkulationen (ein Teil eigenes Personal, ein Teil billigeres ausländisches Personal) oder ausschließlich auf der Basis von Nachunternehmen mit äußerst knappen Preisen operiert (vgl. Kapitel 8).

Zum Teil wird der Preisdruck an Subunternehmer weitergegeben. Firmen, die aus sozialer Verantwortung und zur Sicherung der Qualität vorwiegend mit eigenen Arbeitskräften arbeiten wollen, können im Standardgeschäft im reinen Preiswettbewerb kaum noch mithalten, es sei denn, der Kunde honoriert andere Wettbewerbsparameter als den Preis, wie Termintreue, Spezialisierung oder Qualität. Insbesondere in den 1990er Jahren und Anfang der 2000er Jahre produzierte eine wachsende Zahl von Bauunternehmen unter diesen Konkurrenzbedingungen am Rande ihrer wirtschaftlichen Leistungsfähigkeit. Durch den konjunkturellen Nachfrageeinbruch schnellten die Konkurszahlen im Baugewerbe in die Höhe. Die Insolvenzhäufigkeit im Bauhauptgewerbe war im Jahr 2000 mehr als vier Mal so hoch wie in der Gesamtwirtschaft (Abbildung 3.8). Bis zum Jahr 2020 haben sich Insolvenzen im Bauhauptgewerbe zwar deutlich verringert, allerdings liegt die Häufigkeit immer noch doppelt so hoch wie in der Gesamtwirtschaft.

Mit rein defensiven Strategien der Kostensenkung allein können die Unternehmen ihre Zukunft nicht sichern. Sie müssen aktiver als in der Vergangenheit sein und mit offensiven Strategien Märkte sichern und erschließen. Solche Strategien, die in großbetrieblich strukturierten Sektoren, wie etwa der Automobilindustrie oder dem Bankensektor, eine Selbstverständlichkeit sind, fallen den Klein- und Mittelunternehmen der Baubranche schwer. Sie versuchen vor allem durch Qualitätssicherung und Qualitätsproduktion das Vertrauen zu ihren Stammkunden in ihren regionalen Märkten zu festigen (Böder 1998). Um größere Bauprojekte überhaupt realisieren zu können, schließen sich einige kleine Bauunternehmen zu Bietergemeinschaften mit dem Ziel zusammen, Leistungen »aus einer Hand« zu offerieren. Doch

Abbildung 3.8: Insolvenzhäufigkeit im Bauhauptgewerbe und der Gesamtwirtschaft, Insolvenzen bezogen auf 10.000 Unternehmen

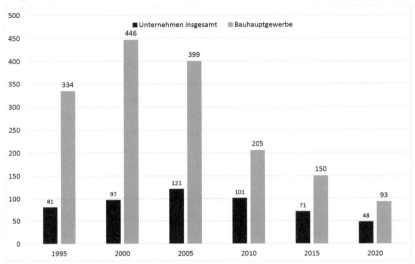

Quelle: Statistisches Bundesamt 2020b

die meisten Klein- und Mittelunternehmen sehen sich nach wie vor nur als »Bereitsteller« von Produktionskapazitäten, die Aufträge entsprechend den Wünschen und Anforderungen der Bauherren abarbeiten. Diese Betriebe beurteilen ihr Potential bei der Erschließung zusätzlicher Märkte und Nachfragerschichten sowie bei Produktinnovationen schon allein aufgrund begrenzter personeller Ressourcen äußerst skeptisch. Produktneuerungen kommen meistens von Kunden, Bauherren, Architekten, Baustoffherstellern oder durch gesetzliche Vorgaben. Innovationen, wie das ökologische und kostengünstige Bauen, das Niedrig- bzw. Passivenergiehaus oder eine flächenschonende Raumnutzung werden in der Regel von außen durch Forschung oder Rahmensetzungen durch die Politik in der Wohnungs- und Städtebauförderung angestoßen.

Beispielsweise war im Vergleich zum Ausland (insbesondere die Niederlande) in Deutschland das Bauen mit Fertigteilen und/oder vorgefertigten Teilen besonders im Wohnungsbau lange Zeit völlig unterentwickelt. Der Anteil des Fertigteilbaus im Wohnungsbau betrug 1990 lediglich 6,5 Prozent, ist allerdings kontinuierlich bis 2020 auf knapp 20 Prozent angestiegen (Abbildung 3.9). Dagegen spielte der Fertigteilbau bei Nichtwohngebäuden

Abbildung 3.9: Anteil Fertigteilbau bei Wohngebäuden und Nichtwohngebäuden, in Prozent

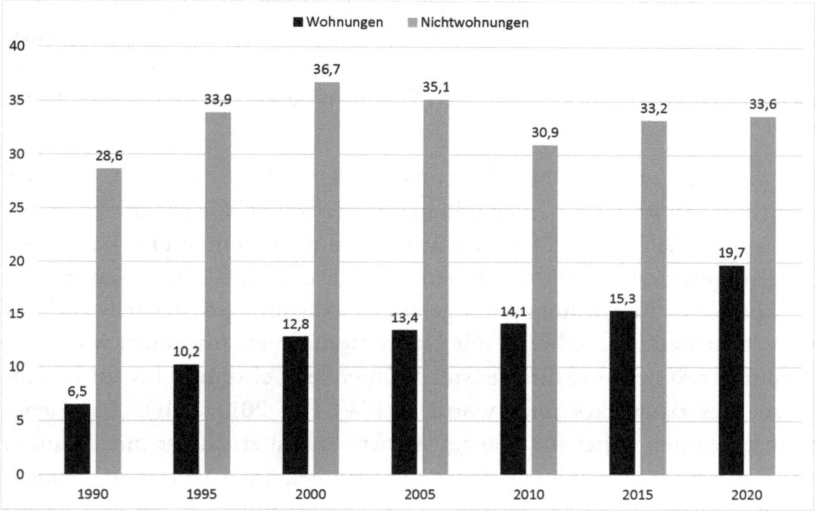

Jahr	Wohnungen	Nichtwohnungen
1990	6,5	28,6
1995	10,2	33,9
2000	12,8	36,7
2005	13,4	35,1
2010	14,1	30,9
2015	15,3	33,2
2020	19,7	33,6

Quelle: Statistisches Bundesamt 2021b

(Büro-, Betriebs- und Schulgebäude) schon länger eine größere Rolle und bewegt sich in den letzten 30 Jahren relativ konstant bei rund einem Drittel aller gebauten Nichtwohngebäude.

> **Fertigteilbau**
>
> Die amtliche Statistik definiert ein Bauwerk bzw. ein Gebäude dann als Fertigteilbau, wenn tragende Fertigteile, zum Beispiel. großformatige Wandtafeln für Außen- oder Innenwände, verwendet werden. Fertigbauteile sind tragende oder nichttragende, mit Anschlussmitteln versehene Bauteile, die nicht an der Einbaustelle hergestellt wurden. Sie müssen mit Hilfe ihrer Anschlussmittel und ohne weitere Bearbeitung zum Bauwerk zusammengefügt werden können. Nicht unter diese Definition fallen vorgefertigte Bauteile wie Treppen, Fenster- und Türstürze oder Licht- und Kabelschächte.

In einem Interview mit einem Verbandsvertreter des Baugewerbes vermutete dieser, dass gerade im Wohnungsbau der Fertigteilbau weiter zunehmen wird:

»Das ist auch ein Phänomen im Geschosswohnungsbau, wo Sie durch den Fertigteilbau Zeitersparnis haben. Gerade jetzt, wo alle dringend Wohnraum schaffen wollen, aber die Kapazitäten an natürliche Grenzen stoßen. Da ist das durchaus eine Möglichkeit das zu beschleunigen und wenn das in größerem Maße passiert, dann kann auch durch die Skaleneffekte bezahlbarer Wohnraum geschaffen werden.« (Interview HDB NRW, 09/2019)

Die mittleren und größeren Bauunternehmen verfügen über ein breiteres Spektrum von strategischen Handlungsmöglichkeiten. Sie haben sich in den vergangenen Jahrzehnten fast alle zu Generalunternehmen und Baudienstleistern entwickelt und übernehmen, je nach eigenem Leistungsspektrum, die komplette Abwicklung eines gesamten Bauauftrages, der teilweise mit eigenen Leuten und teilweise mit Nachunternehmen ausgeführt wird. Generalunternehmen sind für alle bauausführenden Leistungen bis zur Endabnahme des Bauwerkes verantwortlich (BWI-Bau 2013: 151f). Das Generalunternehmen haftet für Mängel »seiner« Subunternehmer mit. Insofern muss es daran interessiert sein, Nachunternehmen unter Vertrag zu nehmen, die mängelfreie Arbeiten abliefern. Der Bauherr bzw. der von ihm beauftragte Architekt hat bezüglich der Bauleistungen nur einen Ansprechpartner. Zu Generalunternehmen zählen auch kleine und mittlere Unternehmen, die neben ihrem traditionellen Baugeschäft (lediglich Bauausführung in ihrer Sparte) auch als Generalunternehmen für Bauherren tätig werden. Das schlüsselfertige Eigenheim ist ein typisches Produkt regional ansässiger Klein- und Mittelunternehmen. Größere, überregional tätige Generalunternehmen verfügen über ein flächendeckendes Netz von zuverlässigen Nachunternehmen verschiedener Gewerke.

Es gibt aber auch Generalunternehmen, die nicht nur Bauaufträge übernehmen, sondern darüber hinaus ihre Wertschöpfungskette durch die Integration weiterer dem Bauen vor- und nachgelagerter Bereiche ausweiten. Sie übernehmen die Grundstücksbeschaffung, die Projektentwicklung und -finanzierung, die Entwurfs- und Planungsarbeiten, den gesamten Bauprozess, das Vermarkten des Bauwerkes und sorgen sogar für die kostengünstigste organisatorische, technische und kaufmännische Bewirtschaftung des Bauwerkes (BWI-Bau 2013: 216f.). Generalunternehmen dieser Art brauchen eine hohe Kapitalkraft, die gewöhnlich nur große Bauunternehmen und -konzerne haben, und es gehört eine Risikobereitschaft dazu, das Leistungsspektrum weit über das eigentliche Kerngeschäft hinaus auszudehnen. Der eigentliche Bauprozess wird nur noch in geringem Maße von eigenem Personal ausgeführt; die gewerbliche Beschäftigung wird daher auf ein Minimum reduziert und planende Angestelltentätigkeiten gewinnen an Bedeutung. Beispiele für solche Komplettlösungen rund um Gebäude sind die Hamburger Elbphilharmonie, die MesseCity Köln oder diverse Fußballstadien in ganz Deutschland. Damit verbunden ist oftmals die Gründung eigener Betreiber- und Finanzierungsgesellschaften. In diesem Zusammenhang wird auch davon gesprochen, dass sich vor allem größere Bauunternehmen immer häufiger auf dem Weg zum Dienstleister befinden (Steinmann/Haardt 1996).

Diese erweiterte Dienstleistungsrolle gegenüber dem Kunden wird zunehmend zur Überlebensnotwendigkeit für größere und auch mittlere Bauunternehmen, da sie mit ihren hohen Overheadkosten im klassischen Rohbaugeschäft kaum noch Geld verdienen können. Auf die Erschließung neuer Märkte innerhalb und außerhalb des Bauens zielt die Übernahme von Funktionen bei der Finanzierung, der Planung und Projektierung sowie bei der Vermarktung von Projekten. Größere Bauunternehmen nehmen etwa das »Missverhältnis zwischen sachlichem Bedarf an infrastrukturellen Baumaßnahmen und der Finanzkraft der öffentlichen Hand zum Anlass, Modelle privater Finanzierung und privaten Betriebs öffentlicher Infrastruktureinrichtungen zu fordern« (Ekardt u. a. 1992: 19). Das schon häufig praktizierte Modell, auch öffentlich-private Partnerschaft (ÖPP) genannt, sieht vor, dass private Bauträger die Bauleistung erbringen und finanzieren und gegebenenfalls sogar das Gebäudemanagement übernehmen. Es handelt sich in der Regel um eine langfristige, aber trotzdem zeitlich befristete, Vertragsbeziehung zwischen Staat und Privatunternehmen. Der Staat erstattet nach der Fertigstellung die Kosten des Projektes ratenweise in Form laufender Entgelt-Zahlungen und kann damit die Haushaltsbelastungen zeitlich strecken. Nach Ende der Raten fällt das Objekt in den Besitz der öffentlichen Hand, wird aber unter Umständen weiterhin durch Privatunternehmen bewirtschaftet. Insbesondere große Bauunternehmen verfolgen damit das Ziel, die Nachfrage, von der sie abhängig sind, selbst zu organisieren. Damit können sie zugleich die Zahlungseingänge während eines Jahres verstetigen, die bei öffentlichen Auftraggebern sonst häufig diskontinuierlich verlaufen. Die Bauindustrie geht schon länger davon aus, dass es besser sei, öffentliche Bauprojekte privat (vor-)zu finanzieren, als dass sie erst später oder sogar überhaupt nicht gebaut werden (Mayer 1996; Girmscheid 2010). Der HDB sieht große Vorteile in diesem Modell, das nach eigenen Angaben eine termin- und kostensichere Projektumsetzung gewährleistet, da die Privatunternehmen zunächst das finanzielle Risiko trägt (HDB 2020). Dagegen kritisiert der ZDB ÖPP-Projekte als unrentabel sowie intransparent und sieht eine klare Be-

Abbildung 3.10: Auslandsgeschäfte deutscher Baufirmen (in Milliarden Euro)

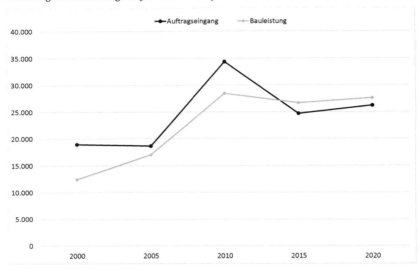

Quelle: HDB 2021

nachteiligung mittelständischer Unternehmen, die aufgrund der finanziellen Risiken faktisch von den Aufträgen ausgeschlossen würden (ZDB 2020).

ÖPP-Projekte werden sowohl im Hochbau als auch im Tiefbaubereich umgesetzt. Im Hochbau sind dies häufig Bildungseinrichtungen (zum Beispiel Schulen) und Verwaltungsgebäude (zum Beispiel Ministerien oder Rathäuser). Aber auch Krankenhäuser, Kultureinrichtungen oder Polizeistationen werden auf der Basis solcher Partnerschaften gebaut. Beim Tiefbau handelt es sich vorwiegend um Infrastrukturprojekte, etwa Autobahnen. Die Zusammenarbeit im Tiefbau umfasst in der Regel größere Projekte mit höherem Finanzvolumen als Hochbauprojekte. So gab es allein 2020 24 Projekte im Hochbau mit einem Gesamtinvestitionsvolumen von 425 Millionen Euro. Dagegen wurden lediglich zwei Projekte im Verkehrswegebau vergeben, aber mit einem Gesamtvolumen von knapp zwei Milliarden Euro (HDB 2021).

Zum Teil gehen deutsche Baubetriebe ins Ausland und profitieren dort von expandierenden Baumärkten, insbesondere in den osteuropäischen sowie asiatischen Ländern. Allerdings decken einige wenige Großunternehmen den Großteil des Auslandsbaus ab (zum Beispiel Hochtief). Der Rest entfällt auf wenige kleinere Firmen, die zumeist als Subunternehmer tätig sind

(BWI-Bau 2013: 6f.). Mit der Internationalisierung der Märkte können sich Baufirmen auch in bestimmten Segmenten (zum Beispiel Kraftwerksbau, Kühltürme, Dammbau, Flughäfen) spezialisieren, was sich in rein nationalen Märkten wegen der geringen Zahl entsprechender Aufträge nicht auszahlen würde. Andere Firmen fassen in Auslandsmärkten durch die Gründung von Niederlassungen oder die Beteiligung an regionalen Unternehmen Fuß (Girmscheid 2010). Da die Aufträge größtenteils im Ausland mit dortigen Arbeitskräften abgewickelt werden, können hierdurch heimische Kapazitäten allenfalls bei der Planung und Konzipierung ausgelastet werden. Im Wesentlichen geht es um den Aufbau von Ertragspolstern, die Erweiterung technisch-organisatorischer Kompetenz und die Sicherung weiterer Expansionschancen. Allein in den vergangenen zwei Jahrzehnten ist insgesamt eine Zunahme deutscher Bauaktivitäten im Ausland zu beobachten, auch wenn coronabedingt die Auftragseingänge und Bauleistungen zuletzt leicht rückläufig waren (Abbildung 3.10).

Die Ausweitung des Geschäftsfelds sowie die Internationalisierung großer Baufirmen führt zu einer Aufspaltung der Angebotsseite auf dem Baumarkt. Je mehr Funktionen größere Bauunternehmen übernehmen und je mehr technisch-organisatorische Kompetenz sie versammeln, desto mehr geraten Klein- und Mittelunternehmen in die nachgeordnete Rolle von Subkontraktoren. Neben den klassischen, auf den regionalen Markt orientierten und unabhängig operierenden kleinen und mittleren Unternehmen etwa des Wohnungsneubaus bilden sich zwischen Groß- und Kleinunternehmen hierarchische Abnehmer-Zulieferstrukturen heraus, die aus dem verarbeitenden Gewerbe schon seit längerem bekannt sind. Produziert wird zunehmend in Kooperationen über das einzelne Unternehmen hinaus – ein Trend, der durch die Entwicklung zu kleineren Betriebseinheiten noch beschleunigt wird.

3.6 Der Trend zu kleineren Betriebseinheiten und zum Nachunternehmertum

Ein markantes Strukturmerkmal des Bauhauptgewerbes war schon immer die Dominanz von Kleinst- (bis neun Beschäftigte) und Kleinbetrieben (zehn bis 20 Beschäftigte). Die meisten der Kleinst- und Kleinbetriebe haben sich auf die Ausführung eines bestimmten Gewerkes spezialisiert, das in einer bestimmten Phase des Bauprozesses nachgefragt wird. Die Fertigstellung eines Bauwerkes kann damit zwar von einem Generalunternehmen aus einer Hand angeboten werden, im Produktionsprozess selbst ist allerdings immer die Kooperation verschiedener Baubetriebe erforderlich. Insofern existiert im Baugewerbe seit jeher eine Arbeitsteilung zwischen den Baubetrieben und Betrieben anderer Gewerke und Branchen, die in den letzten Jahrzehnten infolge veränderter Unternehmensstrategien zugenommen hat. Die Verlängerung der Wertschöpfungskette, die zunehmende Delegation von Aufgaben an Nachunternehmen zur Kostensenkung und die Verlagerung des Auslastungsrisikos an kleinere Betriebe hat Spuren in der Betriebsgrößenstruktur der Baubranche hinterlassen. Obgleich sich große internationale Bauunternehmen herausgebildet haben, ist die ohnehin geringe durchschnittliche Betriebsgröße im Bauhauptgewerbe in den letzten Jahren noch weiter gesunken.[6]

Der Anteil der Kleinstbetriebe an der Gesamtzahl der Betriebe in Westdeutschland erhöhte sich von 54 Prozent im Jahr 1976 über mehrere Jahrzehnte bis 2010 auf rund 75 Prozent (Abbildung 3.11). Spiegelbildlich hat sich der Anteil und die Zahl der Betriebe mit mehr als zehn Beschäftigten an der Zahl der Betriebe und der Beschäftigten immer weiter reduziert. Da viele prekäre Scheinselbständige im Bauboom seit 2010 die Angebote einer Festanstellung bei einem Bauunternehmen annahmen, hat sich der Anteil der Kleinstbetriebe seitdem etwas verringert, lag 2020 aber mit 72 Prozent immer noch deutlich höher als in den Jahrzehnten zuvor. Im gleichen Zeitraum konnten Betriebe ab zehn Beschäftigte wieder etwas zulegen. 1976 hatten Baubetriebe im Schnitt noch 21 Beschäftigte. Bis Mitte der 1990er Jahre verringerte sich der Durchschnitt auf 19 und halbierte sich in der Baukrise bis 2006 sogar auf nur noch knapp neun Beschäftigte. Im anschließenden Boom nahm die durchschnittliche Betriebsgröße dann wieder auf knapp elf Beschäftigte zu.

---

6 Als Unternehmen gilt die rechtliche Einheit einschließlich ihrer Zweigniederlassungen und Betriebe sowie einschließlich der nicht zum Bereich des Bauhauptgewerbes gehörenden gewerblichen und nichtgewerblichen Unternehmensteile, aber ohne Zweigniederlassungen im Ausland und ohne rechtlich selbständige Tochtergesellschaften. Der »Betrieb« ist hingegen anders definiert. Als Einheit gilt der Baubetrieb und nicht die Baustelle oder das Bauunternehmen. Niederlassungen eines Bauunternehmens werden wie selbständige Betriebe behandelt. Ein Bauunternehmen kann also aus mehreren Betrieben bestehen.

Abbildung 3.11: Betriebsgrößenstruktur des deutschen Bauhauptgewerbes, Anteil der Betriebe mit ... Beschäftigten an der Gesamtzahl der Betriebe, in Prozent – verschiedene Jahre

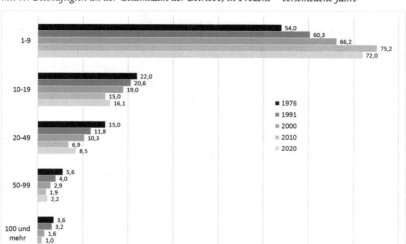

Werte für 1976: nur Westdeutschland

Quelle: Statistisches Bundesamt 2021a, 2021c (versch. Jahrgänge)

In Ostdeutschland wurde vor der Wiedervereinigung mit wesentlich größeren Baueinheiten, den sogenannten Baukombinaten, produziert (Stolt/Syben 1996). Mit der Privatisierung der Baukombinate sowie der Ausgliederung der verschiedenen Baufunktionen aus den Kombinaten sank die Betriebsgröße sehr rasch und begann sich dem westdeutschen Niveau anzugleichen.

Ein traditionelles Strukturmerkmal des Bauhauptgewerbes ist der Einsatz von Subunternehmen (Goldberg 1991: 109ff.; Girmscheid 2010). Zu dem klassischen Grund der zwischenbetrieblichen Kooperation infolge der fachliche Spezialisierung in unterschiedliche Gewerke kommt heute noch das Motiv der Ausnutzung von Kostendifferenzen zwischen in- und ausländischen bzw. tarifgebundenen und tarifungebundenen Betrieben sowie die Verringerung von Fixkosten durch große Stammbelegschaften und Maschinenparks hinzu. Gerade die ausländischen Subunternehmer können günstigere Preise bieten, da sie nur den bauspezifischen Mindestlohn zu zahlen haben und dies in der Praxis oft nicht tun (vgl. Kapitel 5 und 8).

Lohnarbeiten

Unter Lohnarbeiten ist zu verstehen, dass Bauunternehmen zur Abwicklung ihrer eigenen Aufträge wiederum Bauaufträge an andere Unternehmen vergeben, die in der betrieblichen Kostenrechnung als Ausgaben für Lohnarbeiten erscheinen. Unternehmen, die von Lohnaufträgen leben, werden als Nach- bzw. Subunternehmen bezeichnet.

Die Aufwendungen für Lohnarbeiten an den Kosten der Bauunternehmen mit mehr als 20 Beschäftigten haben sich durch den wachsenden Einsatz von Subunternehmen in den letzten Jahrzehnten deutlich erhöht (Tabelle 3.1). Der Anteil der Lohnarbeiten am Produktionswert des Bauhauptgewerbes hat sich von 13,5 Prozent 1975 auf 32,7 Prozent weit mehr als verdoppelt. Es liegt nahe, dass die Großbetriebe die bei weitem höchsten Anteile an Lohnarbeiten haben. Unternehmen mit mehr als 1.000 Beschäftigten haben ihren Personalkostenanteil zwischen 1975 und 2018 halbiert und den Kostenanteil für Nachunternehmer nahezu verdoppelt. Eine noch größere Dynamik kann man bei den Betrieben zwischen 20 und 99 Beschäftigten beobachten. Ihre Anteile an Lohnarbeiten haben sich seit 1975 mehr als vervierfacht. Die Ausgaben für Lohnarbeiten sind ungefähr so hoch wie die eigenen Lohnkosten. Deren Nachunternehmer sind dann in der Regel die ganz kleinen Unternehmen, die in dieser Statistik leider nicht mehr auftauchen bzw. die zunehmende Zahl ausländischer Werkvertragsnehmer.

Besonders ausgeprägt ist der Einsatz von Nachunternehmern im Hochbau mit einem Anteil der Lohnarbeiten am Bruttoproduktionswert von 45,1 Prozent im Jahr 2018. In den großen Hochbau-Unternehmen mit mehr als 1.000 Beschäftigten hatten die Lohnarbeiten sogar einen Anteil von 63,7 Prozent gegenüber 12,7 Prozent bei den Personalkosten. Dagegen lagen beim Tiefbau 2018 die Personalkosten mit einem Anteil von 27,5 Prozent sogar etwas höher als die der Lohnarbeiten mit einem Anteil von 24,7 Prozent. Vor allem der kapitalintensive Bau von Straßen oder Bahnstrecken wird von vielen Unternehmen aufgrund des Einsatzes von Spezialmaschinen mit eigenem Stammpersonal erledigt.

Im Vergleich mit dem verarbeitenden Gewerbe werden wiederum die besonderen Produktionsstrukturen der Bauwirtschaft deutlich. Im verarbeitenden Gewerbe wurden im Jahr 1975 nur 1,5 Prozent des Bruttoproduktionswertes für externe Lohnarbeiten aufgewendet. Bis 2019 stieg der Anteil

Tabelle 3.1: Anteile ausgewählter Kostenarten im Bauhauptgewerbe nach Beschäftigtengrößenklasse, in Prozent des Bruttoproduktionswertes 1975, 1998 und 2018

Unternehmen mit ... Beschäftigten	1975 (nur Westdeutschland)		1998		2018	
	Personalkosten	Lohnarbeiten	Personalkosten	Lohnarbeiten	Personalkosten	Lohnarbeiten
20–49	43,3	5,0	38,8	14,1	29,5	23,5
50–99	42,0	6,2	36,3	20,5	27,1	29,5
100–199	39,9	10,6	32,8	28,6	25,2	32,0
200–499	37,1	15,4	30,3	33,5	23,7	39,8
500–999	34,4	17,8	28,3	35,2	20,2	45,3
1.000 und mehr	36,0	23,9	25,1	49,1	17,9	40,7
Insgesamt	*39,2*	*13,0*	*32,7*	*28,8*	*25,0*	*32,7*

Personalkosten: Bruttolohn- und Gehaltssumme plus Sozialkosten (gesetzliche Sozialkosten plus sonstige gesetzliche und freiwillige Sozialkosten); Lohnarbeiten: Kosten für Fremd- und Nachunternehmerarbeiten.

Quellen: Statistisches Bundesamt 2020a, verschiedene Jahrgänge.

lediglich auf 2,5 Prozent. Den größten Kostenpunkt stellen Material- und Anschaffungskosten mit 56 Prozent dar. Die verarbeitende Industrie kauft fertige Vorprodukte ein, während die Bauwirtschaft Arbeitsleistungen zukauft.

In unseren Betriebsinterviews wurde bestätigt, dass Nachunternehmer mehr im Hochbau und weniger im Tiefbau eingesetzt werden. Ein Betriebsrat eines Baubetriebes, der Hoch- und Tiefbauleistungen anbietet erklärte dies folgendermaßen:

»Im Bereich des Hochbaus geben wir an Subunternehmer weiter. Der Hochbau wird von uns geplant und auch kontrolliert, das heißt also wir liefern das Personal bis zum Polier und danach haben wir Subunternehmer. Einfach weil es so günstiger ist. In den anderen Bereichen des Unternehmens, im Straßenbau, Erdbau und so weiter, da haben wir unseren eigenen Personalstamm. Denn in den Bereichen werden viele Baumaschinen eingesetzt und die Leute brauchen eine bestimmte Ausbildung oder zusätzliche Qualifikation. Das ist im Hochbau anders.« (Interview Betriebsrat eines mittelständischen Betriebs in Westdeutschland, 11/2020)

Bei der Auswahl von Nachunternehmen fahren die Betriebe unterschiedliche Strategien. Manche setzen auf dauerhafte und vertrauensvolle Kooperationen, weil sie sich auf ihre Nachunternehmer verlassen wollen und arbeiten nur dann weiterhin mit ihnen zusammen, wenn die Qualität der geleisteten Arbeit stimmt:

»Der soll sich mit uns auf Augenhöhe fühlen. Und wenn er sich mit uns auf Augenhöhe fühlt, dann werden wir auch immer die besten Mitarbeiter von dem kriegen. Das heißt, wir müssen ihn ordentlich behandeln, müssen ordentlich bezahlen. Wenn ich da nur drauf rumkloppe, muss ich jedes Mal einen anderen suchen. Das heißt, man hat sozusagen einen Stamm von Nachunternehmern, den man sich aufgebaut hat. Oder da kommt immer wieder mal einer zu oder geht mal einer weg. Aber in der Regel sind es die gleichen. Und wir haben eine Nachunternehmerbewertung intern. Wenn das Projekt mit dem abgerechnet ist, kriegt seine Akte ein Deckblatt, wo der zuständige Bauführer oder Bauleiter bewertet, waren die verlässlich, wie war die Qualität.« (Interview Unternehmer eines mittelständischen Betriebs in Westdeutschland, 06/2020)

Andere Unternehmen entscheiden jeweils pro Auftrag und beauftragen das Nachunternehmen mit dem günstigsten Angebot, wobei teilweise sogar einkalkuliert wird, dass eventuell nachgearbeitet werden muss:

»Das Hauptauswahlkriterium ist das Budget. Und klar, der Günstigste kriegt das. Es wird immer von Auftrag zu Auftrag neu vergeben. Das ist auch sehr risikoreich. Aber Ausfälle von Nachunternehmen nimmt man in Kauf. Da haben wir dann auch eigenes Personal, das dann teilweise nacharbeiten muss. Da haben wir auch ein Imageproblem, weil halt einfach die Qualität am Bau sinkt. Aber das wird in Kauf genommen. Das sind dann die wenigen Gewerblichen, die wir noch haben. Die werden für solche Zwecke dann eingesetzt.« (Interview Betriebsrat eines großen Bauunternehmens in Westdeutschland, 07/2020)

3.7 Zusammenfassung

Das Baugewerbe wuchs in Westdeutschland bis Ende der sechziger Jahre schneller als die Gesamtwirtschaft und zählte zu den wichtigsten Wachstumsmotoren der Nachkriegszeit. Nach Abschluss des Wiederaufbaus und großer Infrastrukturprojekte nahm das Gewicht des Baugewerbes in der Gesamtwirtschaft jedoch merklich ab. Dies gilt auch für Ostdeutschland nach Auslaufen des historisch einmaligen Wiedervereinigungsbooms. Das Baugewerbe schrumpfte zudem stärker als die Bauinvestitionen, da zunehmend ein größerer Anteil an Fertigteilen oder Installationen verbaut wird.

Das Bauhauptgewerbe zählt zu den konjunkturanfälligsten Branchen des produzierenden Sektors. Da es langlebige Konsum und Investitionsgüter produziert, die in Krisenzeiten als erste zurückgestellt werden, schwanken Bauinvestitionen wesentlich stärker als das gesamtwirtschaftliche Wachstum. Die Zahl der Betriebe in Deutschland ist zwar mit circa 79.000 etwas höher als 1991 mit knapp 72.000, hinter diesen fast stabilen Bestandszahlen verbirgt sich aber wegen der hohen Konjunkturreagibilität ein turbulentes Gründungs- und Schließungsgeschehen.

In den ersten Jahrzehnten der Bundesrepublik Deutschland hielten sich die konjunkturellen Ausschläge im Bauhauptgewerbe nach oben und nach unten in etwa die Waage. Durch das Auslaufen der ostdeutschen Sonderkonjunktur und die Austeritätspolitik waren die Ausschläge nach unten für ein Jahrzehnt viel stärker. Die Ertragspolster des Wiedervereinigungsbooms waren schnell aufgebraucht Die Baukrise nach 1995 ließ die Umsätze bis zum Tiefpunkt des Abschwungs um fast 40 Prozent einbrechen und die Insolvenzen in die Höhe schnellen. Seitdem wächst die Branche zwar wieder, konnte aber bis jetzt nicht wieder an die hohen wirtschaftlichen Leistungen der vorherigen Jahrzehnte anknüpfen.

Weiterhin hat sich das Auslastungsrisiko erhöht. Da sich die Bauzeiten drastisch verkürzt haben, benötigen die Baubetriebe heute zur kontinuierlichen Auslastung ihrer Beschäftigten ein vielfach höheres Auftragsvolumen als in den sechziger Jahren. In einer schrumpfenden Baubranche drängen unausgelastete Kapazitäten auf den Mark, so dass sich der Preiswettbewerb verschärft. In der Baukrise nach 1995 wandelte sich der Baumarkt vom Verkäufer- zum Käufermarkt. 1996 sanken in der Nachkriegsgeschichte die Baupreise erstmalig auf breiter Front. Nach moderaten Preissteigerungen zu Beginn der 2000er Jahre, die kaum die steigenden Kosten ausgleichen konnten, konnten die Preise erst ab 2007 wieder deutlich angehoben werden, nicht zuletzt, weil die Bauunternehmen im Boom nur noch für kostendeckende Aufträge bieten.

Die Unternehmen haben auf die Veränderungen ihres Produktmarktes mit unterschiedlichen Strategien reagiert. Vor allem die großen und mittleren Unternehmen selbst bis hinunter zu den kleinen Unternehmen mit bis zu 20 Beschäftigten haben ihre Fixkosten durch die Reduzierung der Stammbelegschaften und Ausgliederung ihres Maschinenparks verringert. In der Folge nahmen die Betriebsgrößen deutlich ab. Kleinere und mittlere Unternehmen versuchen, durch qualitativ gute Arbeit ihren Ruf auf den regionalen Märkten zu sichern, auf denen immer noch die meisten Bauaufträge vergeben werden.

Größere Firmen erschließen sich neue Märkte durch die Übernahme von Dienstleistungsfunktionen als Generalunternehmer und durch die Internationalisierung ihrer Bautätigkeit. Infolge dieser Strategien spaltet sich die Angebotsseite auf. Größere und auch mittlere Unternehmen beschäftigen oftmals kleinere Unternehmen als Subunternehmen. Da letztere das Auslastungsrisiko der Branche in besonderem Maße tragen, ist die Fluktuation der Kleinst- und Kleinunternehmen selbst im Boom hoch.

Wie im verarbeitenden Gewerbe bilden sich Hersteller- und Zulieferketten heraus, die allerdings wegen des unstetigen Baugeschäftes und des jeweils anderen Bedarfs an den Baustellen nicht die gleiche Stabilität haben, sondern bei jedem Bauwerk neu zusammengesetzt werden. Ein wachsender Anteil des Bruttoproduktionswerts geht in Form von Lohnarbeiten an Klein- und Kleinstunternehmen sowie an ausländische Anbieter. Die wichtigste Triebkraft bei der Expansion der Lohnarbeiten sind neben der Risikominderung die geringeren Lohnkosten der oft nicht tarifgebundenen heimischen Unternehmen und der ausländischer Werkvertragskräfte, die – wenn überhaupt – die Branchenmindestlöhne erhalten.

Literatur

Böder, Uwe (1998), *Qualitätsmanagement in der Bauindustrie. Eine Untersuchung zur Einführung eines Qualitätsmanagementsystems gemäß der Normenreihe DIN EN ISO 9000ff.* Diplomarbeit. Diplomstudiengang Sozialwissenschaften, Gerhard-Mercator-Universität/Gesamthochschule Duisburg.

BWI-Bau (Hg.) (2013), *Ökonomie des Bauarbeitsmarktes. Grundlagen und Handlungsoptionen: Zwischen Leistungsversprecher und Produktanbieter*, Berlin/Heidelberg/New York.

Ekardt, Hans-Peter/Löffler, Reiner/Hengstenberg, Heike (1992), *Arbeitssituation von Firmenbauleitern.* Frankfurt/New York.

Girmscheid, Gerhard (2010), *Strategisches Bauunternehmensmanagement. Prozessorientiertes integriertes Management für Unternehmen in der Bauwirtschaft*, 2. Bearbeitete und erweiterte Auflage, Berlin/Heidelberg.

Goldberg, Jörg (unter Mitarbeit von Joachim Eisbach) (1991), *Die deutsche Bauwirtschaft nach der Strukturkrise. Eine Bestandsaufnahme an der Schwelle des EG-Binnenmarktes*, PIW-Bremen.

HDB (Hauptverband der deutschen Bauindustrie) (2019), *Tarifsammlung für die Bauwirtschaft 2019/2020. Stand: Juni 2019*, Berlin.

HDB (Hauptverband der deutschen Bauindustrie) (2020), *Öffentlich-Private Partnerschaften (ÖPP)*, letzter Zugriff: 10.12.2021, https://www.bauindustrie.de/themen/news-detail/oeffentlich-private-partnerschaften-oepp

HDB (Hauptverband der deutschen Bauindustrie) (2021), *Bauwirtschaft im Zahlenbild*, Berlin.

Mayer, Lothar (1996), »Neue Unternehmensstrategien und Geschäftsfelder in der Bauwirtschaft am Beispiel der Philipp Holzmann AG«, in: Steinmann, Rolf/Haard, Günter (Hg.), *Die Bauwirtschaft auf dem Weg zum Dienstleister. Neue Anforderungen an das Baumanagement*, S. 57–70, Baden-Baden.

Statistisches Bundesamt (2021a), *Bauhauptgewerbe/Ausbaugewerbe/Bauträger*, Lange Reihen der jährlichen Betriebserhebungen 2020, Wiesbaden.

Statistisches Bundesamt (2021b), *Bautätigkeit und Wohnungen. Bautätigkeit 2020*, Fachserie 5, Reihe 1, Wiesbaden.

Statistisches Bundesamt (2021c), *Produzierendes Gewerbe. Tätige Personen und Umsatz der Betriebe im Baugewerbe 2020*, Fachserie 4, Reihe 5.1, Wiesbaden.

Statistisches Bundesamt (2021d), *Volkswirtschaftliche Gesamtrechnung. Inlandsproduktberechnung. Detaillierte Jahresergebnisse*, Fachserie 18, Reihe 1.4, Wiesbaden.

Statistisches Bundesamt (2021e), *Volkswirtschaftliche Gesamtrechnung. Inlandsproduktberechnung*, Lange Reihen ab 1970, Fachserie 18, Reihe 1.5, Wiesbaden.

Statistisches Bundesamt (2020a), *Produzierendes Gewerbe. Kostenstruktur der Rechtlichen Einheiten im Baugewerbe 2018*, Fachserie 4, Reihe 5.3, Wiesbaden.

Statistisches Bundesamt (2020b), *Unternehmen und Arbeitsstätten. Insolvenzverfahren Dezember 2020*, Fachserie 2, Reihe 4.1, Wiesbaden.

Steinmann, Rolf/Haard, Günter (Hg.) (1996), *Die Bauwirtschaft auf dem Weg zum Dienstleister. Neue Anforderungen an das Baumanagement*, Baden-Baden.

Stolt, Susanne/Syben, Gerd (1996), *Die Rationalität in der Transformation. Ostdeutsche Baubetriebe im Übergang in die Marktwirtschaft*, Berlin.

Zentralverband des deutschen Baugewerbes (ZDB) (2020), *Baugewerbe: ÖPP-Projekte im Autobahnbau sind intransparent, unwirtschaftlich und mittelstandsfeindlich*, Pressemeldung vom 22.01.2020, letzter Zugriff: 20.12.2020, https://www.zdb.de/meldungen/details/baugewerbe-oepp-projekte-im-autobahnbau-sind-intransparent-unwirtschaftlich-und-mittelstandsfeindlich

4. Beschäftigung und Arbeitslosigkeit im Bauhauptgewerbe

4.1 Einleitung

»Sei schlau, geh auf den Bau« hieß es in den Nachkriegsjahren. Das Bauhauptgewerbe boomte und man konnte dort mehr Geld als in anderen Branchen verdienen. Dafür wurden die gut bekannten Nachteile der unstetigen Beschäftigung wegen schlechten Wetters, stark schwankender Auftragslage und der geringen durchschnittlichen Betriebsgröße in Kauf genommen, da man sicher sein konnte, in der wachsenden Branche weiterbeschäftigt zu werden. Nach Abschluss des Wiederaufbaus in Westdeutschland und der baulichen Rekonstruktion Ostdeutschlands ging aber die Anzahl der Beschäftigten im Bauhauptgewerbe stark zurück und erreichte 2008 mit rund 715.000 Beschäftigten im Bauhauptgewerbe in Deutschland einen Tiefstand. Der Beschäftigungsabbau wurde zudem noch durch den Einsatz ausländischer Subunternehmen beschleunigt.

Obwohl die Beschäftigung seit 2008 wieder wächst, lassen die körperlich anstrengende Arbeit, eine im Unterschied zur Zeit vor der Widervereinigung relativ schlechtere Bezahlung (vgl. Kapitel 5), unsichere Beschäftigung, Gesundheitsrisiken und oft weite Anreisen zu den Baustellen eine Beschäftigung »auf dem Bau« in der heutigen Dienstleistungsgesellschaft weniger attraktiv erscheinen als früher. Vor allem bleiben die Beschäftigungsbedingungen dieser Branche, in der 2020 fast 900.000 Personen arbeiten und viele andere zuvor gearbeitet haben, der Gesellschaft nicht verborgen. Die Arbeitsplätze dieser Branche sind nicht hinter Fabriktoren verschlossen, sondern auf den Baustellen an jeder Straßenecke zu beobachten. Zudem erhalten die privaten Haushalte als einer der Hauptauftraggeber der Bauwirtschaft einen tiefen Einblick in den Sektor.

Übersehen werden allerdings die weiterhin großen Beschäftigungspotentiale, die das Bauhauptgewerbe bietet. Seit 2008 ist die Zahl der Beschäftigten von etwa 715.000 auf rund 898.000 im Jahr 2020 gewachsen. Der Investitionsstau vor allem bei öffentlichen Bauinvestitionen löst sich durch eine aktivere Fiskalpolitik langsam auf und viele Investitionen werden nachgeholt. Auch durch Zuwanderung und Wanderungsbewegungen vom Land in die Städte gab es in den letzten Jahren einen großen Bedarf an Neubauten. Wegen der Überalterung der Branche besteht in den nächsten Jahren ein großer Ersatzbedarf vor allem an qualifizierten Arbeitskräften. Zudem hat sich Bauarbeit durch den Einsatz neuer Technologien und moderner Formen der Arbeitsorganisation qualitativ gewandelt. Bei vielen Tätigkeiten haben sich mittlerweile die körperlichen Belastungen deutlich vermindert während gleichzeitig aber der Termindruck gestiegen ist. Obgleich Bauarbeit immer noch das Image der einfachen Muskelarbeit hat, ist sie längst Facharbeit geworden.

Diese unterschiedlichen Aspekte der Beschäftigungssituation im Bauhauptgewerbe sollen im Folgenden auf Basis eigener Auswertungen der Stichprobe der Integrierten Arbeitsmarktbiografien (SIAB) sowie Analysen von Daten des Statistischen Bundesamtes untersucht werden. Zunächst zeichnen wir die Entwicklung der Beschäftigung und ihrer Struktur seit den 1950er Jahren nach (Abschnitt 4.2). Anschließend untersuchen wir, wie sich die hohen Schwankungen der Bauaufträge auf die Beschäftigungssituation auswirken. Hier gelangt man nur zu einem vollständigen Bild, wenn man alle Formen der Anpassung des Arbeitsvolumens an die Bautätigkeit berücksichtigt. Ein Teil der Schwankungen wird innerbetrieblich durch flexible Jahresarbeitszeiten, Überstunden, das Saison-Kurzarbeitergeld und die Wintergelder (vgl. Kapitel 6) aufgefangen. Trotz der beachtlichen arbeitsmarktpolitischen Unterstützung der Beschäftigung in den Schlechtwetterperioden wechseln Bauarbeiter weiterhin häufiger als Beschäftigte vieler anderer Branchen ihren Betrieb. Wie sich die hohe Fluktuation der Branche auf die Stabilität der Baubeschäftigung und die Arbeitslosigkeit auswirkt, ist Thema des Abschnitts 4.3. Danach werden Berufswechsel und Arbeitslosigkeit von Bauarbeitern untersucht (Abschnitte 4.4 und 4.5). Nach der Wahrnehmung ihrer Beschäftigungssituation haben wir Bauarbeiter befragt. Wichtige Ergebnisse der Befragung werden in Abschnitt 4.6 zusammengefasst.

4.2 Niveau und Struktur der Beschäftigung

4.2.1 Vom Beschäftigungszugpferd zum Krisensektor und erneuten Wachstum

Das Bauhauptgewerbe war in den Nachkriegsjahren eine der wichtigsten Beschäftigungslokomotiven auf dem westdeutschen Arbeitsmarkt. Mit dem Wiederaufbau in Westdeutschland und den dann folgenden großen Infrastrukturprojekten wuchs dort die Zahl der Beschäftigten von rund 913.000 im Jahre 1950 auf den historischen Höchststand von 1,72 Millionen im Jahr 1964. Seitdem ging die Zahl der Beschäftigten in Westdeutschland aber zurück und hatte sich bis 2008 mit rund 534.000 Arbeitskräften auf etwa ein Drittel reduziert (Tabelle 4.1). Im Jahr 2008 waren in Westdeutschland nur noch 1,8 Prozent aller Beschäftigten im Bauhauptgewerbe tätig gegenüber rund 8 Prozent im Jahr 1964. In Ostdeutschland vollzieht sich nach der Wie-

Tabelle 4.1: Beschäftigungsentwicklung im Bauhauptgewerbe und Anteil der Beschäftigung im Bauhauptgewerbe an der Beschäftigung in der Gesamtwirtschaft 1950–2020

Jahr	Westdeutschland		Ostdeutschland		Deutschland	
	in Tsd.	Anteil an Gesamt in %	in Tsd.	Anteil an Gesamt in %	in Tsd.	Anteil an Gesamt in %
1950	913	6,1				
1960	1.415	7,0				
1964	1.720	8,0				
1970	1.567	7,0				
1980	1.263	5,3				
1990	1.043	4,1	327	4,5	1.394	4,2
1995	983	3,4	451	5,8	1.433	4,6
1996	912	3,4	433	6,1	1.345	3,9
2000	760	2,6	310	4,5	1.070	3,0
2008	534	1,8	181	2,7	715	2,0
2019	678	2,0	194	2,7	872	2,1
2020	698	2,1	200	2,8	898	2,2

Quelle: 1950 bis 1995 Bosch/Zühlke-Robinet (2000: 71); Andere Jahre: Statistisches Bundesamt 2004, 2009, 2011, 2020a, 2020b, 2020c, 2021. Ab 1996 Bruch in der Zeitreihe zur Beschäftigung in der Gesamtwirtschaft. Die Anteile an der Gesamtwirtschaft bis 1995 und ab 1996 sind nicht vergleichbar.

Tabelle 4.2: Arbeitskräftestruktur im deutschen Bauhauptgewerbe 1952–2020 (in Prozent) (bis 1973 Westdeutschland, ab 1991 Deutschland insgesamt)

	1952 WD	1964 WD	1973 WD	1991 D	1998 D	2002 D	2010 D	2020 D
Tätige Inhaber	7	5	5	4	5	7	7	6
Angestellte[1]	6	10	13	18	20	22	20	21
Kaufmännisch		4	6	9	10	11	–	–
Technisch		3	4	7	7	8	–	–
Poliere		2	3	3	3	3	–	–
Werkpoliere, Vorarbeiter	4	4	6	6	7	6	9	10
Facharbeiter	37	44	49	46	50	44	43	42
Fachwerker, Werker	37	34	25	22	16	17	16	17
Gewerbliche Auszubildende, Praktikanten	9	3	2	5	4	5	5	4
Alle[2]	1.063	1.716	1.588	1.396	1.177	896	727	898

[1] Einschließlich kaufmännische und technische Auszubildende Aufteilung in kaufmännische und technische Angestellte sowie Poliere ab 2007 nicht mehr angeben
[2] in 1.000
Quelle: Syben 1999: 107; Statistisches Bundesamt 2021

dervereinigung eine ähnliche Entwicklung – allerdings im Zeitraffer. Bis 1995 wuchs die Zahl der Beschäftigten im Bauhauptgewerbe um mehr als ein Drittel und ging seitdem auf einen Tiefstand von 181.000 im Jahr 2008 zurück. Seitdem wächst die Beschäftigung wieder, aber vor allem in Westdeutschland.

Wegen der insgesamt weiterhin noch stark erneuerungsbedürftigen Bausubstanz, ist in Ostdeutschland der Baubedarf immer noch höher als in Westdeutschland. Der Anteil der Beschäftigten im Bauhauptgewerbe an allen Beschäftigten lag 2020 daher mit 2,8 Prozent deutlich über dem westdeutschen Niveau von 2,1 Prozent.

4.2.2 Von der Muskel- zur Facharbeit

Die Arbeitskräftestruktur im deutschen Bauhauptgewerbe hat sich in den letzten 70 Jahren beträchtlich verändert. Aus den Zahlen in Tabelle 4.2 sind vor allem drei große Trends erkennbar und zwar die Abnahme der an- und ungelernten Fachwerker, die Zunahme des Anteils der Facharbeiter, zu denen die Werkspoliere und Vorarbeiter zählen, und die Zunahme des Anteils der kaufmännischen und technischen Angestellten.

Der Wandel in den Anforderungen an die Beschäftigten zeigt sich auch in der Qualifikationsstruktur der Beschäftigten in den Hoch- und Tiefbauberufen. Während 1980 fast 45 Prozent der in den Tiefbauberufen Beschäftigten keine abgeschlossene Berufsausbildung hatten, waren es 2017 nur noch 8,3 Prozent. In den Hochbauberufen ist dieser Anteil im gleichen Zeitraum von gut 26 Prozent auf 11 Prozent gesunken. Mittlerweile liegt durch den höheren Technisierungsgrad im Tiefbau der Anteil gering Qualifizierter unter dem in den Hochbauberufen, während es 1980 noch umgekehrt war. Rund 85 Prozent der Beschäftigten in den Hochbauberufen hatten im Jahr 2017 eine abgeschlossene Berufsausbildung, 4,5 Prozent sogar einen akademischen Abschluss. In den Tiefbauberufen hatten gut 83 Prozent eine Berufsausbildung und gut 8 Prozent eine akademische Ausbildung abgeschlossen.

Tabelle 4.3: Anteil der Beschäftigten ohne abgeschlossene Berufsausbildung (ohne Auszubildende)

Jahr	Hochbauberufe	Tiefbauberufe	Gesamtwirtschaft
1980	26,2	44,8	25,7
1990	16,4	27,8	16,2
2000	12,0	14,2	9,9
2010	10,2	10,0	8,1
2017	11,0	8,3	7,2

Quelle: Eigene Auswertung mit der SIAB 75-17; bis 1990 Westdeutschland, ab 2000 Deutschland insgesamt.

Stichprobe der Integrierten Arbeitsmarktbiografien (SIAB)

Die Datengrundlage für eigene Auswertungen bildet die faktisch anonymisierte Stichprobe der Integrierten Arbeitsmarktbiografien des IAB (Version 1975–2017). Der Datenzugang erfolgte über ein Scientific Use File, das über das Forschungsdatenzentrum der Bundesagentur für Arbeit (BA) im Institut für Arbeitsmarkt- und Berufsforschung zur Verfügung gestellt wurde (zur Datendokumentation Antoni u. a. 2019a, 2019b).

Der Datensatz basiert auf einer Stichprobe von 2 Prozent aller Sozialversicherungsmeldungen. Seit 1999 sind auch Minijobs enthalten. Die Daten reichen von 1975 bis 2017. Die Auswertungen zur Stabilität von Beschäftigung beziehen sich auf Vollzeitbeschäftigte. Alle anderen Auswertungen enthalten ab 1999 auch Minijobber.

Die Auswertung basiert auf der Klassifikation der Berufe 2010 (KldB 2010). Diese wurde von der BA im Jahr 2011 eingeführt. Vorher galt die KldB 1988. Im Jahr der Umstellung sind oft keine Berufsangaben vorhanden, daher wird dieses Jahr in den Auswertungen nicht ausgewiesen. Durch die Umstellung ergeben sich Brüche in den Zeitreihen. Vom Datenproduzenten werden für alle Jahre (1975 bis 2017) Berufe nach beiden Klassifikationen ausgewiesen. Dies ist möglich durch eine Umschlüsselung, durch die Fälle mit den alten Berufsbezeichnungen der neuen Klassifikation zugeordnet werden und umgekehrt. Wir verwenden die KldB 2010, weil hiermit die Brüche in den Zeitreihen deutlich kleiner sind als nach der alten Klassifikation. In nach Ost- und Westdeutschland differenzierten Auswertungen kann Berlin nicht aufgeteilt werden und wird komplett zu Westdeutschland gerechnet.

Die beiden ersten Trends der Abnahme von Hilfstätigkeiten und die Zunahme von Facharbeitern sind eng miteinander verschränkt. Untersuchungen zur Arbeitsorganisation auf den Baustellen zeigten schon in den 1990er Jahren, dass viele Hilfstätigkeiten durch Maschinen ersetzt worden sind und die verbleibenden auf den meisten Baustellen keine Vollzeittätigkeit mehr ausmachten, so dass sie von Facharbeitern übernommen wurden (Janssen/Richter 1983; Pahl u. a. 1995). Die starke Zunahme des Anteils von Fachkräften wurde durch die Reformen der Berufsausbildung möglich, die die Branche mit gut ausgebildeten Fachkräften versorgte (vgl. Kapitel 7). Das Leitbild der deutschen Berufsausbildung ist die autonome Handlungsfähigkeit in einem breiten Berufsfeld. Dies ermöglicht die Delegation der Verantwortung nach unten mit wenig Überwachung durch Poliere oder Vorarbeiter.

Diese Entwicklungen wurden in Betriebsinterviews schon Ende der 1990er Jahre mit folgenden betrieblichen Beispielen bestätigt (Bosch/Zühlke-Robinet 2000: 75ff.):

»Eine klassische Hilfsarbeitertätigkeit auf Baustellen war die ständige Versorgung der Maurer mit einer ausreichenden Zahl von Steinen sowie mit Mörtel. Helfer hatten einen um ein bis zwei Stunden früheren Arbeitsbeginn als Maurer, damit diese bereits bei Arbeitsbeginn ein gewisses Quantum an Steinen und Mörtel an ihrem Arbeitsplatz vorfinden konnten. Demgegenüber wird heute der Mörtel nicht mehr auf der Baustelle angesetzt, sondern fertig angerichtet von außen bezogen und Steine werden per Kran an die Arbeitsplätze befördert; das letztere geschieht dann allerdings – besonders auf kleinen Baustellen – durch die Fachkräfte selbst.« (Betriebsinhaber einer kleinen Hochbaufirma 1999)

»Unser Betrieb beschäftigt nur Facharbeiter. Schon allein aus dem Grund, weil es auf unseren Baustellen keine Poliere und Vorarbeiter (mehr) gibt, werden Facharbeiter eingesetzt. Jeder ist praktisch sein eigener Meister und Vorarbeiter zugleich. Wir müssen ohne Anleitungspersonal auskommen. Es wird von uns verlangt, dass wir alle anfallenden Arbeiten selbständig erledigen. Und dabei will der Chef Qualität sehen.« (Betriebsratsvorsitzender eines kleinen Hoch- und Tiefbaubetriebes 1999)

Besonders ausgeprägt ist die Abnahme einfacher Tätigkeiten im Tiefbau. Dieser Teil der Bauwirtschaft beschäftigte noch 1980 hohe Anteile von Beschäftigten ohne Berufsausbildung, etwa bei den Asphaltarbeiten im Straßenbau (Tabelle 4.3). Mittlerweile ist die Kapitalintensität dieser Tätigkeiten durch den Einsatz von Maschinen drastisch gestiegen. Die meisten der einfachen Tätigkeiten sind weggefallen und auf den Maschinen mit zum Teil komplexen elektronischen Steuerungen werden fast nur noch Fachkräfte eingesetzt.

Ein Teil der Hilfstätigkeiten vor allem im Hochbau wurde in Subunternehmen ausgelagert. Sie werden von legal oder auch illegal beschäftigten Werkvertragsarbeitnehmern ausgeführt und tauchen daher in der hiesigen amtlichen Statistik nicht auf. Allerdings entfiel der überwiegende Anteil des Rückgangs der Hilfstätigkeiten auf die Zeit vor 1990 also vor der Beschäftigung großer Gruppen ausländischer Werkvertragsnehmer, so dass man von realen Veränderungen der Bauarbeit und nicht nur von statistischen Artefakten ausgehen kann. Allenfalls der Rückgang der Hilfstätigkeiten zwischen 1990 und 1998 kann auf den Einsatz von Werkvertragsnehmern zurückgeführt werden. Allerdings müssen inzwischen auch die entsandten Werkvertragsarbeiter Berufserfahrungen in der Bauwirtschaft haben und arbeiten in Teams mit erfahrenen Leuten (vgl. Kapitel 8).

Das steigende Gewicht kaufmännischer und technischer Angestellter, die nach 2002 jedoch nicht mehr getrennt ausgewiesen werden, lässt sich zunächst einmal mit der in der gesamten Industrie zu beobachtenden Verschiebung von direkter Bauarbeit zu planenden Tätigkeiten infolge arbeitssparender Technologien und der Nutzung vorgefertigter Bauteile erklären. Hinzu kommen steigende Anforderungen an die Bau- und Kostenplanung, wozu auch die Beherrschung neuer Baunormen und Verfahren nicht nur zur Effizienzsteigerung, sondern auch zur Verbesserung des Klima- und Umweltschutzes zählen. Schließlich erfordern auch die neuen Geschäftsmodelle vor allem der mittleren und größeren Unternehmen höhere Angestelltenanteile. Viele Bauunternehmen beschränken sich längst nicht auf mehr auf das Bereitstellen von Bauwerken, die von anderen geplant und betrieben werden. Sie übernehmen selbst die Planung, entwickeln eigene Projekte, werden Generalunternehmer bzw. Generalübernehmer oder Dienstleister, die etwa Gebäude betreiben. Die Branchengrenzen zwischen Bauhauptgewerbe, den Planungsbüros und dem Facility-Management werden fließend. Durch diese »Vorwärts- bzw. Rückwerksintegration« (Syben 1999: vgl. Kapitel 3 und 8) entstehen vor allem neue Tätigkeitsfelder für technische und kaufmännische Angestellte. Man nehme hier nur das Beispiel eines Generalunternehmens, das kaum noch eigene gewerbliche Kräfte einsetzt. »Die Zahl und Vielfalt der Nachunternehmer wächst und mit ihnen Umfang und Probleme der terminlichen und sachlichen Steuerung. Aus Bauleitung wird Baumanagement, aus Untervergabe Logistik« (Syben 1999: 220).

Solche Geschäftsmodelle setzen allerdings eine gewisse Unternehmensgröße voraus, die nur wenige Bauunternehmen erreichen. Eine innere Tertiärisierung wie im verarbeitenden Gewerbe ist daher nicht in gleichem Maße festzustellen, und der Arbeiteranteil bleibt mit rund 75 Prozent im Bauhauptgewerbe weiterhin außergewöhnlich hoch. Der wichtigste Grund dafür ist sicherlich, dass die meisten der stark wachsenden Planungsleistungen nicht im Bauhauptgewerbe erstellt, sondern von separaten Dienstleistungsbranchen zugeliefert werden, was man als »äußere Tertiärisierung« bezeichnet (Bosch/Wagner 2002: Abschnitt 2). Die Bedeutung dieser äußeren Tertiärisierung lässt sich an Beschäftigungszahlen in den Architektur- und Ingenieurbüros erkennen. Im Jahr 2018 waren dort fast 700.000 Personen beschäftigt (Bundesingenieurkammer 2020), von denen ein nicht unerheblicher Teil Entwürfe, Planungen und Vermessungen für das Bauhauptgewerbe, aber auch für andere Branchen wie den Garten- und Landschaftsbau erstellt. Hinzu kommen noch weitere Dienstleistungstätigkeiten, vor allem aus dem Bereich der Finanzierung, da die langlebigen Bauprojekte meist über Kredite finanziert werden (vgl. Kapitel 2).

4.2.3 Altersstruktur und Austritte aus dem Erwerbsleben

Infolge der hohen Ausbildungsquoten in den 1990er Jahren (vgl. Kapitel 7) hat sich die Altersstruktur deutlich verbessert. Waren 1980 noch 34,5 Prozent der Beschäftigten in den Hoch- und Tiefbauberufen 45 Jahre und äl-

Abbildung 4.1: Altersstruktur in Hoch-/Tiefbauberufen und in der Gesamtwirtschaft (Anteile in Prozent)

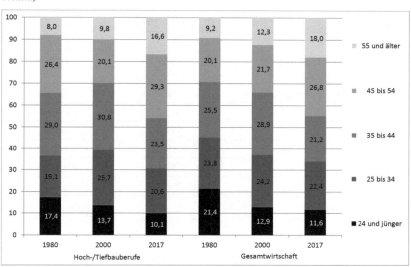

Quelle: Eigene Auswertung mit der SIAB 75-17; 1980 Westdeutschland, ab 2000 Deutschland insgesamt.

ter, waren dies im Jahr 2000 nur noch knapp 30 Prozent. In der Gesamtwirtschaft hingegen ist der entsprechende Anteil von gut 29 Prozent im Jahr 1980 auf 34 Prozent im Jahr 2000 gestiegen. Seitdem hat sich die Altersstruktur in den Bauberufen wie auch in der Gesamtwirtschaft durch die sinkende Ausbildungsquote und die gleichzeitige hohe Abwanderung jüngerer Beschäftigter in der Baukrise von 1995 bis 2005 deutlich verschlechtert. Im Jahr 2017 waren knapp 46 Prozent der Beschäftigten in den Hoch- und Tiefbauberufen 45 Jahre und älter gegenüber ungefähr 45 Prozent in der Gesamtwirtschaft (Abbildung 4.1).

Angesichts des demografischen Wandels ist eine höhere Erwerbsquote Älterer ein wichtiger Faktor, um die Fachkräftelücke nicht zu groß werden zu lassen (Bromberg u. a. 2012). Die Austrittsprozesse älterer Baubeschäftigter aus dem Erwerbsleben haben sich in den letzten Jahrzehnten durch die Schließung von Frühverrentungsmöglichkeiten und Anreize für eine längere Erwerbstätigkeit deutlich verändert. In Deutschland insgesamt ist die Erwerbsbeteiligung Älterer dadurch seit 2005 kontinuierlich gestiegen (Kaboth/Brussig 2020; Brussig 2016). Allerdings sind die Möglichkeiten einer längeren Erwerbstätigkeit nicht in allen Berufen gleich gut. Bauberufe gelten als ein Beispiel für Berufe mit begrenzter Tätigkeitsdauer (Frerichs

Tabelle 4.4: Durchschnittliches querschnittsbezogenes berufliches Austrittsalter im Kohortenvergleich

Beruf	Kohorte 1941	Kohorte 1945
Maler, Lackierer	61,6	63,2
Sonstige Dienstleistungsberufe (z. B. Gastgewerbe, Reinigung)	59,9	62,4
Metallerzeugung und -bearbeitung	58,7	61,8
Gesundheitsberufe	61,3	60,9
Elektroberufe	58,0	60,1
Chemie-, Kunststoffberufe	59,1	60,1
Ausbauberufe	59,6	59,2
Hoch-, Tiefbauberufe	58,7	57,6

Quelle: Brussig/Ribbat 2014

2019; Gerlmaier/Latniak 2012). Nach der Untersuchung von Brussig/Ribbat (2014: 10) haben Hoch- und Tiefbauberufe von allen untersuchten Berufen das niedrigste Austrittsalter; im Vergleich der Geburtskohorten 1941 und 1945 sank es sogar von 59 auf 58 Jahre, während in den meisten anderen Berufen das Austrittsalter stieg (Tabelle 4.4).

Eine Tätigkeit in den Bauberufen wird von Brussig/Schwarzkopf (2014: 12) als »gesundheitlich außerordentlich belastend« charakterisiert, was sich in hohen Fehlzeiten und überdurchschnittlich hohen Anteilen eines vorzeitigen Bezugs einer Erwerbsminderungsrente niederschlägt. Der Zugang in Erwerbsminderungsrenten wurde allerdings durch die Rentenreformen im Jahr 2000 mit deutlichen Auswirkungen auf die Baubeschäftigten erschwert. Während 1996 für Baubeschäftigte noch 77.000 Erwerbsminderungsrenten bewilligt wurden, waren es 2011 nur noch 26.000. Damit sank die Zahl der Zugänge in Erwerbsminderungsrenten von Baubeschäftigten um zwei Drittel, während der Rückgang bei Beschäftigten insgesamt mit einem Drittel nur halb so hoch war (Brussig 2016: 120). Im Vergleich zu anderen Beschäftigten gehen Baubeschäftigten häufiger nach Phasen der Arbeitslosigkeit in die Altersrente. Auf dem Bau beschäftigte Männer wechselten doppelt so häufig aus Langzeitarbeitslosigkeit und sogar dreimal so häufig aus kurzer Arbeitslosigkeit in eine Altersrente wie nicht auf dem Bau beschäftigte Männer (Brussig 2016: 127).

Für eine Beschäftigung bis zum Rentenalter fehlten nach Einschätzung von Brussig/Schwarzkopf (2014: 12) vor allem in Kleinbetrieben die Entlastungsmöglichkeiten durch Umsetzungen auf weniger belastende, Maschineneinsatz oder eine Reduzierung der Arbeitszeit. Hier muss allerdings zwischen den unterschiedlichen Bauberufen differenziert werden. Im Tiefbau sind die Betriebe meist größer und der Technikeinsatz ist viel umfangreicher. Nach Gerlmaier/Latniak (2012) verlassen vor allem in den Hochbauberufen mit gut 34 Prozent viele Beschäftigte schon in einem Alter zwischen 42 und 48 Jahren ihren Beruf, während dies im Tiefbau nur bei knapp acht Prozent der Fall ist. Insgesamt kommen Gerlmaier/Latniak (2012) zu der Einschätzung, dass es in den Tiefbauberufen ein erhebliches Potenzial für eine Erwerbstätigkeit bis zum Rentenalter gibt, während Gerüstbauer, Maurer, Betonbauer, Dachdecker und Zimmerer in hohem Maße als alterskritisch gesehen werden.

Ähnliche Entwicklungen finden sich im Dachdeckerhandwerk. Brussig/Jansen (2019) konstatieren eine massive Alterung der Belegschaften und einen sinkenden Anteil jüngerer Beschäftigter (unter 30 Jahre) von 49 Prozent im Jahr 1985 auf gut 25 Prozent im Jahr 2017. Dies führte zu einem starken Anstieg des Krankenstandes mit Werten zwischen 3,9 Prozent und 4,5 Prozent in den 1990er Jahren bis auf 6,2 Prozent im Jahr 2017. Die Alterung im Dachdeckerhandwerk trägt nach Auffassung der Autoren zum steigenden Krankenstand durch häufigere Krankheitsfälle pro Person und längere Dauern pro Krankheitsfall bei.

Nur jeder siebte Dachdecker, der bereits mit 30 Jahren im Dachdeckerhandwerk beschäftigt war, war noch weitere 30 Jahre in demselben Beruf tätig (Brussig/Janssen 2019: 10). Eine genauere Untersuchung der Austritte von stabil Beschäftigten aus dem Beruf zeigt, dass diese fast zur Hälfte Krankheitsphasen von mindestens sechs Monaten hinter sich hatte.

Die meisten Beschäftigten im Bauhauptgewerbe scheiden also deutlich vor der gesetzlichen Altersgrenze aus dem Arbeitsprozess aus. Da im Jahr 2017 immerhin knapp 46 Prozent der Beschäftigten in den Hoch- und Tiefbauberufen 45 Jahre und älter waren, wird sich in den nächsten Jahren ein starker Ersatzbedarf ergeben. Eine der großen Zukunftsfragen ist, in welchen Relationen dieser Ersatzbedarf durch die Ausbildung neuer Fachkräfte oder durch ausländische Subunternehmen aus anderen Arbeitsmärkten gedeckt wird (vgl. Kapitel 7).

4.3 Konjunkturelle Flexibilität der Beschäftigung

Die Bautätigkeit ist starken konjunkturellen und saisonalen Schwankungen unterworfen. Die hohe Konjunkturabhängigkeit der Beschäftigung haben wir bereits oben dargestellt (Tabelle 4.1). Die saisonalen Schwankungen ergeben sich nicht nur aus Unterbrechungen der Bautätigkeit in der Schlechtwetterperiode, sondern auch durch die ungleichmäßige Auftragsvergabe übers Jahr. Viele Bauherren glauben, dass die Qualität eines im Winter erstellten Bauwerks schlechter als die eines im Sommer errichteten sei (Schade 1995: 55). Bis heute werden erheblich mehr Bauaufträge im Frühjahr oder im Sommer vergeben, also gerade dann, wenn die Baukapazitäten ohnehin voll ausgelastet sind. Im Januar und Februar lag im Durchschnitt der Jahre der letzten 25 Jahre der Auftragseingang deutlich unter dem Niveau der anderen Monate (Statistisches Bundesamt 2021).

In der Schlechtwetterperiode kann ein Teil der Auftragsschwankungen und der Unterbrechungen wegen schlechten Wetters mit Hilfe des Saison-Kurzarbeitergeldes und der Wintergelder (vgl. Kapitel 6) intern aufgefangen werden. Größere vor allem konjunkturelle Auftragslücken können gerade die kleinen Unternehmen allerdings intern nicht mehr schließen, so dass es zu Entlassungen kommt. Die Bauarbeiter reagieren auf die instabile Beschäftigungssituation oder auch andere Faktoren, wie eine schlechte Bezahlung oder schwere Arbeitsbedingungen zum Teil durch einen Betriebswechsel innerhalb der Baubranche. Hinzu kommen Wechsel in andere Branchen und auch die Rückkehr in die Baubranche. Die Dynamik des Bauarbeitsmarktes ist daher höher als in vielen anderen Branchen mit größeren Betrieben und geringeren Auftragsschwankungen. Die überdurchschnittlich hohe Dynamik der Baubeschäftigung wird im Folgenden anhand der sogenannten Labour-Turnover-Rate (Abschnitt 4.3.1) und der durchschnittlichen Betriebszugehörigkeitsdauern (Abschnitt 4.3.2) nachgewiesen.

4.3.1 Externe Anpassung über Einstellungen und Entlassungen

Mit der Fluktuationsquote (Labour-Turnover-Rate, LTR) misst man das Niveau individueller Arbeitsplatzwechsel. Diese Kennzahl drückt die jährlich begonnenen und beendeten sozialversicherungspflichtigen Beschäftigungsverhältnisse in Relation zum Beschäftigungsbestand aus. Die Fluktuation schließt nicht nur die arbeitgeberbedingten unfreiwilligen, sondern auch die freiwilligen ein- oder mehrmaligen Betriebswechsel, den Übergang aus oder in Arbeitslosigkeit ebenso wie den Eintritt in das Erwerbsleben bzw. den Austritt aus dem Erwerbsleben ein.

Die Fluktuationsquote (Labour-Turnover-Rate)

Grundlage der Berechnung der Fluktuationsquote oder *Labour-Turnover-Rate* sind *Eintrittsraten* in und *Austrittsraten* aus Beschäftigung. Diese setzen jeweils die begonnenen bzw. beendeten Beschäftigungsverhältnisse in Relation zum Bestand der Beschäftigten (zu einem Stichtag oder im Jahresdurchschnitt). So würde eine Eintrittsrate von 20 Prozent bedeuten, dass auf einhundert bestehende Beschäftigungsverhältnisse in einem Jahr 20 neu begonnene Beschäftigungsverhältnisse kamen. Die Labour-Turnover-Rate ist das arithmetische Mittel aus Eintritts- und Austrittsrate und berechnet sich nachfolgender Formel:

$$\frac{\text{Anzahl Eintritte} + \text{Anzahl Austritte}}{2 \times \text{Bestand Beschäftigte}}$$

In Westdeutschland[7] lag die Austrittsrate aus Beschäftigung meistens über der Eintrittsrate in Beschäftigung (Abbildung 4.2). Vor allem in Rezessionsphasen sank die Eintrittsrate durch wenige Einstellungen erheblich (1982, 1993, 2001, 2008). In Aufschwungphasen hingegen überstieg die Eintrittsrate meist die Austrittsrate, da die Unternehmen kräftig einstellten. Außerdem ist dann die Gesamtfluktuation (Labour-Turnover-Rate) sehr hoch, weil durch die Einstellungen Wiederbesetzungsketten angestoßen werden (Erlinghagen 2017: 7). Damit ist gemeint, dass Stellen durch Wechsel von Beschäftigten aus anderen Betrieben und nicht durch Arbeitslose besetzt werden. Durch diese Beschäftigungswechsel werden wiederum andere Stellen frei, die auch wieder neu besetzt werden müssen.

In den konjunkturellen Hochphasen zwischen 1978 und 2000 stieg die Fluktuation bis auf rund 35 Prozent, während sie in den Abschwüngen auf 27 Prozent und 28 Prozent sank. Mittlerweile liegt die Fluktuation mit

---

7 Längere Zeitreihen liegen nur für Westdeutschland vor.

Abbildung 4.2: Labour-Turnover-Rate, Eintritts- und Austrittsrate in der Gesamtwirtschaft (Westdeutschland, Vollzeitbeschäftigte, in Prozent)

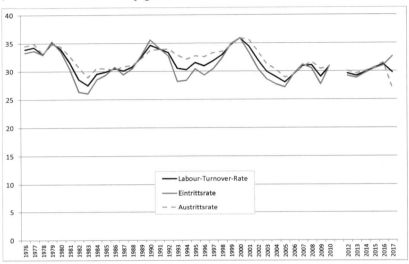

Quelle: Eigene Berechnungen mit der SIAB 75-17.

knapp 30 Prozent niedriger als Mitte der 1970er Jahre mit rund 34 Prozent oder 2000 mit rund 35 Prozent.

Um das hohe Niveau der Fluktuation im Bauhauptgewerbe im Vergleich zum stationären Gewerbe mit geringeren saisonalen und konjunkturellen Schwankungen und einem deutlich höheren Anteil größerer Betriebe sichtbar zu machen, vergleichen wir die Labour-Turnover-Rate für Hoch- und Tiefbauberufe mit der Fluktuation in den metallerzeugenden Berufen in Westdeutschland (Abbildung 4.3).[8]

Wie vermutet liegt die Fluktuation der Bauberufe über den Werten der metallerzeugenden Berufe. Bemerkenswert ist die unterschiedliche Entwicklung zwischen Hoch- und Tiefbauberufen. Die Fluktuation bei den Tiefbauberufen nahm langfristig stark ab und liegt mittlerweile sogar leicht unter den Werten der Gesamtwirtschaft. Der wichtigste Grund, der auch wieder-

---

8 Metallerzeugende Berufe haben wir als einen Vergleichsberuf mit stationären Produktionsanlagen gewählt. Metallverarbeitende Berufe oder alle metallbezogenen Berufe hätten durch die Umstellung der Berufssystematik 2011 einen größeren Bruch in den Zeitreihen gehabt. Inhaltlich zeigt sich aber auch bei anderen Metallberufen eine hohe Stabilität der Beschäftigung.

Abbildung 4.3: Labour-Turnover-Rate nach Berufen (Westdeutschland, Vollzeitbeschäftigte, in Prozent)

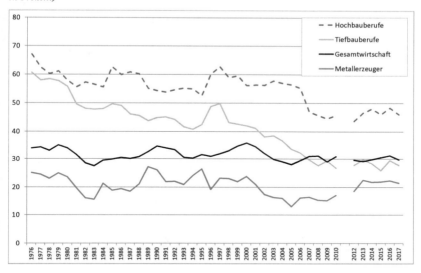

Quelle: Eigene Berechnungen mit der SIAB 75-17.

holt in unseren Betriebsinterviews genannt wurde, ist die wachsende Technisierung des Tiefbaus. Die Unternehmen sind dadurch zunehmend auf eine eingespielte Stammbelegschaft angewiesen.

In den Hochbauberufen lässt sich ebenfalls ein Rückgang der Fluktuation erkennen von Werten über 60 Prozent Mitte der 1970er Jahre auf rund 46 Prozent im Jahr 2017. Damit liegen die Hochbauberufe aber weiterhin deutlich über der Gesamtwirtschaft, in der die Fluktuation 2017 bei rund 30 Prozent lag.

Der anhaltende Beschäftigungsaufschwung, die Fachkräfteknappheit, die Betriebe veranlasst, die Beschäftigten an sich zu binden sowie die Abwälzung der Beschäftigungsrisiken auf ausländische Werkvertragsbeschäftigte, die Auftragsspitzen abdecken, sind vermutlich die wichtigsten Gründe für diese Stabilisierung der Beschäftigung in der Branche insgesamt.

Da die ausländischen Werkvertragskräfte vor allem im Hochbau eingesetzt werden, geben diese Zahlen zu den heimischen Arbeitskräften auch nicht die gesamte Arbeitsmarktdynamik in diesem Teilsegment des Bauarbeitsmarktes wieder.

Abbildung 4.4: Labour-Turnover-Rate nach Berufen (Ostdeutschland, Vollzeitbeschäftigte, in Prozent)

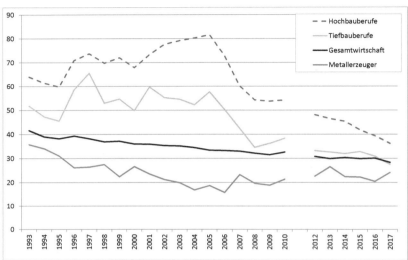

Quelle: Eigene Berechnungen mit der SIAB 75-17.

In Ostdeutschland stieg die Fluktuation wegen des Baubooms nach der Wiedervereinigung zunächst auf einen Höchststand von knapp 82 Prozent in den Hochbauberufen und knapp 58 Prozent in den Tiefbauberufen im Jahr 2005. Seitdem verringerte sie sich wie im Westen auf 36,2 Prozent in den Hochbauberufen und 27,5 Prozent in den Tiefbauberufen, womit letztere geringfügig unter dem Wert der Gesamtwirtschaft liegen (Abbildung 4.4).

4.3.2 Durchschnittliche Dauer der Betriebszugehörigkeit

Die Betriebszugehörigkeitsdauer misst die Zeit, die ein Beschäftigter im selben Betrieb tätig ist. Es werden unabgeschlossene Betriebszugehörigkeitsdauern berechnet, d. h. für alle zum 30. Juni eines Jahres Beschäftigten wird berechnet, seit wann sie im selben Betrieb tätig sind.[9] Die Analyse der Betriebszugehörigkeitsdauern zeigt dieselbe Rangfolge in der Stabilität der Beschäftigung wie

---

9 Ein anderes Konzept zur Messung von Betriebszugehörigkeitsdauern sind abgeschlossene Dauern, d. h. die Dauer wird bei Beendigung eines Beschäftigungsverhältnisses berechnet (Erlinghagen 2017). Wir berechnen den Median der Betriebszugehörigkeitsdau-

Abbildung 4.5: Betriebszugehörigkeitsdauer in verschiedenen Berufsgruppen in Westdeutschland (Vollzeitbeschäftigte, in Tagen)

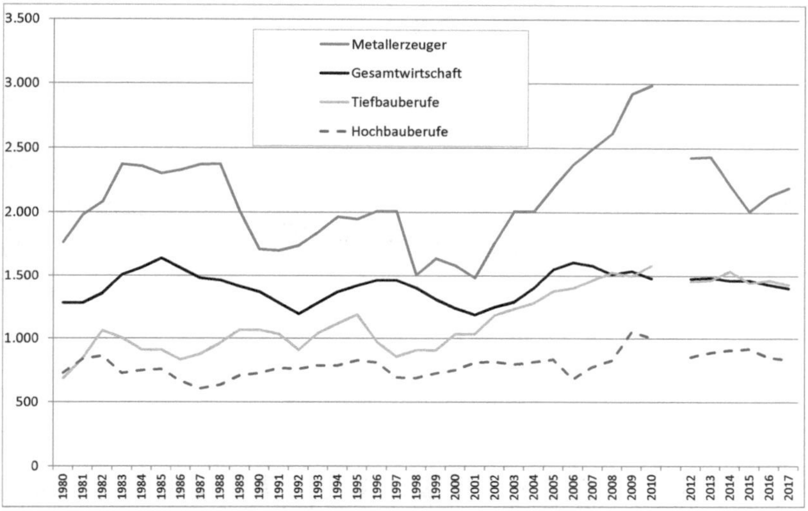

Quelle: Eigene Berechnungen mit der SIAB 75-17.

die Untersuchung der Fluktuationsraten (Abbildung 4.5). Metallerzeuger haben die längste Betriebszugehörigkeitsdauer, gefolgt von der Gesamtwirtschaft und den Tiefbauberufen, die 2017 das Niveau der Gesamtwirtschaft erreichen. Hochbauberufe haben deutlich instabilere Beschäftigungsverhältnisse.

Der Median der Beschäftigungsdauer lag 2017 in der Gesamtwirtschaft bei 1.399 Tagen (3 Jahre und 304 Tage), in den Hochbauberufen bei 836 Tagen (2 Jahre und 106 Tage), in den Tiefbauberufen bei 1.430 Tagen (3 Jahre und 335 Tage) und in den metallerzeugenden Berufen bei 2.192 Tagen (6 Jahre und 2 Tage).

Bei den Zahlen zu Ostdeutschland ist die zunehmende Stabilisierung der Beschäftigung in der Gesamtwirtschaft seit 1995 also mit dem Abschluss der großen Kündigungswellen nach der Wiedervereinigung und dem Aufbau neuer Betriebe besonders auffällig (Abbildung 4.6). In den Bauberufen in Ostdeutschland hat die Stabilität der Beschäftigung erst am Ende der großen Strukturkrise dieser Branche, die den ostdeutschen Bau besonders betroffen hatte (vgl. Kapitel 3), also seit 2006 zugenommen. Im Jahr 2017 liegt der

---

er. Dieser gibt eine Zeitdauer an, bei der die eine Hälfte der Beschäftigungsverhältnisse eine längere und die andere Hälfte eine kürzere Dauer hat.

Abbildung 4.6: Betriebszugehörigkeitsdauer in verschiedenen Berufsgruppen in Ostdeutschland (Vollzeitbeschäftigte, in Tagen)

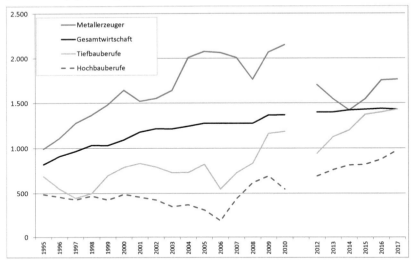

Quelle: Eigene Berechnungen mit der SIAB 75-17.

Abbildung 4.7: Verbleib von Beschäftigten in den Berufen des Bauhauptgewerbes (Ausgangsjahr 2008–2012, Anteil in Prozent)

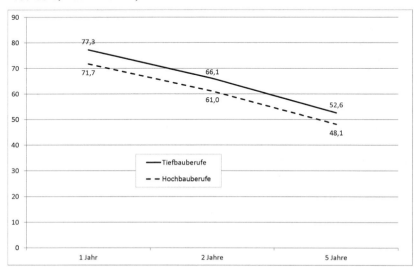

Quelle: Eigene Berechnungen mit der SIAB 75-17.

Tabelle 4.4: Berufsrückkehrer in den Hochbauberufen, Ausgangsjahre 2008–2012 (in Prozent)

	Zustand nach einem Jahr	Anteil Rückkehrer in der jeweiligen Kategorie im Folgejahr
Hochbauberuf	71,7	
kein Hochbauberuf insgesamt	28,3	23,0
anderer Beruf	9,7	6,6
Sozialleistungsbezug, Arbeitslosengeld o. ä.	6,3	19,6
Erwerbsstatus unbekannt	6,4	20,6
keine Berufsinformation	6,0	55,8

Quelle: Eigene Auswertung mit der SIAB 75-17

Median der Betriebszugehörigkeitsdauer in Ostdeutschland in der Gesamtwirtschaft ebenso wie in den Tiefbauberufen bei 1.430 Tagen (3 Jahre und 335 Tage) in den Hochbauberufen bei 979 Tagen (2 Jahre und 249 Tage) und in den metallerzeugenden Berufen bei 1.764 Tagen (4 Jahre und 304 Tage).

Die unterschiedliche Stabilität von Hoch- und Tiefbauberufen zeigt sich auch beim Verbleib in den Berufen (Abbildung 4.7). Vom Ausgangsbestand der Beschäftigten in den jeweiligen Berufen in den Jahren 2008 bis 2012 waren in den Tiefbauberufen nach einem Jahr noch gut 77 Prozent in demselben Beruf tätig. In den Hochbauberufen waren es knapp 72 Prozent. Nach fünf Jahren hatte sich der Ausgangsbestand auf knapp 53 Prozent bzw. gut 48 Prozent reduziert.

In den Werten für das zweite und fünfte Jahr sind Berufsrückkehrer bereits enthalten, was hier am Beispiel der Hochbauberufe näher erläutert wird. Von den Beschäftigten in den Hochbauberufen in den Jahren 2008 bis 2012 waren im Folgejahr noch 71,7 Prozent in einem Hochbauberuf tätig. Die verbleibenden 28,3 Prozent lassen sich nach ihrem Erwerbszustand differenziert auswerten (Tabelle 4.4). Knapp 10 Prozent waren in einem anderen Beruf tätig, gut sechs Prozent waren in Leistungsbezug, Grundsicherung oder arbeitsmarktpolitischen Maßnahmen. Bei ebenfalls gut sechs Prozent lag keinerlei Sozialversicherungsmeldung vor. Dies kann bedeuten, dass die Person einer selbständigen Tätigkeit nachgeht, verstorben ist oder einfach nicht am Arbeitsmarkt aktiv ist. Bei weiteren sechs Prozent lag keine Berufsinformation vor, d. h. sie waren sozialversicherungspflichtig oder geringfügig beschäftigt, es ist aber unklar, in welchem Beruf.

Von denjenigen, die nach einem Jahr nicht in einem Hochbauberuf tätig waren, wurde ausgewertet, ob sie nach einem weiteren Jahr (d. h. zwei Jahre nach dem Ausgangsjahr) wieder in einen Hochbauberuf zurückgekehrt sind. Dies war insgesamt bei 23 Prozent derjenigen der Fall, die nach einem Jahr nicht in einem Hochbauberuf tätig waren.

Von denjenigen, die in einen anderen Beruf gewechselt sind, war der Anteil der Rückkehrer mit 6,6 Prozent sehr gering. Von denjenigen mit unbekanntem Erwerbsstatus oder in Leistungsbezug kehrte rund jeder Fünfte in einen Hochbauberuf zurück. War nach einem Jahr der Beruf unbekannt, kehrten über die Hälfte in einen Hochbauberuf zurück.[10]

4.4 Berufswechsel der Bauarbeiter

Verlassen Beschäftigte einen Hochbauberuf, ist rund ein Drittel von ihnen anschließend weiter in einen Beruf mit Baubezug tätig (vgl. Tabelle 4.6 im Anhang). An erster Stelle der Zielberufe stehen Berufe aus den Bereichen Maler bis Jalousiebau. Hierunter fallen Maler- und Lackierer- und Stuckateurarbeiten, Bauwerksabdichtung, Holz- und Bautenschutz, Aus- und Trockenbau, Isolierung, Zimmerei, Glaserei, Rollladen- und Jalousiebau. Häufig findet auch ein Wechsel von einem Hochbau in einen Tiefbauberuf statt. Gebäudetechnikberufe machen aktuell fünf Prozent der Zielberufe aus. In der Vergangenheit waren sie mit Werten deutlich unter einem Prozent nicht relevant. Dies kann zum einen den Beschäftigungsgewinn in der Gebäudetechnik wiederspiegeln, könnte zum anderen aber auch mit der Umstellung der Berufsklassifikation ab 2011 zusammenhängen, die wahrscheinlich Gebäudetechnikberufe besser separat erfasst. Bauplanungsberufe liegen an neunter Stelle mit einem Anteil von rund drei Prozent. Erfolgt ein Wechsel in einen Beruf ohne Baubezug, haben Lagerwirtschafts-, Post- und Zustellberufe sowie Reinigungsberufe eine große Bedeutung.

Bei Wechseln aus den Tiefbauberufen haben die Zielberufe mit 41 bis 51 Prozent deutlich häufiger einen Baubezug als bei Wechseln aus den Hochbauberufen (Tabelle 4.7 im Anhang). An der Spitze stehen Hochbauberufe mit knapp 21 Prozent im Zeitraum von 2013–2017 bzw. knapp 31 Prozent in den 1990er Jahren. Bau- und Transportgeräteführer sowie Gartenbauberufe sind

---

10 Wegen des unbekannten Berufs im ersten Jahr ist hier nicht klar, ob der Beruf überhaupt gewechselt wurde.

weitere häufig gewählte Zielberufe. Häufige Zielberufe ohne Baubezug sind Lagerwirtschafts-, Post- und Zustellberufe, Fahrzeugführer im Straßenverkehr oder Maschinenbau- und Betriebstechnikberufe sowie Reinigungsberufe. Teilweise sind die Zielberufe identisch mit denen aus den Hochbauberufen. Bei diesen standen allerdings an erster Stelle die Berufe von Maler bis Jalousiebau, welche für Tiefbauer nur in den 1980er und 1990er Jahren eine gewisse Bedeutung hatten, die aber deutlich kleiner war als bei Wechseln aus den Hochbauberufen. Beschäftigte aus den Tiefbauberufen, die ja gewohnt sind, mit schweren Maschinen umzugehen, wechseln häufiger in den Beruf »Bau- und Transportgeräteführer«, was bei Wechseln aus den Hochbauberufen keine Bedeutung spielt.

4.5 Arbeitslosigkeit der Bauarbeiter

Bislang haben wir die Arbeitskräftebewegungen nur von der Beschäftigungsseite her untersucht. Nun betrachten wir die gleichen Vorgänge aus dem Blickwinkel der Arbeitslosigkeit. Die engen Beziehungen zwischen Beschäftigung und Arbeitslosigkeit sind auffällig. Mit der Abnahme der Beschäftigung nimmt die Arbeitslosigkeit zu und weiterhin verursachen die saisonalen und konjunkturellen Auftragsschwankungen entsprechende Schwankungen in der Arbeitslosigkeit. Im folgenden Abschnitt werden wir die bauspezifischen Muster der Arbeitslosigkeit darstellen.

4.5.1 Die Dynamik der Arbeitslosigkeit in der Baubranche

Angesichts der hohen Mobilität der Beschäftigten im Bauhauptgewerbe überrascht es nicht, auch eine entsprechende Dynamik bei den Arbeitslosen vorzufinden. Wir wollen diese Dynamik hier an Hand von zwei Indikatoren, nämlich dem Zugangsrisiko zur Arbeitslosigkeit und der Fluktuation der Arbeitslosen, analysieren. Die erste Größe misst den jährlichen Zustrom von Beschäftigten in die Arbeitslosigkeit, die zweite die Zu- und Abgänge in bzw. aus Arbeitslosigkeit, wobei es sich vorwiegend um Bewegungen aus und in das Beschäftigungssystem handelt. Quantitativ bedeutsam für ältere Arbeitslose sind auch Abgänge in die unterschiedlichen Formen des gesetzlichen und vorzeitigen Ruhestandes.

> **Das Zugangsrisiko in Arbeitslosigkeit**
>
> Eine Maßzahl für das Risiko im jeweiligen Wirtschaftszweig, aus sozialversicherungspflichtiger Beschäftigung im nächsten Monat arbeitslos zu werden, erhält man, wenn man die Zugänge in Arbeitslosigkeit aus Beschäftigung (einschließlich betrieblicher und außerbetrieblicher Ausbildung) des jeweiligen Wirtschaftszweiges in einem Monat zu den Beschäftigten in dem betroffenen Wirtschaftszweig des jeweiligen Vormonats in Beziehung setzt. Dabei werden die Zugänge aus der Arbeitslosenstatistik und der Bestand aus der Beschäftigungsstatistik des jeweiligen Wirtschaftszweiges gewonnen. Danach meldeten sich im Jahr 2020 durchschnittlich 0,63 Prozent der sozialversicherungspflichtig Beschäftigten, die einen Wirtschaftszweig zugeordnet werden können, einen Monat später arbeitslos. Das Risiko kann nur für einen Monat berechnet werden, weil nur so eine sinnvolle Zuordnung von Zugang und Bestand (im Sinne der Inzidenz) möglich ist, und fällt deshalb sehr klein aus; selbst in der Wirtschaftskrise 2009 wird ein Wert von »nur« 0,97 Prozent erreicht, der allerdings um 0,34 Prozentpunkte höher war als im Jahr 2020.
>
> *Quelle: Bundesagentur für Arbeit 2021a*

Zwischen 2008 bis 2020 lag das Zugangsrisiko für Beschäftigte des gesamten Baugewerbes deutlich über den Werten für Beschäftigte des verarbeitenden Gewerbes und dem Durchschnitt aller Wirtschaftszweige (Abbildung 4.8). Insbesondere während und kurz nach der Wirtschafts- und Finanzkrise lag das Risiko im Baugewerbe knapp doppelt so hoch wie in der Gesamtwirtschaft und fast dreimal so hoch wie im verarbeitenden Gewerbe. Mit der Besserung der baukonjunkturellen Situation vor der Corona-Pandemie hat sich das Risiko der Arbeitslosigkeit im Baugewerbe zwar verringert, liegt aber dennoch an der Spitze der Branchen in Deutschland.

Aufgrund der saisonalen Schwankungen der Bautätigkeit ist das Zugangsrisiko in Arbeitslosigkeit in den Wintermonaten, insbesondere im Januar, trotz des Saison-KUG deutlich höher als im Sommer. Im Januar 2010 war das Arbeitslosenrisiko im Baugewerbe (5,36 Prozent) mehr als dreimal so hoch wie in der Gesamtwirtschaft (1,57 Prozent) und fast sechsmal so hoch wie im verarbeitenden Gewerbe (0,93 Prozent) (Abbildung 4.9). Bis Januar 2021 hat sich zwar das Zugangsrisiko im Winter im Baugewerbe (1,85 Prozent) deutlich reduziert, liegt aber immer noch mehr als doppelt so

Abbildung 4.8: Durchschnittliches Zugangsrisiko im Monat von Arbeitslosen aus sozialversicherungspflichtiger Beschäftigung (inkl. Auszubildende) nach ausgewählten Wirtschaftszweigen, in Prozent

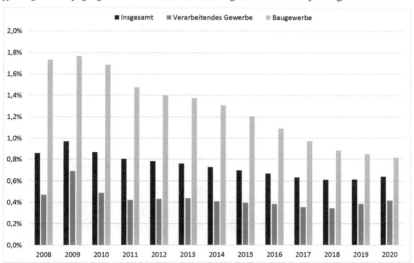

Quelle: Bundesagentur für Arbeit 2021a

hoch wie in der Gesamtwirtschaft (0,87 Prozent). Dagegen zeigt sich in den Sommermonaten, dass das Zugangsrisiko nur unwesentlich höher im Vergleich zur Gesamtwirtschaft liegt.

Bemerkenswert ist die Abnahme des Zugangsrisikos in Arbeitslosigkeit in den letzten Jahren und zwar sowohl bei den Jahresdurchschnittszahlen als auch bei den saisonalen Werten. Das belegt, wie schon die Messung der Beschäftigungsdynamik (Abbildungen 4.2 bis 4.6), eine Stabilisierung der Beschäftigung aufgrund der guten Konjunktur, der Fachkräfteknappheit und der Abwälzung von Beschäftigungsrisiken auf ausländische Werkvertragsnehmer.

4.5.2 Von der vorübergehenden zur strukturellen Arbeitslosigkeit

Früher war es im Baugewerbe vielerorts üblich, dass Beschäftigten im gegenseitigen Einvernehmen im Winter gekündigt wurden, um sie im Frühjahr wieder einzustellen. Für die Beschäftigten waren solche Arrangements mit dem Risiko verbunden, dass sie nur bei anziehender Auftragslage wieder eingestellt wurden. Teilweise instrumentalisierten Betriebe die Arbeitslosenversicherung, indem bei überschaubaren Auftragslücken Beschäftig-

Abbildung 4.9: Zugangsrisiko von Arbeitslosen aus Beschäftigung am 1. Arbeitsmarkt (inkl. Auszubildende) im jeweiligen Monat, in Prozent

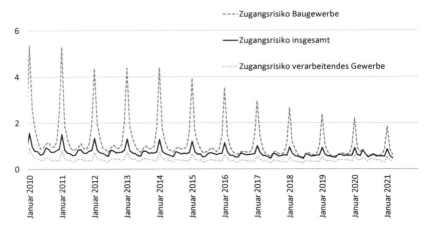

Quelle: Bundesagentur für Arbeit 2021a

te mit Rückkehrzusagen in Arbeitslosigkeit geschickt wurden. Für Betriebe war diese Form der externen, sozialversicherungsrechtlich abgesicherten »Arbeitskräftehortung« kostengünstiger als Kurzarbeit.

Wiedereinstellungen von Gekündigten bzw. »Rückrufe« vom ehemaligen Arbeitgeber waren im Baugewerbe stärker als in anderen Branchen verbreitet und Rückrufe aus saisonalen Gründen hatten gegenüber den Rückrufen aus konjunkturellen Gründen deutlich die Oberhand. Die Baubetriebe fühlten sich ihren Beschäftigten offensichtlich also verpflichtet, nicht zuletzt auch weil solche Arrangements nur auf der Basis wechselseitigen Vertrauens tragfähig sind.

Bis in die 1970er Jahre war der Bauarbeitsmarkt im Sommer »leergefegt«. Bis zur Einführung des Schlechtwettergeldes im Jahre 1959 gehörte aber Winterarbeitslosigkeit zum normalen Jahresablauf für Baubeschäftigte dazu (Abbildung 4.10). Mit der ersten Ölpreiskrise 1974/75 schnellte die Zahl der arbeitslosen Bauarbeiter im Sommer auf über 50.000, und konnte in der darauffolgenden kurzen expansiven Phase der Baukonjunktur bis 1980 nicht mehr vollständig abgebaut werden.[11]

---

11 Jeweils zum 30. September im Sommer bzw. im frühen Herbst liegt die Arbeitslosigkeit von Bauarbeitern tendenziell am niedrigsten, da die Betriebe daran interessiert sind, noch vor dem Winter Baustellen abzuschließen oder winterfest zu machen.

Abbildung 4.10: Arbeitslose in den Bauberufen in West- und Ostdeutschland, 1954 bis 2021

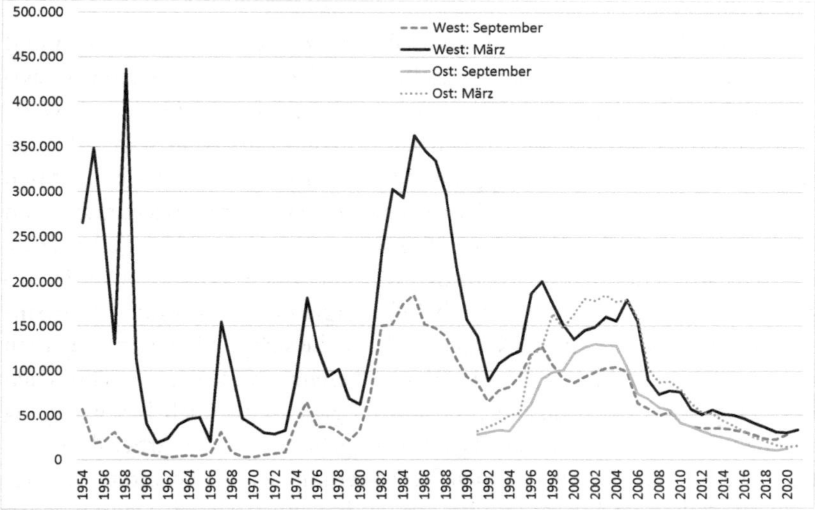

Quelle: Schade 1994; Bundesagentur für Arbeit 2021b

Auf dem Höhepunkt der zweiten Ölpreiskrise im Jahre 1985 wurden im Sommer bereits an die 131.000 arbeitslose Bauarbeiter registriert. Innerhalb von fünf Jahren (1980 bis 1985) hatte sich die Arbeitslosigkeit bei den Bauberufen versechsfacht, während die Arbeitslosigkeit in der gesamten Wirtschaft sich nur um das 2,6-fache erhöhte. Zwar konnte mit dem Anziehen der Baunachfrage ab 1985 die hohe Arbeitslosigkeit bis einschließlich 1991 nicht zuletzt mit generösen tariflichen Vorruhestandsmaßnahmen um zwei Drittel reduziert werden (von 185.300 auf 57.800). Doch trotz des bis 1995 anhaltenden Aufschwungs kam es schon 1991/92 auf dem Bauarbeitsmarkt zu einer Trendumkehr: die Arbeitslosigkeit zog bis einschließlich 1997 stetig an und erreichte mit fast 128.000 einen neuen Höhepunkt.

In den neuen Bundesländern ging die positive Beschäftigungsentwicklung im Baugewerbe an den arbeitslosen Bauarbeitern völlig vorbei. Im Jahr 1991 lag die Zahl der arbeitslosen Bauarbeiter bei knapp 30.000 und 1996, als die Baubeschäftigung in Ostdeutschland ihren Höhepunkt erreichte, wurden schon mehr als 62.000 arbeitslose Bauarbeiter gezählt. Die starke gleichzeitige Zunahme von Beschäftigung und Arbeitslosigkeit im ostdeutschen Baugewerbe lässt sich nur mit einem hohen Austausch der Belegschaften erklären. Im Zuge der Privatisierung wurden offensichtlich viele Baubeschäftigte entlassen und gleichzeitig Arbeitskräfte aus anderen Branchen eingestellt.

Spiegelbildlich zum Beschäftigungsabbau zwischen Mitte der 1990er und Anfang der 2000er Jahre hatte das Baugewerbe nach einem kurzen Zwischentief wieder deutlich erhöhte Arbeitslosenzahlen in Ost- und Westdeutschland zu verzeichnen. In den Jahren 2003 und 2004 waren demgegenüber durchschnittlich knapp 280.000 Beschäftigte aus den Bauberufen ohne Arbeit. Dies entsprach einer branchenweiten Arbeitslosenquote von 34,6 Prozent im Jahr 2003 bzw. 36,3 Prozent im Jahr 2004 (jeder dritte Baubeschäftigte war damit arbeitslos) (Kümmerling u. a. 2008). Erst der allgemeine Konjunkturaufschwung ab 2006 sorgte für eine sichtliche Entspannung der Lage in Ost- und Westdeutschland, die sich seitdem kontinuierlich fortgesetzt hat. Bemerkenswert ist, dass es bereits seit 2006 einen jährlichen Rückgang der Arbeitslosigkeit gab, obwohl gleichzeitig auch Beschäftigung abgebaut wurde. Es ist daher davon auszugehen, dass die Arbeitslosen im Baugewerbe von der allgemeinen Verbesserung der wirtschaftlichen Lage profitiert haben und in andere Branchen abgewandert sind. Denn erst seit 2010 ist wieder ein Beschäftigungszuwachs zu verzeichnen.

Neben der guten konjunkturellen Lage ist der Rückgang der Arbeitslosigkeit sicherlich auch auf die Einführung des Saison-Kurzarbeitergeldes zurückzuführen, wodurch immer weniger Betriebe im Winter ihre Beschäftigten entließen (vgl. Kapitel 6).

4.5.3 Zur Struktur der Arbeitslosigkeit

Arbeitslosigkeit ist in keiner Branche gleichmäßig auf alle Gruppen der Erwerbstätigen verteilt. Zumeist konzentriert sie sich auf bestimmte Gruppen. Darin spiegeln sich Entscheidungen der Betriebe bei Einstellungen und Entlassungen sowie auch unterschiedliche Handlungsalternativen der betroffenen Beschäftigten bei Verlust des Arbeitsplatzes, wie etwa die Wiederbeschäftigungsmöglichkeiten in anderen Branchen oder ein vorzeitiges Ausscheiden aus dem Erwerbsleben, wieder.

Für das Jahr 2020 fällt zuallererst der mit 30,8 Prozent hohe Anteil ausländischer Arbeitskräfte auf. Der Anteil der Bauarbeiter mit ausländischem Pass an den Arbeitslosen in den Bauberufen hat sich seit 1990 verdreifacht, während sich ihr Anteil an den Beschäftigten im Bauhauptgewerbe im gleichen Zeitraum lediglich verdoppelt hat. Viele der arbeitslosen Ausländer ha-

Tabelle 4.5: Arbeitslosigkeit in den Bauberufen

Jahr	Frauen – Anteil an der…		Ausländer – Anteil an der…		Unter 25 Jahre – Anteil an der…		55 Jahre und älter – Anteil an der…		Langzeitarbeitslose (über 1 Jahr)
	Arbeitslosigkeit	Beschäftigung	Arbeitslosigkeit	Beschäftigung	Arbeitslosigkeit	Beschäftigung	Arbeitslosigkeit	Beschäftigung	
1979	0,1	11,7	13,9	14,5	21,5	22,3	12,3	7,0	17,8
1990	0,4	9,6	10,0	10,5	13,3	15,0	17,6	9,2	29,1
2000	0,4	9,4	11,8	8,0	17,9	13,7	11,4	9,8	22,7
2010	1,0	9,4	16,3	7,9	6,3	–	14,7	–	24,6
2020	0,9	10,4	30,8	20,1	6,6	11,9	25,2	22,1	25,9

Werte für 1979 und 1990 nur für Westdeutschland
Quelle: Bosch/Zühlke-Robinet 2000: 101; Bundesagentur für Arbeit 2021b

ben keinen beruflichen Abschluss, was ihr hohes Arbeitslosigkeitsrisiko zu einem großen Teil erklärt.

Der Anteil arbeitsloser Jugendlicher und junger Erwachsener unter 25 Jahre in der Baubranche ist seit 1979 deutlich zurückgegangen. Gleichzeitig ist aber auch ihr Anteil an der Beschäftigung gesunken. Dies spiegelt zum einen die abnehmende Ausbildungsquote sowie den trotz der guten Baukonjunktur häufigen Wechsel vieler junger Baubeschäftigte in andere Branchen wieder.

Eine genau gegensätzliche Entwicklung zeichnet sich bei den über 55-jährigen Beschäftigten ab. Ihr Anteil an den Beschäftigten hat sich in den letzten 40 Jahren verdreifacht. Da viele Bauarbeiter aufgrund der hohen körperlichen Belastung nicht bis zum gesetzlichen Rentenalter erwerbstätig sein können und die bis 2000 sehr wirkungsvollen Kanäle in den Vorruhestand (Wübbecke 1999: 115) heute weitgehend versperrt sind, konzentriert sich die Arbeitslosigkeit im Baubereich stärker auf ältere Erwerbstätige als in der gesamten Wirtschaft. Der Anteil der 55 Jahre und älteren arbeitslosen Bauarbeiter an der Gesamtzahl der arbeitslosen Bauarbeiter lag 2020 bei 25,2 Prozent, während er in der Gesamtwirtschaft 20 Prozent aller Arbeitslosen betrug. Man kann diese Gruppe der Arbeitslosen als die eigentlichen Opfer der Rentenreformen betrachten. Sie sind zu krank, um Arbeit zu finden und zu gesund, um eine Erwerbsunfähigkeitsrente genehmigt zu bekommen. Viele von ihnen bleiben lange arbeitslos und wechseln dann nach einem langen Erwerbsleben aus Hartz IV in die Rente.

4.6 Arbeitsbedingungen im Baugewerbe: Die Sicht der Beschäftigten

Viele Bauarbeiter befürchten, wegen der belastenden Arbeitsbedingungen ihren Beruf aus gesundheitlichen Gründen nicht bis zur Rente ausüben zu können (Gerlmaier/Latniak 2012; Bromberg u. a. 2012). Dieses Ergebnis früherer Forschung wird auch in unserer Befragung von Baubeschäftigten bestätigt. Etwa 22 Prozent der von uns befragten gewerblichen Beschäftigten meinen, eine Tätigkeit in der Bauwirtschaft gesundheitlich nicht bis zum Rentenalter durchhalten zu können. Etwas mehr als jeder fünfte Befragte (Arbeiter: 21,5 Prozent/Angestellte: 22,2 Prozent) zieht einen Betriebswechsel in Betracht. Immerhin 42 Prozent der Arbeiter und jeder dritte Angestellte geben dabei an, in eine andere Branche wechseln zu wollen.

Die Gründe für die hohe Mobilitätsbereitschaft sind ebenso wie die Gründe für den Verbleib in der Bewertung der Tätigkeit im Betrieb und in der Branche zu suchen. Vor diesem Hintergrund haben wir Baubeschäftigte gefragt, wie sie selbst ihre Tätigkeit im Baugewerbe bewerten, was sie besonders an ihr schätzen und welche Faktoren sie eher negativ beurteilen. Außerdem haben wir danach gefragt, welche Rolle der Betrieb bei der Entscheidung für oder gegen den Verbleib im aktuellen Job spielt.

Da vor allem die Bauarbeiter von den branchenspezifischen Risiken (Wettereinflüsse, schwere körperliche Arbeit, hohe Fluktuation) betroffen sind, während die Arbeit der Angestellten (bis auf die der Poliere) sich nicht sehr von der in anderen Branchen unterscheidet, konzentrieren sich die folgenden Auswertungen auf die gewerblichen Baubeschäftigten.[12]

Beschäftigtenbefragung im Baugewerbe

Zur Erfassung der subjektiven Wahrnehmung der Situation von Beschäftigten im Baugewerbe haben wir im Dezember 2019 eine Online-Befragung unter IG BAU Mitgliedern durchgeführt. Von rund 11.000 Kontaktierten haben 3.052 einen Fragebogen ausgefüllt (93 Prozent Männer und 6,6 Prozent Frauen, 0,4 Prozent keine Angabe). Der überwiegende Anteil der Befragten war zum Zeitpunkt der Befragung noch erwerbstätig (96,7 Prozent, 1,6 Prozent waren arbeitslos und 0,4 Prozent befanden sich im Ruhestand (1,3 Prozent k.A.). 66,4 Prozent der Befragten gaben an, in einem Betrieb mit Betriebsrat zu arbeiten, 61,6 Prozent waren Arbeiter, 38,4 Prozent in einer Angestelltenposition tätig. 94,3 Prozent der Befragten waren zum Zeitpunkt der Befragung Gewerkschaftsmitglied.

Der weitaus größte Teil der Befragten ist bereits länger als zehn Jahre im Baugewerbe tätig (Arbeiter 79,8 Prozent vs. Angestellte 71 Prozent), davon 84,8 Prozent der Arbeiter und 85,7 Prozent der Angestellten ohne Unterbrechung. Damit unterscheidet sich unsere Stichprobe insbesondere in einigen Punkten von der Grundgesamtheit: Sie arbeiten häufiger in größeren

---

12 Detailliertere Ergebnisse unserer Befragung, die u.a. auch die Angestellten einschließen, finden sich in Kümmerling u.a. (2022).

und häufiger in mitbestimmten Betrieben als es durchschnittlich der Fall ist. Da Beschäftigte aus den vielen Kleinbetrieben ohne Betriebsrat in der Mitgliedschaft der IG BAU und folglich in unserer Befragung unterrepräsentiert sind, ist davon auszugehen, dass die Arbeitsbedingungen der Beschäftigten, die an unserer Befragung teilgenommen haben, etwas besser als die des Durchschnitts ist.

4.6.1 Wie schätzen Bauarbeiter ihre Arbeit ein?

Aus Sicht der Beschäftigten hat Bauarbeit viele positive Aspekte: Rund 82 Prozent halten ihre Arbeit für (sehr) abwechslungsreich und 79 Prozent schätzen die Möglichkeit, im Team zu arbeiten als sehr hoch ein. Immerhin 60 Prozent der Befragten stimmen der Aussage (voll und ganz) zu, sie könnten selbständig Entscheidungen treffen und 58 Prozent geben an, sie könnten ständig etwas Neues lernen. Trotz dieser positiven Einschätzung würde aber nur etwas mehr als jeder Zweite (58 Prozent) den Beruf »Bauarbeiter« noch einmal ergreifen, wenn er die Wahl hätte. Vor dem Hintergrund des akuten Fachkräftemangels im Baugewerbe ist es besonders alarmierend, dass nicht einmal jeder Dritte angibt, den Beruf den eigenen Kindern zu empfehlen.

Woran liegt das, dass eine abwechslungsreiche Tätigkeit mit vielen Entscheidungsmöglichkeiten nicht weiterempfohlen wird? Die Ergebnisse unserer Befragung weisen eindeutig in Richtung einer hohen körperlichen Arbeitsbelastung und der Verdichtung der Arbeit. Nur rund 45 Prozent der Befragten geben an, dass sie mit ihren Arbeitsbedingungen insgesamt (sehr) zufrieden seien, immerhin 18 Prozent sind mit den Arbeitsbedingungen (sehr) unzufrieden (37 Prozent teils/teils). Dabei sind rund 80 Prozent der Befragungsteilnehmer zehn Jahre und länger im Baugewerbe tätig. Es handelt sich also um eine Gruppe, die die Arbeitsbedingungen sehr gut einschätzen kann und trotz ihrer Unzufriedenheit die Branche noch nicht verlassen hat (Kümmerling u. a. 2022).

Mit 85 Prozent der Befragten schätzt die überwiegende Mehrheit der Bauarbeiter die körperliche Belastung sehr hoch oder hoch ein (Abbildung 4.11). Fast ebenso viele (81 Prozent) stimmen der Aussage zu, dass die Arbeitsbelastung in den letzten Jahren sogar noch gestiegen ist. Die Risiken, die mit der körperlichen Belastung für die Gesundheit der Beschäftigten ein-

Abbildung 4.11: Einschätzung von Arbeitsbedingungen gewerblicher Beschäftigter im Bauhauptgewerbe

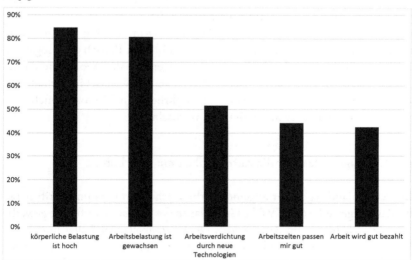

Quelle: Baubeschäftigtenbefragung 2019, eigene Auswertung, n = 1659

hergehen (vorzeitige Erwerbsunfähigkeit, Renteneinbußen oder Weiterarbeit trotz schlechterer Gesundheit), und ihre Folgen (Altersarmut, Überlastung in den letzten Berufsjahren) für die bereits jetzt unter Fachkräftemangel leidenden Betriebe, sind seit längerem bekannt und beschrieben (Gross/Syben/Gross 2009; Trischler/Kistler 2009, BAuA 2014). In unserer Befragung glaubt nur etwas mehr als jeder Fünfte (21,8 Prozent), die aktuelle Tätigkeit bis zum Rentenalter ausüben zu können. Bereits vor zehn Jahren konstatierten Bromberg u. a. (2012: 2): »Auch auf eine steigende Zahl älterer Beschäftigter, die unter Umständen wegen gesundheitlicher Beeinträchtigungen keine körperlich belastenden Tätigkeiten mehr ausüben können, sind viele Baubetriebe heute offenbar noch nicht vorbereitet«. Vor diesem Hintergrund ist es alarmierend, dass die Einführung neuer Technologien von den Beschäftigten nicht als Entlastung wahrgenommen wird, sondern im Gegenteil, zur Verdichtung der Arbeit beiträgt: 51 Prozent der Befragten stimmen dieser Aussage (voll) zu, weitere 34 Prozent zumindest teilweise.

Zu der körperlich anspruchsvollen Tätigkeit kommt noch Unzufriedenheit mit den Arbeitszeiten hinzu – nur 44 Prozent der Befragten berichten von einer guten Passung ihrer Arbeitszeiten mit privaten Verpflichtungen –

und sogar deutlich weniger als ein Drittel der Beschäftigten (28 Prozent) bewertet die eigene Work-Life Balance als gut oder sehr gut. Dabei zeigen unsere Daten, dass die schlechte Einschätzung der Work-Life Balance neben der Bezahlung und der Verdichtung der Arbeit (Kümmerling u. a. 2022) einer der wesentlichen Treiber für den Wunsch ist, den Betrieb oder sogar die Branche zu verlassen: Nur 27 Prozent derjenigen, die ihre Work-Life Balance (sehr) schlecht einschätzen, beabsichtigen keinen Wechsel in der näheren Zeit. Von diesen wiederum möchte eine Mehrheit von 59 Prozent nicht nur den Betrieb, sondern auch die Branche wechseln.

4.6.2 Welche Rolle spielt die Zufriedenheit mit dem Lohn?

In Deutschland regelt der allgemeinverbindliche Bundesrahmentarifvertrag für das Baugewerbe (BRTV) die Grundlagen des Tarifsystems für die gewerblichen Beschäftigten im Baugewerbe. Die Lohntabellen sind allerdings nicht für allgemeinverbindlich erklärt worden, sondern gelten nur für tarifgebundene Unternehmen (vgl. Kapitel 5.4). Daher kann es zu großen Lohnunterschieden zwischen tarifgebundenen und nicht tarifgebundenen Tätigkeiten kommen. Weiterhin werden auch in tarifgebundenen Betrieben Beschäftigte immer weniger qualifikationsgerecht eingestuft (vgl. Kapitel 5.6). Solche Lohnunterschiede zwischen Betrieben und Fehleinstufungen können eine Quelle der Unzufriedenheit sein.

Wie zu erwarten war, ist die Zufriedenheit mit der Bezahlung bei den Baubeschäftigten sehr unterschiedlich. Sehr zufrieden oder zufrieden sind 41 Prozent, teils zufrieden fast jeder Dritte (32 Prozent) und immerhin 27 Prozent sind (sehr) unzufrieden mit der Bezahlung. Nur rund 60 Prozent der Befragten geben an, dass ihr Lohn auch ihrer Ausbildung entspricht, was angesichts der abnehmenden Besetzung der Facharbeiterlohngruppen (vgl. Kapitel 5.6) nicht verwundern kann. Ebenso wenig überraschend ist die Tatsache, dass Bauarbeiter, die entsprechend ihrer Ausbildung bezahlt werden mit ihrem Lohn signifikant zufriedener sind, als ihre Kollegen, nicht entsprechend ihrer Ausbildung eingestuft sind.[13] Beschäftigte, die mit ihrem Lohn unzufrieden sind, haben eine stärkere Wechselneigung als diejenigen, die mit der Bezahlung zufrieden sind. Das gilt sowohl für den Wunsch, den Betrieb als auch die Branche zu wechseln.

---

13 2,35 vs. 3,30 auf einer 10er Skala mit 1 = sehr zufrieden und 10 = sehr unzufrieden. p < .001.

4.6.3 Welche Rolle spielt der Betrieb für den Wechselwunsch?

Bei hohem Fachkräftemangel müssen schwere Arbeitsbelastungen in einem Tätigkeitsfeld durch positive Arbeitsbedingungen an anderer Stelle ausgeglichen werden, um die Abwanderung zu begrenzen. Jedoch nur jeder zweite Baubeschäftigte in unserer Befragung bewertet das Betriebsklima in seinem Betrieb als gut, 37 Prozent sehen es als teilweise gut, teilweise schlecht, und 13 Prozent stimmen der Aussage nicht oder sogar überhaupt nicht zu. Fast drei Viertel der Befragten (73 Prozent), die unzufrieden mit dem Betriebsklima sind, geben an, einen Wechsel entweder in einen anderen Betrieb oder sogar eine andere Branche in Betracht zu ziehen.

Abbildung 4.12: Einschätzung der Zukunftsfähigkeit des eigenen Betriebes

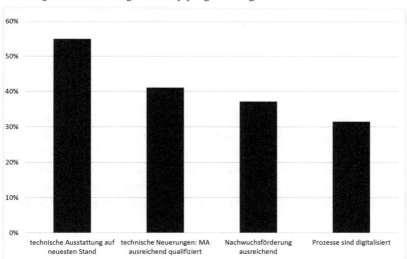

Quelle: Baubeschäftigtenbefragung 2019, eigene Auswertung, n = 1659

Selbst bei guter Bewertung des Betriebsklimas können andere Faktoren die Beschäftigten veranlassen, einen Wechsel in Betracht zu ziehen. Wir haben die Beschäftigten nach vier Indikatoren der Zukunftsfähigkeit ihrer Betriebe gefragt, die eher kritisch beurteilt wurde (Abbildung 4.12). Nur rund jeder zweite Befragte (52 Prozent), stimmt der Aussage (voll) zu, dass die technische Ausstattung im Betrieb auf dem neusten Stand sei. Mit rund 37 Prozent gibt nur etwas mehr als jede/r Dritte an, dass Mitarbeiter bei technischen

Neuerungen ausreichend qualifiziert würden und noch weniger (35 Prozent) halten die Nachwuchsförderung für ausreichend. Auch die Digitalisierung ist aus der Perspektive der Beschäftigten in den Betrieben noch nicht angekommen. Nur 28 Prozent der Befragten stimmen der Aussage (voll) zu, die Prozesse seien digitalisiert. Dabei zeigen die Daten einen klaren Zusammenhang zwischen der Wahrnehmung des Betriebs als zukunftsfähig und dem Wechselwunsch. Baubeschäftigte in Betrieben, deren Ausstattung nicht auf dem neusten Stand ist, die ihre Mitarbeiter nicht ausreichend weiterbilden, den Nachwuchs nicht fördern und ihre Prozesse nicht digitalisieren, geben signifikant häufiger an, wechseln zu wollen als Beschäftigte in Betrieben, die als zukunftsfähig wahrgenommen werden. Man kann aus diesen Ergebnissen auch dahin gehend interpretieren, dass die Beschäftigten in der Digitalisierung ihrer Betriebe Chancen einer höheren Arbeitsplatzsicherheit bzw. in der unzureichenden Modernisierung ihrer Betriebe hohe Arbeitsplatzrisiken für sich sehen.

4.7 Zusammenfassung

Mit dem Abschluss des Wiederaufbaus und der großen Infrastrukturprojekte geht die Zahl der Beschäftigten im Bauhauptgewerbe in Westdeutschland seit 1964 zurück. Dieselbe Entwicklung vollzieht sich nach der baulichen Rekonstruktion auch in Ostdeutschland, allerdings im Zeitraffer. Dort schrumpft die Zahl der Beschäftigten seit 1995. Einen Tiefpunkt erreichte die Beschäftigtenzahl im Jahr 2008 mit 715.000 Beschäftigten in Deutschland insgesamt.

Die Bauwirtschaft hat sich in den letzten Jahrzehnten mehr und mehr zu einer Facharbeiterbranche entwickelt. Die Baubetriebe stellen zumindest aus dem heimischen Arbeitsmarkt – bei den ausländischen Subunternehmen mag dies anders aussehen – fast nur noch Fachkräfte ein, um mit einem guten Fachkräftestamm effizient bauen zu können sowie Baumängel und Gewährleistungskosten so gering wie möglich zu halten. Die Erweiterung des betrieblichen Leistungsprofils und die zunehmende Tätigkeit als Generalunternehmer, Planer und Dienstleister hat zudem zu einem Anstieg des Anteils der Angestellten an den Beschäftigten des Bauhauptgewerbes geführt. Besonders in größeren Unternehmen ist der Angestelltenanteil gestiegen, da diese eine verlängerte Wertschöpfungskette unter Einschluss vieler Subunternehmer planen und koordinieren.

Wegen der starken Überalterung der Belegschaften – im Jahr 2017 waren knapp 46 Prozent der Beschäftigten in den Hoch- und Tiefbauberufen 45 Jahre und älter – und weil eine Bautätigkeit oft nicht bis ins rentennahe Alter ausgeübt wird und die Beschäftigten schon vorher aus dem Beruf ausscheiden, erhöht sich in den nächsten Jahren der Ersatzbedarf an Fachkräften. Es ist eine der dringlichen Aufgaben der Sozialpartner, die Notwendigkeit langfristiger Investitionen in Ausbildung aufzuzeigen, die Ausbildungsquoten zu stabilisieren und einem weiteren Imageverlust der Branche auf dem Arbeitsmarkt vorzubeugen (vgl. Kapitel 7).

Der Bauarbeitsmarkt ist ein hochflexibler Arbeitsmarkt mit einer beachtlichen internen Arbeitszeitflexibilität und einer überdurchschnittlichen zwischenbetrieblichen Fluktuation der Beschäftigten. Im Sommer arbeiten die Beschäftigten dieser Branche deutlich länger als im Winter. Vor allem in den Hochbauberufen werden in Westdeutschland immer noch jedes Jahr knapp die Hälfte aller Beschäftigungsverhältnisse beendet oder begonnen. Gegenüber den 1970er Jahren ist die Fluktuationsquote allerdings von über 60 auf 45 Prozent im Jahre 2017 gesunken. In den Tiefbauberufen sank die Fluktuationsquote erheblich stärker von ebenfalls rund 60 Prozent Mitte der 1970er Jahre auf unter 30 Prozent am aktuellen Rand und liegt damit sogar etwas unter dem Wert für die Gesamtwirtschaft.

Die hohe Fluktuation der Beschäftigten ist vor allem Folge der hohen Konjunkturreagibilität der Baunachfrage, des saisonalen Charakters der Auftragsvergabe, der Witterungsabhängigkeit des Bauens sowie der kleinbetrieblich geprägten Betriebslandschaft mit begrenzten Spielräumen für interne Personalanpassung. Zu dieser durch die besonderen Produktionsstrukturen des Baugewerbes erzwungenen Mobilität kommt noch die freiwillige Fluktuation hinzu. Viele Beschäftigte möchten durch einen Arbeitgeberwechsel ihre berufliche Position verbessern oder sich aus persönlichen Gründen verändern.

Die hohe zwischenbetriebliche Mobilität ist häufig unfreiwillig und daher mit Zwischenstationen in der Arbeitslosigkeit verbunden. Das Zugangsrisiko zur Arbeitslosigkeit ist in der Bauwirtschaft weit höher als im verarbeitenden Gewerbe. Allerdings sind die Wiedereinstellungschancen günstiger, da die Bauunternehmen wegen der hohen Abgänge auch häufiger einstellen. Infolgedessen schlägt sich der Bestand der Arbeitslosen rasch um. Früher waren die saisonalen Unterschiede der Arbeitslosigkeit markant, als die Arbeitslosigkeit im Winter schnell anstieg und sich oft im Frühjahr ebenso schnell wieder reduzierte. In den letzten beiden Jahrzehnten haben sich allerdings die Beschäftigungsverhältnisse eines großen Teils der Bauarbeitskräfte stabilisiert. Hier zeigt sich zum einen die erfolgreiche Einführung des Saison-Kurzarbeitergeldes (vgl. Kapitel 6), zum anderen deuten sich auch veränderte Personalstrategien der Unternehmen an, die zunehmend versuchen ihre Fachkräfte zu halten. Auch der steigende Fachkräftebedarf führt zu verbesserten Jobperspektiven in der Branche. Die Fluktuation hat sich stattdessen stärker auf ausländische Werkvertragskräfte verlagert, die die Funktion als leicht ersetzbare Randbelegschaften übernehmen.

Auffällig ist, dass sich die Struktur der Arbeitslosigkeit im Laufe der Jahrzehnte verändert hat. Durch den Fachkräftebedarf und den Rückgriff auf ausländische Beschäftigte, hat sich deren Anteil an der Arbeitslosigkeit sprunghaft erhöht. Dabei dürften ausländische Werkvertragskräfte noch nicht mal mit eingerechnet sein, die in den hiesigen Arbeitslosenstatistiken nicht auftauchen. Kaum eingestellt werden auch ältere Arbeitskräfte wegen ihrer tatsächlichen oder vermuteten eingeschränkten körperlichen Leistungsfähigkeit. Angesichts des stetig gewachsenen Anteils älterer Beschäftigter an der Gesamtbeschäftigung hat sich auch die Arbeitslosigkeit in dieser Altersgruppe stärker verfestigt. Rund ein Viertel der Arbeitslosen sind mittlerweile über 55 Jahre alt. Dies abzumildern wird im Bauhauptgewerbe eine vordringliche Aufgabe der Tarifpolitik bleiben. Öffentliche Debatten über eine weitere Anhebung des Renteneintrittsalters gehen an der Realität in dieser Branche vorbei. Schon jetzt schaffen es viele Bauarbeiter nicht, die Regelaltersgrenze zu erreichen.

Unsere Befragung von Baubeschäftigten zeigt, dass die Mehrheit der Befragten trotz der schweren körperlichen Arbeit, einer zunehmenden Arbeitsverdichtung und einer gestiegenen Arbeitsbelastung die Arbeit im Baugewerbe als abwechslungsreich und vielseitig einschätzt. Positiv werden zudem das Arbeiten im Team und die Möglichkeit, selbständig Entscheidungen zu treffen, beurteilt. Dennoch zieht rund jeder Fünfte einen beruflichen Wechsel in Betracht. Alarmierend ist auch, dass etwa 22 Prozent der von uns befragten gewerblichen Beschäftigten der Ansicht sind, Bauarbeit gesundheitlich nicht bis zum Rentenalter durchhalten zu können. Neben der gestiegenen Belastung nennen die Befragten insbesondere die geringe Bezahlung und nicht zum Privatleben passende Arbeitszeiten als Grund für ihre Wechselneigung. Beschäftigte, die ihren Betrieb durch eine gute Aus- und Weiterbildung, sowie eine moderne technische Ausstattung und eine Digitalisierung der Prozesse für die Zukunft gut gerüstet sehen, äußern seltener einen Wechselwunsch als Beschäftigte, die ihren Betrieb diesbezüglich kritisch aufgestellt sehen. Betrieb haben es also durchaus in der Hand, die Beschäftigten durch eine gute Personalpolitik und Investitionen in die Zukunft an sich zu binden.

Literatur

Antoni, Manfred/Ganzer, Andreas/vom Berge, Philipp (2019a), Stichprobe der Integrierten Arbeitsmarktbiografien Regionalfile (SIAB-R) 1975–2017, *FDZ-Datenreport*, 04/2019 (de), Nürnberg. DOI: 10.5164/IAB.FDZD.1904.de.vl.

Antoni, Manfred/Ganzer, Andreas/ vom Berge, Philipp (2019b), Sample of Integrated Labour Market Biographies Regional File (SIAB-R) 1975–2017, *FDZ-Datenreport*, 04/2019 (en), Nürnberg. DOI: 10.5164/IAB.FDZD.1904.en.vl.

BAuA (2014), Arbeitsbedingungen am Bau – Immer noch schwere körperliche Arbeit trotz technischen Fortschritts. *Factsheet* 11, BIBB/BAuA 2012, letzter Zugriff: 13.12.2021, https://www.baua.de/DE/Angebote/Publikationen/Fakten/BIBB-BAuA-11.pdf?__blob=publicationFile&v=6

Bosch, Gerhard/Wagner, Alexandra (2002), Dienstleistungsbeschäftigung in Europa: ein Ländervergleich, in: Bosch, Gerhard/Hennicke, Peter/Hilbert, Josef/Kristof, Kora/Scherhorn, Gerhard (Hg.): *Die Zukunft von Dienstleistungen: ihre Auswirkung auf Arbeit, Umwelt und Lebensqualität*, Frankfurt, S. 41–62.

Bosch, Gerhard/Zühlke-Robinet, Klaus (2000), *Der Bauarbeitsmarkt. Soziologie und Ökonomie einer Branche*. Frankfurt/M.

Bromberg, Tabea/Gerlmaier, Anja/Kümmerling, Angelika/ Latniak, Erich (2012), Bis zur Rente arbeiten in der Bauwirtschaft. Tätigkeitswechsel als Chance für eine dauerhafte Beschäftigung. *IAQ-Report*, H. 2021-05, Duisburg.

Brussig, Martin (2016), Altersübergänge in der Bauwirtschaft, in: Frerichs, Frerich (Hg.), *Altern in der Erwerbsarbeit. Vechtaer Beiträge zur Gerontologie*, Wiesbaden, DOI: https://doi.org/10.1007/978-3-658-12384-0_6

Brussig, Martin/Jansen, Andreas (2019), Beschäftigungskontinuität und -diskontinuität bei älteren Dachdeckern. *Altersübergangs-Report*, H. 1/2019, Institut Arbeit und Qualifikation, Duisburg.

Brussig, Martin/Ribbat, Mirko (2014), Entwicklung des Erwerbsaustrittsalters: Anstieg und Differenzierung. *Altersübergangs-Report H. 1/2014*, Duisburg.

Brussig, Martin/Schwarzkopf, Manuela (2014), Altersübergänge in der Bauwirtschaft gestalten: Prekarisierung vermeiden – Erwerbsbeteiligung stärken, *Arbeitspapier der Hans-Böckler-Stiftung*, H. 291, Düsseldorf.

Bundesagentur für Arbeit (2021a): Zugangsrisiko in Arbeitslosigkeit aus sozialversicherungspflichtiger Beschäftigung nach ausgewählten Wirtschaftszweigen. Sonderauswertung. Nürnberg.

Bundesagentur für Arbeit (2021b): Amtliche Nachrichten der Bundesagentur für Arbeit – Jahreszahlen. Nürnberg.

Bundesingenieurkammer (2020): Ingenieur- und Architektenbüros – Dienstleistungsstatistik 2018. Letzter Zugriff: 15.12.2020. https://bingk.de/wp-content/uploads/2020/09/Bundesingenieurkammer-3.3-DL-Statistik-Stand-September-2020.pdf

Erlinghagen, Marcel (2017), Langfristige Trends der Arbeitsmarktmobilität, Beschäftigungsstabilität und Beschäftigungssicherheit in Deutschland. *Duisburger Beiträge zur soziologischen Forschung*, H. 2017-05, Duisburg.

Frerichs, Frerich (2019), Altern in der Erwerbsarbeit: Laufbahngestaltung bei begrenzter Tätigkeitsdauer, in: Kauffeld, Simone/ Spurk, Daniel (Hg.), *Handbuch Karriere und Laufbahnmanagement*, Berlin, S. 893-912.

Gerlmaier, Anja/Latniak, Erich (2012), Arbeiten in der Bauwirtschaft – wer schafft es bis zum regulären Renteneintritt und wer nicht? *IAQ-Report*, H. 2012-04, Duisburg.

Gross, Edith/Syben, Gerhard/Gross, Oliver (2009), Arbeits- und Beschäftigungsfähigkeit in der Bauwirtschaft im demographischen Wandel. Bremen Forschungsinstitut für Beschäftigung Arbeit und Qualifikation, *Abschlussbericht*, Bremen.

Janssen, Jörn/Richter, Wolfgang (1983), *Arbeitsbedingungen der Bauarbeiter. Veränderungstendenzen unter dem Einfluß bautechnischer Entwicklungen*. Frankfurt/New York.

Kaboth, Arthur/Brussig, Martin (2020), Trotz Alterserwerbsbeteiligung auf Rekordniveau: Mehr Ältere von Arbeitslosigkeit betroffen. Großer Anteil älterer Arbeitsloser bleibt nach wie vor verdeckt, *Altersübergangs-Report*, H. 2020-01, Duisburg.

Kümmerling, Angelika/Schietinger, Marc/Voss-Dahm, Dorothea/Worthmann, Georg (2008), *Evaluation des neuen Leistungssystems zur Förderung ganzjähriger Beschäftigung. Endbericht*, Gelsenkirchen, Universität Duisburg-Essen, Institut Arbeit und Qualifikation. (IAQ)

Kümmerling, Angelika/Bosch, Gerhard/Hüttenhoff, Frederic/Weinkopf, Claudia (2022), Die Situation der Baubeschäftigten – Ergebnisse einer Online-Beschäftigtenbefragung, *IAQ-Report im Erscheinen*. https://www.uni-due.de/iaq/iaq-report.php

Pahl, Hans-Detlef/Stroink, Klaus/Syben, Gerd (1995), Betriebliche Arbeitskraftprobleme und Produktionskonzepte in der Bauwirtschaft, *Abschlußbericht*. Forschungsgruppe für Beschäftigung, Arbeitsorganisation und Qualifikation in der Hochschule Bremen.

Schade, Andreas (1994), *Ganzjährige Beschäftigung in der Bauwirtschaft – Eine Wirkungsanalyse*. Dissertation, Technische Hochschule Darmstadt.

Statistisches Bundesamt (2004), Bauhauptgewerbe/Ausbaugewerbe. *Lange Reihen der jährlichen Betriebserhebungen 2003*, Wiesbaden.

Statistisches Bundesamt (2009), Bauhauptgewerbe/Ausbaugewerbe, *Lange Reihen der jährlichen Betriebserhebungen 2008*, Wiesbaden.

Statistisches Bundesamt (2011), *Produzierendes Gewerbe. Tätige Personen und Umsatz der Betriebe im Baugewerbe 2010*, Fachserie 4, Reihe 5.1

Statistisches Bundesamt (2020a), Bauhauptgewerbe/Ausbaugewerbe, *Lange Reihen der jährlichen Betriebserhebungen 2019*, Wiesbaden.

Statistisches Bundesamt (2020b), Erwerbstätige in den Ländern der Bundesrepublik Deutschland 1991 bis 2019, Berechnungsstand: August 2020, Statistische Ämter des Bundes und der Länder *Reihe 1*, Bd. 1, Wiesbaden.

Statisches Bundesamt (2020c), *Produzierendes Gewerbe. Tätige Personen und Umsatz der Betriebe im Baugewerbe 2019, Fachserie 4, Reihe 5.1*, Wiesbaden.

Statisches Bundesamt (2021), *Produzierendes Gewerbe. Tätige Personen und Umsatz der Betriebe im Baugewerbe 2020, Fachserie 4, Reihe 5.1*, Wiesbaden.

Steinmann, Rolf/Haardt, Günter (1996), *Die Bauwirtschaft auf dem Weg zum Dienstleister. Neue Anforderungen an das Baumanagement*, Baden-Baden.

Syben, Gerd (1999), *Die Baustelle der Bauwirtschaft. Unternehmensentwicklung und Arbeitskräftepolitik auf dem Weg ins 21. Jahrhundert*, Berlin.

Trischler, Falco/Kistler, Ernst (2009), *Alters- und alternsgerechtes Arbeiten am Bau – Defizite und Ansatzpunkte. Ergänzendes Expertengutachten zur Machbarkeitsstudie »Demographischer Wandel – Konzepte und Modelle für den Erhalt und die Förderung der Arbeits- und Beschäftigungsfähigkeit in der Bauwirtschaft« im Rahmen des Modellprogramms zur Bekämpfung arbeitsbedingter Erkrankungen*, Stadtbergen.

Wübbeke, Christina (1999), Der Übergang von sozialversicherungspflichtiger Beschäftigung in den Rentenbezug zwischen sozialpolitischer Steuerung und betrieblichen Interessen. Eine Untersuchung der Ursachen des Frühverrentungstrends in Westdeutschland für den Zeitraum von 1975 bis 1990 auf Basis der IAB-Beschäftigtenstichprobe. In: Mitteilungen aus der Arbeitsmarkt- und Berufsforschung, Heft 1: 102–117.

1. Anhang

Tabelle 4.6: Zielberufe bei Wechseln aus den Hochbauberufen (Deutschland insgesamt bzw. 1985–89 Westdeutschland, alle Beschäftigten, Anteil an allen Wechseln in %)

Baubezug	1985–1989		1995–1999		2005–2009		2013–2017	
	Beruf	in %	Beruf	in %	Beruf	in %	Beruf	in %
Mit Baubezug	Maler bis Jalousiebauberufe	11,8	Maler bis Jalousiebauberufe	15,1	Maler bis Jalousiebauberufe	11,1	Maler bis Jalousiebauberufe	11,2
	Tiefbauberufe	7,6	Tiefbauberufe	6,8	Tiefbauberufe	4,2	Tiefbauberufe	4,3
	Bau- und Transportgeräteführer/in	3,2	Gartenbauberufe	3,7	Gartenbauberufe	3,9	Gartenbauberufe	3,4
	Gartenbauberufe	2,6	Bau- und Transportgeräteführer/in	3,0	Klempnerei-, Sanitär-, Heizungs- und Klimatechnikberufe	2,4	Gebäudetechnikberufe	5,0
	Klempnerei-, Sanitär-, Heizungs- und Klimatechnikberufe	2,4	Klempnerei-, Sanitär-, Heizungs- und Klimatechnikberufe	2,4	Bauplanungs- und -überwachungsberufe	1,8	Bauplanungs- und -überwachungsberufe	3,1
	Bauplanungs- und -überwachungsberufe	1,8	Bauplanungs- und -überwachungsberuf	2,0	Bau- und Transportgeräteführer/in	1,7	Bodenverlegungsberufe	2,2
	Bodenverlegungsberufe	0,4	Bodenverlegungsberufe	1,8	Bodenverlegungsberufe	1,2	Klempnerei-, Sanitär-, Heizungs- und Klimatechnikberufe	2,0
	Gebäudetechnikberufe	0,2	Gebäudetechnikberufe	0,2	Gebäudetechnikberufe	0,5	Bau- und Transportgeräteführer/in	1,7
Mit Baubezug insgesamt		30,0		35,0		26,9		33,0

Kein direkter Baubezug (5 häufigste Berufe)							
Lagerwirtschafts-, Post- und Zustellberufe	11,1	Lagerwirtschafts-, Post- und Zustellberufe	9,2	Lagerwirtschafts-, Post- und Zustellberufe	10,2	Lagerwirtschafts-, Post- und Zustellberufe	10,5
Fahrzeugführer/innen im Straßenverkehr	7,1	Reinigungsberufe	6,3	Reinigungsberufe	8,0	Reinigungsberufe	6,5
Metallbearbeitungsberufe	5,0	Fahrzeugführer/innen im Straßenverkehr	4,2	Fahrzeugführer/innen im Straßenverkehr	5,7	Maschinenbau- und Betriebstechnikberufe	5,2
Metallbau- und Schweißtechnikberufe	4,1	Schutz-, Sicherheits- und Überwachungsberufe	3,8	Schutz-, Sicherheits- und Überwachungsberufe	5,5	Fahrzeugführer/innen im Straßenverkehr	4,6
Holzbe- und -verarbeitungsberufe	2,8	Speisenzubereitungsberufe	3,3	Büro- und Sekretariatsberufe	5,2	Gastronomieberufe	3,0
Weitere Berufe	39,9		38,2		38,3		37,2

Quelle: Eigene Berechnungen mit der SIAB 75-17.

Tabelle 4.7: Zielberufe bei Wechseln aus den Tiefbauberufen (Deutschland insgesamt bzw. 1985–89 Westdeutschland, alle Beschäftigten, Anteil an allen Wechseln in %)

Baubezug	1985–1989		1995–1999		2005–2009		2013–2017	
	Beruf	in %	Beruf	in %	Beruf	in %	Beruf	in %
Mit Baubezug	Hochbauberufe	24,6	Hochbauberufe	30,8	Hochbauberufe	22,2	Hochbauberufe	20,5
	Bau- und Transportgeräteführer/in	7,0	Bau- und Transportgeräteführer/in	9,2	Gartenbauberufe	7,2	Bauplanungs- und -überwachungsberufe	7,7
	Maler bis Jalousiebauberufe	3,6	Gartenbauberufe	5,3	Bau- und Transportgeräteführer/in	6,0	Bau- und Transportgeräteführer/in	6,4
	Gartenbauberufe	2,8	Maler bis Jalousiebauberufe	2,4	Maler bis Jalousiebau	2,7	Gartenbauberufe	4,8
	Bauplanungs- und -überwachungsberufe	1,4	Bauplanungs- und -überwachungsberufe	1,7	Bauplanungs- und -überwachungsberufe	2,0	Gebäudetechnikberufe	4,1
	Klempnerei-, Sanitär-, Heizungs- und Klimatechnikberufe	1,4	Klempnerei-, Sanitär-, Heizungs- und Klimatechnikberufe	1,2	Klempnerei-, Sanitär-, Heizungs- und Klimatechnikberufe	1,4	Maler bis Jalousiebau	2,1
	Gebäudetechnikberufe	0,1	Bodenverlegungsberufe	0,3	Bodenverlegungsberufe	0,5	Klempnerei-, Sanitär-, Heizungs- und Klimatechnikberufe	0,6
	Bodenverlegerberufe	n.v.	Gebäudetechnikberufe	0,2	Gebäudetechnikberufe	0,3	Bodenverlegungsberufe	0,5
Mit Baubezug insgesamt		40,9		51,1		42,2		46,8

Kein direkter Baubezug (5 häufigste Berufe)	Lagerwirtschafts-, Post- und Zustellberufe	7,6	Fahrzeugführer/innen im Straßenverkehr	9,2	Fahrzeugführer/innen im Straßenverkehr	6,9	Lagerwirtschafts-, Post- und Zustellberufe	6,8
	Fahrzeugführer/innen im Straßenverkehr	7,4	Lagerwirtschafts-, Post- und Zustellberufe	5,3	Lagerwirtschafts-, Post- und Zustellberufe	5,1	Fahrzeugführer/innen im Straßenverkehr	5,0
	Metallbau- und Schweißtechnikberufe	3,8	Maschinenbau- und Betriebstechnikberufe	3,5	Reinigungsberufe	4,7	Maschinenbau- und Betriebstechnikberufe	3,8
	Metallbearbeitungsberufe	3,4	Fahrzeug-, Luft-, Raumfahrt- und Schiffbautechnikberufe	2,5	Schutz-, Sicherheits- und Überwachungsberufe	4,1	Reinigungsberufe	3,4
	Reinigungsberufe	2,8	Metallbau- und Schweißtechnikberufe	2,4	Maschinenbau- und Betriebstechnikberufe	3,8	Gastronomieberufe	2,8
Weitere Berufe		34,2		26,1		33,2		31,2

Quelle: Eigene Berechnungen mit der SIAB 75-17.

5. Industrielle Beziehungen, Tarifpolitik und Sozialkassen

5.1 Einleitung

Bereits kurz nach dem Ende des Zweiten Weltkriegs wurden in Deutschland im Bauhauptgewerbe die Weichen für ein branchenspezifisches Regulierungssystem gestellt, das weit über die üblichen Inhalte der Tarifpolitik hinausgeht. Saisonarbeit, Witterungsausfälle, hohe und unfreiwillige Fluktuation, Abwanderungen in andere Branchen sowie Arbeitskräftemangel bildeten die traditionellen Ausgangspunkte für die Tarifvertragsparteien, gemeinsam nach Lösungen zu suchen, um die mit den Besonderheiten der Branche verbundenen Risiken und Nachteile für Beschäftigte und Betriebe abzuschwächen und auszugleichen sowie den Betrieben den notwendigen Fachkräftenachwuchs zu sichern. Durch die Einrichtung von tariflich vereinbarten Sozialkassen wurde der »Grundstein für eine institutionalisierte Sozialpolitik« (Schütt 2000) gelegt, die man als Kompromiss zwischen den sozialen Interessen der Beschäftigten und den wirtschaftlichen Interessen der Unternehmen interpretieren kann. Nach und nach wurde ein umfangreiches Regelwerk entwickelt, dessen strukturierendes Element der das gesamte Bundesgebiet umfassende, zentral verhandelte Bundesrahmentarifvertrag ist, der allerdings erst durch gesetzlichen Flankenschutz seine Wirkungen erzielen konnte. Dieser bezieht sich auf die Allgemeinverbindlicherklärung zentraler Bautarifverträge, die Abstimmung tariflicher und gesetzlicher Leistungen (zum Beispiel beim Saison-Kurzarbeitergeld) und auf den Schutz des Bauarbeitsmarktes vor der Beschäftigung nicht an die Sozialkassen abgabepflichtiger Betriebe durch das Verbot der Leiharbeit aus anderen Branchen.

Im Unterschied zu einigen Nachbarländern, vor allem zu den etatistischen Traditionen in Frankreich mit seinen schwachen Sozialpartnern, spielten in Deutschland in diesem Konzert der Akteure die Tarifpartner immer die wichtigste Rolle. Eine bundesweit koordinierte Tarifpolitik erfordert von den Sozialpartnern die Fähigkeit, regionale und wirtschaftszweigspezifische Partikularinteressen auf einen gemeinsamen Nenner zu bringen. Notwendig sind also zentralisierte und gleichzeitig integrierende Verhandlungsstrukturen der Verbände, wobei die interne Kompromissfähigkeit umso geringer wird, je heterogener die Interessen der Mitglieder sind (Streeck 1979; Weitbrecht 1969).

Mit der Ausgestaltung des Branchenarbeitsmarktes durch die Sozialpartner, ihrer Tarifpolitik und den beiden wichtigsten Institutionen des Bauarbeitsmarktes, der Allgemeinverbindlicherklärung und den Sozialkassen, befassen wir uns im Folgenden. Zuerst gehen wir näher auf die wichtigsten Akteure, nämlich die IG BAU und die beiden Arbeitgeberverbände ein und beschreiben die Struktur der Verbände und ihre wechselseitigen Beziehungen sowie die wesentlichen Merkmale des tariflichen Verhandlungssystems (Abschnitt 5.2). Anschließend werden die besondere Bedeutung der Allgemeinverbindlichkeit von Tarifverträgen für die Branche und das Verbot der Leiharbeit erläutert (Abschnitt 5.3). In Abschnitt 5.4 stehen die tariflichen Regelungen zur Entlohnung rund um den Flächentarifvertrag im Mittelpunkt, bevor in Abschnitt 5.5 gesondert auf die tariflichen Mindestlöhne eingegangen wird. Abschnitt 5.6 befasst sich mit Entwicklung der Tarifbindung der Beschäftigten und Betriebe in der Branche und thematisiert die Verbreitung von Betriebsräten. In Abschnitt 5.7 wird mithilfe von Sonderauswertungen der SOKA-BAU die Entwicklung der Lohnverteilung näher betrachtet. Schließlich wird in Abschnitt 5.8 die zentrale Säule der Tarifpolitik, die Sozialkassen des Baugewerbes, dargestellt. Beschrieben werden die einzelnen Sozialkassenleistungen mit ihren Aufgaben, Funktionen und Finanzierung.

5.2 Arbeitgeberverbände und Gewerkschaften

Die Beschäftigten im Bauhauptgewerbe werden von der Industriegewerkschaft Bauen-Agrar-Umwelt (IG BAU) vertreten, die Ende 1995 durch eine Fusion zwischen der damaligen Industriegewerkschaft Bau-Steine-Erden mit der Gewerkschaft Gartenbau, Land- und Forstwirtschaft entstanden ist (Bosch/Zühlke-Robinet 2000: 111). Bedingt durch rückläufige Mitgliederzahlen war die IG BAU im Jahr 2020 mit etwa 232.000 Gewerkschaftsmitgliedern nur noch fünftgrößte DGB-Einzelgewerkschaft. 1995 waren es noch über 700.000 Mitglieder (Tabelle 5.1). Insbesondere die Mitgliedschaft von Männern ist stark zurückgegangen. Das hat mit dem starken Beschäftigungsrückgang im Baugewerbe (vgl. Kapitel 4) zum einen strukturelle Gründe. Zum anderen haben sich auch die traditionell gut organisierten Arbeitermilieus aufgelöst und der gewerkschaftliche Organisationsgrad, der Mitte der 1990er Jahre noch bei rund 40 Prozent lag, ist mittlerweile deutlich gesunken.

Tabelle 5.1: Entwicklung der Gesamtmitgliedschaft der IG BAU

	Insgesamt	*Frauen*	*Männer*
1995[14]	722.576	85.350	637.226
2000	539.744	70.670	469.074
2005	391.546	61.141	330.405
2010	314.568	66.272	248.296
2015	273.392	68.519	204.873
2020	231.663	64.358	167.305

Quelle: Deutscher Gewerkschaftsbund 2021

Die IG BAU, deren Bundesvorstand seinen Sitz in Frankfurt am Main hat, gliedert sich in zwölf Landesverbände und nachfolgend in 56 Bezirksverbände auf (Abbildung 5.1). Nach der Wiedervereinigung war die IG BAU noch durch rund 150 Bezirksverbände in der Fläche sehr gut vertreten. Durch die mit sinkenden Mitgliederzahlen verbundenen Einsparmaßnahmen musste deren Zahl auf unter 60 reduziert werden. Schließlich gibt es auf kommunaler Ebene noch eine Vielzahl an Mitgliederbüros, Orts-, Stadt- und Kreisverbände sowie Fach- und Betriebsgruppen. Die Landes- und Bezirksverbände sind Untergliederungen der Bundesorganisation ohne tarifpolitische Autonomie. Sie sind zwar in hohem Maße an der Formulierung der Tarifforderungen beteiligt, da jedoch die Tarifverträge im Bauhauptgewerbe bundesweit verhandelt werden, ist der Bundesvorstand für die Tarifverhandlungen zuständig.

Für die Interessenvertretung und Tarifverhandlungen der Arbeitgeber haben sich zwei Dachverbände auf Bundesebene herausgebildet, die sich in ihrer Organisationsstruktur und den zu vertretenden Unternehmen unter-

---

14 Zusammenfassung der Daten der IG Bau-Steine-Erden mit Gewerkschaft Gartenbau, Land- und Forstwirtschaft.

Abbildung 5.1: Landes- und Bezirksverbände der IG BAU (Stand: 2020)

Quelle: IG BAU 2020

scheiden. Der Zentralverband des Deutschen Baugewerbes (ZDB) vertritt die Interessen der zumeist kleinen und mittelständischen Handwerksbetriebe im Baugewerbe. Der ZDB umfasst 30 Mitglieds- und Fachverbände, die sich in Landes- und Regionalverbände, regionale Handwerksinnungen sowie zwei überregionale Mitgliedsverbände unterteilen. Insgesamt vertritt der ZDB etwa 35.000 Mitgliedsbetriebe mit ca. 250.000 gewerblichen Arbeitnehmer, 50.000 Angestellten und 20.000 Auszubildenden.

Der Hauptverband der Deutschen Bauindustrie (HDB) ist ein Dachverband mit rechtlich und organisatorisch selbständigen Landesverbänden. Dem HDB gehören bundesweit insgesamt zehn landesweite bzw. länderübergreifende bauindustrielle Arbeitgeberverbände sowie sieben Fachverbände an und er repräsentiert zumeist größere Baubetriebe mit mindestens 20 Beschäftigten. Nach eigenen Angaben hat der HDB etwa 2.000 Mitgliedsbetriebe, etwa 100.000 gewerbliche Arbeitnehmer sowie 50.000 Angestellte und 5.000 Auszubildende.

Nach der Wiedervereinigung gestaltete sich der Aufbau von Bau-Arbeitgeberverbänden in Ostdeutschland im bauindustriellen Bereich einfacher als im bauhandwerklichen Bereich (Artus 1996). Mit Unterstützung des HDB gründeten ostdeutsche bauindustrielle Betriebe bereits 1990 den »Verband

Abbildung 5.2: Verbandsstruktur der beiden Arbeitgeberverbände (Stand: 2020)

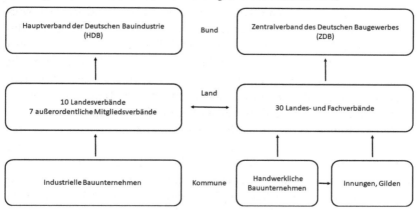

Quelle: eigene Darstellung nach Angaben von HDB und ZDB

der Bauindustrie der DDR«. Die Organisierung von Bauunternehmen fiel relativ leicht, weil durch die Auflösung der Baukombinate zunächst eine überschaubare Anzahl großer Baubetriebe entstand. Die Treuhandanstalt empfahl ihren Betrieben, dem Verband beizutreten. Auch der zügige Aufbau eigener Niederlassungen der meisten größeren westdeutschen Bauunternehmen förderte die Verbandsbildung. In der Umbruchphase bestand seitens der ostdeutschen Betriebe zudem ein großer Beratungs- und Informationsbedarf, so dass das Dienstleistungsangebot des Verbandes starke Anreize für die Betriebe bot, dem HDB beizutreten. In den verbandsungebundenen Betrieben waren 1990 über ein Drittel der ostdeutschen Baubeschäftigten tätig (Artus 1996: 40). Rasch wurden Landesverbände gegründet, die dann dem westdeutschen HDB beitraten, wodurch der ostdeutsche Dachverband aufgelöst werden konnte. Um den besonderen Interessen ostdeutscher Unternehmen angemessen gerecht werden zu können, wurde im HDB ein Unterausschuss »Ostdeutschland« eingerichtet. Dort sollten alle Fragen der Tarifpolitik in den neuen Bundesländern beraten und geklärt werden mit dem Ziel, interne Interessenkollisionen auszugleichen.

Schwieriger gestaltete sich die Verbandsbildung im handwerklichen Baugewerbe. Es war für den westdeutschen ZDB nicht einfach, den vielen kleinen und mittleren, oftmals gerade erst gegründeten Unternehmen den Sinn und Zweck einer bauspezifischen Verbandsmitgliedschaft zu vermitteln (Artus 1996: 41). Zudem hatten sich in einigen Bundesländern schon besondere ostdeutsche Konkurrenzverbände entwickelt, die gewerbeübergreifend als

Interessenvertreter der Handwerksbetriebe auftraten (zum Beispiel der Unternehmerverband Sachsen e.V.). In den ostdeutschen Bundesländern wurden mit Unterstützung des westdeutschen ZDB baugewerbliche Verbände gegründet. Die nach wie vor hohe Betriebsfluktuation erschwert es aber weiterhin, stabile Repräsentationsstrukturen aufzubauen. Hinzu kommt die Organisationsschwäche der IG BAU, die es vielen Unternehmen erleichtert, wegen des mangelnden gewerkschaftlichen Drucks eine Tarifbindung zu vermeiden und ihre Löhne und Arbeitszeiten selbst festzusetzen.

Mit der Bundesvereinigung Mittelständischer Bauunternehmen (BVMB) mit Sitz in Bonn gibt es noch einen weiteren Arbeitgeberverband, der für rund 700 Mitgliedsbetriebe verschiedene Beratungsdienstleistungen anbietet, und die Interessen ihrer Mitglieder gegenüber Politik, Verwaltung sowie öffentlichen und privaten Auftraggebern vertritt. Die BVMB ist zwar nicht direkt an den Tarifverhandlungen beteiligt, kooperiert aber mit dem HDB.

Die regionale Verbandslandschaft ist zwischen Industrie und Handwerk formal getrennt, allerdings finden sich Doppelmitgliedschaften. So sind die bauindustriellen Landesverbände des Saarlands, von Rheinland-Pfalz und von Baden-Württemberg gleichzeitig auch Mitglied beim ZDB. Die übrigen Landesverbände arbeiten auf Landesebene meist eng zusammen und Baubetriebe können zugleich im handwerklichen und im industriellen Landesverband Mitglied sein.

Die Struktur beider Arbeitgeberverbände wird als »Verband der Verbände« (Bosch u.a. 2011: 34) bezeichnet. Die Landes- und Regionalverbände agieren weitestgehend autonom und können zu jeder Zeit die Dachverbände verlassen. Die Landes- und Regionalverbände haben sich zu Dachverbänden mit dem Ziel zusammengeschlossen, regional übergreifende Strukturen der Interessenvertretung zu schaffen, wobei ein Schwerpunkt in der bundesweit einheitlichen Tarifpolitik liegt. Einzelne Unternehmen können nicht Mitglied eines Spitzenverbandes sein. Laut Satzung hat der HDB das Recht, überregionale Rahmentarifverträge abzuschließen. Für Lohn- und Gehaltstarifverträge müssen die Landesverbände dem Hauptverband eine Vollmacht für jede Region erteilen, was in den vergangenen Tarifrunden mehrheitlich der Fall gewesen ist. Anders als beim Bauindustrieverband liegt laut Satzung des ZDB die tarifpolitische Kompetenz in allen Bereichen (das heißt Rahmentarifverträge, Lohn und Gehalt) beim Zentralverband. Nur der ZDB kann Tarifverträge abschließen und kündigen, sofern nicht einzelne Mitgliedsverbände vor Aufnahme der Verhandlungen schriftlich anzeigen, dass Verhandlungen nicht für ihr Tarifgebiet geführt werden sollen.

Beide Dachverbände sind neben ihrer Funktion als Arbeitgeberverbände, die für Tarifverhandlungen und andere berufs- und sozialpolitische Fragen (Berufsbildung, Arbeitsschutz, etc.) zuständig sind, zugleich Fach- und Wirtschaftsverbände, die als Lobbyverbände wirtschafts- und gesellschaftspolitische sowie branchenbezogene Unternehmerinteressen im öffentlichen und politischen Raum vertreten. Je nach Themenfeld und Anlass stimmen sich beide Dachverbände untereinander ab und veröffentlichen zum Teil gemeinsame Positionspapiere und Pressemeldungen.

In einer solch komplexen Organisationslandschaft eine bundesweite Tarifpolitik betreiben zu können, setzt starke gemeinsame Interessen der Sozialpartner und den Aufbau einer vertrauensvollen Verhandlungskultur voraus. Dass es seit Gründung der Bundesrepublik bundesweit zentrale Tarifverhandlungen im Bauhauptgewerbe gibt, ist mit Erfahrungen der Verbände in den ersten Jahrzehnten des 20. Jahrhunderts verbunden (Schütt 2000). Zwar konnte bereits 1910 der erste Flächentarifvertrag in der Bauwirtschaft nach harten Auseinandersetzungen – es gab eine fast zweimonatige Aussperrung seitens der Arbeitgeber – vereinbart werden (Asshoff 2012), allerdings sicherte dieser keinen langanhaltenden tariflichen Frieden. Streiks und Aussperrungen gehörten insbesondere nach dem Ersten Weltkrieg im Prinzip zum Arbeitsalltag dazu. Damals zählte das Baugewerbe zu den arbeitskampfintensivsten Branchen, wodurch Betriebe vielfach keine stabilen und dauerhaften Kalkulationsgrundlagen hatten. Auch für die Beschäftigten überwogen die Nachteile solcher ständigen Konflikte, da erkämpfte Lohnerhöhungen bei abflauender Konjunktur wieder einkassiert wurden. Vor diesem Hintergrund konnten sich keine stabilen Beziehungen zwischen den Betrieben und Beschäftigten einerseits und zwischen den Arbeitgeberverbänden und der Gewerkschaft andererseits bilden. Aufgrund dieser Erfahrungen kamen die Tarifvertragsverbände in der Nachkriegszeit darin überein, mithilfe zentral verhandelter Tarifverträge einen verlässlichen Ordnungsrahmen für das Baugewerbe zu schaffen. Die Verbändelandschaft wurde in der Folge dem neuen Politikverständnis der Sozialpartner angepasst. Auf Seiten der Gewerkschaft wurde das Einheits- und Branchengewerkschaftsprinzip umgesetzt, nach dem eine Gewerkschaft für eine Branche zuständig war, und auf Seiten der Arbeitgeberverbände wurde die Kompetenz für Tarifverhandlungen zentralisiert.

Im Laufe der Jahrzehnte wurde ein Vertrauensvorrat aufgebaut, der es immer wieder ermöglichte, bei neuen Herausforderungen gemeinsam getragene Lösungen zu entwickeln. Diese vertrauensvolle Kooperation zeichnet sich erstens dadurch aus, dass die Sozialpartner die gegenseitigen Interessenlagen kennen und interne Probleme der Partnerorganisation nicht zu deren Schwächung ausnutzen, sondern zu überwinden helfen. Dies ermöglicht zweitens die Fähigkeit, langfristige gemeinsame Gestaltungsoptionen zu entwickeln und umzusetzen. Schließlich gibt es immer wieder nicht öffentliche Diskussionsforen, in denen eine offene Erörterung von Problemen und Lösungsmöglichkeiten möglich ist. Dabei waren die Sozialkassen ein strategisches Instrument für längerfristige Branchenpolitik sowie der Ort des offenen Meinungsaustausches (Laux 1999). Mit den Sozialkassen wurde die kontinuierliche Zusammenarbeit der Sozialpartner institutionalisiert und die Kooperation der Tarifvertragsparteien auf Dauer ermöglicht.

Ein Beleg für die jahrelange gute Zusammenarbeit der Tarifpartner zeigt sich auch darin, dass die Tarifverhandlungen jahrzehntelang ohne Streik erfolgreich abgeschlossen werden konnten. Erst im Jahr 2002 wurde erstmals seit Bestehen der Bundesrepublik eine bundesweite Urabstimmung im Bauhauptgewerbe durchgeführt, in deren Folge es sieben Tage lang zu bundesweiten Arbeitsniederlegungen kam. Dabei wurde der Streik auch von Arbeitgeberseite nicht nur als der übliche konjunkturelle Verteilungskampf verstanden, sondern auch als Reaktion auf die Zunahme des Lohnkostenwettbewerbs (HDB 2002). Vor allem in Ostdeutschland verschärfte sich der innerdeutsche Lohnkostenwettbewerb durch den überdurchschnittlichen Anteil nicht tarifgebundener Betriebe, während zeitgleich durch die EU-Osterweiterung und den damit verbundenen hohen Anteil entsandter Arbeitskräfte aus Niedriglohnländern die Preise für den Subunternehmereinsatz gedrückt wurden. In den nachfolgenden Tarifverhandlungen konnte bis 2020 – mit Ausnahme des Jahres 2007 – zwar immer ein Tarifergebnis ohne Streik erzielt werden. Allerdings konnten allein in den letzten 20 Jahren in zehn Verhandlungen ein Tarifergebnis wegen der zunehmend auseinanderdriftenden Interessenslagen bei den Bauunternehmen und des abnehmenden Vertrauensvorrats zwischen den Sozialpartnern erst durch das Schlichtungsverfahren erreicht werden.

Betrachtet man nur die formalen Organisationsstrukturen, ist die IG BAU besser als die Arbeitgeberverbände für eine bundesweit einheitliche Tarifpolitik gerüstet. Ihre Bezirke und Landesverbände sind keine selbständigen Organisationen und haben im Grundsatz keine tarifpolitischen Kompetenzen. Die Tarifpolitik der IG BAU ist zentralisiert und die tarifpolitischen Gremien (Bundesvorstand, Bundestarifkommission und Beirat) haben ausreichend Kompetenzen, um bundesweite Verhandlungen führen und Abschlüsse tätigen zu können. Für die bundesweiten Tarifverhandlungen im Bauhauptgewerbe wird eine Bundestarifkommission gebildet, in der 120 Vertreter*innen (Stand: 2020) zusammenkommen. Diese werden in regionalen Tarifkonferenzen gewählt, um sicherzustellen, dass die verschiedenen Landes- und Bezirksverbände möglichst gleichmäßig repräsentiert werden. Grundsätzlich darf pro Betrieb in der jeweiligen Region ein Gewerkschaftsmitglied an der regionalen Konferenz teilnehmen. Ab 25 Prozent Organisationsgrad im Betrieb erhöht sich die Zahl auf zwei Mitglieder und ab 60 Prozent auf drei. Damit können große Unternehmen mit hohem Organisationsgrad in verschiedenen regionalen Standorten überproportional in der Bundestarifkommission vertreten sein. Die Bundestarifkommission entsendet aus ihrer Reihe ca. zwölf Vertreter*innen in die Verhandlungskommission, die möglichst alle Landesverbände repräsentieren sollen. Hinzu kommen etwa sechs hauptamtliche IG BAU-Funktionäre (Interview IG BAU 11/2020). Der IG BAU ist das Dilemma der Überrepräsentanz der großen Unternehmen durchaus bewusst, merkt in unseren Gesprächen jedoch an, dass große Betriebe sich auch vor Ort oft stärker engagieren und kleinere Betriebe vergleichsweise seltener:

»Wir wollen ja mehr Beteiligung haben. Aber wenn sich die Betriebsräte von [Konzernname] stärker engagieren, können wir nicht sagen, die wollen wir nicht haben. Es ist ein Dilemma, das gebe ich auch zu. Aber wir fordern dann auch die Handwerksbetriebe auf, die entsprechend gut organisiert sind, sich dann auch stärker mit einzubringen. Denn dann sind auch ihre Interessen in der Tarifkommission vertreten. Ich habe auch eher das Gefühl, dass gerade die Handwerksbetriebe diejenigen sind, die sieben, acht Prozent Lohnerhöhung wollen, weil sie die Tarifrunde verwechseln mit Eingruppierung, mit ordentlicher Bezahlung, mit Tarifverträgen. Wenn die richtig eingruppiert wären, nämlich in der richtigen Tarifgruppe, dann hätten die ganz andere Löhne. Es ist ein Verschieben der Verantwortung. Die Verantwortung schiebe ich auf die Gewerkschaft und ist die Gewerkschaft nicht gut am Tariftisch, kriege ich in der Lohngruppe 2 nicht die entsprechende Erhöhung. Man ist betrieblich zu schwach und will persönlich nicht den Konflikt eingehen. Man kann natürlich mit dem Finger auf [Konzernname] zeigen, aber wenn ich da einen Organisationsgrad von 60 Prozent habe, dann weiß ich, wo meine Beitragseinnahmen herkommen, da weiß ich, wo die Delegierten vom Gewerkschaftstag und der Bundestarifkommission herkommen. Die sind einfach sehr aktiv.« (Interview IG BAU, 3/2021)

Anders sieht die Organisation bei den beiden Arbeitgeber-Spitzenverbänden der Bauwirtschaft aus. Der HDB und ZDB arbeiten in der Tarifpolitik eng zusammen und treten gemeinsam als ein Akteur bei Verhandlungen auf. Jeder Dachverband hat eine eigene Tarifkommission gebildet. Beim

HDB setzt sich die Kommission aus sechs Vertreter*innen der Großregionen (Nord, Ost, Mitte, Süd, Südwest und West) sowie aus drei hauptamtlichen Beschäftigten zusammen (Interview HDB, 3/2020). Beim ZDB ist die Verteilung ähnlich, allerdings werden die ehrenamtlichen Vertreter*innen in fünf Regionen (Nord, Ost, West, Süd und Bayern) benannt und zusätzlich ein Vertreter eines mitbetroffenen Ausbaugewerbes hinzugezogen, der bislang immer aus dem Stuckateur-Bereich kam. Vom ZDB nehmen zudem drei hauptamtliche Beschäftigte teil (Interview ehemaliger Geschäftsführer ZDB, 3/2021). Diese beiden Tarifkommissionen bilden bei Tarifrunden auch die Verhandlungskommission, sodass sich auf beiden Seiten jeweils 18 Verhandler*innen gegenübersitzen. Im Laufe der Tarifgespräche verkleinert sich der Kreis der Gesprächspartner in der Regel auf zwei bis vier Personen, die sich im Laufe einer Verhandlungsrunde, die durchaus bis zum frühen Morgen dauern kann, immer wieder mit der Verhandlungskommission beraten. Lediglich im Schlichtungsverfahren, in die jede Seite nur noch vier Vertreter*innen entsendet, sind die Verhandlungskommissionen von vornherein kleiner.

Allerdings bringt es das Organisationsprinzip des »Verbändeverbandes« mit sich, dass die beiden Dachverbände nur ein vorübergehend geliehenes Mandat haben und die Herausforderung der doppelten Koordination besteht. Denn zum einen müssen die Interessen des Bauhandwerks und der Bauindustrie zu einer tarifpolitisch verhandelbaren Übereinstimmung gebracht werden. Zum anderen müssen in beiden Verbänden die unterschiedlichen tarifpolitischen Interessen der Landes- und Regionalverbände abgestimmt werden. Weil die Landesverbände rechtlich autonom sind, über eigene Finanzquellen verfügen und den Spitzenverbänden das tarifpolitische Verhandlungsmandat entziehen können, haben sie innerhalb der Spitzenverbände einen Machtvorsprung, den sie auch dazu nutzen können, aus dem bundesweiten Zusammenschluss auszutreten.

Insbesondere in den 1990er Jahren bestimmte der interne Konflikt zwischen den ost- und westdeutschen Landesverbänden der Arbeitgeber die Tarifpolitik. Nach der Wiedervereinigung waren die Tarifverhandlungen für West- und Ostdeutschland zunächst gemeinsam geführt worden. Während die westdeutschen Landesverbände eine schnelle Angleichung des ostdeutschen Lohn- und Gehaltsniveaus an das westdeutsche Niveau erreichen wollten, lehnten die ostdeutschen Landesverbände dies wegen des insgesamt deutlich niedrigeren Lohniveaus in Ostdeutschland kategorisch ab. Zur Entspannung der Verbandskonflikte wurden ab 1997 Löhne- und Gehälter für

West- und Ostdeutschland getrennt verhandelt. Für Berlin galten die westdeutschen Entlohnungstarifverträge. Trotz dieses Kompromisses verließen einige ostdeutsche Landesverbände die Spitzenverbände und entzogen ihnen damit auch das Verhandlungsmandat für Tarifverträge. So traten 1997 die baugewerblichen Arbeitgeberverbände aus Mecklenburg-Vorpommern und Thüringen aus dem ZDB aus. Zudem kündigte die Fachgemeinschaft Bau Berlin und Brandenburg (FG Bau) ihre Mitgliedschaften im ZDB und HDB. Begründet wurde dies mit dem Vorwurf, die Dachverbände hätten die ostdeutschen Betriebsinteressen zu wenig berücksichtigt (Bosch u. a. 2011: 34). Als Reaktion wurde im Jahr 2002 der Zweckverband ostdeutscher Bauverbände (ZVOB) von der FG Bau und mehreren ostdeutschen Landesverbänden und -innungen gegründet, um ostdeutsche Interessen gezielter vertreten zu können. Um weiße Flecken auf der ostdeutschen Tariflandkarte zu verhindern, dehnten westdeutsche baugewerbliche Mitgliedsverbände ihren räumlichen Organisationsbereich aus: Schleswig-Holstein auf Mecklenburg-Vorpommern, Hessen auf Thüringen und auch in Berlin und Brandenburg konnte zeitnah ein neuer gemeinsamer Landesverband etabliert werden. So wurde relativ schnell wieder das gesamte ostdeutsche Gebiet von tarifschließenden Arbeitgeberverbänden abgedeckt.

Doch trotz dieser Umstrukturierung blieben die Tarifverhandlungen in den Folgejahren konfliktreich. In den ersten separat geführten Tarifverhandlungen der neuen und alten Bundesländer im Jahr 2000 konnte mit den ostdeutschen Arbeitgeberverbänden erst nach einem Schlichtungsverfahren ein Verhandlungsergebnis erzielt werden. Zusätzlich koppelten sich die Berliner Arbeitgeber von den westdeutschen Verbänden ab und schließen seitdem offiziell in eigener Verantwortung Tarifverträge über Löhne und Gehälter ab. Mittlerweile werden die Tarifverhandlungen für Ost- und Westdeutschland wieder gemeinsam geführt, in denen aber unterschiedliche Lohntabellen für West- und Ostdeutschland sowie für Berlin vereinbart werden. Die gemeinsamen Verhandlungen boten aber die Chance, über eine weitere Angleichung der Löhne in Ost- und Westdeutschland zu verhandeln, nachdem bereits ab 2009 die schrittweise Angleichung des Mindestlohns 1 erfolgt war (vgl. Abschnitt 5.5). Der ständige Konflikt über die Angleichung der Tariflöhne konnte zunächst im Jahr 2013 beigelegt werden, als die Tarifvertragsparteien in einer gemeinsamen Erklärung vereinbarten, das Tarifniveau in Ostdeutschland bis zum Jahr 2022 an das westliche Niveau anzuheben. Dieses Vorhaben wurde jedoch verfehlt. In den Tarifverhandlungen 2021 verschob man die endgültige Lohnangleichung auf das Jahr 2026.

Seit Ende der 1990er Jahre wurde nur einmal einem Dachverband das Verhandlungsmandat entzogen, als im Jahr 2007 die handwerklichen Landesverbände aus Niedersachsen, Bremen und Schleswig-Holstein eigene regionale Tarifverhandlungen durchführen wollten. Dieses Mandat wieder auf die zentrale Ebene zurück zu bekommen, gestaltete sich als schwieriger Prozess. Die Rückholung der abspenstigen Verbände wurde durch neue Abstimmungsverfahren ermöglicht. Tarifergebnisse im ZBD können nur noch mit Zustimmung aller Vertreter*innen der Verhandlungskommission angenommen werden, bevor per Mitgliederentscheid, bei der eine einfache Mehrheit zur Annahme ausreicht, die Landesverbände über das Tarifergebnis abstimmen (Interview ehemaliger Geschäftsführer ZDB, 3/2021). Mit der Stärkung der Vetomacht der einzelnen Landesverbände im ZDB sollte die Akzeptanz der Tarifabschlüsse erhöht werden. Gerade die handwerklichen Verbände kritisierten die Abschlüsse oft sehr vehement, da ihre Mitglieder potentielle Nachunternehmer der Bauindustrieunternehmen sind und in direkter Konkurrenz zu den häufig kostengünstigeren entsandten Beschäftigten stehen. Die Folgebereitschaft der Mitgliedsverbände ist damit heutzutage nicht mehr so selbstverständlich wie früher.

Aus Sicht eines ehemaligen Geschäftsführers des ZDB gab es verschiedene wichtige tarifpolitische Entscheidungen und Entwicklungen seit Mitte der 1990er Jahre (Kasten 5.1). Dazu gehören vor allem moderate Lohnerhöhungen, die stets ein Spiegelbild der wirtschaftlichen Entwicklung waren. Außerdem die Senkung der Lohnzusatzkosten um rund 20 Prozentpunkte sowie eine permanente Reformierung der Sozialkassen. Dazu zählen etwa die Zusammenlegung der beiden Sozialkassen unter einem gemeinsamen Dach, die Einführung der tariflichen Zusatzrente, die Weichenstellung für die Tarifrente Bau, die Abschaffung des Lohnausgleichsverfahren durch die Einführung des Saison-Kurzarbeitergeldes und die Einführung von Qualitätskontrollen in den überbetrieblichen Ausbildungsstätten.

Kasten 5.1: Wichtige tarifpolitische Entwicklungen seit Mitte der 1990er Jahre aus Sicht des ZDB

1. 2002–2005: Abschaffung des automatischen Berufsaufstiegs und Neuregelung der Berufsgruppen
2. 2003: Einführung von Öffnungsklauseln beim 13. Monatsgehalt

3. 2005: Einführung neuer Leistungslohnregelungen
   - Neben Akkordlohn für gute Leistung, Option auf Abschlag für schlechte Leistung
4. Moderate Lohnpolitik
   - 2001–2010: im Schnitt jährlicher Anstieg um 1,6 Prozent
   - 2011–2015: im Schnitt jährlicher Anstieg um 2,8 Prozent
   - 2016–2017: jeweils 2,3 Prozent
   - 2018: einmalig 5,7 Prozent für zwei Jahre
   - 2021: 2,1 Prozent
5. 1996–2016: Senkung der tariflichen Lohnzusatzkosten
   - In Westdeutschland von 112,83 Prozent auf 82,50 Prozent
   - In Ostdeutschland von 92,44 Prozent auf 72,16 Prozent
   - Insbesondere durch Senkung des Urlaubsgelds, des 13. Monatsgehalts, der Überstundenzuschläge und der Winterbeschäftigungsumlage
6. Reform der Sozialkassen (vgl. Abschnitt 5.8)
   - 2001: Einführung des Spitzenausgleichs mit Saldierung der Beiträge und Leistungserstattung nach vier oder sechs Monaten (Beiträge müssen seitdem nicht mehr vorab an die SOKA-BAU gezahlt werden).
   - 2001: Die Urlaubs- und Lohnausgleichskasse der Bauwirtschaft (ULAK) und die Zusatzversorgungskasse des Baugewerbes (ZVK) schließen sich zur neuen Dachmarke SOKA-BAU zusammen.
   - 2001: Einführung der tariflichen Zusatzrente bei der ZVK als Option zum Aufbau einer kapitalgedeckten zusätzlichen Altersversorgung.
   - 2003: Weichenstellung für die Tarifrente Bau (Umstellung des umlagefinanzierten Systems der Rentenbeihilfe auf eine kapitalgedeckte Zusatzversorgung)
   - 2005: Abschaffung des Lohnausgleichsverfahrens durch Neuregelung des Saison-Kurzarbeitergelds
   - 2011: Einführung der Qualitätskontrolle in den überbetrieblichen Ausbildungszentren (vgl. Kapitel 7)

Quelle: Interview ehemaliger Geschäftsführer ZDB, 3/2021

5.3 Allgemeinverbindlicherklärung von Tarifverträgen

Ein zentraler Baustein der Arbeitsbeziehungen im Bauhauptgewerbe sind die bundesweit verhandelten und abgeschlossenen Flächentarifverträge. Sie werden von den Tarifpartnern für notwendig erachtet, um einheitliche tarifliche Mindeststandards auf den Baustellen zu sichern, auf denen Arbeitskräfte aus überregional und international tätigen Baubetrieben sowie aus Arbeitsgemeinschaften von Baubetrieben aus verschiedenen Regionen in wechselnden Konstellationen miteinander kooperieren. Für beide Seiten, Arbeitgeber und Beschäftigte, haben einheitliche Arbeitsbedingungen große Vorteile. Ein zentraler Mehrwert für die Beschäftigten liegt darin, dass soziale Standards über den Fall des einzelnen Betriebes hinaus gelten und Betriebswechsel innerhalb der Branche mit einer materiellen Statussicherheit verbunden sind. Für die Arbeitgeber ist der Flächentarifvertrag vorteilhaft, weil Konflikte durch unterschiedliche Arbeitsbedingungen auf den Baustellen vermieden, die Betriebe von möglicherweise konflikthaften Verhandlungen der Arbeitsbedingungen entlastet werden und durch die Standardisierung der Arbeitsbedingungen die Arbeitskostenkonkurrenz der Betriebe entschärft wird. Denn Flächentarifverträge sind »Friedens- oder Waffenstillstandsabkommen« auf Zeit (Bosch/Zühlke-Robinet 2000: 119).

Eine besondere Bedeutung mit langer Tradition im Baugewerbe stellt das Instrument der Allgemeinverbindlichkeit (AVE) von Tarifverträgen dar, die den Geltungsbereich von Tarifverträgen auch auf bisher nicht tarifgebundene Arbeitgeber und Beschäftigte ausdehnt, sofern sie unter den betrieblichen und fachlichen Geltungsbereich des Tarifvertrages fallen. Die einmal entstandene Tarifbindung bleibt bestehen, bis der Tarifvertrag endet. Im Bauhauptgewerbe sind drei zentrale Arbeitsmarktregelungen nur durch die Allgemeinverbindlichkeit von Tarifverträgen möglich: das Sozialkassenverfahren, die tariflichen Mindestlöhne sowie die Beiträge der Sozialkassen zum Saison-Kurzarbeitergeld (Tabelle 5.2; vgl. Kapitel 6). Zwischen der IG BAU und den Dachverbänden der Bauarbeitgeber ist die Allgemeinverbindlichkeit der Vereinbarungen in diesen drei Themenbereichen unumstritten, da so überhaupt nur eine branchenumfassende Geltung der Vereinbarungen umgesetzt werden kann.

Die Allgemeinverbindlichkeit von Tarifverträgen wird vom Bundesministerium für Arbeit und Soziales erklärt. Dabei gibt es zwei Verfahrensweisen, die insbesondere von der Art des Tarifvertrags abhängen. Das BMAS kann nach Paragraph 5 Tarifvertragsgesetz (TVG) einen Tarifvertrag auf ge-

Tabelle 5.2: Wichtige allgemeinverbindliche Regelungen im Bauhauptgewerbe

	AVE Regelungen		
	Gemeinsame Einrichtungen (Sozialkassen)	Tarifliche Mindestlöhne	Förderung der ganzjährigen Beschäftigung (Saison-KUG)
Tarifverträge	VTV, TZA Bau, BBTV	TV Mindestlohn	BRTV
Gesetzliche Grundlage der AVE	TVG	AentG	TVG/SGB III
Besteht seit	1949	1997	2006

Quelle: eigene Darstellung

meinsamen Antrag der Tarifvertragsparteien und im Einvernehmen mit dem Tarifausschuss für allgemeinverbindlich erklären, wenn die Allgemeinverbindlicherklärung im öffentlichen Interesse geboten erscheint. Dies ist laut Gesetz der Fall, wenn der Tarifvertrag in seinem Geltungsbereich für die Gestaltung der Arbeitsbedingungen überwiegende Bedeutung erlangt hat oder die Absicherung der Wirksamkeit der tarifvertraglichen Normsetzung gegen die Folgen wirtschaftlicher Fehlentwicklung eine Allgemeinverbindlicherklärung verlangt. Von einer wirtschaftlichen Fehlentwicklung wird in der Gesetzesbegründung ausgegangen, wenn die fehlende tarifliche Ordnung den Arbeitsfrieden gefährdet, oder wenn in Regionen oder Wirtschaftszweigen Tarifstrukturen erodieren. Demnach liegt allein schon im Erhalt einer funktionsfähigen Tarifordnung ein öffentliches Interesse begründet.

Der Tarifausschuss besteht aus jeweils drei Vertreter*innen der Bundesvereinigung der Arbeitgeberverbände und des Deutschen Gewerkschaftsbundes. Es sind keine Vertreter*innen der antragstellenden Tarifvertragsparteien im Ausschuss vertreten, denn kein Ausschussmitglied soll in eigener Sache tätig werden, da er oder sie befangen wäre. Beschlüsse des Tarifausschusses bedürfen der Stimmen der Mehrheit seiner Mitglieder. Zu den wichtigsten allgemeinverbindlich erklärten Tarifverträgen im Baugewerbe nach dem TVG gehören der Bundesrahmentarifvertrag für das Baugewerbe (BRTV), der Tarifvertrag über das Sozialkassenverfahren im Baugewerbe (VTV), der Tarifvertrag über die Berufsbildung im Baugewerbe (BBTV) sowie der Tarifvertrag über eine zusätzliche Altersversorgung im Baugewerbe (TZA Bau). In einem vereinfachten Verfahren kann das BMAS zudem Branchenmindestlöhne nach dem Arbeitnehmer-Entsendegesetzes (AEntG) durch eine einfache Rechtsverordnung und ohne Zustimmung des Tarifausschusses für allgemeinverbindlich erklären (Paragraph 7 AEntG).

Bis 2014 war eine wesentliche Voraussetzung für eine AVE der Nachweis, dass die tarifgebundenen Arbeitgeber mindestens 50 Prozent der unter den Geltungsbereich des Tarifvertrags fallenden Arbeitnehmer beschäftigten müssen. Dieser Passus wurde mit Inkrafttreten des Tarifautonomiestärkungsgesetzes offiziell gestrichen, allerdings hatte es bei den Tarifpartnern Irritationen darüber gegeben, dass vom Ministerium zunächst weiterhin die Erfüllung des 50 Prozent-Quroums verlangt wurde (Bosch u. a. 2019: 164f.). In unseren Gesprächen zeigte sich, dass sich die neue Regelung mittlerweile durchgesetzt hat und es keine Probleme bei der Erteilung der AVE mehr gibt.

»Wir spüren vom Quorum nichts mehr. Die 50 Prozent-Marke spielt keine Rolle, sondern das öffentliche Interesse spielt eine große Rolle. Mit der jetzigen Bundesregierung, aber auch mit der BDA haben wir keine Schwierigkeiten, die Tarifverträge für allgemeinverbindlich zu erklären. Zum Beispiel die Sicherung der Renten und Bekämpfung von Altersarmut ist ein öffentliches Interesse. Oder Mindestarbeitsregelungen gehören auch dazu.« (Interview IG BAU, 3/2021)

Zudem wurde ebenfalls mit dem Tarifautonomiestärkungsgesetz 2014 festgelegt, dass das BMAS einen Tarifvertrag über eine gemeinsame Einrichtung für allgemeinverbindlich erklären kann, wenn der Tarifvertrag die Einziehung von Beiträgen und die Gewährung von Leistungen über Urlaubsgeld, betriebliche Altersversorgung, Vergütung von Auszubildenden, eine betriebliche oder überbetriebliche Vermögensbildung sowie den Lohnausgleich bei Arbeitszeitausfall oder Arbeitszeitverkürzung regelt. Dadurch erhielt die Allgemeinverbindlichkeit der Sozialkassentarifverträge über das Tarifvertragsgesetz (Paragraph 5 Abs. 1a TVG) erstmals eine eigenständige gesetzliche Grundlage und damit Rechtssicherheit.

Die Allgemeinverbindlichkeit soll eine generelle Bindung der Baubetriebe in Deutschland an die Tarifverträge sicherstellen. Dieses Territorialprinzip des Tarifvertrags erfordert es, dass auch Betriebe und Beschäftigte aus anderen Branchen unter den Tarifvertrag fallen, sofern sie im Baugewerbe tätig sind. Dieses Regelungsprinzip wurde durch die Zulassung von Leiharbeit 1967 und ihrer raschen Expansion in Frage gestellt (Bosch/Zühlke-Robinet 2000: 121f.). Insbesondere im Baugewerbe expandierte die Nachfrage nach Leiharbeitskräften aus anderen Branchen, da Verleihbetriebe nicht in die Sozialkassenverfahren eingebunden waren und ihre sozialen Standards oft erheblich unter denen der baugewerblichen Tarifverträge lagen (ebd.). Diese unterschiedliche Kostenstruktur führte zu erheblichen Wettbewerbsverzerrungen innerhalb der Branche, da Baubetriebe mit branchenfremden Leiharbeitskräften einen erheblichen Wettbewerbsvorteil gegenüber Baubetrieben mit eigenen Arbeitskräften erzielten.

Aus diesem Grund verbot der Gesetzgeber 1982 die gewerbsmäßige Arbeitnehmerüberlassung für gewerbliche Bauarbeiter. Als Begründung wurde genannt, dass die gewerbsmäßige Arbeitnehmerüberlassung im Baugewerbe die Ordnung dieses Teilarbeitsmarktes und die soziale Sicherheit eines Teils der dort Tätigen gefährdet (ebd.). Das Verbot der gewerblichen Leiharbeit im Baugewerbe diente dazu, die Regulierungsfunktion der allgemeinverbindlichen Tarifverträge zu sichern und die Außenseiterkonkurrenz der Leiharbeit zu beseitigen. Allerdings wurde das Leiharbeitsverbot seitdem wieder etwas gelockert, besteht aber im Kern nach wie vor. Seit Herbst 1994 ist der Verleih von gewerblichen Beschäftigten zwischen Baubetrieben gestattet, wenn der verleihende Betrieb seit mindestens drei Jahren von denselben Rahmen- und Sozialkassentarifverträgen oder von deren Allgemeinverbindlichkeit erfasst wird. Damit soll sichergestellt werden, dass Verleihbetriebe auch Beiträge an die Sozialkassen zahlen und die Sozialkassenvereinbarung nicht durch Verleih aus anderen Branchen unterlaufen wird. Diese Regelung gilt auch für ausländische Baubetriebe.

5.4 Tarifliche Regelungen zur Entlohnung

Der Bundesrahmentarifvertrag für das Baugewerbe (BRTV) definiert die allgemeinen Arbeitsbedingungen und Grundlagen des Tarifsystems für die gewerblichen Beschäftigten. Der BRTV gilt für ganz Deutschland und durch die üblicherweise erfolgte Erklärung der Allgemeinverbindlichkeit für alle Arbeitgeber im Bauhauptgewerbe mit Ausnahme des Dachdeckerhandwerks und der Gerüstbauer, die eigene Tarifverträge abschließen. Der BRTV sieht keine Öffnungsklauseln vor, so dass die AVE nicht unterlaufen werden kann.

Gemäß Paragraph 3 des BRTV liegt die durchschnittliche wöchentliche Arbeitszeit bei 40 Stunden, wobei zwischen Winterarbeitszeit (38 Stunden zwischen Dezember und März) und Sommerarbeitszeit (41 Stunden zwischen April und November) unterschieden wird. Zusätzlich wird die Nutzung von Arbeitszeitkonten und Sonderarbeitszeiten wie Nacht-, Sonn- und Feiertagsarbeit geregelt.

Zentraler Bestandteil des BRTV ist nach Paragraph 5 die Festlegung von Lohngruppen anhand der Definition und Abgrenzung von Qualifikations- und Tätigkeitsmerkmalen. Der Tarifvertrag für das Bauhauptgewerbe beschreibt die Einstufungskriterien für sechs Lohngruppen, die von einfachen Bau- und Montagearbeiten ohne besondere Qualifikationsanforderungen (Lohngruppe 1) bis hin zu Führungstätigkeiten als Werkpolier bzw. Baumaschinen-Fachmeister (Lohngruppe 6) reichen. Dabei wird der Tariflohn in der Lohngruppe 4 (Spezialfacharbeiter/Baumaschinenführer) als Ecklohn bezeichnet, der die Grundlage bei Tarifverhandlungen bildet. Auf seiner Basis werden mit prozentualen Auf- und Abschlägen die Tariflöhne der anderen Lohngruppen errechnet. Die Lohngruppen in der heutigen Form existieren nach einer Reform des BRTV seit 2002. Im selben Jahr wurde zudem der automatische Lohnaufstieg nach Berufsjahren abgeschafft. Dies wurde von den Arbeitgeberverbänden mit dem Ziel durchgesetzt, den Betrieben mehr Spielräume bei der Bezahlung zu geben (Interview ehemaliger Geschäftsführer ZDB, 3/2021). Als Vorgabe gilt, dass Beschäftigte gemäß ihrer Ausbildung, Fertigkeiten und Kenntnisse eingruppiert werden sollen und dies gemäß Paragraph 5 Absatz 2 BRTV auch schriftlich festzuhalten ist.

In Paragraph 5 Absatz 5 ist festgelegt, dass die Beschäftigten aller Lohngruppen bei auswärtiger Tätigkeit grundsätzlich einen Anspruch auf den Lohn nach dem Firmensitz haben. Ist jedoch der Lohn im Gebiet der auswärtigen Baustelle höher, gilt der höhere Lohn für die Tätigkeit. Diese Regelung wurde nach der Wiedervereinigung eingeführt. Ostdeutsche Beschäftigte sollten wegen ihrer zunächst deutlich niedrigeren Löhne nicht als billiger Ersatz für westdeutsche Kräfte eingesetzt werden können. Weitere wichtige Regelungen im BRTV betreffen Erschwerniszuschläge, Fahrtkostengeld, Urlaubsansprüche und Kündigungsfristen.

Die Entgelttarifverträge regeln die Höhe der Löhne, Gehälter und Ausbildungsvergütungen für die gewerblichen Beschäftigten in den Tarifgruppen 2a bis 6 im Bauhauptgewerbe (Tabelle 5.3). Die Lohnhöhen sind allerdings nicht für allgemeinverbindlich erklärt worden und gelten deshalb nur für die tarifgebundenen Mitgliedsbetriebe der beiden Arbeitgeberverbände.

Der Bruttolohn der gewerblichen Arbeitnehmer im Baugewerbe setzt sich aus dem Tarifstundenlohn (TL), der dem tariflich festgelegten reinen Zeitlohnansatz je Stunde und je Lohngruppe entspricht, und dem Bauzuschlag (BZ), der den gewerblichen Beschäftigten zusätzlich zum jeweiligen Tarifstundenlohn zum Ausgleich für besondere Belastungen gewährt wird, zusammen. Arbeitnehmer, die überwiegend nicht auf Baustellen, sondern in

Tabelle 5.3: Höhe der tariflichen Stundenlöhne im Bauhauptgewerbe nach Lohngruppen, Stand 1. Januar 2021 (Gesamttarifstundenlohn inklusive Bauzuschläge und Wegstreckenentschädigung), in Euro

Lohngruppe	Bezeichnung	West		Berlin		Ost	
		GTL	GTL + WE	GTL	GTL + WE	GTL	GTL + WE
Lohngruppe 1/ Mindestlohn 1	Werker, Maschinenwerker	12,85	–	12,85	–	12,85	–
Lohngruppe 2	Fachwerker	15,70	–	15,55	–	14,07	14,14
Lohngruppe 2a	bis 2002 Berufsgruppe V für Baufachwerker	18,78	18,87	18,59	18,68	17,79	17,87
Lohngruppe 2b	Beschäftigte der Lohngruppe 2 nach dreimonatiger Beschäftigung	16,89	16,97	16,70	16,78	–	–
Lohngruppe 3	Facharbeiter, Baugeräteführer, Berufskraftfahrer	19,27	19,36	19,08	19,17	18,29	18,38
Lohngruppe 4	Spezialfacharbeiter (Ecklohn)	21,06	21,16	20,80	20,90	19,94	20,03
	Fliesen-, Platten- und Mosaikleger	21,73	21,83	21,52	21,62	20,58	20,68
	Baumaschinenführer	21,40	21,50	21,22	21,32	20,27	20,37
Lohngruppe 5	Vorarbeiter	22,10	22,20	21,92	22,02	20,96	21,06
Lohngruppe 6	Werkpolier, Baumaschinen-Fachmeister	24,19	24,30	23,90	24,01	22,91	23,02

Quelle: Hauptverband der deutschen Bauindustrie 2020: 62ff.

Bauhöfen und Werkstätten eingesetzt werden oder überwiegend Fahrdienste leisten, erhalten, wenn sie nach dem 31. März 1998 eingestellt wurden, den Bauzuschlag nicht mehr.

Nach jahrelanger Diskussion wurde ab Oktober 2020 eine Wegstreckenentschädigung (WE) als pauschaler Zuschlag ab Oktober 2020 für alle Beschäftigten in Höhe von 0,5 Prozent des Tarifstundenlohns bzw. des Gehalts als beitragspflichtiges Entgelt zur Sozialversicherung und für den Beitrag an die SOKA-BAU eingeführt. Die Wegstreckenentschädigung war in den Verhandlungen stark umstritten und einer der Gründe, weshalb die Schlichtung angerufen wurde. Zudem wurde nach dem Tarifabschluss vereinbart, dass die Tarifpartner weitere Gespräche zur zukünftigen Entschädigung von Wegzeiten führen wollen. In unseren Gesprächen mit Arbeitgebern wurde insbesondere die Einführung der Wegstreckenentschädigung kritisiert:

»Wenn man zwei Stunden am Tag im Auto sitzt und dann neun Stunden oder acht Stunden arbeitet, dann ist das schon eine Belastung, keine Frage. Ich weiß aber auch, dass das am Bau nie anders war. Und dass das im Lohn verankert war. Wenn Sie das Beispiel nehmen, sagen wir den Landschaftsbautarif, da wird die Wegzeit vergütet. Dafür ist der Stundenlohn geringer. Und da erkennt man, dass der Bau im Stundenlohn eigentlich eine Kompensation für die Wegstrecke hatte, denn der Lohn ist drüber, definitiv drüber über vielem anderen. Das wird jetzt weggenommen, also wenn es jetzt bezahlt wird, dann meine ich, haben wir einen doppelten Effekt.« (Interview Unternehmer eines mittelständischen westdeutschen Baubetriebs, 6/2020)

»Das wurde von den Mitgliedsbetrieben massiv moniert und auch bereits der Einstieg wurde massiv moniert. Es gab viele, die allein deswegen den Tarifabschluss eigentlich nicht wollten. Und wir hatten auch in unseren Abstimmungen zu dem Tarifabschluss eine nennenswerte Anzahl von Nein-Stimmen.« (Interview ostdeutscher Arbeitgeberverband, 12/2020)

Gemäß Paragraph 7 BRTV gibt es zwar einen tarifvertraglichen Anspruch auf Fahrtkostenerstattung, die allerdings auf 20 Euro und maximal 100 Kilometer pro Arbeitstag beschränkt ist. Eine Studie im Auftrag der IG BAU ergab dagegen, dass die durchschnittliche Fahrt zum Einsatzort bei privat genutztem PKW 55 Km beträgt und damit für Hin- und Rückfahrt mehr Kilometer zusammenkommen als erstattungsfähig sind (Abraham/Günther 2020). Zudem gaben lediglich knapp 35 Prozent der Nutzer von Privat-PKWs an, dass in ihrem Betrieb überhaupt Fahrtkosten erstattet werden. Bei den ÖPNV-Nutzer war der Anteil mit rund 32 Prozent sogar noch etwas geringer (ebd.). Dagegen gaben 95 Prozent der Befragten an, dass sie sich eine tarifliche Regelung zur Wegezeitenentschädigung wünschen. Dies griff die IG BAU in den Tarifverhandlungen 2021 auf:

»Nach unserer Auffassung ist im Lohn nicht die Wegzeit enthalten, auch nicht durch den Bauzuschlag. Das ist deswegen nicht drin, weil sich in den letzten 20 Jahren Bautätigkeiten verändert haben. Während man früher rund um den Kirchturm arbeitete, also ganz nah, maximal 20 bis 30 Kilometer fahren musste, fahren heute

Tabelle 5.4: Wegezeitentschädigung für Baustellen mit täglicher Heimfahrt

Entfernung	Ab 1. Januar 2023	Ab 1. Januar 2024
< 50 km	6 Euro arbeitstäglich	7 Euro arbeitstäglich
51–75 km	7 Euro arbeitstäglich	8 Euro arbeitstäglich
> 75 km	8 Euro arbeitstäglich	9 Euro arbeitstäglich

Quelle: IG BAU 2021

die Kollegen im Schnitt über 50 Kilometer für eine einfache Wegstrecke. Also das ist mehr geworden. Und dann reden wir noch nicht über Fahrtzeit. Die Leute verbringen die Zeit in ihrer Freizeit im Auto oder im Buli und dann macht es einen Unterschied, ob man 3 Stunden im Stau steht, statt in 35 Minuten zur Baustelle zu fahren. Und die Leute sagen uns, sie haben die Schnauze voll, jeden Tag anderthalb Stunden im Auto zu sitzen, um zur Baustelle zu fahren und das gleiche noch mal zurück, für nix. Und das zusätzlich noch bei einem zehn oder zwölf Stunden langen Arbeitstag« (Interview IG BAU, 3/2021).

Schließlich einigten sich Tarifpartner in den Tarifverhandlungen 2021 im Schlichtungsverfahren auf eine gestaffelte Wegezeitentschädigung ab 2023 für Beschäftige, deren Arbeitszeit auf der Baustelle beginnt, und die mehr als acht Stunden von der Wohnung oder Sammelunterkunft abwesend sind (Tabelle 5.4). Demnach erhalten die Beschäftigten zwischen sechs und neun Euro zusätzlich pro Tag, wenn Sie auf weit weg gelegene Baustellen fahren müssen. Sollten die Baustellen für eine tägliche Heimfahrt zu weit entfernt liegen, bekommen die Bauarbeiter zwischen 18 und 78 Euro pro Woche. Als Grundlage für die Ermittlung dient ein Routenplanungsprogramm, wobei die kürzeste Strecke zugrunde gelegt wird. Ausgangspunkt für die Berechnung der Entfernung ist der Betriebssitz.

Tabelle 5.5: Wegezeitentschädigung für Baustellen ohne tägliche Heimfahrt

Entfernung	Ab 1. Januar 2023
75–200 km	9 Euro pro Fahrt
201–300 km	18 Euro pro Fahrt
301–400 km	27 Euro pro Fahrt
> 400 km	39 Euro pro Fahrt
> 500 km	1 Tag Freistellung alle 4 Wochen

Quelle: IG BAU 2021

Weitere Zahlungsansprüche ergeben sich aus den Tarifverträgen zur Gewährung eines 13. Monatsgehaltes und zur Gewährung vermögenswirksamer Leistungen, die allerdings nur für einige westdeutsche Bundesländer gelten (HDB 2019: 89ff.). Darüber hinaus kann den Beschäftigten gemäß Paragraph 5 Absatz 6 BRTV ein Leistungslohn für gute Arbeitsleistung zugesprochen oder Lohn für schlechte Arbeit abgezogen werden. Nach einer Interviewaussage eines Arbeitgebervertreters werde der Abschlag allerdings nur sehr selten in der Praxis angewendet (Interview ehemaliger Geschäftsführer ZDB, 3/2021).

5.5 Tarifliche Mindestlöhne

Ein zentraler lohnpolitischer Meilenstein war die Einführung des ersten tariflichen Branchenmindestlohns in Deutschland für das Bauhauptgewerbe nach dem Arbeitnehmer-Entsendegesetz im Jahr 1996 mit einer unterschiedlichen Höhe in Ost- und Westdeutschland sowie Berlin (Bosch u. a. 2011: 49). Mit dem Branchenmindestlohn sollte der Unterbietungswettbewerb durch entsandte Arbeitnehmer von ausländischen Betrieben, die zuvor nach dem Lohn des Herkunftslandes entgolten werden konnten (vgl. Kapitel 8) verhindert werden. Die von den Tarifvertragsparteien ausgehandelten Stundenlöhne der Lohngruppen 1 im BRTV fungieren als Mindestlohn 1, wurden bislang immer für allgemeinverbindlich erklärt und gelten auch für die nach Deutschland entsandten Arbeitskräfte ausländischer Betriebe. Dabei dürfen die Mindestlöhne nicht durch Abzüge für Werkzeuge, Arbeitsmittel, Sicherheitskleidung oder für den Transport zur Baustelle unterschritten werden (IG BAU 2019). Um die Zustimmung zur Allgemeinverbindlichkeit im Tarifausschuss mit den Stimmen der BDA durchzusetzen, mussten die beiden Arbeitgeberverbände der Bauwirtschaft anfangs sehr kontroverse Diskussionen mit der BDA durchstehen. Mehrere Mitgliedsverbände der BDA befürchteten, dass Mindestlöhne im Baugewerbe, die zum Teil deutlich über den unteren Löhnen in vielen Dienstleistungsbranchen lagen, eine Signalwirkung eben für die Beschäftigten in diesen Branchen haben könnten. Um den Mindestlohn in der Bauwirtschaft zu retten und diesen Konflikt im Arbeitgeberlager zu entschärfen, wurde von der damaligen rot-grünen Bundesregierung 1999 ein gesondertes Verfahren der Allgemeinverbindlichkeitserklärung von Branchenmindestlöhnen geschaffen, in dem das

Bundesarbeitsministerium nach dem AentG durch Rechtsverordnung die Allgemeinverbindlichkeit erklärt. Damit hatte die BDA bei den Branchenmindestlöhnen ihr Vetorecht verloren (Bosch/Zühlke-Robinet 2000: 229f.). Da die meisten Beschäftigten im Bauhauptgewerbe qualifiziert waren und die Fachkräftelöhne deutlich über der dem Mindestlohn zugrunde liegenden untersten Lohngruppe lagen, war es nur folgerichtig, dass die Sozialpartner des Bauhauptgewerbes, wie auch in anderen Bereichen des Baugewerbes (zum Beispiel Dachdecker, Maler und Lackierer), den Spielraum des Arbeitnehmerentsendegesetzes (AEntG) nutzten, um einen zweiten höheren Mindestlohn für qualifizierte Tätigkeiten zu vereinbaren, der zum 1. September 2003 in Kraft trat. Insbesondere von der Arbeitgeberseite wurde der Mindestlohn 2 als notwendige Vorbereitung auf die damals bevorstehende EU-Osterweiterung bezeichnet. Zudem wurde betont, dass der zweite Mindestlohn besonders wichtig in Ostdeutschland mit seiner geringen Tarifbindung sei, und der Mindestlohn 2 auch eine zu erwartende Erosion des westdeutschen Tarifgefüges verhindern solle (Bosch 2020: 19). Zudem bestand bei den Tarifpartnern damals Einigkeit, dass in einer Fachkräftebranche wie dem Bauhauptgewerbe ein einziger Mindestlohn nicht ausreiche, um gleiche Wettbewerbsbedingungen sicher zu stellen. Das könne nur gelingen, wenn alle Baubetriebe – sowohl die nicht tarifgebundenen heimischen Baubetriebe als auch die ausländischen Werkvertragsunternehmen für ihre nach Deutschland entsandten Arbeitskräfte – im harten Kostenwettbewerb verpflichtet würden, ihren Fachkräften den neuen höheren Mindestlohn 2 zu zahlen (Bosch 2020: 12).

In Ostdeutschland wurde der Mindestlohn 2 zum 1. September 2009 auf Betreiben der ostdeutschen Arbeitgeberverbände wieder abgeschafft, die u. a. darauf verwiesen, dass dieser in Ostdeutschland kaum angewendet würde (Bosch u. a. 2011: 56). Bis September 2008 galt der westdeutsche Mindestlohn 2 auch für Berlin, allerdings setzten die Arbeitgeber einen etwas niedrigeren Mindestlohn 2 für Berlin durch, um im Wettbewerb mit ostdeutschen Baubetrieben besser konkurrieren zu können. Dabei orientiert sich die prozentuale Entwicklung weiterhin am westdeutschen Mindestlohn 2.

Mit der Einführung 1996 wurde die Höhe des Mindestlohns zu einem der wichtigsten Themen der Lohntarifverhandlungen, da in Ostdeutschland die Mehrzahl der Beschäftigten in den unteren Lohngruppen eingruppiert ist und der Ecklohn dort keine große Bedeutung hat (Bosch u. a. 2011: 54). Aus diesem Grund entzündeten sich die Verteilungskonflikte insbesondere rund um die Mindestlohnerhöhungen. Die ersten vereinbarten Branchen-

Abbildung 5.3: Entwicklung der tariflichen Mindestlöhne im Bauhauptgewerbe 1996 bis 2021 (Gesamttarifstundenlöhne inklusive Bauzuschläge)

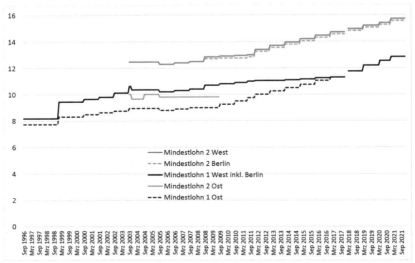

Die Werte von 1996 bis 2002 wurden von D-Mark in Euro umgerechnet.

Quelle: HDB 2020; IG BAU 2021

mindestlöhne lagen 1996 mit 17,00 D-Mark (8,18 Euro) und 15,64 D-Mark (7,74 Euro) in West- und Ostdeutschland um acht Prozent auseinander (Abbildung 5.3). Nach der ersten Erhöhung 1999 stieg der relative Abstand auf zwölf Prozent. Insbesondere die ostdeutschen Arbeitgeberverbände waren an einer niedrigen Lohnuntergrenze interessiert und setzten sich in den Tarifverhandlungen anfangs auch durch.

Von 1999 bis 2009 kam es nur zu geringen Erhöhungen der beiden untersten Mindestlöhne 1, die im Unterschied zu den anderen Lohngruppen fast stagnierten. Der relative Abstand zwischen dem ost- und westdeutschen Mindestlohn 1 betrug 2009 bereits 16 Prozent. Um ein weiteres Auseinanderdriften zu verhindern, wurde die Höhe des Mindestlohns 1 in West- und Ostdeutschland in den Tarifverhandlungen zwischen 2009 und 2017 schrittweise vollzogen. Um das zu erreichen, wurde in diesem Zeitraum der Mindestlohn 1 in Westdeutschland nur minimal erhöht, während der ostdeutsche Mindestlohn 1 stufenweise an dessen Niveau herangeführt wurde.

Die bundesweite Angleichung des Mindestlohns 1 wurde von den beiden Arbeitgeberverbänden unterschiedlich beurteilt (Bosch u. a. 2019: 160). Während die ZDB die Ost-West-Angleichung als einen wichtigen Schritt bezeichnete, war die Entscheidung bei den ostdeutschen Mitgliedsbetrieben des HDB umstritten, weil es aus ihrer Sicht keine Notwendigkeit einer Angleichung gab und der Mindestlohn stärker angehoben wurde, als von den Arbeitgebern gewünscht. In verschiedenen Interviews wurde die Abschaffung des Mindestlohns 2 in Ostdeutschland als wichtige Voraussetzung dafür bezeichnet, dass man der Angleichung des Mindestlohns 1 letztlich zugestimmt habe. Die Gewerkschaft musste nicht nur den Mindestlohn 2 in Ostdeutschland aufgeben, sondern auch geringere Anhebungen des Mindestlohn 1 in Westdeutschland während des Angleichungszeitraums akzeptieren:

»Die Schwierigkeit bestand darin, dass der Mindestlohn 1 in seiner Entwicklung stark eingebremst werden musste, damit man diesen Aufholprozess überhaupt gestalten konnte. Das war natürlich für die Gewerkschaft nicht einfach. Von der Methodik her hätten wir es nicht anders hinbekommen. Das ergab dann natürlich für den Osten höhere Prozentzuwächse als für den Westen.« (Interview HDB, 1/2016)

Während der Mindestlohn 1 zwischen den Tarifpartnern unbestritten ist, war die Fortführung des Mindestlohns 2 in Westdeutschland in den letzten Tarifverhandlungen stark umkämpft. Die Arbeitgeberverbände vertreten die Auffassung, dass sich der Mindestlohn 2 nicht bewährt habe, weil der Zoll die Einhaltung nicht kontrollieren könne:

»Da geht es um die Frage der Kontrollierbarkeit. Der Mindestlohn 2 setzt ja an der ausübenden Tätigkeit an. Der Zoll sagt, das Problem bei Mindestlohn besteht darin zu sagen, wer von diesen ganzen Menschen, die da gearbeitet haben hat denn die Tätigkeit nach Mindestlohn 2 ausgeübt. Ist eine Frage der Dokumentierbarkeit. Und deshalb sagt der Zoll, bei uns sind die Mindestlohn 2-Verstöße nicht feststellbar. Da müsste schon sehr viel an Aussage rüberkommen an der Stelle. Vom Arbeitnehmer selber.« (Interview HDB, 3/2020)

Die Einschätzung der Arbeitgeber konnte durch die Finanzkontrolle Schwarzarbeit nicht festgestellt werden, die nach eigener Aussage durch umfangreiche Personenbefragungen vor Ort sowie durch Prüfung der Geschäftsunterlagen die richtige Eingruppierung prüfen kann (Bosch 2020: 31). Zudem wurde in einer Studie im Auftrag des Bundesministeriums für Arbeit und Soziales die Bedeutung des Mindestlohns 2 untermauert (Apel u. a. 2012; Möller u. a. 2011). In Ostdeutschland mit seiner geringeren Tarifbindung und höheren Anteilen geringer Löhne konnte durch die Einführung des Mindestlohns 2 eine deutliche Verschiebung der Lohnkurve in Richtung des zweiten Mindestlohns beobachtet werden. Die Untersuchungen bestätigten, dass der Mindestlohn 2 sehr wohl eine hohe Bedeutung hatte und sogar eine wichtigere Rolle als der Mindestlohn 1 spielte (Möller u. a. 2011: 174ff.).

Die Zahlung des Mindestlohns 2 stärker an die leicht kontrollierbare berufliche Qualifikation zu koppeln, lehnten die Arbeitgeberverbände in unseren Gesprächen strikt ab, da dies aus ihrer Sicht ein kompletter Systemwandel sei. Diese Argumentation ist erstaunlich, wenn man bedenkt, dass die Qualifikationsvoraussetzungen zur Zahlung des Mindestlohns 2 im BRTV festgelegt sind und für keine andere Lohngruppe die Tätigkeitsbeispiele so ausführlich umrissen werden (u. a. Asphaltierer, Betonstahlbieger, Fertigteilbauer, Fuger, Gleiswerker, Verputzer, Rohrleger, Schweißer). Eine Alternative wäre die verpflichtende Aufzeichnung der Tätigkeiten der Beschäftigten auf der Baustelle. Es erscheint zumindest fragwürdig, wenn Arbeitgeber angeblich nicht wissen, welche Tätigkeiten von welchem Beschäftigten ausgeführt wurde, ihnen aber trotzdem Lohn für diese Arbeit ausgezahlt wird. Allerdings wurde betont, dass der Mindestlohn 2 insbesondere für entsandte Facharbeiter wichtig sein kann, die damit näher am Tarifgitter liegen als alleine mit dem Mindestlohn 1 (Interview HDB, 3/2020).

Da die jeweiligen Mindestlöhne den beiden unteren Lohngruppen des Eingruppierungssystems aus dem Bundesrahmentarifvertrag für das Baugewerbe (BRTV) entsprechen, ist für das Verständnis der tatsächlichen Bedeutung der Mindestlöhne auch ihr Verhältnis zu anderen Tarifgruppen von Bedeutung (Bosch 2020: 23). Insbesondere für die Gewerkschaft ist es wichtig, die Abstände der Lohngruppen nicht zu groß werden zu lassen. Der Mindestlohn 2 entspricht der untersten Lohngruppe für qualifizierte Beschäftigte (Lohngruppe 2). Die Entlohnung in der Ecklohngruppe 4 für erfahrene Facharbeiter lag 2021 in Westdeutschland um 5,36 Euro pro Arbeitsstunde bzw. 34,1 Prozent über dem Mindestlohn 2. Dies bedeutet, dass nicht tarifgebundene Betriebe deutliche Lohnvorteile im Wettbewerb haben, wenn sie erfahrene Fachkräfte nur mit dem Mindestlohn 2 entgelten können. In Ostdeutschland läge – sofern es heute noch den Mindestlohns 2 gäbe – dieser Wettbewerbsvorteil 2021 sogar bei einer Größenordnung von 5,02 Euro bzw. 39,1 Prozent pro Arbeitsstunde. In Westdeutschland hat sich der Abstand zwischen dem Mindestlohn 2 und dem Facharbeiterecklohn bis 2018 auf 38 Prozent erhöht, ist aber bis 2021 auf knapp 34 Prozent gesunken (Tabelle 5.6). Die tarifliche Lohnstruktur wurde wohl nicht zuletzt wegen des Fachkräftemangels und der Gefahr der Abwanderung qualifizierter Arbeitskräfte ausdifferenziert. Eine solche tarifliche Lohndifferenzierung oberhalb

Tabelle 5.6: Verhältnis Mindestlöhne und Tariflöhne (jeweils GTL)

Jahr	West							Ost			
	ML I	LG 2a/b	Abstand in %	ML II	LG 4	Abstand in %	ML I	LG 2a	Abstand in %	ML II	LG 4	Abstand in %
2007	10,40 €	13,39 €	28,8%	12,50 €	15,01 €	20,1%	9,00 €	11,93 €	32,6%	9,80 €	13,58 €	38,6%
2008	10,70 €	13,80 €	29,0%	12,85 €	15,48 €	20,5%	9,00 €	12,31 €	36,8%	9,80 €	13,80 €	40,8%
2009	10,80 €	14,12 €	30,7%	12,90 €	15,84 €	22,8%	9,25 €	12,63 €	36,5%		14,52 €	
2010	10,90 €	14,45 €	32,6%	12,95 €	16,20 €	25,1%	9,50 €	12,96 €	36,4%		14,52 €	
2011	11,00 €	14,88 €	35,3%	13,00 €	16,68 €	28,3%	9,75 €	13,40 €	37,4%		15,01 €	
2012	11,05 €	15,23 €	37,8%	13,40 €	17,07 €	27,4%	10,00 €	13,79 €	37,9%		15,45 €	
2013	11,05 €	15,72 €	42,3%	13,70 €	17,62 €	28,6%	10,25 €	14,35 €	40,0%		16,07 €	
2014	11,10 €	14,57 €	31,3%	13,95 €	18,17 €	30,3%	10,50 €	14,89 €	41,8%		16,67 €	
2015	11,15 €	14,95 €	34,1%	14,20 €	18,64 €	31,3%	10,75 €	15,38 €	43,1%		17,22 €	
2016	11,25 €	15,31 €	36,1%	14,45 €	19,09 €	32,1%	11,05 €	15,82 €	43,2%		17,73 €	
2017	11,30 €	15,65 €	38,5%	14,70 €	19,51 €	32,7%	11,30 €	16,20 €	43,4%		18,15 €	
2018	11,75 €	16,54 €	40,8%	14,95 €	20,63 €	38,0%	11,75 €	17,27 €	47,0%		19,35 €	
2019	12,20 €	16,54 €	35,6%	15,20 €	20,63 €	35,7%	12,20 €	17,41 €	42,7%		19,50 €	
2020*	12,55 €	16,62 €	32,4%	15,40 €	20,73 €	34,6%	12,55 €	17,49 €	39,4%		19,59 €	
2021*	12,85 €	16,97 €	21,1%	15,70 €	21,06 €	34,1%	12,85 €	17,87 €	39,1%		20,03 €	

*2020 und 2021: Lohngruppen 2 und 4 inkl. Wegstreckenentschädigung
Quelle: Bosch 2020: 24; HDB 2020

des Mindestlohns 2 lässt die Kostenvorteile nicht tarifgebundener Betriebe ansteigen, zu mindestens, wenn eine ausreichende Anzahl von Fachkräften aus dem In- und Ausland zur Verfügung stehen, die zu den Mindestlöhnen 1 oder 2 bezahlt werden.

Die Tarifrunde 2021 markiert möglicherweise einen für das gesamte Lohngefüge weitreichenden Paradigmenwechsel in der Tarifpolitik. Die Arbeitgeber stellten in den Verhandlungen über den Mindestlohn erstmals die Notwendigkeit branchenbezogener Mindestlöhne in der Bauwirtschaft in Frage. Sie erneuerten ihre Forderung nach sofortiger Abschaffung des Mindestlohns 2 in Westdeutschland. Gleichzeitig argumentierten sie, dass mit der geplanten Erhöhung des gesetzlichen Mindestlohns auf 12 € auch die ordnungspolitische Grundlage für den Mindestlohn 1 entfiele. Zudem erlaube die aktuelle Marktlage sowieso keine Dumpinglöhne in der Bauwirtschaft mehr. Die Gewerkschaft reagierte mit der Forderung nach einem dritten Mindestlohn für Führungskräfte.

5.6 Tarifbindung und Betriebsräte

Die Ergebnisse des IAB-Betriebspanels, das die Tarifbindung für Lohn- und Gehaltstarifverträge erhebt, zeigen eine höhere Tarifbindung der Beschäftigten und Betriebe im Baugewerbe als im Durchschnitt aller Branchen. Allerdings sind die großen Unterschiede zwischen West- und Ostdeutschland unübersehbar (Tabelle 5.7). Anders als beim Mindestlohn kommt es hier zur Angleichung in umgekehrter Richtung, also auf das niedrige Niveau in Ostdeutschland. Im Vergleich zu 2000 ist die Tarifbindung im Westen durchgehend rückläufig und betrug 2020 nur noch 60 Prozent, während sie in Ostdeutschland mit 61 Prozent im Jahr 2015 den höchsten Wert im Betrachtungszeitraum erreichte, jedoch bis 2020 wieder auf 53 Prozent gesunken ist. Dabei dominieren Branchentarifverträge, während Haus- und Firmentarifverträge wegen der allgemeinverbindlichen Kernnormen im Baugewerbe nur eine untergeordnete Rolle spielen.

In den westdeutschen Bundesländern hat sich die Orientierung an Tarifverträgen auf 56 Prozent im Jahr 2020 reduziert. In Ostdeutschland ist der Anteil der nicht tarifgebundenen Beschäftigten mit 47 Prozent im Jahr 2020 im Vergleich zum Jahr 2000 in etwa gleich geblieben, allerdings hat sich die Orientierung an den Tarifverträgen deutlich verringert.

Tabelle 5.7: Tarifbindung der <u>Beschäftigten</u> im Baugewerbe und insgesamt, ausgewählte Jahre (in Prozent)

		Branchen- oder Firmentarifvertrag		Kein Tarifvertrag (davon Orientierung an TV)	
		West	Ost	West	Ost
Baugewerbe	2000	84	50	16 (62)	50 (69)
	2005	77	51	23 (66)	50 (61)
	2010	74	55	26 (56)	45 (61)
	2015	69	61	31 (68)	38 (54)
	2020	60	53	40 (56)	47 (42)
Gesamt	2000	70	55	30 (49)	45 (54)
	2005	67	53	34 (48)	47 (48)
	2010	63	50	37 (50)	51 (47)
	2015	59	49	41 (51)	51 (44)
	2020	53	43	47 (41)	57 (35)

Quelle: Kohaut/Schnabel 2001; Ellguth/Kohaut 2007; 2011; 2016; 2021.

Auch der Anteil der tarifgebundenen Baubetriebe ist in den vergangenen 20 Jahren in Westdeutschland von 72 Prozent auf 53 Prozent konstant zurückgegangen. Dagegen stagniert die betriebliche Tarifbindung in Ostdeutschland im gleichen Zeitraum bei etwa 40 Prozent (Tabelle 5.8). Etwas mehr als jeder dritte nichttarifgebundene Betrieb in West- und Ostdeutschland gibt an, sich zumindest am Flächentarifvertrag zu orientieren.

Da im Bauhauptgewerbe mehrere Tarifverträge für allgemeinverbindlich erklärt worden sind, insbesondere der Bundesrahmentarifvertrag, der Mindestlohntarifvertrag sowie der Sozialkassentarifvertrag, müssten eigentlich alle Betriebe dieses Sektors angeben, tarifgebunden zu sein. Wenn Betriebe dennoch aussagen, nicht tarifgebunden zu sein, kann sich diese Antwort nur auf die nicht für allgemeingültig erklärten Entgelttarifverträge beziehen. Diese werden entweder nicht respektiert oder der Betrieb gehört nicht dem Arbeitgeberverband an. Umgekehrt lässt sich die im Vergleich zu anderen Sektoren überdurchschnittliche Tarifbindung der Baubetriebe in Ostdeutschland weniger auf die Einhaltung der Entgelttarifverträge als auf die Allgemeinverbindlicherklärung anderer baugewerblicher Tarifverträge zurückführen.

Tabelle 5.8: Tarifbindung der Betriebe im Baugewerbe und insgesamt, ausgewählte Jahre (in Prozent)

		Branchen- oder Firmentarifvertrag		Kein Tarifvertrag (davon Orientierung an TV)	
		West	Ost	West	Ost
Baugewerbe	2000	72	39	28 (52)	61 (56)
	2005	63	36	37 (54)	64 (52)
	2010	58	41	42 (48)	59 (50)
	2015	54	45	46 (57)	55 (50)
	2020	53	39	47 (43)	61 (38)
Gesamt	2000	48	28	52 (39)	72 (43)
	2005	41	23	60 (37)	77 (37)
	2010	36	20	64 (40)	80 (39)
	2015	31	21	69 (43)	79 (38)
	2020	28	18	72 (31)	82 (24)

Quelle: Kohaut/Schnabel 2001; Ellguth/Kohaut 2006; 2011; 2016; 2021.

Bereits Ende der 1990er Jahre fanden sich in unseren damaligen Betriebsinterviews in Ostdeutschland Hinweise, dass sich die ostdeutschen Betriebe nicht an die Lohn- und Gehaltstarifverträge halten, sondern zum Teil sogar mit Zustimmung der Beschäftigten oder der Betriebsräte eigene Entgelttabellen entwickelten (Bosch/Zühlke-Robinet 2000: 127). Auch mehr als 20 Jahre später wurde in den Interviews betont, dass der Tariflohn keine nennenswerte Rolle in Ostdeutschland spiele und der Branchenmindestlohn der übliche Lohn sei. Begründet wird dies u. a. damit, dass die Beschäftigten schon Gewerkschaftsmitglied sein müssten, um überhaupt Anspruch auf den Tariflohn zu haben, selbst wenn ihr Arbeitgeber Mitglied eines tarifgebundenen Arbeitgeberverbandes ist:

»Die echte Tarifgebundenheit geht ja auch erst los, wenn auch der Arbeitnehmer Gewerkschaftsmitglied ist. Und das ist im Osten, zumindest im Handwerk, fast gleich Null. Und insofern sind selbst die Mitglieder, die wir jetzt haben; Die wären ja eigentlich tarifgebunden, wenn die Belegschaft in der Gewerkschaft ist. Aber tatsächlich gilt der Mindestlohn. Das ist die Ausgangslage und von da ab wird dann praktisch im Betrieb nach oben dann je nach Leistung bezahlt. Also zu Mindestlohn bekommt man auch hier niemanden mehr. Aber das ist noch so das Niveau, an dem sich alle orientieren. Es gibt ganz wenige die ihre Leute tatsächlich richtig einstufen und auch 17 oder 18 Euro bezahlen. Auch die größeren Betrieben nehmen den Tariflohn nur so als weit entfernte Richtschiene. Der Facharbeiter kriegt vielleicht einen Euro mehr, aber das ist noch längst nicht Tariflohn.« (Interview ostdeutscher Arbeitgeberverband, 12/2020)

Demgegenüber spielt der Mindestlohn in Westdeutschland bei den Verbandsmitgliedern keine große Rolle:

»Wenn man die meisten Betriebe fragt, sagen die, es trifft sie unmittelbar nicht, weil viele eh keinen zu Mindestlohn 1 und 2 beschäftigen. Es ist kein unmittelbares Thema.« (Interview mit westdeutschem Arbeitgeberverband, 9/2019)

Lediglich bei der Beschäftigung von Nachunternehmern ist laut Interviewaussage der Nachweis der Zahlung des Mindestlohns in diesen Nachunternehmen relevant, damit man als Generalunternehmer die Zahlungshaftung möglichst vermeiden kann:

»Wir müssen wissen wer auf der Baustelle ist. Also wir müssen uns die Personaldokumente kopieren, Sozialversicherungsausweis. Und wir müssen eine Mindestlohnbescheinigung vom Mitunternehmer haben, also von jedem Handwerker.« (Interview mit westdeutschem Bauunternehmer, 6/2020)

Die Tarifbindung in Ostdeutschland ist aus mehreren Gründen niedriger als in Westdeutschland. Während in Westdeutschland das Regulierungssystem über Jahrzehnte gewachsen ist, wurde es in den ostdeutschen Bundesländern praktisch über Nacht eingeführt. Ähnlich wie bei radikalen Umbrüchen von politischen Systemen zeigt sich auch beim Tarifsystem, dass ein Institutionentransfer nicht identisch ist mit einer tatsächlichen Institutionalisierung. Bereits in den 1990er Jahren wurden in ostdeutschen Baubetrieben vor allem die Entgelttarifverträge als »Gängelung von außen« (Bosch/Zühlke-Robinet 2000: 127) empfunden. Die fehlende eigene Verhandlungstradition ging einher mit einer skeptischen Haltung gegenüber Gewerkschaften, die zu DDR-Zeiten oftmals mehr die Interessen der SED als die der Beschäftigten vertraten (Scharrer 2011). Ein weiterer Grund dürfte sein, dass sich vor dem Hintergrund der schwierigeren ökonomischen Lage in Ostdeutschland sogenannte »Notgemeinschaften« zwischen Geschäftsleitungen und Beschäftigten (inkl. ggf. Betriebsräten) herausgebildet haben, die sich um den Erhalt von Produktionspotenzialen und Arbeitsplätzen bemühen und intern Beschäftigungsgarantien oder eine zeitliche Streckung des unvermeidbaren Arbeitsplatzabbaus gegen Lohnverzicht tauschen (Ettl/Heikenroth 1996: 137). Oft wird auf die Einhaltung einzelner tariflicher Vorschriften nicht so entschieden geachtet, wenn das Gesamtarrangement aus Sicht der Beschäftigten und Betriebsräten stimmig ist (Syben 1997: 33). Dies bestätigte sich

Tabelle 5.9: Verbreitung von Betriebsräten im Baugewerbe und insgesamt, ausgewählte Jahre in Prozent (Basis: privatwirtschaftliche Betriebe ab fünf Beschäftigte)

		Betriebe mit Betriebsrat		Beschäftigte mit Betriebsrat	
		West	*Ost*	*West*	*Ost*
Baugewerbe	2004	5	5	24	17
	2019	2	3	14	15
Gesamt	2004	10	10	47	38
	2019	9	9	41	36

Quelle: Ellguth/Kohaut 2005; 2020

im Gespräch mit einer ostdeutschen Inhaberin, die den Tariflohn nicht als Vorteil betrachtet:

»Mein Sohn hat auch schon in tarifgebundenen Betrieben gearbeitet. Die mussten ihre Unterkunft selber bezahlen und auch die Verpflegung. Das ist schon ganz schön hart. Am Ende war der Verdienst, der so schön und blumig aussah, unterm Strich dann doch nicht so toll gewesen. Bei uns kriegen die Mitarbeiter je nach Baustellenentfernung eine kleine Pauschale. Und die brauchen auch keine Unterkünfte zu bezahlen. Das geht dann alles über den Betrieb.« (Interview mit ostdeutscher Betriebsinhaberin, 12/2020)

Auch die Wahl von Betriebsräten spielt bei der Entlohnung eine große Rolle. Betriebsräte sind laut Betriebsverfassungsgesetz (Paragraph 80 BetrVG) u. a. für die Überprüfung und Durchsetzung von tarifvertraglichen Regelungen zuständig. Zudem haben sie in Betrieben ohne Tarifbindung das Recht, die betriebliche Lohngestaltung und leistungsbezogenen Entgelte mitzugestalten. Von daher verwundert es nicht, dass Beschäftigte, die von einem Betriebsrat vertreten werden, tendenziell höhere Löhne bekommen als solche ohne Betriebsrat (Ellguth/Kohaut 2020: 374). Ohne Betriebsrat müssen die Beschäftigten individuell ihre Lohnforderungen durchsetzen, was durch das Machtungleichgewicht gegenüber dem Arbeitgeber oftmals schwieriger ist.

Auswertungen des IAB-Betriebspanels bieten aktuelle Einblicke in die Verbreitung von Betriebsräten im Baugewerbe (Tabelle 5.9). Sie zeigen, dass im Gegensatz zu der überdurchschnittlichen Tarifbindung die Beschäftigten in Baubetrieben im Vergleich zu anderen Branchen nur unterdurchschnittlich durch Betriebsräte vertreten werden. Lediglich fünf Prozent der westdeutschen und drei Prozent der ostdeutschen Baubetriebe verfügten im Jahr 2004 über einen Betriebsrat. Bis 2019 sank der Anteil im Westen sogar auf

Tabelle 5.10: Tarifbindung und Betriebsräte im Baugewerbe und Privatwirtschaft insgesamt, 2019 (Anteile der Beschäftigten in Prozent; Basis: privatwirtschaftliche Betriebe ab fünf Beschäftigten)

	West		Ost	
	Baugewerbe	Privatwirtschaft insgesamt	Baugewerbe	Privatwirtschaft insgesamt
Betriebsrat und Tarifvertrag	10	30	10	24
Betriebsrat und kein Tarifvertrag	5	10	1	12
Tarifvertrag und kein Betriebsrat	59	19	47	17
Kein Tarifvertrag und kein Betriebsrat	26	40	42	48
Gesamt	*100*	*100*	*100*	*100*

Quelle: Ellguth/Kohaut 2020

zwei Prozent. Auch der Anteil der Baubeschäftigten in Betrieben mit einem Betriebsrat ist gering ausgeprägt und rückläufig. Lediglich 14 Prozent bzw. 15 Prozent der Beschäftigten wurden 2019 in West- und Ostdeutschland von einem Betriebsrat vertreten.

Insgesamt zeigt sich, dass im westdeutschen Baugewerbe mit 59 Prozent zwar die große Mehrheit der Beschäftigten in Betrieben arbeitet, die unter einen Tarifvertrag fallen, gleichzeitig aber nicht durch einen Betriebsrat vertreten wird (Tabelle 5.10). In Ostdeutschland ist der Anteil der Baubeschäftigten mit Tarifvertrag, aber ohne Betriebsrat mit 47 Prozent zwar geringer, stellt aber ebenfalls die relativ größte Gruppe dar. Diese im System der industriellen Beziehungen eher ungewöhnliche Konstellation von Tarifbindung ohne Betriebsräte ist im Baugewerbe um ein Mehrfaches höher vertreten als in der Privatwirtschaft insgesamt mit Werten von 19 Prozent in West- und 17 Prozent in Ostdeutschland. Umgekehrt liegen die Anteile der Beschäftigten in Betrieben mit Tarifvertrag und Betriebsrat im west- und ostdeutschen Baugewerbe mit jeweils nur zehn Prozent deutlich niedriger als im Durchschnitt der Privatwirtschaft.

Hier zeigt sich ein deutliches Dilemma der Baubranche: Auch wenn die Tarifbindung überdurchschnittlich hoch ist, gibt es kaum Betriebsräte, die die Um- und Durchsetzung der Tarifverträge sicherstellen könnten.

Abbildung 5.4: Entwicklung der Ecklöhne im Bauhauptgewerbe in Ost- und Westdeutschland, 1991 bis 2021 (in Euro pro Stunde)

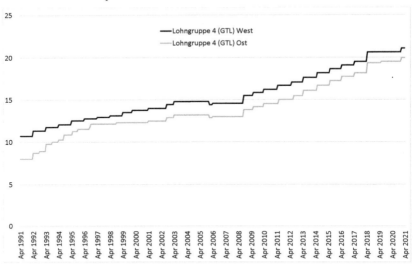

Zur Vergleichbarkeit wurden die D-Mark-Beträge von 1991 bis 2001 in Euro umgerechnet.

Quelle: HDB 2020

5.7 Lohnverteilung im Bauhauptgewerbe

Während seit 2017 ein bundesweit einheitlicher Mindestlohn 1 gilt, konnte die von der Gewerkschaft erhoffte Angleichung der Tariflöhne in West- und Ostdeutschland noch nicht erreicht werden. Dies lässt sich an der Entwicklung des Ecklohns nachvollziehen (Abbildung 5.4). Der Ecklohn für Ostdeutschland lag 1991 rund 20 Prozent unterhalb des westdeutschen Ecklohns. Bis Ende 1996 verringerte sich der Abstand durch den Bauboom in Ostdeutschland auf knapp fünf Prozent. Zwischen 1997 und 2009 kam es im Zuge der Strukturkrise und des Personalabbaus insbesondere im Osten nur zu geringen Lohnsteigerungen, so dass sich der Abstand zwischen Ost und West wieder auf zwölf Prozent erhöhte. Mit der wirtschaftlichen Erholung der Bauwirtschaft nach der Finanzkrise wurden hohe Lohnzuwächse vereinbart. Zwischen 2009 und 2019 stiegen die Löhne um über 33 Prozent in West- und sogar über 41 Prozent in Ostdeutschland. Im Jahr 2013 vereinbarten die Tarifvertragsparteien, das Tarifniveau Ostdeutschlands bis zum Jahr 2022 an das westliche Niveau anzugleichen. Dieses Ziel wurde

Abbildung 5.5: Entwicklung von Durchschnittslohn und Ecklohn (GTL), West- und Ostdeutschland, 2009–2019 (in Euro pro Stunde, Werte jeweils für November)

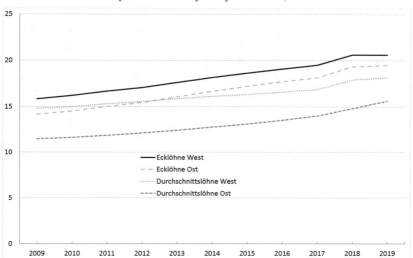

Quelle: Sonderauswertung der SOKA-BAU 2020 (Durchschnittslohn) und HDB 2020 (Ecklohn)

zwar verfehlt und auf 2026 verschoben, aber zumindest konnte der relative Abstand bis Anfang 2021 auf knapp fünf Prozent reduziert werden.

Noch bis Ende der 1990er Jahre hatte der westdeutsche Durchschnittslohn oberhalb des Ecklohns gelegen (Bosch u. a. 2011: 53). Das langsame Abrutschen der Löhne in der Branche lässt sich daran erkennen, dass die Durchschnittslöhne der gewerblichen Beschäftigten in den vergangenen Jahren in West- und Ostdeutschland unterhalb der jeweiligen Ecklöhne liegen (Abbildung 5.5). Die langsame Annäherung der tariflichen Ecklöhne in beiden Landesteilen hat wegen der abnehmenden Tarifbindung und die häufige Nichteinhaltung der Tarifverträge selbst in tarifgebundenen Unternehmen (Bosch u. a. 2011) nicht zu einer entsprechenden Angleichung der tatsächlich gezahlten Durchschnittslöhne geführt. Facharbeiter in Ostdeutschland erhalten vielfach wenig mehr als den Mindestlohn 1 in Ostdeutschland und den Mindestlohn 2 in Westdeutschland anstelle des Ecklohns. Seit 2013 liegt der ostdeutsche Ecklohn sogar oberhalb des westdeutschen Durchschnittslohns.

Die Abstände zwischen den Durchschnittslöhnen und Ecklöhnen haben sich in West- und Ostdeutschland sogar ausgeweitet (Abbildung 5.6). In Westdeutschland hat sich der Abstand zwischen 2009 (6,5 Prozent) und

Abbildung 5.6: Differenz von Durchschnittslohn und Ecklohn (GTL), West- und Ostdeutschland, 2009–2019 (in Prozent, Werte jeweils für November)

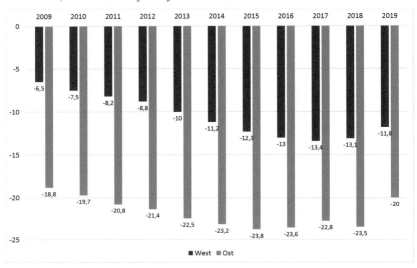

Quelle: Sonderauswertung der SOKA-BAU (Durchschnittslohn) und HDB 2020 (Ecklohn)

2017 (13,4 Prozent) sogar mehr als verdoppelt, bevor er bis 2019 wieder leicht auf 11,8 Prozent zurückgegangen ist. In Ostdeutschland lag der Durchschnittslohn zwischenzeitlich knapp 24 Prozent unterhalb des Ecklohns, bevor ein leichter Rückgang auf 20 Prozent zu verzeichnen war.

Aus den Meldedaten der SOKA-BAU lassen sich die Durchschnittslöhne der einzelnen Lohngruppen gemäß BRTV berechnen. Für die Jahre 2008 bis 2019 liegen bis auf das Jahr 2013 die Daten getrennt nach West- und Ostdeutschland vor (Bosch 2020). Für die Analyse wurden jeweils Novemberdaten – also ein Monat mit hohem Beschäftigungsniveau – ausgewählt. Da der Mindestlohn 2 im Osten im November 2009 nicht mehr galt, ist ein direkter Vorher-Nachher-Vergleich der Jahre 2008 und 2009 möglich. Die Wirkungen der Abschaffung des Mindestlohns 2 auf die Lohnverteilung in Ostdeutschland sind sehr prägnant (Abbildung 5.7). 2008 waren noch rund 50 Prozent der Beschäftigten in der Lohngruppe 2, die dem Mindestlohn 2 entsprach, eingruppiert. Die Lohngruppe 1, die dem Mindestlohn 1 entspricht, war damals mit 10,8 Prozent sogar geringer besetzt als in Westdeutschland. Schon im November 2009, also nur drei Monate nach Abschaffung des Mindestlohns 2 in Ostdeutschland, sank die Besetzung in der Lohngruppe um rund zehn Prozentpunkte auf 40,7 Prozent, während die

Abbildung 5.7: Besetzung der Lohngruppen des BRTV in Ostdeutschland, 2008–2019

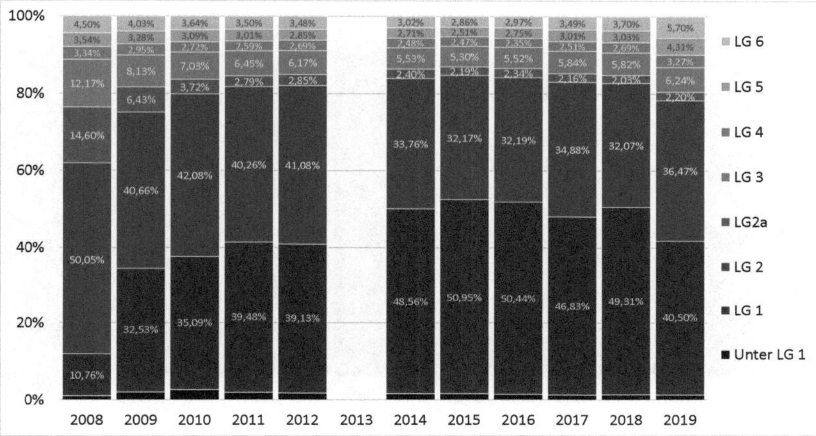

[Stacked bar chart showing composition of wage groups LG 6, LG 5, LG 4, LG 3, LG 2a, LG 2, LG 1, Unter LG 1 from 2008 to 2019]

Quelle: Bosch 2020 nach Meldedaten der SOKA-BAU

Besetzung in der Lohngruppe 1 sogar um 21,7 Prozentpunkte auf 32,5 Prozent hochschnellte. Seitdem dominiert die Lohngruppe 1 mit einem Besetzungsanteil zwischen 40 und 50 Prozent, während die Besetzungsquote in der Lohngruppe 2 bis auf deutlich unter 40 Prozent sank. Der niedrigste Wert wurde 2015 mit 32,2 Prozent erreicht. Insgesamt wurde also mit der Abschaffung des Mindestlohns 2 also ein Sogeffekt nach unten ausgelöst. In den beiden untersten Lohngruppen fanden sich 2008 61 Prozent der ostdeutschen Beschäftigten, 2019 waren es schon 77 Prozent. Dieser Zuwachs in den unteren Lohngruppen ging vor allem auf Kosten der Lohngruppen 2a und 3, die noch unter dem Facharbeitereckohn liegen.

Die Einführung des Mindestlohns 2 wurde 2002 von den drei Tarifvertragsparteien u. a. damit begründet, dass der Mindestlohn 1 in einer Fachkräftebranche wie dem Bauhauptgewerbe nicht ausreiche, um eine Erosion des Tarifgefüges zu verhindern (Bosch 2020: 19). Mit der Abschaffung des Mindestlohns 2 in Ostdeutschland wird dieses Ziel der Stabilisierung des Tarifgefüges verfehlt. Während nach den Zahlen der amtlichen Statistik rund 75 Prozent der Bauarbeiter Fachkräfte sind (Statistisches Bundesamt 2021: 14), erhielten nach Abschaffung des Mindestlohns II in Ostdeutschland zwischen 40 und 50 Prozent der Beschäftigten nur noch den Mindestlohn 1. Weiterhin sind die Facharbeiter mit einer dreijährigen Ausbildung und Berufserfahrung in die Lohngruppe 2, die nur für einfachere Facharbeiter auf Anweisung gilt, abgerutscht.

Abbildung 5.8: Besetzung der Lohngruppen des BRTV in Westdeutschland, 2008–2019

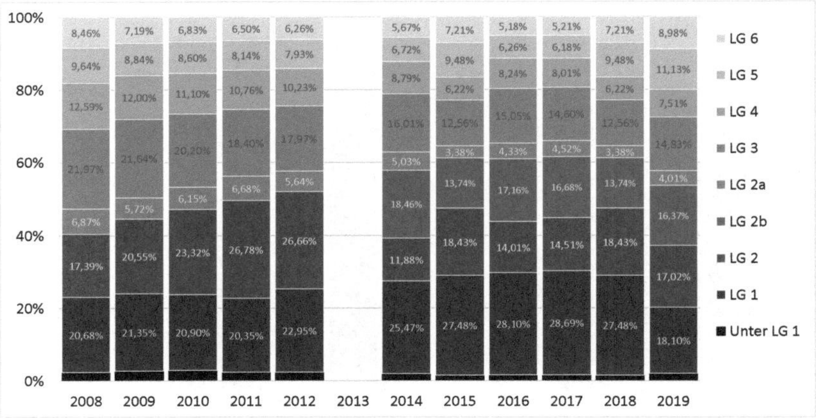

Quelle: Bosch 2020 nach Meldedaten der SOKA-BAU

In Westdeutschland wird die Lohnstruktur durch den Mindestlohn 2 hingegen erkennbar stabilisiert (Abbildung 5.8). In dieser Lohngruppe sind zwischen 20 und 30 Prozent der Beschäftigten eingruppiert. Erst zum aktuellen Rand (2019) ist wohl wegen der Arbeitskräfteknappheit der Anteil unter 19 Prozent gesunken. Bei den Fachkräften lässt sich ein Geländegewinn der Lohngruppen 2a und 2b erkennen, während die Besetzung in den Lohngruppen 3 und 4 abnahm. An diesem Abwärtstrend in den Lohngruppen für die erfahrenen Baufacharbeiter, ist der Druck auf das Tarifgefüge auch in Westdeutschland zu erkennen. Es ist zu vermuten, dass die Abschaffung des Mindestlohns 2 in Westdeutschland eine ähnliche Entwicklungsrichtung wie in Ostdeutschland auslösen könnte, wenngleich sie wegen der insgesamt höheren Löhne und Tarifbindung in Westdeutschland nicht ganz so drastisch ausfallen würde.

5.8 Die Sozialkassen im Bauhauptgewerbe

Das Konzept, mittels Sozialkassen die nachteiligen materiellen Folgen der Bauarbeit abzufedern, hat im deutschen Baugewerbe eine sehr lange Tradition. Bereits 1920 wurde vom damaligen Deutschen Bauarbeiterverband die Einrichtung einer Urlaubskasse gefordert, doch konnte sie damals nicht gegen die Bau-Arbeitgeberverbände durchgesetzt werden. Um die Beschäftigten an die Branche zu binden und sozialverträglichere Arbeitsbedingungen zu bieten, einigten sich die Sozialpartner dann aber schon kurz nach Ende des Zweiten Weltkrieges auf die Einführung einer Sozialkasse. Ende 1948 wurde per Tarifvertrag die Gemeinnützige Urlaubskasse für die Bauwirtschaft gegründet. Dieser Tarifvertrag legte den Grundstock für eine »institutionalisierte Sozialpolitik innerhalb der Bauwirtschaft« (Schütt 1989: 298). Im Jahr 1955 folgte im Zusammenhang mit den gesetzlichen Maßnahmen zur Förderung der ganzjährigen Beschäftigung in der Bauwirtschaft die Einrichtung der Lohnausgleichskasse, die 1975 zur Urlaubs- und Lohnausgleichskasse (ULAK) zusammengeschlossen wurde. Im Jahr 1957 kam die Zusatzversorgungskasse des Baugewerbes (ZVK) hinzu (Worthmann 2003: 84). 1960 wurde ein bundeseinheitliches Verfahren zum Beitragseinzug für alle Baubetriebe eingeführt.

5.8.1 Aufbau und Struktur der Kassen

Rechtlich gesehen handelt es sich bei den Sozialkassen mit der ULAK und der ZVK um zwei selbständige Institutionen, die allerdings seit 2001 unter dem gemeinsamen Namen SOKA-BAU mit Sitz in Wiesbaden firmieren. Die räumliche Zuständigkeit der ZVK erstreckt sich auf das gesamte Bundesgebiet. Dagegen ist die ULAK nur für 13 Bundesländer zuständig. In Berlin und Brandenburg (SOKA-Berlin) sowie in Bayern (Gemeinnützige Urlaubskasse des bayerischen Baugewerbes – UKB) übernehmen rechtlich eigenständige Sozialkassen die Aufgaben der ULAK. Die rechtliche Grundlage für die Einrichtung von Sozialkassen findet sich in Paragraph 4 des Tarifvertragsgesetzes. Es räumt den Tarifvertragsparteien das Recht ein, sogenannte »Gemeinsame Einrichtungen« – wie die Sozialkassen juristisch bezeichnet werden – zu bilden. Die Aufgaben und Leistungen der Sozialkassen, das Melde- und Beitragsverfahren und der betriebliche Geltungsbereich wurden von den Sozialpartnern in Tarifverträgen über das Sozialkassenverfahren festgelegt und im Anschluss für allgemeinverbindlich erklärt worden. Gemäß den Sozialkassentarifverträgen müssen sich die Betriebe am Kassenverfahren beteiligen, wenn der überwiegende Teil der Betriebstätigkeit baugewerblicher Art ist.

Träger der SOKA-BAU sind die drei Tarifvertragsparteien, also die IG BAU und die beiden Dacharbeitgeberverbände, die die Sozialkassen gemeinsam und paritätisch verwalten. Die SOKA-BAU wird von zwei Vorstandsvorsitzenden geleitet, wobei die Arbeitgeberverbände und die IG BAU jeweils einen Vorstandsvorsitzenden stellen. Viele administrative Aufgaben werden kassenübergreifend erledigt, was den Verwaltungsaufwand der Kassen senkt. Zudem kann der Großteil der Personalkosten durch Erträge aus der Kapitalanlage gedeckt werden. Lediglich 0,5 Prozentpunkte des Beitragssatzes werden nach Angaben der SOKA-BAU zur Deckung der Verwaltungskosten aufgewendet, was im Vergleich zu den Verwaltungskosten privater Versicherungen äußerst niedrig ist.

Ende 2019 hatte die SOKA-BAU insgesamt 1.122 Mitarbeiter*innen, wovon 721 bei der ULAK und 401 bei der ZVK tätig waren (SOKA-BAU 2020a). Etwa 30 Beschäftigte sind Außendienstmitarbeiter, die zum einen die Prüfung des betrieblichen Geltungsbereichs und zum anderen Beratungsleistungen vor Ort vornehmen.

Die SOKA-BAU ist nach eigenen Angaben zuständig für rund 75.000 Betriebe und betreut etwa 1,5 Millionen Versicherte, von denen rund 850.000 aktive Beschäftigte sind und die anderen knapp 650.000 ausgeschiedene Beschäftigte sowie Rentner sind (Interview SOKA-BAU, 11/2019).

5.8.2 Aufgaben und Leistungen

Die Sozialkassen verwalten derzeit fünf wesentliche Leistungen: die Urlaubsvergütung, die finanzielle Förderung der Berufsausbildung, die Förderung der ganzjährigen Beschäftigung, die Zusatzversorgung und die Absicherung von Arbeitszeitkonten. Die Angestellten sind lediglich in das Zusatzversorgungssystem der ZVK und in das Ausbildungsverfahren einbezogen. Die Urlaubsvergütung und die Förderung der ganzjährigen Beschäftigung betreffen nur die gewerblich Beschäftigten, da sie von der saisonalen und konjunkturellen Arbeitslosigkeit und der zwischenbetrieblichen Mobilität besonders betroffen sind. Bis 2020 wurde die Umlage als Prozentsatz der Bruttolohnsumme der gewerblich Beschäftigten erhoben. Das belastete die Handwerksbetriebe mehr als die Bauindustrie mit ihrem höheren Angestelltenanteil. Zur Finanzierung der erhöhten Aufwendungen für die Internatsunterbringung in der Corona-Pandemie wurde 2021 erstmals auch ein Beitrag für Angestellte vereinbart. Seit dem 1. April 2021 müssen die Betriebe für jeden Angestellten eine Berufsbildungsabgabe von 18 Euro pro Monat zahlen, um die Ungleichgewichte zwischen Bauhandwerk und -industrie zu verringern (vgl. Kapitel 7).

Abbildung 5.9: Die Sozialkassen im Bauhauptgewerbe

Quelle: eigene Darstellung

In den ostdeutschen Bundesländern wurde das in den westdeutschen Bundesländern geltende Tarifwerk der Sozialkassen schrittweise und mit einigen Abweichungen übernommen. 1991 zahlten die ostdeutschen Baubetriebe zunächst die Umlage für den Lohnausgleich für Ausfalltage am Jahresende, die durch das damalige Schlechtwettergeld nicht erstattet wurden. Allerdings wurde der Lohnausgleich mit Einführung des Saison-Kurzarbeitergeldes abgeschafft (vgl. Kapitel 6). Die Übertragung der beruflichen Ausbildung erfolgte 1993 und schließlich wurden sie auch in das Urlaubskassenverfahren einbezogen. Erst seit 2016 kamen mit der Einführung der »Tarifrente Bau« auch ostdeutsche Beschäftigte in den Genuss einer zusätzlichen Altersversorgung.

Die Aufgaben der Urlaubs- und Lohnausgleichskasse der Bauwirtschaft (ULAK) bestehen im Wesentlichen in der Sicherung und Auszahlung von Urlaubsansprüchen sowie der Mitfinanzierung der Berufsausbildung. Gemäß dem Bundesurlaubsgesetz (BurlG) haben alle Arbeitnehmer nach sechs Monaten Betriebszugehörigkeit Anspruch auf bezahlten Urlaub. Allerdings dauern über ein Drittel aller Beschäftigungsverhältnisse im Bauhauptgewerbe weniger als sechs Monate. Um einen vollen Erholungsurlaub auch bei hoher Fluktuation zu gewährleisten, wird der Anspruch aus mehreren Beschäftigungsverhältnissen auf den vollen Urlaub zusammengerechnet und die SOKA-BAU erstattet den Unternehmen die tarifvertraglich ausgezahlte Urlaubsvergütung (SOKA-BAU 2020a: 32f.). Damit ist die Urlaubsregelung für gewerblich Beschäftigte nicht betriebs-, sondern branchenbezogen.

Zur Sicherung des Fachkräftenachwuchses erheben die Tarifpartner seit 1976 eine Umlage. Zuvor mussten die Betriebe die Kosten der Berufsausbildung alleine tragen, weshalb die Ausbildungsquote auf 1,9 Prozent zurückgegangen war, was den Fachkräftebestand der Branche gefährdete (Streeck u. a. 1987). Seitdem werden alle Bauunternehmen, egal ob sie selbst ausbilden oder nicht, über die Umlage an den Kosten der Berufsausbildung beteiligt. Damit werden die Kosten der überbetrieblichen Ausbildung in den Ausbildungszentren und ein großer Teil der betrieblichen Ausbildungsvergütungen (vgl. Kapitel 7). Die SOKA-BAU hatte zusätzlich seit 1. April 2015 die Gruppe der Solo-Selbständigen dazu verpflichtet, eine Ausbildungsabgabe von mindestens 900 Euro pro Jahr an die Sozialkasse zu zahlen. Mit dieser Maßnahme sollte dem »Trittbrettfahrerproblem« begegnet werden, denn schließlich haben auch Selbständige in den geregelten Berufen von der in der Branche gemeinsam finanzierten Ausbildung profitiert und sollten daher auch einen eigenen Beitrag leisten. Allerdings musste der Beitrag der Solo-Selbständigen nach einem Urteil des Bundesarbeitsgerichtes vom 1. August 2017, wonach ein Solo-Selbständiger nicht als Arbeitgeber zu werten ist, wieder abgeschafft werden. Dagegen wird für die Angestellten erstmals seit April 2021 eine monatliche Pauschale pro Angestelltem in Höhe von 18 Euro zur Finanzierung der Berufsausbildung erhoben.

Im Baugewerbe war es früher üblich, den Beschäftigten vor Weihnachten zu kündigen, um Lohnkosten für die Feiertage nicht tragen zu müssen. Um diesen Anreiz zur Beendigung der Arbeitsverhältnisse zu beseitigen, wurden seit Anfang der sechziger Jahre die Löhne für den Lohnausgleichszeitraum durch eine betriebliche Umlage finanziert und den Betrieben von der Sozialkasse erstattet. Zudem wurde die Zahlung des Lohnausgleichs eng mit der gesetzlichen Schlechtwettergeldregelung verknüpft, das von November bis März durch die Bundesagentur für Arbeit gewährt wurde. In der Tarifrunde 2004/2005 einigten sich die Tarifpartner auf eine Weiterentwicklung der bisherigen Winterbauförderung und schlugen dem Gesetzgeber die Einführung des Saison-Kurzarbeitergeldes (Saison-KUG) als Sonderform des Kurzarbeitergelds vor (Paragraph 101 SGB III; vgl. auch Kapitel 6). Der Gesetzgeber folgte diesen Vorschlägen, so dass seit dem Winter 2006/2007 in der gesetzlich festgelegten Schlechtwetterzeit von Anfang Dezember bis Ende

März Anspruch auf Saison-KUG in Höhe von 60 Prozent bzw. 67 Prozent der Nettoentgeltdifferenz haben, wenn ein erheblicher Arbeits- und Entgeltausfall durch wirtschaftliche oder witterungsbedingte Gründe eintritt. Als ergänzende Leistungen zum Saison-KUG werden den gewerblich Beschäftigten für jede in der Schlechtwetterzeit vom Arbeitskonto eingebrachte Stunde ein Zuschuss-Wintergeld (ZWG) und für jede in diesem Zeitraum gearbeitete Stunde ein Mehraufwands-Wintergeld (MWG) gezahlt. Die Mittel für die Finanzierung der Maßnahmen werden von den Betrieben in Form der Winterbeschäftigungs-Umlage in Höhe von zwei Prozent (Arbeitgeberanteil 1,2 Prozent; Arbeitnehmeranteil 0,8 Prozent) an die SOKA-BAU gezahlt, die die Umlage an die Bundesagentur für Arbeit weiterleitet. Die Leistungen des Saison-Kurzarbeitergelds, des Mehraufwands-Wintergelds und des Zuschuss-Wintergelds werden von den Betrieben an die Beschäftigten ausgezahlt und von der Bundesagentur für Arbeit an die Betriebe erstattet (HDB 2020: 619).

Weiterhin bietet die ULAK die Verwaltung von Arbeitszeitkonten an. Dabei können Beschäftigte in arbeitsintensiven Phasen bis zu 150 Überstunden auf ihrem betrieblichen Zeitkonto ansammeln, die dann in auftragsschwachen Phasen abgebaut werden, um Arbeitslosigkeit zu vermeiden. Solche Arbeitszeitkonten ermöglichen es auch unabhängig von saisonalen Schwankungen einen möglichst gleichbleibenden Monatslohn sicher zu stellen. Außerdem werden die Arbeitszeitkonten für die Altersteilzeit genutzt. Die Beschäftigten arbeiten während der aktiven Arbeitsphase die volle Arbeitszeit, verzichten dabei aber auf die Auszahlung eines Teils ihres Einkommens. Mit dem so erwirtschafteten Wertguthaben wird eine Freistellungsphase vor Rentenbeginn finanziert (SOKA-BAU 2020a: 50).

Die wesentliche Aufgabe der ZVK besteht in der Verbesserung der Altersversorgung. Durch schlechte Witterung und häufige Phasen der Arbeitslosigkeit kann es immer wieder zu Erwerbsunterbrechungen kommen, die sich ungünstig auf die Altersvorsorge auswirken. Um diese Versorgungslücke zu schließen, wurde im Jahr 1957 von den Tarifparteien eine überbetriebliche Zusatzversorgungskasse gegründet über eine Umlage eine branchenspezifische Zusatzrente eingeführt. Anfang der 2000er Jahre sahen die Tarifvertragsparteien aus mehreren Gründen hohen Reformbedarf bei der Zusatzrente. Zunächst einmal war die Umlagefinanzierung in der stark geschrumpften Branche in eine Schieflage geraten, da sich die Zahl der aktiven Beschäftigten reduzierte, während gleichzeitig die Anzahl der Empfänger von Rentenleistungen kontinuierlich anstieg. Bereits 1995 lag das Verhältnis zwischen Aktiven und Rentnern bei nur noch 2,9:1 und reduzierte sich bis 2002 weiter auf 2,4:1 (Schröer 2007: 210). Durch die zurückgehenden Beschäftigtenzahlen schrumpfte die Beitragsbasis für die Finanzierung für die gleichzeitig stark steigende Zahl der ZVK-Renten und die Baubetriebe fürchteten einen deutlichen Anstieg der Umlage auf bis zu 2,9 Prozent (ebd.: 210). Zudem war die Zusatzrente mit ihren Leistungen zwischen 51,90 Euro und 88,70 Euro im Monat für die Baubeschäftigten schon lange nicht mehr attraktiv und sollte verbessert werden (SOKA-BAU 2016). Schließlich wurde auch nach einer Regelung für die ostdeutschen Bundesländer gesucht, da die Rentenbeihilfe nur die westdeutschen Bundesländer inklusive West-Berlin umfasste.

In den Tarifverhandlungen 2002 einigten sich die drei Verhandlungspartner ZDB, HDB und IG BAU auf einen Übergang von einem umlagefinanzierten zu einem kapitalgedeckten Verfahren. Die Reform beruhte auf drei Bausteinen. Die Arbeitgeberseite erklärte sich bereit, eine Anhebung des ZVK-Beitrags von 1,65 Prozent auf 2,0 Prozent zu akzeptieren, der in den nachfolgenden Jahren sogar auf über drei Prozent anstieg. Im Gegenzug akzeptierte die IG BAU eine Kürzung der auslaufenden Rentenbeihilfeleistung um fünf Prozent und der aktiven Beschäftigten um neun Prozent (Schröer 2007: 211f.). Dieser beidseitige Einschnitt setzte Mittel frei, um aus der Umlagefinanzierung auszusteigen und gleichzeitig zwischen 2003 und 2018 einen Kapitalstock als Sonderrückstellung von rund 750 Millionen Euro aufzubauen. Der Kapitalstock stellte sicher, dass die Rentenleistungen seit 2018 ausschließlich in einem sogenannten Anwartschaftsdeckungsverfahren finanziert werden können. Auf dieser Basis wurde ab Januar 2016 die erweiterte kapitalgedeckte Tarifrente Bau eingeführt, die das bisherige umlagefinanzierte System ersetzte. Weiterhin wurden – wie bereits erwähnt – erstmals auch die Beschäftigten in den ostdeutschen Bundesländern in die neue kapitalgedeckte Alterssicherung der Branche einbezogen, sofern sie bis Ende 2015 noch keine 50 Jahre alt waren. Schließlich konnten auch Auszubildende Ansprüche an die überbetriebliche Altersversorgung erwerben, wodurch sich ihre potentielle Beitragszeit verlängerte, was zu höheren Leistungen im Alter führt. In unseren Gesprächen wurde die Tarifrente Bau insbesondere von Arbeitgeberseite positiv hervorgehoben und auch die Zugeständnisse der Gewerkschaft gelobt:

»Wir haben das Finanzierungsrisiko auf die Gewerkschaft verlagert, denn das lag bis dahin auf der Arbeitgeberseite. Die Leistungen standen tarifvertraglich fest. Und wenn ein ZVK-Beitrag von X nicht reichte, musste er erhöht werden. Jetzt haben wir den Spieß umgedreht 2016. Dazu war die Gewerkschaft allerdings auch bereit, weil sie dafür eine deutlich attraktivere Rente bekam und die langfristige Sicherheit durch die Kapitaldeckung. Wir haben nur eine sogenannte Beitragszusage gegeben, die 2016 auf 2,2 Prozent festgelegt wurde. Sie wird langfristig steigen, sobald die auslaufende alte Rentenbeihilfe vollständig ausfinanziert ist. Das ist die Kröte, die die Gewerkschaft schlucken musste. Aber wenn man mal ausrechnet, was da raus kommen kann, dann kommen wir auf bis zu 400 Euro. Zumindest wenn ein Bauarbeiter, der seine Lehre im Bau beginnt, bis zum Renteneinstiegsalter durchhält. Das ist nun wirklich attraktiv. Und wir wissen, die durchschnittliche gesetzliche Rente eines Bauarbeiters lag damals bei 1.000 Euro im Monat. Es wird nicht mehr geworden sein. Es wird eher weniger geworden sein. Und wenn dann 400 Euro dazu kommen, ist das schon was.« (Interview ehemaliger Geschäftsführer ZDB, 3/2021)

Im Gespräch wurde zudem deutlich, dass sich die Rentenleistungen ausdifferenzieren. Anstelle eines einheitlichen Betrags erhalten diejenigen mit hohen Einzahlungen auch höhere und Beschäftigte mit niedrigen Löhnen oder kürzerer Branchenzugehörigkeit geringere Rentenleistungen. Zudem wird eine lange Branchenzugehörigkeit finanziell belohnt:

»Der Nachteil der alten Rente war, das war eine Einheitsrente. Der Beitrag war abhängig vom Bruttolohn, aber die Rente war nicht abhängig von dem eingezahlten Beitrag. Das heißt, Verlierer waren die Qualifizierten, die gut Verdienenden, diejenigen mit langer Betriebszugehörigkeit. Nach der Mindestanwartschaftszeit bekamen sie ihre 79 Euro und die vielen Jahre danach wirkten nicht mehr rentensteigernd. Das war der Hauptnachteil und das ist heute eben anders. Heute ist die Rentenhöhe abhängig von den eingezahlten Beiträgen. Aus jedem Monatsbeitrag entsteht ein sogenannter Rentenbaustein schon vom ersten Monat in der Ausbildung an. Und jedes Jahr Betriebszugehörigkeit bringt wieder 12 Rentenbausteine und jede Lohnsteigerung führt auch zu einer Rentensteigerung. Dadurch kommen diese attraktiven Zahlen zustande. Und das gab's alles früher nicht. Verlierer sind diejenigen, die wenig eingezahlt haben. Das ist aber auch gerecht. Wenn ich der Branche nicht die Treue halte und mit 40 Jahren in die Metallindustrie gehe, warum sollte ich dann so eine hohe ZVK-Rente bekommen?« (Interview ehemaliger Geschäftsführer ZDB, 3/2021)

5.8.3 Beiträge an die Sozialkassen

Für den gesamten Beitragseinzug ist zur Vermeidung von Verwaltungsaufwand und –kosten nur die ULAK zuständig (HDB 2019: 395). Sie zieht also nicht nur die Beiträge für die von ihr zu gewährenden Leistungen bei Urlaub und Berufsbildung ein, sondern auch die Beiträge der ZVK, der SO-

KA-Berlin sowie der UKB. Darüber hinaus erhebt die ULAK im Auftrag der Bundesagentur für Arbeit auch die Winterbeschäftigungs-Umlage und leitet sie dann weiter. Weitere Einnahmen der Sozialkassen stammen aus Zinserträgen und Kapitalanlagen. 2019 gaben beide Sozialkassen zusammen rund 2,9 Milliarden Euro für Leistungen an Betriebe, Beschäftigte und ehemalige Beschäftigte aus. Davon entfielen knapp 0,3 Milliarden Euro auf Leistungen der ZVK und etwas mehr als drei Viertel (76 Prozent; 2,2 Milliarden Euro) auf Urlaubsvergütungen und Urlaubsentschädigungen (SOKA-BAU 2020a).

Die Beitragsleistungen der Betriebe setzen sich zusammen aus Beiträgen für gewerblich Beschäftigte und Angestellte. Für gewerblich Beschäftigte richtet sich der Betrag an der betrieblichen Bruttolohnsumme aus, während für Angestellte ein Pauschalbetrag pro Kopf entrichtet wird. Die Höhe der Beiträge wird durch den Tarifvertrag festgelegt. Gemäß Paragraph 16 und Paragraph 17 des Sozialkassentarifvertrags (VTV) beträgt der Betrag für Angestellte seit April 2021 81 Euro in West- und 43 Euro in Ostdeutschland. Davon werden jeweils 18 Euro zur Finanzierung des Berufsbildungsverfahren verwendet und der Restbetrag (West: 63 Euro; Ost: 25 Euro) zur Finanzierung der Zusatzversorgung. Der Sozialkassenbeitrag für gewerbliche Beschäftigte lag 2021 bei 20,8 Prozent in Westdeutschland und bei 18,9 Prozent in Ostdeutschland. Die Beiträge sind in den ostdeutschen Bundesländern niedriger, weil dort erst seit 2016 ein Beitrag für die Zusatzversorgung im Alter eingeführt wurde, der 2021 – da hier kein Systemwechsel von einem Umlage- zu einem kapitalgedeckten System finanziert werden muss – mit 1,1 Prozent zudem deutlich unter dem westdeutschen Niveau liegt (3 Prozent). Die Beitragssätze in Berlin sind höher, da hier die Sozialaufwandserstattung enthalten ist. Mit der Einführung des Urlaubskassenverfahrens wurde den Betrieben ursprünglich neben dem Urlaubsgeld auch die dadurch entstandenen Sozialabgaben erstattet, die beide zuvor über die Sozialkassenbeiträge eingezogen wurden. Allerdings wurde 1984 auf Druck der Arbeitgeber beschlossen, dass die Sozialaufwandserstattung der Sozialabgaben über die Umlagefinanzierung abgeschafft wird und die urlaubsgewährenden Betriebe zukünftig selber die Abgabe des Sozialaufwands tragen müssen, selbst wenn die Urlaubsansprüche bei anderen Betrieben erworben wurden (Bosch/Zühlke-Robinet 2000: 140). Hintergrund war, dass dieser Posten 1984 bereits über fünf Prozentpunkte des Sozialkassenbeitrags von 24,7 Prozent ausmachte und die Arbeitgeber eine Möglichkeit suchten, den Sozialkassenbeitrag auf unter 20 Prozent zu reduzieren. Seitdem galt für die

Arbeitgeberseite auch in nachfolgenden Verhandlungen ein Gesamtbeitrag von 20 Prozent in Westdeutschland als eine Art »magische« Belastungsgrenze, die nicht dauerhaft überschritten werden sollte.

Lediglich die Berliner Tarifpartner schlossen sich dieser Änderung nicht an und verabschiedeten 1987 über die Berliner Sozialkasse einen eigenen Tarifvertrag über die Sozialaufwandserstattung, die deshalb weiterhin über die Umlage finanziert wird. Im Jahr 2021 lag die Sozialaufwandserstattung in Berlin bei 5,7 Prozent. In Westdeutschland haben sich die Beitragssätze gegenüber den 1960er Jahren fast verdoppelt. Die wichtigsten Gründe für die Beitragserhöhungen sind die Verlängerung des Urlaubsanspruchs, die Erhöhung des Urlaubsgeldes sowie die Einführung der Zusatzversorgung (HDB 2019: 168ff.).

Tabelle 5.11: Gesamter Sozialkassenbeitrag für gewerbliche Beschäftigte im Baugewerbe (in Prozent der Bruttolohnsumme)

Jahr	Westdeutschland	Berlin-West	Ostdeutschland	Berlin-Ost
1961–1964	11,3	11,3	-	-
1965	11,3	12,5	-	-
1/1966	11,3	12,5	-	-
6/1966	11,3	12,0	-	-
1967–1969	11,3	11,3	-	-
1970–1971	11,3	13,3	-	-
1961–1964	11,3	11,3	-	-
1965	11,3	12,5	-	-
1961–1964	11,3	11,3	-	-
1965	11,3	12,5	-	-
1/1966	11,3	12,5	-	-
6/1966	11,3	12,0	-	-
1967–1969	11,3	11,3	-	-
1970–1971	11,3	13,3	-	-
1961–1964	11,3	11,3	-	-
1965	11,3	12,5	-	-
1/1966	11,3	12,5	-	-
6/1966	11,3	12,0	-	-
1967–1969	11,3	11,3	-	-
1970–1971	11,3	13,3	-	-
1972–1974	15,0	15,0	-	-
1975	17,5	17,5	-	-
1976	18,5	18,5	-	-
1977–1978	18,0	18,0	-	-
1979	20,0	20,0	-	-
1980	21,5	20,5	-	-
1981	22,5	22,5	-	-
1982–1983	24,0	24,0	-	-
1984	24,7	24,7	-	-
1985	19,9	19,9	-	-
1986	22,2	22,2	-	-

Jahr	Westdeutschland	Berlin-West	Ostdeutschland	Berlin-Ost
1987–1988	22,8	28,8	-	-
1989–1990	21,1	27,9	-	-
1991	20,5	27,3	4,25	4,25
1/1992	20,5	27,3	4,25	4,25
6/1992	20,5	26,8	4,05	4,05
1993	20,0	29,3	14,9	23,42
1994	20,0	29,15	16,0	25,25
1995	20,15	29,35	16,35	27,15
1996	20,5	28,4	18,9	27,3
1/1997	20,6	28,35	18,9	26,95
7/1997	20,1	26,0	18,4	24,6
1998	19,9	22,6	17,95	20,95
1/1999	19,0	20,9	17,35	19,25
7/1999	19,5	20,9	17,35	19,25
2000	19,5	23,35	17,4	21,7
2001	19,4	25,35	17,75	23,7
2002	20,6	27,75	18,95	26,1
2003	20,6	27,75	18,6	25,75
2004	20,0	27,1	18,0	25,1
2005	19,5	26,6	17,5	24,6
2006–2007	19,2	25,4	17,2	23,4
2008	19,8	25,8	17,2	23,2
2009–2011	19,8	25,8	16,6	22,6
2012	20,1	26,1	16,6	22,6
2013	19,8	25,8	16,6	22,6
2014–2018	20,4	26,55	17,2	23,35
2019	20,8	25,75	18,8	23,75
2020–2021	20,8	25,75	18,9	23,85
2022	20,5	25,75	18,7	23,65

Quelle: HDB 2020.

Bis Ende der 1990er Jahre mussten die Betriebe monatlich die Beiträge an die SOKA-BAU abführen, während die Erstattungsleistungen erst mit Verzögerung ausgezahlt wurden, was bei Betrieben immer wieder zu Liquiditätsproblemen führte. Zur Entlastung der Betriebe und der Verwaltungsvereinfachung wurde im Jahr 2000 das sogenannte Spitzenausgleichsverfahren eingeführt, an dem sich die Betriebe freiwillig beteiligen können. Für die Dauer von vier oder sechs Monaten werden die Sozialkassenbeiträge mit den Erstattungsansprüchen für gewährten Urlaub und Ausbildungsvergütungen verrechnet. Voraussetzung ist, dass Meldungen und Beitragszahlungen der letzten zwölf Monate immer fristgerecht und vollständig geleistet wurden. Für das festgelegte Intervall werden die Ansprüche des Betriebs auf Leistungserstattung mit den Beitragsansprüchen der SOKA-BAU im darauffolgenden Monat verrechnet. Beispiel: Wenn ein Spitzenausgleichsverfahren im Zeitraum zwischen Januar und April vereinbart wurde, wird Ende Mai die Differenz der Beiträge und Erstattungen an die SOKA-BAU überwiesen oder dem Betrieb ausgezahlt. Wenn das Spitzenausgleichsverfahren nicht angewendet wird, werden seit 2019 die Beiträge und Erstattungsleistungen monatlich automatisch verrechnet bzw. saldiert. Auch für dieses Verfahren müssen die Meldungen vollständig und fristgerecht der SOKA-BAU vorliegen.

Um die Akzeptanz der Sozialkassen zu erhöhen, wurden die Verzugszinsen für fällige Sozialkassenbeträge gesenkt. Falls die Monatsbeiträge nicht bis zum 20. des Folgemonats an die SOKA-BAU gezahlt werden, fallen Verzugszinsen für die ausstehenden Beitragsforderung für jeden angefangenen Monat des Verzugs an. Diese Zinsen, die 2014 noch vier Prozent betrugen, wurden auf mittlerweile 0,9 Prozent abgesenkt (Paragraph 20 VTV).

5.8.4 Akzeptanz und strategische Neuausrichtung der SOKA-BAU

Die Sozialkassen sind nicht bei allen Unternehmen unumstritten. Einige Unternehmen sehen die Beiträge eher als zusätzliche betriebliche Kostenbelastung, obwohl zum Beispiel bei den Urlaubsvergütungen die Kassen nur Leistungen abwickeln, die sie sonst selbst tragen müssten. Zudem stehen den Beiträgen oft erhebliche Gegenleistungen gegenüber, wie etwa bei der Finanzierung der Berufsausbildung. Auch in den Arbeitgeberverbänden wird das Urlaubskassenverfahren kritisiert, das mit rund 75 Prozent der aufgewendeten Leistungen den mit Abstand größten finanziellen Posten ausmacht.

In unseren Interviews wurde das Urlaubskassenverfahren zum Teil als nicht mehr zeitgemäß betrachtet:

»Das Verfahren war natürlich früher mal auf den häufigen Wechsel der Bauarbeitgeber von Arbeitnehmern gerichtet, so dass man den Urlaub sozusagen transportabel machen wollte. Und das ist damit ja auch gelungen. Aber die Fluktuation ist sicherlich nicht mehr so groß wie sie früher mal war, auch wenn es sie noch gibt. Und deswegen kann man die Frage stellen, ob das System in gleichem Maße noch notwendig ist wie früher.« (Interview HDB, 3/2020)

Zudem wurde in den Gesprächen darauf hingewiesen, dass die Unternehmen ohne das Urlaubskassenverfahren ihre Verwaltungskosten verringern können. Das scheint allerdings nicht sehr wahrscheinlich, da die Unternehmen auch ohne das Urlaubsverfahren wegen der anderen Leistungen weiterhin am Daten- und Zahlungsaustausch mit der SOKA beteiligen muss, so dass man nicht wirklich von einer Entlastung ausgehen könne:

»Weil ich ja für alles dieselben Daten brauche, also ich brauche immer den Betrieb, ich brauche immer den Arbeitnehmer, ich brauche immer irgendwo den Verdienst, aus dem ich eben den Berufsbildungsbeitrag und den Urlaubsbeitrag errechne. Das sind alles Daten, die habe ich sozusagen einmal und kann die dann für alle Verfahren nutzen. Und das verringert natürlich den Aufwand. Und ich glaube, wir haben mit SOKA-BAU eine Institution, die auch im Arbeitnehmerinteresse dafür sorgt, dass am Ende auch eine zusätzliche Rente entsteht, die auch ausgezahlt wird, oder eben, dass es ein Berufsbildungsverfahren gibt, was dazu führt, dass die Berufsausbildung eben auch komplett mit den relativ hohen Ausbildungsvergütungen, die wir haben, von den Unternehmen finanziert werden kann.« (Interview HDB, 3/2020)

Es spricht vieles dafür, dass es den Kritikern des Urlaubskassenverfahrens nicht um die Verwaltungskosten, sondern um geringere Auszahlungen durch die Kürzung des Urlaubs geht:

»Wenn man ehrlich ist muss man sagen, wenn die Betriebe 30 Tage Urlaub und die 25 Prozent zusätzliches Urlaubsgeld innerbetrieblich finanzieren würden, dann wäre das genauso teuer. Wir sind vom Ertrag sogar günstiger als wenn der Betrieb das machen würde. Und es gibt eine volle Erstattung der Urlaubsansprüche arbeitgeberseitig. Dahinter steckt, dass es nicht um die Kosten geht, die wir da verursachen, sondern um die 30 Tage Urlaub. Die sind zu teuer. Wenn ich tatsächlich die Urlaubskosten reduzieren will, dann kürze ich den Urlaubsanspruch auf den gesetzlichen.« (Interview SOKA-BAU, 6/2020)

Die anhaltende Kritik führte in den vergangenen Jahrzehnten immer wieder zu Gerichtsverfahren, bei denen die Rechtmäßigkeit der Allgemeinverbindlichkeit des Sozialkassen-Tarifvertrags angezweifelt wurde, die allerdings bis September 2016 stets von den Gerichten bestätigt wurde. Durch zwei Urteile des Bundesarbeitsgerichts (BAG) vom 21. September 2016 wurde die Allgemeinverbindlichkeit erstmals für die Jahre 2008, 2010 und 2014 aufgehoben (Esslinger 2016), was den Weiterbestand der Sozialkassen gefährdete. Um dies zu verhindern, leitete die Bundesregierung unter Federführung des Bundesministeriums für Arbeit und Soziales ein Gesetzgebungsverfahren ein, durch das alle seit 2006 geschlossenen Tarifverträge über das Sozialkassenverfahren, unabhängig von der Allgemeinverbindlichkeit, auch weiterhin für alle Betriebe und Beschäftigten im Bauhauptgewerbe rechtlich gültig sind (Deutscher Bundestag 2016). Das Gesetz konnte im Februar 2017 mit den Stimmen aller im Bundestag vertretenen Fraktionen verabschiedet werden. Mittlerweile konnten die Sozialpartner durch eine Überarbeitung des Tarifvertrags über das Sozialkassenverfahren, der auch wieder für allgemeinverbindlich erklärt wurde, die gesetzliche Regelung ablösen. Seitdem wurde die AVE des Sozialkassentarifvertrags nicht mehr gerichtlich angefochten:

»Es hat sich jetzt total beruhigt. Also diese Frontalangriffe gegen die AVE sind seit zwei Jahren total verstummt. Da gab's eine Vielzahl von Anwälten aus dem ganzen Bundesgebiet, die mehr oder weniger koordiniert vorgegangen sind. Das ist alles passé. Es ist auch nichts Neues mehr gekommen. Die Anwälte haben die Schlacht jetzt aufgegeben. Gott sei Dank.« (Interview ehemaliger Geschäftsführer ZDB, 3/2021)

Nicht zuletzt aufgrund der existenzbedrohenden Attacken auf die AVE, formulierte die SOKA-BAU im Jahr 2018 das Ziel, bis zum Jahr 2022 eine Kundenakzeptanz von 80 Prozent erreichen zu wollen und sich dafür strategisch neu auszurichten (SOKA-BAU 2020b: 8). In einem ersten Schritt wurden rund 3.500 Arbeitgeber, Beschäftigte, Auszubildende und Rentner zu ihrer Einstellung zur Sozialkasse befragt (SOKA-BAU 2018). Rund 70 Prozent der Befragten hielten das Sozialkassenverfahren für wichtig und waren der SOKA-BAU gegenüber eher positiv eingestellt sind. Die höchste Akzeptanz konnte mit 77,5 Prozent bei den Beschäftigten und Rentnern verzeichnet werden, während von den befragten Arbeitgebern nur 63,5 Prozent die SOKA-BAU positiv beurteilten. Zudem wurde in der Befragung festgestellt, dass die Akzeptanz höher ausfällt, je bekannter die Leistungen der SOKA-BAU sind. Am bekanntesten unter allen Befragten ist das Urlaubskassenverfahren. 85 Prozent gaben an dies gut oder sehr gut zu kennen. Die Ausbildungsförderung kannten dagegen nur 60 Prozent der Befragten, was daran liegen könnte, dass nur noch jeder dritte Betrieb überhaupt ausbildet. Dabei zeigte sich, dass Ausbildungsbetriebe den Sozialkassenbeitrag deutlich stärker akzeptieren als nichtausbildende Betriebe. Mit rund 50 Prozent war die branchenweite Altersvorsorge vergleichsweise wenig bekannt. Sowohl Arbeitgeber als auch Beschäftigte sahen Reformbedarf beim Beitragsverfahren sowie in der Kommunikation und den Dienstleistungen der SOKA-BAU. So wurde bemängelt, dass etwa die Einsichtnahme in Kontostände, Transaktionen oder Anfragen über Online-Portale und Apps nicht möglich sei. Zwar bietet die SOKA-BAU schon ein Online-Portal, über das die Betriebe bspw. ihre Meldungen abgeben können, allerdings dauern die Vorgänge oft mehrere Tage bis der Bearbeitungsvorgang abgeschlossen ist und die Betriebe eine Rückmeldung bekommen. Hinzu kommt, dass von den rund 75.000 Baubetrieben etwa 20 Prozent nicht verfahrenskonform teilnehmen, das heißt, ihre Meldungen sind nicht korrekt oder sie zahlen zu wenige Beiträge:

»Da sind dann 10.000 kleine Krauter, deren Fähigkeit darin liegt zu bauen, deren Fähigkeit in der Regel aber nicht darin liegt, solche bürokratischen Prozesse mit uns elegant und richtig abzuwickeln. Das ist natürlich ein steter Quell von Fehlern und Problemen. Da müssen wir gucken, wie wir die vielleicht besser betreuen als wir das bisher gemacht haben. Hinterher habe ich das Problem Insolvenz, wie kriege ich von denen noch ausstehende Beiträge eingeholt die sie üblicherweise in den letzten Monaten ihres Daseins im Baugewerbe nicht mehr gezahlt haben.« (Interview SOKA-BAU, 11/2019)

Die Auswertung der Befragung und die monierten Mängel im Beitragsverfahren veranlasste die SOKA-BAU, die individuelle Kundebetreuung grundlegend umzugestalten und die SOKA-BAU zu einer agilen, interdisziplinären und digitalen Organisation umzubauen (SOKA-BAU 2020b: 21). Dafür sollen die »Herzstücke« des Verfahrens vereinfacht werden. Das bedeutet, die Beitragsmeldungen bzw. die betriebsbezogene Meldung, den monatlichen Beitragseinzug sowie die gegenläufigen Leistungen, die zurück an die Betriebe fließen, also die Urlaubsvergütungserstattungsleistung und die Berufsbildungsleistung zu digitalisieren. Der gesamte Bearbeitungsprozess soll nach der Umstrukturierung fast vollständig portalgestützt im Sinne eines Customer-Self-Services ablaufen. Die Betriebe sollen nicht nur ihre Daten eintragen können, sondern anschließend auch korrigieren und den Prozess der Sachbearbeitung in Echtzeit mitverfolgen. 2019 und 2020 wurden bereits verschiedene Pilotprojekte gestartet, bei denen verschiedene Verfahren mit Kunden getestet werden. Dazu zählt etwa ein webbasiertes Kundenportal im Urlaubsverfahren oder der Aufbau einer neuen zentralen Leistungsverwaltung für die betriebliche Altersversorgung (SOKA-BAU 2020b: 21).

»Dann läuft alles über Online-Portale, auf denen die Sachbearbeitung abläuft und der Kunde bekommt dann die gleiche Sicht auf die Daten wie unsere Sachbearbeiter. Das ist ein sehr interaktiver Prozess. Es gibt keine Bearbeitung mehr über Nacht, sondern es läuft tatsächlich in Echtzeit. Das steckt hinter SOKA-BAU 2.0. Die Art und Weise wie wir jetzt aufgestellt sind, man könnte abgekürzt sagen analog und verfahrensorientiert, funktional organisiert hin zu digital und Kundenservice orientiert. Das ist für uns der Schwenk von 1.0 zu 2.0. Das soll alles 2024 dann im Grunde genommen durch sein.« (Interview SOKA-BAU, 11/2019)

5.9 Zusammenfassung

Die Sozialpartner in der Bauwirtschaft haben in der Nachkriegszeit mit Unterstützung des Gesetzgebers die Rahmenbedingungen für den Aufbau eines Branchenarbeitsmarktes geschaffen. Erheblich dazu beigetragen hat die Einrichtung der Sozialkassen. Sie bieten die soziale Sicherheit, die ein einzelner Betrieb den Beschäftigten nicht gewährleisten kann, ohne dass die Flexibilität des Arbeitsmarktes in Frage gestellt wäre. Die brancheninterne Mobilität der gewerblichen Arbeitnehmer wird sozial flankiert, indem sie ihre Ansprüche auf ihren Urlaub und die Zusatzversorgung beim Betriebswechsel innerhalb der Branche mitnehmen können. Darüber hinaus wurden die mit der verpflichtenden überbetrieblichen Ausbildung gestiegenen Ausbildungskosten auf alle Unternehmen der Branche verteilt, wodurch die ausbildenden Unternehmen entlastet wurden. Im Bauhauptgewerbe wurden also schon lange vor der Verbreitung des Begriffs »Flexicurity« soziale Sicherheit und Flexibilität miteinander verbunden. Diese Kombination hatte erhebliche wirtschaftliche Vorteile für die Unternehmen. Das Image der Branche auf dem Arbeitsmarkt wurde deutlich verbessert. Weiterhin wurde die Gewinnung von Fachkräften (einschließlich Auszubildenden) erleichtert und die Bindung der Beschäftigten an die Branche gestärkt.

Schließlich wurden die wichtigen Arbeits- und Sozialbedingungen dem zwischenbetrieblichen Wettbewerb entzogen, der sich damit auf die Verbesserung der Qualität und Produktinnovationen konzentrieren konnte. Das Finanzierungssystem der Kassenleistungen und -erstattungen bindet alle Unternehmen an die vereinbarten sozialen Standards, die vom einzelnen Unternehmen nicht legal unterschritten werden können. Die Schutz- und Gewährleistungsfunktion für wichtige soziale Ansprüche wurde in die überbetriebliche Ebene verlagert. Beschäftigte in der Baubranche können hinsichtlich der Sozialkassenleistungen davon ausgehen, dass sie ihnen uneingeschränkt gewährt werden. Damit erfüllen die Sozialkassen des Baugewerbes eine wesentliche sozial- und wettbewerbspolitische Funktion.

Die Sozialkassen sind Institutionen, die mittels »kollektiver Rationalität« (Streeck 1983: 3) Marktergebnisse korrigieren und modifizieren. Der Bestand dieser Kollektivgüter ist davon abhängig, dass starke Verbände ermächtigt sind, entsprechende Vereinbarungen im Namen aller Marktteilnehmer abschließen zu dürfen, und das »Trittbrettfahren« durch nicht tarifgebundene Betriebe und Arbeitnehmer verhindert wird. Die IG BAU und die beiden Dacharbeitgeberverbände haben ihre Tarifpolitik zentralisiert und ihre vertrauensvolle Zusammenarbeit durch die Einrichtung der Sozialkassen auf eine dauerhafte Basis gestellt. Durch die Allgemeinverbindlichkeit der Tarifverträge und den Ausschluss nicht tarifgebundener Arbeitskräfte aus dem Branchenarbeitsmarkt durch das Leiharbeitsverbot wird die »Solidargemeinschaft des Gewerbes« (Jöns 1993: 385) unterstützt.

Aller Kritik insbesondere am Urlaubskassenverfahren zum Trotz haben sich die Tarifpartner bislang immer geräuschlos auf den Fortbestand des VTV und die Beantragung der AVE verständigen können. Der juristische Versuch im Jahr 2016 das Sozialkassensystem zu kippen, wurde durch eine schnelle Reaktion des BMAS und mithilfe eines breiten politischen Bündnisses gesetzlich aufgefangen. Zudem reagierte die SOKA-BAU mehrfach auf Kritik, indem sie Verfahrensweisen veränderte. Dazu zählt etwa die Einführung des Spitzenausgleichsverfahren, damit Beiträge nicht mehr monatlich entrichtet werden müssen und mit Leistungserstattungen verrechnet werden können. Auch die Verringerung der Verzugszinsen und die monatliche Saldierung von Beiträgen und Leistungen sind eine deutliche Erleichterung für die Betriebe. Zudem strebt die SOKA-BAU eine Erhöhung der Akzeptanz bei Betrieben und Beschäftigten an, indem eine neue digitalisierte Verfahrensabwicklung entwickelt wird, die intern zu einer schnelleren Bearbeitung der Daten führen soll und Betriebe in Echtzeit transparent über den Prozess der Sachbearbeitung informieren wird.

Das Baugewerbe war 2001 die erste Branche in Deutschland, die den Beschäftigten durch einen Flächentarifvertrag den Aufbau einer kapitalgedeckten zusätzlichen Altersversorgung zur Umsetzung der Riester-Rente ermöglichte. Zudem wurden bereits 2003 die Weichen zur Umstellung der umlagefinanzierten Rentenbeihilfe auf die kapitalgedeckte Tarifrente Bau gestellt, was ohne eine hohe Kompromissbereitschaft der Arbeitgeber und der IG BAU nicht möglich gewesen wäre. Schließlich hat sich die Einführung des Saison-Kurzarbeitergeldes 2005 als erfolgreiche Weiterentwicklung der früheren Schlechtwettergeldregelung und des Lohnausgleichs zwischen Weihnachten und Neujahr erwiesen, die ohne den Einsatz der Tarifpartner nicht denkbar gewesen wäre.

Der Flächentarifvertrag und das Angebot an branchenspezifischen Kollektivgütern im Bauhauptgewerbe stehen seit der Wiedervereinigung immer wieder unter Anpassungsdruck. Vor allem das Regelungsmonopol auf dem Arbeitsmarkt wurde in Frage gestellt. Viele Unternehmen sehen kooperative Lösungen als Hindernis, das einem erfolgreichen Wettbewerb im Wege steht. »Kollektives Handeln im Sinne gruppeninterner Selbstregulierung (Streeck 1983: 95) wird umso schwieriger, je aussichtsreicher es erscheint, gerade durch nonkonformes Verhalten Wettbewerbsvorteile erreichen zu können. Vor allem in Ostdeutschland werden Tarifverträge oft nicht respektiert, viele Unternehmen sind nicht organisiert und sowohl die IG BAU als auch die Arbeitgeberverbände haben nur eine geringe Repräsentations- und Organisationsdichte. Je schwächer die Arbeitgeberverbände sind und je weniger die IG BAU durch eine starke Mitgliedschaft und Streikfähigkeit die durch die Lohnkonkurrenz auseinanderstrebenden Interessen auf der Arbeitgeberseite wieder zusammenführen kann, desto schwieriger werden Tarifabschlüsse.

Überraschend bei dieser Konstellation ist die Einigung auf eine Entschädigung der Wegezeiten in der Tarifrunde 2021, die lange Zeit von den Arbeitgebern abgelehnt wurde. Man kann dies als ein Zeichen werten, dass die Tarifpartner in den vergangenen Jahrzehnten immer wieder neue Lösungen für soziale Herausforderungen entwickeln.

In eine ganz andere Richtung weisen hingegen die Verhandlungen über die Mindestlöhne seit dem Jahr 2008, in dem der Mindestlohn 2 in Ostdeutschland abgeschafft wurde. Der Mindestlohn ist hier der Standardlohn, an dem sich mittlerweile die Entlohnung von Fachkräften orientiert, da der Ecklohn als eigentlicher Facharbeiterlohn kaum eine Bedeutung hat. Selbst in Westdeutschland gerät das Tarifgitter zunehmend unter Druck. Über ein Drittel der Beschäftigten arbeiten bereits zum Mindestlohn 1 oder 2 und der Durchschnittslohn entkoppelt sich zunehmend vom Ecklohn. Daher verwundert es nicht, dass in den vergangenen Tarifverhandlungen insbesondere die Anpassung der Mindestlöhne und der Erhalt des Mindestlohns 2 Gegenstand heftiger Auseinandersetzungen war. Eine neue Qualität der Auseinandersetzung deutet sich Ende 2021 an, als in den Tarifverhandlungen zu den Mindestlöhnen von den Arbeitgeberverbänden erstmals die Vereinbarung eines Branchenmindestlohns in der Bauwirtschaft überhaupt in Frage gestellt wurde. Aus den Erfahrungen mit der Abschaffung des Mindestlohns 2 in Ostdeutschland wissen wir, dass die Abschaffung von Mindestlöhnen selbst bei guter Konjunktur einen Sog nach unten auslöst. Es ist schwer zu begreifen, dass die Arbeitgeberverbände in einer Fachkräftebranche mit hohen körperlichen Belastungen nur noch den gesetzlichen Mindestlohn als Untergrenze akzeptieren wollen. Das würde zu einem erheblichen Reputationsverlust dieser Branche führen. Auf dem heimischen Arbeitsmarkt wird man dann immer weniger Arbeitskräfte gewinnen können. Die Rechnung kann für die Unternehmen nur aufgehen, wenn die Fachkräftelücke durch eine weiter wachsende Zahl ausländischer Werkvertragsnehmer, die zum gesetzlichen Mindestlohn arbeiten, geschlossen werden kann. Dieser Konflikt um die Mindestlöhne deutet an, dass der große Vertrauensvorrat in der Tarifpolitik, der die innovativen Vereinbarungen der letzten Jahrzehnte ermöglicht hat, langsam aufgebraucht wird.

Literatur

Abraham, Jonas/Günther, Matthias (2020), *Tägliche Wegstrecken zum Arbeitsort im Baugewerbe. Eduard Pestel Institut für Systemforschung im Auftrag der Industriegewerkschaft Bauen-Agrar-Umwelt*. In Zusammenarbeit mit Stefan Gerbig, Verein zur Förderung der Berufe des Bauhauptgewerbes. Hannover.

Artus, Ingrid (1996*), Die Etablierung der Arbeitgeberverbände und die Gestaltungpraxis in Ostdeutschland*. Forschungsbericht der Hans-Böckler-Stiftung. Düsseldorf.

Asshoff, Gregor (2012), »Sozial- und tarifpolitische Bedeutung der Allgemeinverbindlicherklärung von Tarifverträgen im Baugewerbe«, in: *WSI-Mitteilungen,* Jg. 65, H. 7, S. 541–548.

Bosch, Gerhard (2020), *Wirkungen und Kontrolle des Mindestlohns für qualifizierte Beschäftigte im deutschen Bauhauptgewerbe – Gutachten im Auftrag der Industriegewerkschaft Bauen-Agrar-Umwelt (IG BAU)*. Duisburg: Inst. Arbeit und Qualifikation. IAQ-Forschung 2020-03.

Bosch, Gerhard/Weinkopf, Claudia/Worthmann, Georg (2011), *Die Fragilität des Tarifsystems. Einhaltung von Entgeltstandards und Mindestlöhnen am Beispiel des Bauhauptgewerbes*. Berlin: edition sigma.

Bosch, Gerhard/Zühlke-Robinet, Klaus (2000), *Der Bauarbeitsmarkt. Soziologie und Ökonomie einer Branche*. Frankfurt/Main und New York: Campus.

Deutscher Gewerkschaftsbund (2021), *DGB-Mitgliederzahlen 1994–2020*, Berlin, letzter Zugriff: 10.12.2020, https://www.dgb.de/uber-uns/dgb-heute/mitgliederzahlen

Ellguth, Peter/Kohaut, Susanne (2005), »Tarifbindung und betriebliche Interessenvertretung. Aktuelle Ergebnisse aus dem IAB-Betriebspanel«, in: *WSI-Mitteilungen,* Jg. 58, H. 7, S. 398–403.

Ellgut, Peter/Kohaut, Susanne (2007), »Tarifbindung und tarifliche Öffnungsklauseln. Ergebnisse aus dem IAB-Betriebspanel 2005«, in: *WSI-Mitteilungen,* Jg. 60, H. 2, S. 94–97.

Ellguth, Peter/Kohaut, Susanne (2011), »Tarifbindung und betriebliche Interessenvertretung: Ergebnisse aus dem IAB-Betriebspanel 2010«, in: *WSI-Mitteilungen,* Jg. 64, H. 5, S. 242–247.

Ellguth, Peter/Kohaut, Susanne (2016), »Tarifbindung und betriebliche Interessenvertretung: Ergebnisse aus dem IAB-Betriebspanel 2015«, in: *WSI-Mitteilungen,* Jg. 69, H. 4, S. 283–291.

Ellguth, Peter/Kohaut, Susanne (2020), »Orientierung an einem Branchentarifvertrag und die Rolle des Betriebsrats bei der Entlohnung«, in: *Industrielle Beziehungen,* H. 4, S. 371–388.

Ellguth, Peter/Kohaut, Susanne (2021); »Tarifbindung und betriebliche Interessenvertretung: Ergebnisse aus dem IAB-Betriebspanel 2020«, in: WSI-Mitteilungen, Jg. 74, H. 4, S. 306–314.

Esslinger, Detlef. (2016), »Tarifrecht im Baugewerbe: Nahles hilft und will es nicht gewesen sein«, in: *Süddeutsche Zeitung,* vom 27. Dezember 2016, letzter Zugriff: 03.03.2021, http://www.sueddeutsche.de/politik/tarifrecht-im-baugewerbe-nahles-hilft-und-will-es-nicht-gewesen-sein-1.3311245.

Ettl, Wilfried/Heikenroth, André (1996), »Strukturwandel, Verbandsabstinenz, Tarifflucht: Zur Lage der Unternehmen und Arbeitgeberverbände im ostdeutschen verarbeitenden Gewerbe«, in: *Industrielle Beziehungen,* H. 2, S. 134–153.

HDB (Hauptverband der deutschen Bauindustrie) (2002), *Tarifsammlung für die Bauwirtschaft 2002/2003,* Stand: Juni 2002, Berlin.

HDB (Hauptverband der deutschen Bauindustrie) (2019), *Tarifsammlung für die Bauwirtschaft 2019/2020.* Stand: Juni 2019, Berlin.

HDB (Hauptverband der deutschen Bauindustrie) (2020), *Tarifsammlung für die Bauwirtschaft 2020/2021.* Stand: Juni 2020, Berlin.

IG Bauen-Agrar-Umwelt (IG BAU) (2019), *Bauwirtschaft. Mindestlohn im Bauhauptgewerbe.* Frankfurt/Main, letzter Zugriff: 28.01.2021, https://igbau.de/Binaries/Binary13266/Broschuere-Mindestlohn-im-Bauhauptgewerbe.pdf.

IG Bauen-Agrar-Umwelt (IG BAU) (2020), IG BAU-Regionen und ihre Mitgliederbüros, letzter Zugriff: 01.02.2022, https://igbau.de/Bezirksverbaende.html

IG Bauen-Agrar-Umwelt (IG BAU) (2021), *Gemeinsame Pressemitteilung: Mindestlohn-Tarifrunde im Bauhauptgewerbe – Verhandlungsergebnisse bestätigt.* Frankfurt/Main, letzter Zugriff: 03.03.2021, https://igbau.de/Gemeinsame-Pressemitteilung-Mindestlohn-Tarifrunde-im-Bauhauptgewerbe-Verhandlungsergebnis-bestaetigt.html

Jöns, Jürgen (1993), »Die Sozialkassen in der Bauwirtschaft«, in: Kohl, Heribert (Hg.), *Auf Vertrauen bauen. 125 Jahre Baugewerkschaft*. Hg. Von Bruno Köbele, Industriegewerkschaft Bau-Steine-Erden, S. 384–396, Köln.

Kohaut, Susanne/Schnabel, Claus (2001), *Tarifverträge – nein danke!? Einflussfaktoren der Tarifbindung west- und ostdeutscher Betriebe*. Diskussionspapier 8, Nürnberg.

Laux, Ernst-Ludwig (1999), »Tarifpolitischer Sonderweg mit großer Zukunft«, in: *Gewerkschaftliche Monatshefte*, H. 4, S. 239–249.

Scharrer, Manfred (2011). »Der Aufbau einer freien Gewerkschaft in der DDR 1989/1990. ÖTV und FDGB-Gewerkschaften im deutschen Einigungsprozess«, Berlin/New York.

Schröer, Harald (2007), »Möglichkeiten und Grenzen der Reform der Zusatzversorgung im Baugewerbe«, in: Oetker, Hartmut/Preis, Ulrich/Steinmeyer, Hein-Dieter (Hg.), *Soziale Sicherheit durch Sozialpartnerschaft. Festschrift zum 50-jährigen Bestehen der Zusatzversorgungskasse des Baugewerbes*, München.

Schütt, Bernd (1989), »Versicherungsagentur oder Kampforganisation? Die Industriegewerkschaft Bau-Steine-Erden in den 50er und 60er Jahren«, in: Klönne, Arno (Hg.): *Hand in Hand. Bauarbeit und Gewerkschaften. Eine Sozialgeschichte*, S. 296–323, Frankfurt/Main.

Schütt, Bernd (2000), »Wirtschaftliche Ordnungsfunktion der Sozialpartner am Bau in historischer und aktueller Sicht«, in: Mayrzedt, Hans (Hg.), *Arbeitsmarkt und erfolgsorientiertes Personalmanagement am Bau*, Düsseldorf.

SOKA-BAU (2016), *Informationen zur zusätzlichen Altersversorgung im Baugewerbe ab 01.01.2016*. Wiesbaden, letzter Zugriff: 03.03.2021, https://www.soka-bau.de/fileadmin/user_upload/Dateien/Arbeitnehmer/tarifrente-bau_verbraucherinformation.pdf.

SOKA-BAU (2018), *SOKA-BAU stellt Strategie 2022 vor*. Pressemitteilung vom 23.11.2018. Wiesbaden. https://www.soka-bau.de/soka-bau/medien/fachbeitraege-zur-baubranche-literatur-arbeits-und-tarifrecht/publikation/soka-bau-stellt-strategie-2022-vor

SOKA-BAU (2020a), *Geschäftsbericht 2019*. Wiesbaden, letzter Zugriff: 28.01.2021, https://www.soka-bau.de/fileadmin/user_upload/Dateien/Unternehmen/geschaeftsbericht_soka-bau_2019.pdf.

SOKA-BAU (2020b), *Vielfalt leben – Engagement zeigen*. CSR-Bericht 2019, Wiesbaden.

Statistisches Bundesamt (2021), *Produzierendes Gewerbe. Tätige Personen und Umsatz der Betriebe im Baugewerbe 2018*, Fachserie 4, Reihe 5.1. Wiesbaden.

Streeck, Wolfgang (1979), »Gewerkschaftsorganisation und industrielle Beziehungen. Einige Stabilitätsprobleme industriegewerkschaftlicher Interessenvertretung und ihre Lösung im westdeutschen System industrieller Beziehungen«, in: Mathes, Joachim (Hg.): *Sozialer Wandel in Westeuropa. Verhandlungen des 19. Deutschen Soziologentages in Berlin*, S. 206–226, Frankfurt/New York.

Streeck, Wolfgang (1983), *Die Reform der beruflichen Bildung in der westdeutschen Bauwirtschaft 1969–1982. Eine Fallstudie über die Verbände als Träger öffentlicher*

Politik. Discussion Papers IIM/LMP 83–23; IIMV/Arbeitsmarktpolitik, Wissenschaftszentrum Berlin für Sozialreform.

Streeck, Wolfgang/Hilbert, Josef/van Kevelaer, Karl-Heinz/Maier, Friederike/Weber, Hajo (1987), *Steuerung und Regulierung der beruflichen Bildung: Die Rolle der Sozialpartner in der Ausbildung und beruflichen Weiterbildung in der Bundesrepublik Deutschland*, Berlin.

Syben, Gerhard (1997), *Interessenvertretung in Kleinbetrieben des Baugewerbes. Eine Untersuchung im Auftrag der Hans-Böckler-Stiftung mit Unterstützung der IG Bauen-Agrar-Umwelt*. Düsseldorf.

Weitbrecht, Hansjörg (1969), *Legitimität und Effektivität der Tarifautonomie*. Berlin.

Worthmann, Georg (2003), *Nationale Autonomie trotz Europäisierung: Probleme der Arbeitsmarktregulierung und Veränderungen der industriellen Beziehungen in der deutschen Bauwirtschaft*. München/Mering.

6. Bauspezifische Arbeitsmarktpolitik

6.1 Einleitung

Bis Ende der 1950er Jahre war es im Bauhauptgewerbe üblich, den Beschäftigten schon beim ersten winterlichen Kälteeinbruch zu kündigen. Oftmals blieben sie bis ins Frühjahr hinein arbeitslos. »Die Winterarbeitslosigkeit war sozusagen Berufsmerkmal der Bauarbeiter« (Schütt 1989: 305). Die Beschäftigten erlitten nicht nur Einkommenseinbußen, sondern hatten auch geringere Rentenansprüche zu verkraften. Ihre Renten lagen im Schnitt 10 Prozent unter dem Niveau eines Industriearbeiters. Viele Bauarbeiter arrangierten sich mit dieser atypischen und unstetigen Beschäftigungssituation, indem sie die Einkommensausfälle im Winter durch Überstunden in den anderen Jahreszeiten wettzumachen versuchten. Die Bauarbeiter suchten in den 1950er und 1960er Jahren die Betriebe oft danach aus, ob sie dort viele Überstunden leisten konnten (Kädtler 1986: 171).

Da die arbeitsintensiven Baubetriebe und hier insbesondere die Masse der kleinen und mittleren Bauunternehmen mit ihrer schwachen Kapitaldecke nicht in der Lage waren, die Löhne im Winter auch für die Zeiten, an denen nicht gearbeitet werden konnte, weiter zu zahlen, war Anfang der 1950er Jahre wegen schlechten Wetters noch eine fristlose Kündigung von beiden Seiten möglich. Die Unternehmen sollten von unproduktiven Lohnzahlungen befreit werden, um sie mit ihren Arbeitsplätzen über den Winter zu retten, und es den Arbeitnehmern zu ermöglichen, sich sofort eine andere Arbeitsstelle zu suchen (Kasten 6.1).

Kasten 6.1: Kündigungsfristen Anfang der 1950er Jahre wegen Schlechtwetter

»Bei Entlassung wegen Witterungseinflüssen muss nach Möglichkeit die Wiedereinstellung der Entlassenen bei der Wiederaufnahme der Arbeit erfolgen. Wird die Fortsetzung der Arbeit infolge ungünstiger Witterung in der Zeit von 15. Oktober bis 31. März unmöglich, so kann das Arbeitsverhältnis mit Rücksicht darauf, dass der Lohn nicht weitergezahlt wird, beiderseitig ohne Einhaltung einer Kündigungsfrist gelöst werden.«

Quelle: Rahmentarifvertrag für das Bauhauptgewerbe in der Fassung vom 8. Februar 1952, § 2 Abs. 5, Beginn und Beendigung des Arbeitsverhältnisses.

Die regelmäßige Winterarbeitslosigkeit war einer der wichtigsten Gründe für die hohen Abwanderungsraten von Beschäftigten aus dem Bauhauptgewerbe in andere Branchen. Das wurde für die Branche ab Mitte der 1950er Jahre zum gravierenden Wettbewerbsnachteil um die knapper werdenden Arbeitskräfte. Nicht nur die Branche selbst, sondern auch der Staat entwickelte ein hohes Interesse, die starken saisonalen Beschäftigungsschwankungen zu verringern, da die regelmäßig wiederkehrende Winterarbeitslosigkeit im Bauhauptgewerbe die Kassen der Arbeitslosenversicherung erheblich belastete (Schade 1995: 214). Diese Überschneidung zwischen Branchen- und allgemeinen Interessen war die entscheidende Triebkraft für die Entwicklung einer besonderen bauspezifischen Arbeitsmarktpolitik, deren wichtigste Instrumente das gesetzliche Schlechtwettergeld und die produktive Winterbauförderung waren. Der beträchtliche Einsatz von Beitragsgeldern aus der Arbeitslosenversicherung für das Bauhauptgewerbe konnte mit dem Argument gerechtfertigt werden, dass die Finanzierung von Beschäftigung sinnvoller und sparsamer war als die der regelmäßigen Winterarbeitslosigkeit.

Es war von Anfang an klar, dass auch die Branche selbst einen Beitrag zu den Kosten des Abbaus der Winterarbeitslosigkeit leisten musste. Anfangs war dieser Anteil in Form einer an die SOKA-BAU abzuführenden Umlage gering. Als aber infolge der zunehmenden Arbeitslosenzahlen in den 1980er Jahren und nach der Wiedervereinigung die Defizite bei der damaligen Bundesanstalt für Arbeit stiegen, stutzte die konservativ-liberale Bundesregierung zwischen 1986 und 1995 den öffentlichen Anteil an der bauspezifischen Arbeitsmarktpolitik mehrfach. Die hierdurch gerissenen Lücken wurden in mehreren Übergangsregelungen mit tariflichen Arbeitszeitregelungen und einer erhöhten Umlage geschlossen. Beitragsfinanzierte Lohnersatzleistungen wurden zwischenzeitlich nachrangig und mussten durch tarifliche Umlagen ersetzt werden. Die Übergangsregelungen waren nicht nur intransparent und bürokratisch, sondern für die Betriebe auch zu teuer, so dass die Winterarbeitslosigkeit wieder anstieg. Mit dem Gesetz zur Förderung ganzjähriger Beschäftigung (Saison-KUG), das im April 2006 in Kraft trat, haben die Sozialpartner im Baugewerbe gemeinsam mit dem Staat eine bis heute tragfähige Lösung entwickelt, die von den Betrieben akzeptiert wird und die Winterarbeitslosigkeit wirkungsvoll verringert hat.

Die wechselhafte Geschichte der bauspezifischen Arbeitsmarktpolitik und ihrer Wirkungen sollen im Folgenden beschrieben werden. Wir beginnen mit dem Schlechtwettergeld und der produktiven Winterbauförderung, die mit dem ersten Gesetz zur Förderung der ganzjährigen Beschäftigung 1959 eingeführt wurden, und stellen diese Instrumente, ihre Finanzierung sowie die Ergebnisse der Evaluation ihrer Auswirkungen dar (Abschnitt 6.2). Es folgt eine Analyse der Übergangsphase mit ihren verschiedenen, wenig zufriedenstellenden Übergangsregelungen nach Abschaffung der alten Instrumente, die sich von 1986 bis 2005 hinzog (Abschnitt 6.3). Anschließend geht es um die Entstehungsgeschichte des Gesetzes zur Förderung ganzjähriger Beschäftigung (Saison-KUG) von 2006, seine Instrumente, ihre Finanzierung sowie die wichtigsten Ergebnisse der Evaluationen der Auswirkungen (Abschnitt 6.4). Zum Schluss wird den Gründen für eine abnehmende Inanspruchnahme des Saisons-KUG und der Stabilisierung der Beschäftigung in der Bauwirtschaft nachgegangen (Abschnitt 6.5).

6.2 Förderung der ganzjährigen Beschäftigung 1959 bis 1993

Ab Mitte der 1950er Jahre befassten sich verschiedene Ausschüsse der Regierung und Gutachten mit den Möglichkeiten der Beseitigung der hohen Winterarbeitslosigkeit im Bauhauptgewerbe. Es sollte nicht allein um eine sozialpolitische Abfederung der Beschäftigten durch eine Lohnausfallleistung, sondern angesichts des weiterhin hohen Wiederaufbaubedarfs nach dem 2. Weltkrieg auch um die Erweiterung der Baukapazitäten gehen. Mit öffentlichen Mittel wurden sogar Versuchsbauten errichtet, mit denen die Möglichkeiten und die Mehrkosten des Winterbaus erkundet werden sollten (Schade 1995: 65ff). Die im Jahr 1959 eingeführten Instrumente – das gesetzliche Schlechtwettergeld und die produktive Winterbauförderung – kombinierten diese beiden Ansatzpunkte, also die passive Kompensation des Lohnausfalls und die präventive Förderung der Weiterarbeit auch unter schwierigen Umständen. Im Unterschied zu Schweden, das schon früh auf den Einsatz neuer Technologien zur Weiterarbeit im Winter gesetzt hat, dominiert allerdings in Deutschland bis heute der passive Einkommensersatz.

6.2.1 Das Schlechtwettergeld (SWG)

Schon vor 1959 lagen begrenzte Erfahrungen mit unterschiedlichen Schlechtwettergeldregelungen vor. Eine erstmals das gesamte Bauhauptgewerbe umfassende Regelung wurde im Jahr 1936 also während der deutschen Nazi-Diktatur erlassen und blieb noch bis 1950 in Kraft (Kädtler 1986: 177ff). Nach 1950 wurde in der neuen Bundesrepublik Deutschland erste Schlechtwettergeldregelungen eingeführt, die allerdings auf Berlin und Baden-Württemberg beschränkt blieben und wenig wirkungsvoll waren (Schütt 1989: 305).

Grundsätzlich änderte sich die Situation erst mit der Einführung des gesetzlichen Schlechtwettergeldes Ende 1959 und den diese Regelung flankierenden Tarifverträgen. Gewerbliche Bauarbeiter erhielten während der gesetzlichen Schlechtwetterzeit von November bis einschließlich März ab der ersten bzw. ab Mitte der 1980er Jahre ab der zweiten witterungsbedingt ausgefallenen Arbeitsstunde ein von der damaligen Bundesanstalt für Arbeit finanziertes SWG in Höhe des Kurzarbeitergeldes. Die Tarifvertragsparteien vereinbarten parallel zum gesetzlichen SWG ein Kündigungsverbot wegen schlechter Witterung, änderten also die kurzfristigen Kündigungsregelungen wegen schlechten Wetters ab. Allerdings befreiten sie die Unternehmen weiterhin vom Betriebsrisiko der Lohnzahlung.

Für dieses tariflich abgedungene Betriebsrisiko sprang in der gesetzlich fixierten Schlechtwetterzeit die Bundesanstalt für Arbeit ein. Außerhalb dieser Zeit erhielten Bauarbeiter für Arbeitsausfälle aus Witterungsgründen keinerlei Arbeitsentgelt oder Lohnersatzleistungen, konnten Ausfallstunden jedoch nacharbeiten. Zudem vereinbarten die Tarifpartner, dass die Lohnzahlungen für gewerbliche Arbeitnehmer zwischen Heiligabend und Neujahr über eine Umlage finanziert werden sollte. Mit diesem sogenannten Lohnausgleich sollten den Betrieben auch die verbleibenden Anreize zur Kündigung um die Jahreswende genommen werden. Die tariflichen Übereinkünfte zum Lohnausgleich und Kündigungsverbot entsprachen der damaligen Forderung des Gesetzgebers, dass auch die Tarifvertragsparteien einen Beitrag zur Aufrechterhaltung der Beschäftigungsverhältnisse im Bauhauptgewerbe leisten sollten.

Gesetzliche und tarifliche Regelungen zur Vermeidung der Winterarbeitslosigkeit von Ende 1959 bis Ende 1995

Gesetzliche Regelung
Gesetzliches Schlechtwettergeld (SWG) bis Ende 1995 gemäß dem Gesetz über Arbeitsvermittlung und Arbeitslosenversicherung bzw. Arbeitsförderungsgesetz (§§ 83–89):
- SWG wurde nur bei witterungsbedingtem Arbeitsausfall auf Baustellen in der Schlechtwetterzeit (1. November bis 31. März) und nur in Betrieben des Bauhauptgewerbes, in denen nach der Baubetriebe-Verordnung die ganzjährige Beschäftigung zu fördern ist, gezahlt.
- SWG wurde nur gewährt, wenn der Arbeitsausfall ausschließlich durch zwingende Witterungsgründe verursacht war und an einem Arbeitstag mindestens eine Stunde der regelmäßigen betriebsüblichen Arbeitszeit ausfiel.
- Anspruchsvoraussetzung der Arbeitnehmer war, dass sie bei Beginn des Arbeitsausfalls auf einem witterungsabhängigen Arbeitsplatz als Arbeiter beitragspflichtig beschäftigt waren und infolge des Arbeitsausfalls kein Arbeitsentgelt erhielten.
- Angestellte Baustellenbeschäftigte (Poliere, Schachtmeister und Meister) fielen nicht unter die SWG-Regelung.
- Die Höhe des Schlechtwettergeldes lag bis Ende 1975 über dem Arbeitslosengeld. Seit 1976 waren Schlechtwetter- und Arbeitslosengeld gleich hoch.
- SWG wurde gezahlt, wenn an einem Arbeitstag mindestens zwei Stunden der regelmäßigen betriebsüblichen Arbeitszeit aus Witterungsgründen ausfielen. Seit Mitte der 1970er Jahre wurde die erste Ausfallstunde nicht mehr vergütet.
- Die Arbeitgeberbeiträge zur Sozialversicherung während des SWG-Bezugs wurden vom Arbeitgeber getragen.

> *Tarifvertragliche Regelungen*
> Der tarifliche Lohnausgleich (über die Sozialkassen) von Heiligabend bis einschließlich Neujahr und das tarifliche Verbot der witterungsbedingten Kündigung waren zwingende Voraussetzungen für den Bezug von Schlechtwettergeld.
>
> Quelle: *Bosch/Zühlke-Robinet 2000: 155*

Bis Mitte der 1970er Jahre hatten die Unternehmen der Bauwirtschaft bei witterungsbedingten Arbeitsausfällen überhaupt keine Lohnkosten zu tragen. Auch die Sozialversicherungsbeiträge wurden von der Bundesanstalt für Arbeit übernommen. Danach reduzierte der Staat jedoch das Niveau seiner Leistungen und forderte eine stärkere Beteiligung der Betriebe und Beschäftigten an der Finanzierung der bauspezifischen Arbeitsmarktpolitik ein. In der Wirtschaftskrise 1974/1975 wurde die Lohnersatzrate für das SWG um 10 Prozentpunkte gesenkt und so dem Niveau des Arbeitslosen- und Kurzarbeitergeldes (rund 65 Prozent) angepasst.[15] Zudem wurde die erste Ausfallstunde nicht mehr vergütet. Die Betriebe mussten die Sozialversicherungsbeiträge für die Ausfallstunden selbst übernehmen. Um die Ausgaben der Bundesanstalt für Arbeit für das SWG so gering wie möglich zu halten, durften gewerbliche Arbeitnehmer vom gesamten Urlaubsanspruch eines Jahres schon immer eine gewisse Anzahl von Urlaubstagen (Anfang der 1990er Jahre acht Tage, Mitte der 1990er Jahre fünf Tage) nur noch in den Wintermonaten nehmen.

6.2.2 Die Produktive Winterbauförderung

Das Schlechtwettergeld war nicht dazu geschaffen worden, die Zahl der Ausfallstunden zu verringern und die Winterbautätigkeit zu steigern. Um auch die Zahl der geleisteten Arbeitsstunden im Winter zu erhöhen, konnten ab 1960 »angemessene« Zuschüsse und Darlehen an die Bauherren, also an die Nachfrager von Bauleistungen, zur Finanzierung der Mehrkosten des Winterbaus und an die Bauunternehmen zur Anschaffung von Gerätschaften und Einrichtungen, die die Fortführung der Bautätigkeiten in der Schlecht-

---

15 Beschäftigte mit mindestens einem Kind hatten Anspruch auf 67 Prozent des vorherigen pauschalierten Nettoentgeltes und Kinderlose auf 60 Prozent.

wetterperiode erlaubten, gewährt werden. Da sich allerdings die Zahl der geleisteten Arbeitsstunden in den Schlechtwettermonaten nicht wesentlich durch diese diskretionären Hilfen erhöhte (Schade 1995: 143ff), wurde mit der sogenannten »Winterbau-Novelle« des Arbeitsförderungsgesetzes (AFG) im Jahr 1972 das Ziel formuliert, die Auftragsvergabe und die Produktion im Winter zu verstetigen. Die gesetzliche Winterbauförderung, die bis dahin eher ein Schattendasein geführt hatte, wurde im AFG unter der Überschrift »Förderung der ganzjährigen Beschäftigung in der Bauwirtschaft« neugestaltet. Diese konzentrierte sich ganz auf die Betriebe und die Beschäftigten, von denen der Winterbau letztlich abhing, und die Zuschüsse an die Bauherren wurden abgeschafft.

Sowohl für die gewerblichen Arbeitnehmer als auch für die Betriebe wurden durch Mehrkosten- und Investitionskostenzuschüsse zusätzliche Anreize zur Verstetigung der Winterbautätigkeit geschaffen (Tabelle 6.1). Bis heute haben Bauarbeiter Anspruch auf das Wintergeld, eine Art Erschwerniszulage für die in der gesetzlichen Förderzeit (heute 15. Dezember bis Ende Februar) geleisteten Arbeitsstunden. Die Höhe des Wintergelds ist seit 1972 unverändert und liegt bei 1 Euro pro Arbeitsstunde (1972: 2 D-Mark). Dieser Betrag ist steuer- und abgabenfrei. Die Betriebe konnten demgegenüber bis Ende 1993 noch Mehrkosten- und Investitionskostenzuschüsse bei der Bundesanstalt für Arbeit beantragen. Die Mehrkostenzuschüsse dienten vor allem der Abdeckung von witterungsbedingten Zusatzkosten des Bauens im Winter und die Investitionszuschüsse sollten es erleichtern, die zusätzlichen Aufwendungen zu decken und spezielle für die Winterbautätigkeit erforderliche Geräte anzuschaffen.

Der Gesetzgeber verlangte für das Engagement der öffentlichen Hand bei der Finanzierung des Schlechtwettergeldes von der Bauwirtschaft einen eigenen Beitrag zur Finanzierung der Winterbauförderung. Deshalb wurde festgelegt, dass diese drei finanziellen Leistungen durch eine besondere Winterbauumlage von den baugewerblichen Arbeitgebern selbst zu tragen waren. Die Umlage wurde zwar von der Bundesanstalt für Arbeit erhoben, aber zusammen mit den Sozialkassenbeiträgen abgeführt, um den Betrieben Verwaltungskosten zu ersparen. Die Höhe der Umlage betrug im Jahr 1972 vier Prozent. Durch diese Umlage kam es zu einem brancheninternen Risikoausgleich zwischen Betrieben, die aufgrund ihrer regionalen Lage mit Witterungsausfällen zu rechnen hatten, und anderen Betrieben, die weitgehend ohne witterungsbedingte Unterbrechungen produzieren konnten (Bosch/Zühlke-Robinet 2000: 159).

Tabelle 6.1: Produktive Winterbauförderung in der gesetzlichen Förderzeit*

Wintergeld für Arbeitnehmer (seit 1972 bis heute)	Mehrkostenzuschüsse für Betriebe (1972 bis Ende 1993)	Investitionskostenzuschüsse für Betriebe (1972 bis Ende 1993)
Arbeitnehmer auf witterungsbedingten Arbeitsplätzen haben Anspruch auf ein Wintergeld in Höhe von 1 Euro für geleistete Arbeitsstunden (steuer- und abgabefrei)	Pro geleisteter Baustellen-Arbeitsstunde (von gewerblichen Arbeitnehmern) wurden Zuschüsse von bis zu 3,60 D-Mark zu den belegbaren witterungsbedingten Mehrkosten geleistet (1986 Förderung ausgesetzt)	Zuschüsse in Höhe von bis zu 50 Prozent (Kleinbetriebe von bis zu 60 Prozent) der Anschaffungskosten z. B. für Schutzhallen, Baustellenverkleidungen u. ä. (1986 Förderung ausgesetzt)
Finanzierung durch eine Umlage aller Baubetriebe (bruttolohnbezogene Abgabe) auf Basis gewerblicher Arbeitnehmer (Höhe der Umlage 1972: 4 Prozent und 1995: 2 Prozent)		

* Ursprünglich 1. Dezember bis 31. März; ab Ende der 1990er Jahre reichte die gesetzliche Förderzeit jeweils vom 15. Dezember bis Ende Februar.

Quelle: Bosch/Zühlke-Robinet 2000: 159

Im Jahr 1986 wurde die Förderung der Mehrkosten- und Investitionszuschüsse erst ausgesetzt und dann 1993 gänzlich abgeschafft (Schmidt 1995: 103). Von der ursprünglichen Winterbauförderung wurde nur das Wintergeld beibehalten. Wichtigstes Ziel der Arbeitgeberverbände war dabei eine Strukturbereinigung in der Bauwirtschaft und eine Senkung der Lohnnebenkosten (Schade 1995: 73). Die Umlage für die Winterförderung konnte in dieser Zeit auf zwei Prozent gesenkt werden. Das Ziel der aktiven Förderung der Winterbaubeschäftigung in der bauspezifischen Arbeitsmarktpolitik hatte damit gegenüber der Finanzierung des Lohnersatzes in der Schlechtwetterzeit erheblich an Bedeutung verloren.

Die IG Bau-Steine-Erden akzeptierte die Abschaffung dieser Zuschüsse an die Betriebe. Nach Auffassung ihres damaligen Bundesvorsitzenden Konrad Carl hatte eine überbetriebliche Finanzierung des Vorruhestandes absolute Priorität für die Gewerkschaft; wegen der Baukrise sei an eine verstärkte Winterbautätigkeit ohnehin nicht zu denken gewesen (Carl 1993: 177). Die Aufstockung der gesetzlichen Vorruhestandszahlungen für 58- bis 62-Jährige von Mitte der 1980er bis Mitte der 1990er Jahre über eine zusätzliche Branchenumlage konnte nur durch eine Absenkung der Lohnnebenkosten an anderer Stelle durchgesetzt werden. Es kam zu einem Massenansturm auf dieses Angebot. Rund 80.000 Baubeschäftigte nutzten diese »58er-Regelung« und die Umlage hierfür schwankte zwischen 0,9 und 4 Prozent. Schütt (2000) sprach von einem »branchenweiten Sozialplan«. Durch die Umlagefinanzierung wurde im Unterschied zu anderen Branchen selbst für Beschäftigte aus kleinen und mittleren Betrieben, die in ihren Betrieben nicht auf eine Aufstockung des Vorruhestandsgeldes hoffen konnten, der vorzeitige Austritt aus dem Erwerbsleben attraktiv.

6.2.3 Die Evaluation der bauspezifischen Arbeitsmarktpolitik von 1960–1992

Eine systematische Evaluation von großen Arbeitsmarktprogrammen war bis in die 1990er Jahre noch nicht die Regel. Es ist der Eigeninitiative eines Doktoranden (Schade 1995) zu verdanken, dass wir auf eine umfassende Wirkungsanalyse der bauspezifischen Arbeitsmarktpolitik bis Anfang der 1990er Jahre zurückgreifen können.

Die Wirkungsanalyse basiert auf einem detaillierten Vorher-Nachher-Vergleich der Arbeitslosigkeit, der Beschäftigung und der geleisteten Arbeitsstunden. Der Erfolg des SWG in Verbindung mit dem tarifvertraglichen Kündigungsverbot war durchschlagend. Die Winterarbeitslosigkeit der Bauarbeiter ging deutlich zurück und die Beschäftigungsverhältnisse wurden im Jahresverlauf stabilisiert. Während in den Wintermonaten 1954 bis 1959 noch durchschnittlich 643.732 Bauarbeiter arbeitslos gemeldet waren, sank diese Zahl in den Perioden danach bis 1992 auf Werte zwischen 75.034 und 122.624. Das gleiche Bild ergibt sich, wenn man die saisonalen Ausschläge der Arbeitslosigkeit an den Abweichungen der monatlichen Arbeitslosenzahlen vom Jahresdurchschnitt misst. Die so gemessenen Saisonausschläge verringerten sich von 3,2 in den Wintermonaten in den fünf Jahren vor der Reform auf 1,47 in den Jahren 1960 bis 1992. In den Schlechtwettermonaten zwischen 1954 und 1959 lag also die Zahl der Arbeitslosen 3,2-mal über dem Monatsdurchschnitt, in den Jahren danach nur noch 1,47-mal (Schade 1995: 187).

Die Verringerung der Winterarbeitslosigkeit ergab sich aus der Stabilisierung der Beschäftigungsverhältnisse über den Jahresverlauf, was sich in der Schwankungsbreite der Beschäftigung ausdrückt. Damit war das Verhältnis zwischen dem höchsten und dem geringsten Beschäftigungsstand im Jahresverlauf gemeint. Zwischen 1954 und 1959 lag die Schwankungsbreite noch bei durchschnittlich 0,52, die Zahl der Baubeschäftigten lag im Monat mit der geringsten Zahl der Baubeschäftigung also bei nur 52 Prozent der Beschäftigung im Monat mit der höchsten Beschäftigung. Die Schwankungsbreite verringerte sich zwischen 1960 und 1992 dann auf Werte zwischen 0,15 und 0,12 (Schade 1995: 187). Die Unternehmen konnten also Stammbeschäftigte an sich binden und Fluktuationskosten reduzieren, was auch die Nachwuchssicherung erleichterte. Für die Bauarbeitskräfte wurde dadurch auch die Unsicherheit weitgehend beseitigt, ob sie am Ende der Schlechtwetterzeit wieder einen Arbeitsplatz fanden. Dieses Arrangement trug maßgeblich dazu bei, die Beschäftigungsverhältnisse im Bauhauptgewerbe zu »normalisieren«.

Weniger wirkungsvoll war die produktive Winterbauförderung, deren Wirkung in der Evaluation an den Produktionsschwankungen der geleisteten monatlichen Arbeitsstunden und der monatlichen Nettoproduktion gemessen wurden. Zwar sank die Schwankungsbreite dieser beiden Größen zwischen 1960 und 1985 um etwa 20 Prozent. Die Saisonausschläge waren aber deutlich höher als bei der Arbeitslosigkeit und Beschäftigung und es war »insgesamt nicht gelungen, die Produktionsschwankungen im Bauhauptgewerbe zu beseitigen und dadurch eine kontinuierliche Bautätigkeit zu verwirklichen« (Schade 1995: 188). Angesichts des Spannungsverhältnisses zwischen SWG und der aktiven Förderung der Winterbautätigkeit kann dieses Resultat nicht verwundern. Für viele Betriebe war es schlicht einfacher, die Beschäftigung über das SWG zu verstetigen, als mit hohem Aufwand im Winter zu bauen. Auch die Beschäftigten akzeptierten nach den vielen Überstunden im Sommer oft gerne eine bezahlte Winterpause, auch wenn diese mit – allerdings eher überschaubaren – Einkommensverlusten verbunden war.

6.3 Abschaffung des Schlechtwettergeldes und Übergangsregelungen 1996–2005

Weder die Gewerkschaft noch die Arbeitgeber verlangten eine Wiedereinführung der umlagefinanzierten investiven Winterbauförderung, als die Aufstockung der Vorruhestandsgelder auslief. Sie wollten nicht, dass die Lohnnebenkosten in einer Zeit zunehmenden Kostendrucks und wachsender Außenseiterkonkurrenz über entsandte Arbeitnehmer und Soloselbständige wieder anstiegen. Politisch wäre es ohnehin keine Option gewesen, da der parteienübergreifende Konsens, gemeinsam mit den Sozialpartnern die Baubeschäftigung zu normalisieren, seit Mitte der 1980er Jahre zunehmend in Frage gestellt wurde.

Bis 1993 waren nur kleinere Korrekturen am System der bauspezifischen Arbeitsmarktpolitik in Deutschland vorgenommen worden. In den Jahren danach ging es aber um die Instrumente selbst. Die Abschaffung der Mehrkosten- und Investitionszuschüsse war nur der Auftakt zu massiveren Einschnitten. Im Frühjahr 1992 kündigte die damalige liberal-konservative Bundesregierung an, dass sie beabsichtige, auch den bisherigen zentralen Grundpfeiler der bauspezifischen Arbeitsmarktpolitik – die gesetzliche Schlechtwettergeldregelung – abzuschaffen. Begründet wurde dies vor allem mit der angeblich hohen Belastung des Haushalts der Bundesanstalt für Arbeit. Ein beitragsfinanziertes SWG wurde von der Regierung angesichts der angespannten Haushaltslage als finanziell nicht mehr tragbar eingeschätzt (Flecker 1995).[16]

Infolge der engen Verschränkung des SWG mit tarifpolitischen Vereinbarungen wurden damit auch der über die Kassen abgewickelte Lohnausgleich für die Tage zwischen Weihnachten und Neujahr sowie andere Tarifvereinbarungen wie der Kündigungsschutz bei schlechtem Wetter in Frage gestellt. Die beiden Arbeitgeberverbände und die IG BAU wollten jedoch unter allen Umständen die das Image der Branche schädigende Wiederkehr der hohen Winterarbeitslosigkeit verhindern. Daher mussten sie schnell eine Nachfolgeregelung finden, weil die gewerblichen Arbeitnehmer wegen der tariflichen Abbedingung der Lohnzahlung bei schlechtem Wetter bei witterungsbedingten Arbeitsausfällen weder Ansprüche auf Lohnzahlungen noch auf Arbeitslosen- oder Kurzarbeitergeld gehabt hätten.

Allzu viele Optionen für eine Nachfolgeregelung standen nicht zur Verfügung. Man konnte vier Instrumente nutzen: (1) Die stärkere Belastung der Beschäftigten über eine Flexibilisierung der Jahresarbeitszeiten durch Ansparen von Arbeitszeitguthaben in den arbeitsintensiven Perioden, die dann in Schlechtwetterperioden abgerufen wurden; (2) Die stärkere Belastung der einzelnen Betriebe durch Lohnfortzahlungsansprüche in Schlechtwetterperioden; (3) die Verteilung von Ausfallkosten auf alle Betriebe über eine Umlage oder (4) die Übernahme eines Teils der Kosten durch die Bundesanstalt für Arbeit, was man aber aus politischen Gründen nicht mehr SWG nennen durfte, welches die Regierung ja abgeschafft hatte. Mit keinem der vier Inst-

---

16 Letztlich wurde das SWG auf Drängen der Tarifvertragsparteien jedoch erst Ende 1995 abgeschafft.

rumente allein ließ sich eine Nachfolgeregelung finanzieren. Mit dem ersten Instrument wurden vor allem die Beschäftigten belastet, die bislang durch Überstunden in den arbeitsintensiven Monaten ihre Einkommensverluste im Winter wettmachen konnten. Nicht nur die Gewerkschaft, sondern auch die Unternehmen fürchteten, dass bei einer zu großen Belastung gerade die Fachkräfte abwandern würde. Hinzu kam, dass Überstunden oft das notwendige »Schmiermittel« waren, um die Beschäftigtenbei hohem Termindruck zu Mehrarbeit zu bewegen. Eine zu starke Kostenabwälzung auf die einzelnen Betriebe hätte diese wieder zu Kündigungen in den Wintermonaten (wie vor 1960) veranlasst. Eine Branchenfinanzierung nur über eine Umlage kam wegen der wachsenden Kostenkonkurrenz nicht in Frage. Der Staat wollte sich zwar aus der Finanzierung ganz zurückziehen, es bestand allerdings die Chance, ihn zu einer Restfinanzierung zu bewegen, wenn die Branche Handlungsfähigkeit bewies und ihre Eigenanteile erkennbar erhöhte.

Es kamen also nur Kombinationen der vier Instrumente in Frage. Da die Neujustierung der gesetzlichen und tariflichen Nachfolgeregelungen schwierig und konfliktträchtig war, zeigte sich auch daran, dass Ende 1999 bereits die dritte Neuregelung zum witterungsbedingten Arbeitsausfall in Kraft gesetzt worden war (Voswinkel 1999; Zühlke-Robinet 1998). Die dritte Neuregelung wurde erst durch den Wechsel zur ersten rot-grünen Bundesregierung möglich, die der Bauwirtschaft höhere öffentliche Finanzierungsanteile zusagte.

Die erste Nachfolgeregelung – der sogenannte »Überbrückungsgeld-Tarifvertrag« – war, wie es der Name schon ausdrückte, eine Notregelung, mit der man ohne allzu großen Schaden für die Bauwirtschaft über den ersten Winter nach Abschaffung des SWG kommen wollte, um dann eine nachhaltigere Vereinbarung auszuhandeln. Der Tarifvertrag hatte gerade einmal von Januar 1996 bis Mitte 1997 Bestand. Er sah vor, dass die Betriebe bei einem Arbeitsausfall 75 Prozent des Bruttolohns weiterzahlen mussten und die Beschäftigten einen Teil des Arbeitsausfalls durch Urlaub (maximal 5 Urlaubstage) übernahmen. 20 Prozent des Überbrückungsgeldes wurde über eine Umlage finanziert. Die Bundesanstalt für Arbeit sollte das »Spitzenrisiko« übernehmen. Der Gesetzgeber akzeptierte diese Forderung und ab Januar 1996 finanzierte die Bundesanstalt für Arbeit ab der 151. Ausfallstunde die Kosten des neuen SWG, das aus kosmetischen Gründen fortan »Winterausfallgeld« genannt wurde.

Mit dieser Neuregelung stiegen die Kosten für die ausgefallene Arbeitszeit bis zur 151. Stunde für die Betriebe stark an. Die Arbeitgeberverbände stimmten dieser recht teuren Lösung zu, weil gleichzeitig erste Schritte in Richtung einer Arbeitszeitflexibilisierung vereinbart wurden. Neben der Einbringung von Urlaubstagen wurden unterschiedlich lange Wochenarbeitszeiten für den Sommer und den Winter festgelegt, was die Überstundenzuschläge in den Monaten mit hoher Auslastung und die Lohnkosten in den Wintermonaten verringerte. Von den Betrieben wurde diese Lösung wegen der hohen Kosten allerdings nicht angenommen. Die Arbeitslosigkeit stieg im Winter 1996/1997 stark an und es musste schnell eine neue Lösung gefunden werden.

Im Frühjahr 1997 einigten sich die Sozialpartner dann auf eine andere Kostenverteilung. Die Betriebe wurden durch eine stärkere Flexibilisierung der Jahresarbeitszeiten und eine höhere Umlage entlastet. Bei der Arbeitszeit konnten sie zwischen einer kleinen und einer großen Arbeitszeitflexibilisierung wählen. Bei der kleinen Flexibilisierung mussten die Beschäftigten 50 Stunden mit Überstundenzuschlägen ansparen, die vollständig in der Schlechtwetterperiode verbraucht werden konnten. Falls keine Stunden angespart waren, musste Urlaub genommen werden. Bei der großen Flexibilisierung mussten 150 Stunden angespart werden, von denen bis zu 120 Stunden in der Schlechtwetterperiode entnommen werden konnten. Mehrarbeitszuschläge wurden bei dieser Variante erst ab der 151. Stunde gezahlt. Die Beschäftigten erhielten dafür ein über das Jahr verstetigtes Monatsentgelt und das Arbeitszeitkonto musste gegen Insolvenz abgesichert werden. Über die Winterbauumlage wurden die Lohnkosten ab der 51. Ausfallstunde finanziert, sofern keine Arbeitszeitguthaben mehr zur Verfügung standen. Die Tarifparteien stimmten dieser Regelung unter der Bedingung zu, dass der Gesetzgeber ein beitragsfinanziertes Winterausfallgeld ab der 121. Ausfallstunde beschloss. Dieser Forderung der Verbände kam der Gesetzgeber im Herbst 1997 nach.

Die dritte Nachfolgeregelung unter der neuen rot-grünen Regierung stützte sich im Kern auf den gleichen Instrumentenmix, allerdings mit einem höheren öffentlichen Anteil und einem geringeren Beitrag der Beschäftigten. Der Staat übernahm ab 1999 die Kosten schon ab der 100. Ausfallstunde (vorher ab der 121. Ausfallstunde). Die Umlagefinanzierung sprang dann ab der 31. Ausfallstunde ein (vorher ab der 51. Stunde) und die Beiträge der Beschäftigten wurden bei der kleinen Arbeitszeitflexibilisierung von 50 auf 30 Stunden und bei der großen von 120 auf 100 Stunden gesenkt.

Die Auswirkungen dieser schnellen Abfolge unterschiedlicher Regelungen ist nicht systematisch evaluiert worden. Nur die Einführung der beiden Varianten der Jahresarbeitszeiten 1997 wurde in zehn Betriebsfallstudien untersucht (Bosch/Zühlke-Robinet 2000: 167). Es zeigte sich, dass die große Variante flexibler Jahresarbeitszeiten nur von Großunternehmen eingeführt worden war, während die kleineren und mittleren Unternehmen die kleine Variante bevorzugten. Diese Unterschiede nach Unternehmensgröße können nicht überraschen. Die großen Unternehmen konnten im Ausgleich für höhere im Winter abzubauende Arbeitszeitguthaben ein verstetigtes Monatseinkommen, größere langfristige Arbeitsplatzsicherheit und mehr Karrierechancen bieten. Unsere damaligen Betriebsinterviews zeigten jedoch, dass es auch in den großen Unternehmen weiterhin informelle Arbeitszeitarrangements gab. Parallel zu den Arbeitszeitkonten wurden weiterhin Überstunden direkt ausgezahlt, da nur so die notwendige Einsatzbereitschaft bei Terminaufträgen zu erreichen war. Für kleine und mittlere Unternehmen galt dies ohnehin.

6.4 Das Gesetz zur Förderung ganzjähriger Beschäftigung von April 2006

Die im Laufe der Jahre entwickelten Ersatzlösungen für das Ende 1995 abgeschaffte Schlechtwettergeld wurden von allen Beteiligten als problematisch eingeschätzt. Das Instrumentarium war durch unterschiedliche Arbeitszeitregelungen wenig transparent und bürokratisch in der Abwicklung. Die Beschäftigten wurden aufgrund unterschiedlicher betrieblicher Arbeitszeitvereinbarungen nicht gleichbehandelt. Die Arbeitszeitkonten waren vor allem in kleineren und mittleren Betrieben zudem oft nicht gegen Insolvenz abgesichert, so dass angesichts der zahlreichen Konkurse in der damaligen Baukrise viele Beschäftigte nicht nur ihren Arbeitsplatz, sondern auch den Lohn für ihre angesparten Arbeitszeitguthaben verloren. Die Kosten für die Betriebe waren gegenüber der alten Schlechtwetterregelung so hoch, dass sie im Winter wieder verstärkt Arbeitskräfte entließen. Außerdem wurde die Umlage als zu hoch angesehen – umso mehr, als sich die Branche damals in der tiefsten Strukturkrise der Nachkriegszeit befand (vgl. Kapitel 3).

Angesichts der Schwächen der vorherigen Regelungen hatten sich die Sozialpartner im Baugewerbe bereits in der Tarifrunde 2004/2005 darauf verständigt, das System zur Förderung der ganzjährigen Beschäftigung in der Bauwirtschaft grundlegend weiter zu entwickeln. Erklärtes Ziel war, die Beschäftigungsverhältnisse im Baugewerbe auch während der Schlechtwetterperioden aufrecht zu erhalten und damit eine ganzjährige Beschäftigung in der Bauwirtschaft zu ermöglichen. Der damalige Wirtschafts- und Arbeitsminister Wolfgang Clement hatte signalisiert, dass eine neue Regelung die Beitragszahler nicht mehr kosten dürfe als die vorherigen Instrumente. Ansonsten ließ er den Sozialpartnern freie Hand bei der Neugestaltung des Fördersystems. Mit dem Saison-Kurzarbeitergeld wurde auch weiteren Branchen mit vergleichbaren saisonalen Schwankungen des Arbeitsanfalls die Möglichkeit eröffnet, auf Basis tariflicher Vereinbarungen ähnliche Regelungen wie im Bauhauptgewerbe einzuführen.[17] Letzteres war nicht nur von der Sache gerechtfertigt, sondern auch politisch geboten, da in der Politik quer über alle Parteien die Bereitschaft gesunken war, Sonderregelungen für einzelne Branchen zu finanzieren.

Ein Insider berichtete uns über eine dreitägige Klausurtagung der Sozialpartner mit Vertretern des Bundesministeriums für Arbeit, des Kanzleramts und der Bundesagentur für Arbeit, in der das neue Saison-KUG »erfunden« wurde. Nach seiner Darstellung waren sich alle Beteiligten einig, dass die Winterarbeitslosigkeit nur erkennbar verringert werden konnte, wenn eine Weiterbeschäftigung in der Schlechtwetterperiode für die Betriebe nicht mit Mehrkosten verbunden sei. Dazu musste eine überbetriebliche Finanzierung für die Sozialversicherungsbeiträge während der Ausfallstunden gefunden werden. Es wurde deutlich, dass mit der staatlichen Vorgabe der Kostenneutralität gegenüber der Vorgängerregelung ein wirkungsvollerer Neuanfang nicht finanziert werden konnte. Die Arbeitgeberseite wollte die Anreize zum Ansparen von Arbeitsstunden auf Konten stärken, um die schon erreichte Flexibilisierung der Jahresarbeitszeiten nicht zu gefährden. Sie formulierte schließlich die Idee, auch die Beschäftigten an einer Umlage zu beteiligen. Zur Rettung des zuvor ausgearbeiteten gemeinsamen Vorschlags wurde dies auch von der IG BAU akzeptiert.

Der von den Sozialpartnern ausgehandelte Vorschlag eines neuen Saison-Kurzarbeitergeldes wurde mit dem Gesetz zur Förderung ganzjähriger Beschäftigung mit Wirkung zum 1. April 2006 eingeführt und erstmals in der Schlechtwetterzeit 2006/2007 gewährt. Im Unterschied zu allen Vorgängerregelungen wird seitdem nicht mehr zwischen witterungs- und auftragsbedingten Arbeitsausfällen unterschieden. Damit wurde erstmals anerkannt, dass die hohen Produktionsschwankungen der Branche nicht allein auf die

---

17 Zum Beispiel das Dachdeckerhandwerk, der Gerüstbau sowie der Garten- und Landschaftsbau.

Witterung, sondern auch auf eine geringere Auftragsvergabe der Bauherren in der Schlechtwetterperiode zurückzuführen sind. Die für Außenseiter kaum verständliche unterschiedliche Finanzierung der Ausfallstunden nach drei Stufen wurde durch eine geglättete einheitliche Finanzierung ab der ersten Stunde ersetzt. Damit wurden auch die Probleme der alten Schwellenwerte – vor allem die hohe marginale Belastung der Betriebe mit Sozialversicherungsbeiträgen ab der 101. Ausfallstunde – vermieden.

Es wird seitdem nur noch wie beim Kurzarbeitergeld geprüft, ob Guthaben auf Arbeitszeitkonten vorhanden sind, die nicht für andere Zwecke (Qualifizierung oder für ein verstetigtes Monatseinkommen) reserviert werden müssen. Das Saison-KUG entspricht in seiner Höhe dem Kurzarbeitergeld und dem Arbeitgeber werden die von ihm zu tragenden Sozialversicherungsbeiträge für die Bezieher von Saison-Kurzarbeitergeld mit Ausnahme der Poliere und Angestellte erstattet. Pro entnommener Arbeitsstunde aus dem Arbeitszeitkonto wird ein Zuschuss-Wintergeld in Höhe von 2,50 Euro pro Stunde (steuer- und sozialversicherungsfrei) gezahlt. Das Wintergeld für jede geleistete Arbeitsstunde in der Schlechtwetterperiode blieb bei 1 Euro pro Stunde (ebenfalls steuer- und sozialversicherungsfrei).

Das Saison-KUG wird aus Beitragsmitteln der Bundesagentur für Arbeit finanziert. Für die anderen Leistungen (die beiden Wintergelder und die Arbeitgeberbeiträge zur Sozialversicherung) wird eine Umlage in Höhe von 2 Prozent der Bruttolohnsumme erhoben, an deren Finanzierung sich seit 2006 erstmals auch die Beschäftigten beteiligen mussten (mit 0,8 Prozent der Lohnsumme). Diese Umlage wird von der SOKA-BAU eingezogen und an die Bundesagentur für Arbeit abgeführt, in deren Hand die administrative Abwicklung liegt. Die Unternehmen können mit dem Saison-KUG Arbeitsausfälle nahezu kostenneutral überbrücken, so dass ein Grund für Entlassungen in der Schlechtwetterperiode nicht mehr besteht. Für die Beschäftigten ist es deutlich attraktiver geworden, Arbeitszeitkonten für die Schlechtwetterperiode aufzubauen, weil sie damit gegenüber dem Saison-KUG ein fast doppelt so hohes Einkommen (Bruttolohn plus Zuschuss-Wintergeld gegenüber Saison-KUG in Höhe von 60 bzw. 67 Prozent der Nettoentgeltdifferenz) erzielen können. Tabelle 6.2 veranschaulicht die wesentlichen Unterschiede der vorherigen Regelung des Winterausfallgeldes zum neuen Saison-Kurzarbeitergeld ab April 2006.

Tabelle 6.2: Vergleich des Winterausfall- und des Saison-Kurzarbeitergeldes

	Alte Regelung: Winterausfallgeld (ab 1/1999)	Neue Regelung: Saison-Kurzarbeitergeld (ab 4/2006)
Voraussetzung	Witterungsbedingter Arbeitsausfall	Witterungs- oder auftragsbedingter Arbeitsausfall
Art der Leistungen	Von der 1. bis 30. Ausfallstunde: Überbrückung durch Einbringung von Arbeitszeitguthaben oder drei Tagen Urlaub (durch die Beschäftigten) 31. bis 100. Ausfallstunde: Winterausfallgeld in Höhe des Arbeitslosengeldes; Erstattung der Sozialversicherungsbeiträge, keine Erstattung der Sozialversicherungsbeiträge (finanziert von der BA) Ab der 101. Ausfallstunde: Winterausfallgeld in Höhe des Arbeitslosengeldes, keine Erstattung der Sozialversicherungsbeiträge (finanziert von der BA) Zuschuss-Wintergeld: Bei Verwendung von Arbeitszeitguthaben 1,03 Euro Lohnzuschuss je eingebrachter Stunde (finanziert aus der Winterbau-Umlage) Mehraufwands-Wintergeld: je geleistete Arbeitsstunde in der Förderperiode (15. Dezember bis letzter Februartag): 1,03 Euro Zuschuss (finanziert aus der Winterbau-Umlage)	Ab der 1. Ausfallstunde: Saison-Kurzarbeitergeld in Höhe des Arbeitslosengeldes (finanziert von der BA) Erstattung der Sozialversicherungsbeiträge (finanziert aus der Winterbeschäftigungs-Umlage) Zuschuss-Wintergeld: Bei Verwendung von Arbeitszeitguthaben 2,50 € pro Stunde Lohnzuschuss je eingebrachter Stunde (finanziert aus der Winterbeschäftigungs-Umlage) Mehraufwands-Wintergeld: je geleistete Arbeitsstunde in der Förderperiode (15. Dezember bis letzter Februartag): 1 Euro Zuschuss (finanziert aus der Winterbau-Umlage)
Formen der Finanzierung	*Beitragsmittel der BA:* – Winterausfallgeld ab der 101. Ausfallstunde *Winterbau-Umlage:* – Mehraufwands-Wintergeld – Zuschuss-Wintergeld – Winterausfallgeld bis zur 101. Ausfallstunde – Erstattung der Sozialversicherungsbeiträge ab der 31. bis zur 100. Ausfallstunde	*Beitragsmittel der BA:* – Saison-Kurzarbeitergeld *Winterbeschäftigungs-Umlage:* – Erstattung der Sozialversicherungsbeiträge – Zuschuss-Wintergeld – Mehraufwandswintergeld
Finanzierung der Umlage	1,7 %; (ab 2000: 1 %) der Bruttolohnsumme – aufzubringen vom Arbeitgeber	2 % der Bruttolohnsumme – 1,2 % zulasten der Arbeitgeber und 0,8 % zulasten der Beschäftigten

Quelle: Kümmerling u. a. 2008: 44

Tabelle 6.3: Finanzierung der bauspezifischen Arbeitsmarktpolitik, 2007–2020 (in Millionen Euro), 2007–2020

Jahr	Saison-KUG	Umlagefinanziert		Umlage (a) und (b) zusammen	Einnahmen aus Winterbauumlage	Stand Winterbau-Rücklage am Jahresende
		SV bei SKUG (a)	Wintergeld (b)			
2007	159	111	142	253	297	–
2008	177	126	141	267	301	–
2009	292	148	121	269	289	–
2010	396	113	110	223	294	–
2011	309	55	141	196	314	–
2012	275	183	140	323	328	–
2013	386	271	132	303	326	217
2014	180	129	147	276	349	273
2015	251	181	141	322	357	291
2016	249	181	145	326	371	319
2017	290	213	145	358	384	327
2018	317	236	155	391	413	329
2019	273	204	160	364	441	385
2020	255	188	168	356	450	457

Quelle: Bundesagentur für Arbeit 2021

Tabelle 6.3 veranschaulicht, wie sich die Kosten der bauspezifischen Arbeitsmarktpolitik in den Jahren 2007 bis 2020 entwickelt haben. Wegen der unterschiedlichen starken Winter und auch der Auftragslage in den Schlechtwetterperioden schwankten die Kosten zwischen den Jahren erheblich. Für die Bundesagentur für Arbeit fallen diese Schwankungen für einen im Vergleich zu Gesamtetat überschaubaren Posten nicht ins Gewicht. Anders ist es bei den umlagefinanzierten Anteilen. Hier wurde die Umlage auf 2 Prozent der Bruttolohnsumme der Bauarbeiter festgelegt. Um nicht jedes Jahr einen neuen Umlagesatz festlegen zu müssen und Ausgabeschwankungen über die Jahre aufzufangen, wurde bei der Bundesagentur für Arbeit eine Rücklage gebildet. Diese Rücklage hat sich allein zwischen 2013 und 2020 mehr als verdoppelt, da infolge der wachsenden Beschäftigtenzahlen im Bauhauptgewerbe und der tendenziell abnehmenden Inanspruchnahme vor allem des Saison-KUG die Ausgaben weniger als die Einnahmen steigen. Gegenüber den Vorgängerregelungen haben sich die Ausgaben insgesamt erhöht, da die Inanspruchnahme der Winterregelungen für die Betriebe attraktiver wurde. Ein Teil der Erhöhungen wurde von den Sozialpartnern durch die höhere Winterbauumlage getragen (Tabelle 6.2), der andere Teil durch einen höheren Beitrag der Bundesagentur für Arbeit. Die Ausgaben der Bundesagentur für Arbeit für das Saison-KUG lagen beispielsweise im Jahr 2007 mit 159 Millionen Euro deutlich über den Ausgaben für das Winterausfallgeld ab der 101. Stunde, die 2006 bei 96 Millionen Euro betrugen.

Die Wirkungen des Saison-Kurzarbeitergeldes wurden im Auftrag des Bundesministeriums für Arbeit und Soziales in zwei Wellen evaluiert. Der erste Bericht (Kümmerling u. a. 2008; Deutscher Bundestag 2008) stellte fest, dass es in den ersten beiden Schlechtwetterperioden nach Inkrafttreten des Saison-Kurzarbeitergeldes zu einer deutlichen Verstetigung der Beschäftigung und Abnahme der Arbeitslosigkeit in der Schlechtwetterperiode im Bauhauptgewerbe gekommen war. Der Rückgang der Beschäftigung und die Winterarbeitslosigkeit der Bauarbeiter hatten sich nach der Einführung der Neuregelung mehr als halbiert. Abbildung 6.3 zeigt beispielhaft die Abflachung der Winterarbeitslosigkeit nach Einführung des Saison-KUG im Jahr 2006. Durch ein multiples Regressionsmodell wurden die Ergebnisse dieser deskriptiven Statistik bestätigt (Kümmerling u. a. 2008: 181ff). Wie wichtig für die Branche die Aufhebung der Unterscheidung zwischen witterungs- und auftragsbedingtem Arbeitsausfall war, lässt sich daran erkennen, dass teilweise ein höherer Anteil der Betriebe das Saison-KUG wegen Auftragsmangels als wegen schlechten Wetters beantragten. Die Evaluation belegte auch die hohe Inanspruchnahme der beiden Wintergelder, die eine Fortführung der Bautätigkeiten in der Schlechtwetterperiode bzw. die Nutzung von Arbeitszeitguthaben honorieren (Kümmerling u. a. 2008: 44). Schließlich wurde noch eine hohe Akzeptanz und intensive Nutzung der neuen Instrumente der Winterbauförderung bei Arbeitgebern und Beschäftigten festgestellt. (Abbildung 6.3).

Auch der zweite Bericht zur »Fortführung und Vertiefung der Evaluation des Saison-Kurzarbeitergeldes« bestätigte, dass das Saison-Kurzarbeitergeld ein erfolgreiches und anerkanntes Instrument war. In diese Evaluation waren auch die Schlechtwetterperioden 2008/2009 und 2009/2010 einbezogen worden. Wesentliches Ergebnis war, dass sich die Inanspruchnahme des Saison-Kurzarbeitergeldes wegen der Kostenneutralität für die Betriebe nach seiner Einführung ausgeweitet hatte und kein Bedarf für gesetzliche Änderungen gesehen wurde. Nach dem Ergebnis der Betriebsbefragung im Jahr

Abbildung 6.3: Bestand von Arbeitslosen aus dem Bauhauptgewerbe 1998–2007/08

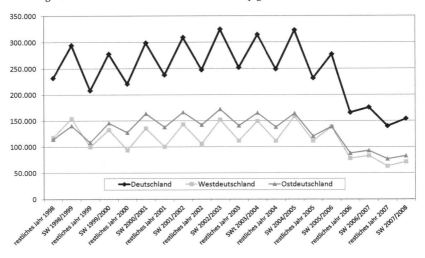

Quelle: Kümmerling u. a. 2008: 18

2010, die ein wesentlicher Bestandteil der Evaluation war, verfügten damals 65 Prozent aller Baubetriebe über eine Arbeitszeitkontenregelung. Im Vergleich zur Schlechtwetterperiode 2006/2007 hatte sich damit die Zahl der Betriebe mit Arbeitszeitkonten um 12 Prozentpunkte erhöht. Befürchtungen, dass der vereinfachte Zugang zum Saison-KUG die Beschäftigten und die Betriebe dazu veranlassen würden, die Eigenbeiträge über Arbeitszeitkonten zu verringern, haben sich nicht bestätigt (Kümmerling/Worthmann 2011).

Die positiven Auswirkungen des Saison-KUG auf die Beschäftigung lassen sich auch über den Evaluationszeitraum hinaus gut belegen. Die saisonalen Ausschläge in der Zahl der gearbeiteten Stunden sind deutlich größer als die saisonalen Ausschläge der Zahl der Beschäftigten. Seit 2006 schwankt die Beschäftigung im Jahresverlauf in deutlich geringerem Maße als vor der Einführung des Saison-KUG (Abbildung 6.4). Dies bedeutet, dass die Unternehmen stärker auf die Möglichkeiten interner Flexibilität, die ihnen das Saison-KUG bietet, als auf externe Flexibilität über die Entlassung von Beschäftigten zurückgreifen. Am markantesten ist diese Entwicklung in Betrieben des Bauhauptgewerbes mit 20 oder mehr Beschäftigten erkennbar. Seit der Einführung des Saison-Kurzarbeitergeldes im Jahr 2006 verläuft deren Beschäftigungskurve übers Jahr fast flach ohne die vorher üblichen Sai-

Abbildung 6.4: Verringerung der saisonalen Schwankungen der Beschäftigtenzahl und der geleisteten Arbeitsstunden im Bauhauptgewerbe nach Einführung des Saison-Kurzarbeitergeldes, 4/2006-12/2016 bzw. 7/2020

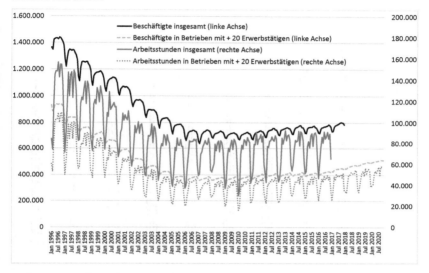

Quelle: Eigene Darstellung auf Basis von Angaben des Statistischen Bundesamtes 2021

sonausschläge. Bei den Betrieben insgesamt sind die Saisonausschläge zwar immer noch erkennbar, aber in deutlich geringerem Maße als vor der Einführung des Saison-Kurzarbeitergeldes.

6.5 Abnehmende Inanspruchnahme des Saison-KUG?

In den letzten Jahren lässt sich eine verringerte Inanspruchnahme des Saison-KUG erkennen. Abbildung 6.5 weist die Zahl der Beschäftigten aus, die in den Schlechtwetter-Perioden 2012 bis 2020 (zeitweilig) Saison-Kurzarbeitergeld erhalten hatten. Während in den Schlechtwetterperioden 2012 und 2013 noch jeweils fast 350.000 Beschäftigte Saison-Kurzarbeitergeld erhalten hatten, waren es in den folgenden Jahren – vor allem von 2014 bis 2016 – jeweils etwa 100.000 Beschäftigte weniger.

Dieser Trend lässt sich wegen der deutlichen Beschäftigungszunahme in der Bauwirtschaft noch deutlicher an der Zahl der durchschnittlichen Aus-

Abbildung 6.5: Zahl der Beschäftigten im (zeitweiligen) Bezug des Saison-Kurzarbeitergeldes in der deutschen Bauwirtschaft in den Schlechtwetterperioden 2012–2020

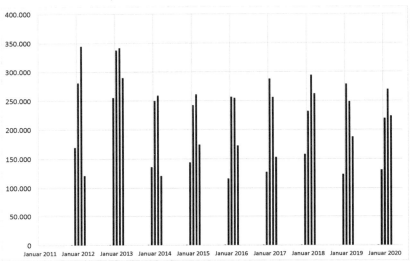

Quelle: Bundesagentur für Arbeit 2021

fallstunden pro Beschäftigten erkennen (Abbildung 6.6). Die Zahl der Ausfallstunden liegt seit 2014 um rund ein Viertel unter dem Niveau in den beiden Jahren zuvor. Für diese Verringerung lassen sich drei Gründe ausmachen. Erstens ist wegen der guten Baukonjunktur vermutlich die Zahl der konjunkturbedingten Ausfallstunden zurückgegangen. Zweitens wurde ein wachsender Teil des saisonalen Risikos durch den Einsatz ausländischer Subunternehmen ausgeglichen, die in der deutschen Statistik nicht enthalten sind und als Beschäftigte ausländischer Betriebe keine Ansprüche auf das Saison-KUG haben. Die Zahl der ausländischen Werkvertragsnehmer ist seit 2009 stark gestiegen (vgl. Kapitel 8) und es ist bekannt, dass sie im wetterabhängigen Hoch- und Tiefbau nicht in Zeiten des wetterbedingten Stillstands eingesetzt werden. Drittens verringern neue Technologien wie eine gute Abdichtung und Heizung der Baustellen oder neue Werkstoffe wie schnelltrocknender Beton die Stillstände im Winter.

Aus der in den letzten Jahren rückläufigen Zahl von Ausfallstunden insgesamt und pro Baubeschäftigten lässt sich allerdings kein Langzeittrend nach unten ableiten. Bei einem starken Konjunktureinbruch in der Bauwirtschaft können die Zahlen rasch wieder nach oben schnellen, so dass das

Abbildung 6.6: Anteil der Beschäftigten im (zeitweiligen) Bezug von Saison-Kurz-arbeitergeld in den Schlechtwetterperioden 2012–2020, in % der jeweiligen Beschäftigtenzahl im Baugewerbe

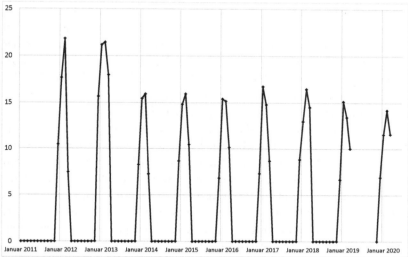

Quelle: Bundesagentur für Arbeit 2021

Saison-KUG auch in Zukunft für die Branche unverzichtbar bleibt. Das gilt umso mehr, als die Baubetriebe in den letzten Jahren wegen des Mangels an Fach- und Hilfskräften zunehmend versucht haben, ihre Beschäftigten auch in den Schlechtwetterperioden an sich zu binden.

6.6 Zusammenfassung

Überbeschäftigung im Sommer und Arbeitslosigkeit im Winter bestimmten vor 1959 den typischen Rhythmus im Bauhauptgewerbe. Um die sozialen Probleme von Bauarbeitern zu verringern, wurde bereits ab Ende der 1950er Jahre versucht, die Beschäftigungsverhältnisse im Bauhauptgewerbe durch unterschiedliche arbeitsmarktpolitische Instrumente und tarifliche Regelungen zu stabilisieren und zu verstetigen.

Mit der gesetzlichen Schlechtwettergeldregelung sollte es Betrieben ermöglicht werden, auch bei Arbeitsausfall in Folge schlechten Wetters die Beschäftigungsverhältnisse aufrechtzuerhalten. Die produktive Winterbauförderung sollte vor allem dazu beitragen, auch bei schlechter Witterung weiter zu bauen, und damit die Zahl der Ausfallstunden zu verringern. Da die Arbeitslosenversicherung ähnlich wie beim Kurzarbeitergeld durch stabilere Beschäftigungsverhältnisse im Bauhauptgewerbe Einsparungen erzielen konnte, lag es nahe, das Schlechtwettergeld über die Beitragseinnahmen der Bundesanstalt für Arbeit zu finanzieren. Bei der produktiven Winterbauförderung lagen die Vorteile hingegen so deutlich auf Seiten der Betriebe im Bauhauptgewerbe, dass sich eine betriebliche Umlagefinanzierung anbot, die über die Bundesanstalt für Arbeit abgewickelt wurde.

Das Schlechtwettergeld, die produktive Winterbauförderung und die flankierenden tariflichen Regelungen haben die saisonalen Ausschläge der Arbeitslosigkeit deutlich verringert und damit auch dazu beigetragen, den sozialen Status der Arbeit im Bauhauptgewerbe gründlich zu verändern. Bauarbeiter sind nicht mehr die Gelegenheitsarbeiter wie früher, sondern zu einem großen Teil über das ganze Jahr beschäftigt. Diese Normalisierung ist vor allem dem Gesamtarrangement der 1959 konzipierten bauspezifischen arbeitsmarktpolitischen Regelungen zuzuschreiben.

Bis Mitte der 1980er Jahre blieben diese Instrumente trotz einiger Einschnitte im Grundsatz erhalten; es ging zunächst nur um überschaubare Verringerungen des weiterhin maßgeblichen öffentlichen Finanzierungsanteils. Bei den folgenden Kürzungen ging es hingegen ums Ganze. Die Investitions- und Mehrkostenzuschüsse wurden gestrichen. Noch viel gravierender war die Abschaffung des Schlechtwettergeldes Ende 1995. In einem mehrjährigen Kraftakt versuchten die Tarifpartner, eine Ersatzlösung zu finden. Das zuvor überwiegend aus Beitragsmitteln der Bundesanstalt für Arbeit finanzierte Schlechtwettergeld wurde durch Eigenbeiträge der Betriebe und Beschäftigten ersetzt. Die Beschäftigten mussten durch das Ansparen von Arbeitszeit in den auftragsstarken Sommermonaten für den Winter ihren Beitrag leisten und die Bundesanstalt für Arbeit trug nur noch ein Restrisiko. Von den Beschäftigten wurde erwartet, auf die Auszahlung von Überstunden im Sommer zu verzichten, um ihre Arbeitsverhältnisse im Jahresverlauf zu stabilisieren. Auch die Betriebe mussten sich umstellen, um bei den Beschäftigten eine höhere Bereitschaft zu wecken, flexibler zu arbeiten.

Die im Jahr 1999 gefundene Übergangsregelung war für alle Beteiligten unbefriedigend. Die Kosten für die Betriebe waren höher als beim alten Schlechtwettergeld, so dass die Winterarbeitslosigkeit wieder anstieg. Das Instrumentarium war zudem intransparent und bürokratisch in der Abwicklung. Wegen unterschiedlicher betrieblicher Arbeitszeitvereinbarungen wurden die Beschäftigte nicht gleichbehandelt. Außerdem wurde die Umlage als zu hoch angesehen – vor allem, da sich die Branche in der tiefsten Strukturkrise der Nachkriegszeit befand.

Unter der Vorgabe der Kostenneutralität für die Arbeitslosenversicherung entwickelten die Sozialpartner im Bauhauptgewerbe das Saison-KUG, welches im April 2006 in Kraft trat. Durch die Konzession der IG BAU, erstmals eine Umlage auch von den Beschäftigten zu akzeptieren, wurde eine bis heute tragfähige und für alle Akteure akzeptierte Nachfolgelösung möglich. Die Inanspruchnahme des Saison-KUG, das seitdem von der ersten Ausfallstunde an gewährt wird, ist für die Betriebe kostenneutral, da nunmehr auch die Sozialversicherungsbeiträge über die Umlage finanziert werden. Erstmals werden die Betriebe nicht nur gegen Schlechtwetterrisiken, sondern auch gegen konjunkturell bedingte Auftragsrückgänge in der Schlechtwetterperiode abgesichert. Die Entnahme von Stunden von Arbeitszeitkonten in Schlechtwetterperioden wird durch ein Zusatz-Wintergeld belohnt.

Die beiden Evaluationen des Saison-KUG belegten seine hohe Wirksamkeit. Die Winterarbeitslosigkeit war deutlich zurückgegangen, die beiden Wintergelder wurden in hohem Maße in Anspruch genommen und es waren für die Bundesagentur für Arbeit keine höheren Kosten entstanden. Mehr Betriebe als vor der Einführung des neuen Gesetzes verfügten über ein Arbeitszeitkonto und die Akzeptanz bei den Betrieben und den Beschäftigten war sehr hoch. Die Winterbauumlage war so hoch, dass in den vorausgegangenen Jahren eine Rücklage aufgebaut werden konnte, aus der sich auch erhöhte Kosten in einer Baukrise finanzieren ließen.

In den letzten Jahren hat sich die Inanspruchnahme des Saison-KUG pro Baubeschäftigten verringert. Dahinter steht aber nicht die Wiederkehr einer stark zunehmenden Winterarbeitslosigkeit der Baubeschäftigten. Die Betriebe haben im Gegenteil ihre Beschäftigung stabilisiert. Die Rückgänge in der Inanspruchnahme beruhen vor allem auf der guten Baukonjunktur, die die Ausfallstunden durch Auftragsmangel in der Schlechtwetterperiode verringern. Hinzu kommt der wachsende Einsatz von Werkvertragsnehmern, die in betrieblichen Stillstandszeiten in der Schlechtwetterperiode nicht eingesetzt werden. Schließlich erleichtern neue Technologien eine kontinuierlichere Winterproduktion.

Die weiterhin hohen Schwankungen des Arbeitsvolumens nach Jahreszeiten zeigen, dass das Saison-KUG und die beiden Wintergelder unverzichtbare Instrumente sind, um eine Rückkehr hoher Winterarbeitslosigkeit bei Bauarbeitern und eine erneute Prekarisierung der Bauarbeit zu verhindern. Die gemeinsame Entwicklung dieser Instrumente durch die Sozialpartner und die einstimmige Annahme des entsprechenden Gesetzes im Bundestag wurde von einem der beteiligten Arbeitgebervertreter zu Recht als einer der größten sozialpolitischen Erfolge der Sozialpartner im Bauhauptgewerbe bezeichnet. Damit konnte ein rund zwei Jahrzehnte andauernder Konflikt um den öffentlichen Beitrag zur bauspezifischen Arbeitsmarktpolitik befriedet werden.

Literatur

Bosch, Gerhard/Zühlke-Robinet, Klaus (2000), *Der Bauarbeitsmarkt – Soziologie und Ökonomie einer Branche*, Frankfurt/M.
Bundesagentur für Arbeit (2021), Einnahmen und Ausgaben im Zusammenhang mit Saison-Kug und Wintergeld. Sonderauswertung. Nürnberg.
Carl, Konrad (1993), »Interview mit Konrad Carl«, in: Kohl, Heribert (Hg.), *Auf Vertrauen bauen. 125 Jahre Baugewerkschaft*, Frankfurt/M., S. 174–180.
Deutscher Bundestag (2008), *Unterrichtung durch die Bundesregierung. Bericht zu den Wirkungen des Saison-Kurzarbeitergeldes und der damit einhergehenden ergänzenden Leistungen*. Drucksache 16/11487, Berlin.
Flecker, Klaus (1995), Sicherer Standortfaktor Bau. *Bundesarbeitsblatt*, H. 5, S. 14–17.
Kädtler, Jürgen (1986), *Gewerkschaften und Arbeitslosigkeit: zwischen Vollbeschäftigung und selektiver Besitzstandswahrung*, Göttingen.
Kümmerling, Angelika/Schietinger, Marc/Voss-Dahm, Dorothea/Worthmann, Georg (2008), *Evaluation des neuen Leistungssystems zur Förderung ganzjähriger Beschäftigung. Endbericht*, Gelsenkirchen, Universität Duisburg-Essen, Institut Arbeit und Qualifikation (IAQ).
Kümmerling, Angelika/Worthmann, Georg (2011), *Fortführung und Vertiefung der Evaluation des Saison-Kurzarbeitergeldes: Schlussbericht*. (Forschungsbericht/Bundesministerium für Arbeit und Soziales, F412), Universität Duisburg-Essen, Institut Arbeit und Qualifikation (IAQ).
Schade, Andreas (1995), *Ganzjährige Beschäftigung in der Bauwirtschaft – Eine Wirkungsanalyse. Analyse und Ansätze für eine Reform der Winterbauförderung*, Frankfurt/M.
Schmidt, Robert (1995), Winterbauförderung – Schlechtwettergeld. Requiem für ein Sozialleistungssystem. *Arbeit und Beruf*, H. 4, S. 103–104.
Schütt, Bernd (1989), Versicherungsagentur oder Kampforganisation? Die Industriegewerkschaft Bau-Steine-Erden in den 50er und 60er Jahren, in: Klönne, Arno (Hg.), *Hand in Hand. Bauarbeit und Gewerkschaften. Eine Sozialgeschichte*, Frankfurt/M, S. 296–323.

Schütt, Bernd (2000), Wirtschaftliche Ordnungsfunktion der Sozialpartner am Bau in historischer und aktueller Sicht, in: Mayrzedt, Hans (Hg.), *Arbeitsmarkt und erfolgsorientiertes Personalmanagement im Bau*, Düsseldorf.

Statistisches Bundesamt (2021), Beschäftigte und Arbeitsvolumen im Bauhauptgewerbe. Sonderauswertung. Wiesbaden.

Voswinkel, Stephan (1999), Normalisierung und Verbetrieblichung der industriellen Beziehungen in der Bauwirtschaft. *Industrielle Beziehungen,* H. 3, S. 320–339.

Voswinkel, Stephan/Lücking, Stefan/Bode, Ingo (1996), *Im Schatten des Fordismus – Industrielle Beziehungen in der Bauwirtschaft und im Gastgewerbe Deutschlands und Frankreichs*, München/Mehring.

Zühlke-Robinet, Klaus (1998), *Von der Schlechtwettergeld-Regelung zu Arbeitszeitkonten im Bauhauptgewerbe, Jahrbuch Institut Arbeit und Technik 1998/99*, Gelsenkirchen S. 46–58.

7. Der Sonderweg der Bauwirtschaft in der Berufsausbildung

7.1 Einleitung

Bauarbeit ist in Deutschland überwiegend Facharbeit. Wie wir in Kapitel 4 gesehen haben, ist der Anteil der Fachkräfte an allen Beschäftigten in den letzten Jahrzehnten sogar noch deutlich gestiegen ist. Der wachsende Fachkräfteanteil in der deutschen Bauwirtschaft ist keine automatische Folge des zunehmenden Einsatzes neuer Technologien. Aus der international vergleichenden Forschung ist hinlänglich bekannt, dass sich bei gleicher Technologie die Qualifikationsprofile und die Arbeitskräftestruktur sehr unterscheiden können. Eine vergleichende Studie der Maurerausbildung in insgesamt acht europäischen Ländern zeigt, dass in Deutschland und Dänemark die Berufsausbildung 3 oder gar 3,5 Jahre dauert, während sie im Vereinigten Königreich und Italien auf ein Jahr begrenzt ist. Im Ergebnis können die Facharbeiter in Deutschland und Dänemark Zeichnungen lesen und ihre Arbeit selbständig planen und ausführen. Sie koordinieren sich auch selbst und nicht über ihre Vorgesetzten mit den anderen Gewerken. Die Poliere haben vielfältige Koordinierungsfunktionen, müssen aber selten durch direkte Anweisungen in den Arbeitsprozess eingreifen. In Ländern ohne Berufsausbildung oder mit einer Schmalspurausbildung, wie etwa in UK oder Italien bleiben die Koordination und die Kontrolle der Ausführung hingegen Aufgabe der Führungskräfte (Clarke u. a. 2013).

Der internationale Vergleich zeigt, dass der deutsche Entwicklungsweg nicht vorgezeichnet war, sondern Ergebnis zielgerichteter Reformen der Berufsbildung in Deutschland insgesamt und im Bauhauptgewerbe im Besonderen ist. Mit der Verabschiedung des Berufsbildungsgesetzes von 1969 wurden in vielen Branchen die alten Anlernberufe abgeschafft, national einheitliche Berufsbilder geschaffen und eine Berufsschulpflicht bundesweit eingeführt (Schmude 1979). Ziel war eine Aufwertung und Qualitätssteigerung der Berufsausbildung.

Im Bauhauptgewerbe mit seinen vielen kleinen und mittleren Ausbildungsbetrieben konnte dieser Qualitätsschub nur mit grundlegenden Reformen erreicht werden. Die modernisierten Berufsbilder sahen eine breite berufsübergreifende Grundausbildung vor, die dann durch eine fachliche Ausbildung vertieft wurde. Eine solche breite Ausbildung konnten die Betriebe neben ihrem Alltagsgeschäft und wegen ihres begrenzten Aktivitätsspektrums nicht leisten. Im Unterschied zu anderen Branchen einigten sich die Sozialpartner der Branche Mitte der 1970er Jahre darauf, einen beträchtlichen Teil der betrieblichen Kosten einer Berufsausbildung über eine Umlage auf alle Betriebe der Branche zu verteilen und aus der Umlage zusätzlich noch eine hochwertige überbetriebliche Ausbildung zu finanzieren, die in den Betrieben nicht zu leisten war. Schließlich sollte die Attraktivität einer Berufsausbildung im Bau durch eine kräftige Anhebung der Ausbildungsvergütungen erhöht werden.

Mit diesem berufspolitischen Sonderweg übernahmen die Sozialpartner des Bauhauptgewerbes gemeinsam die Verantwortung für die Sicherung des Fachkräftenachwuchses in der Branche. Die »Gruppennützigkeit« der Umlage, die eine wesentliche Voraussetzung für freiwillige Vereinbarungen zu einer Umlagefinanzierung ist (Bosch 2010), ist bis heute in der Branche unumstritten. Die Umlage fließt schließlich in eine in anderen Branchen kaum nachgefragte branchenspezifische Ausbildung. Durch die häufigen Betriebswechsel der Fachkräfte profitieren alle Betriebe davon. Die Branche teilt sich gewissermaßen ihren Fachkräftestamm und folgerichtig auch die Kosten, diesen auszubilden.

Während die Reform der Berufsausbildung Mitte der 1970er Jahre im Konsens erfolgte, brachen bei der nächsten Reform Ende der 1990er Jahre massive Konflikte aus. Insbesondere von Seiten des ZDB wurde moniert, dass die Ausbildung zu theorielastig sei und die Auszubildenden zu wenig im Betrieb seien (Hogeforster 1997). Die Spannungen zwischen den verschiedenen Verbänden waren der Grund, dass im Jahr 1999 das Neuordnungsverfahren der Bauberufe in wichtigen Punkten nicht im Konsens abgeschlossen werden konnte – ein bislang einmaliger Vorgang in dieser in Branchenanliegen gegenüber der Politik sehr konsensorientierten Branche. Dieser Konflikt um die Dauer der überbetrieblichen Ausbildung hat Spuren hinterlassen. Um zu verhindern, dass noch einmal die Politik und nicht die Sozialpartner die letzte Entscheidung treffen, was bei einem Konflikt unvermeidlich ist, wurde in der nächsten Neuordnung der Berufe 2019 wieder der Konsens gesucht und dieses Mal auch gefunden.

Gingen die Sozialpartner bis in die 1990er Jahre davon aus, dass man nur im Inland Fachkräfte rekrutieren kann, ist mit der Erweiterung der EU und der Transnationalisierung des Bauarbeitsmarktes (vgl. Kapitel 8) eine grundsätzlich neue Situation eingetreten. Mittlerweile werden für viele Bautätigkeiten entsandte Arbeitskräfte aus dem Ausland eingesetzt, so dass die Versorgung mit Arbeitskräften nicht mehr allein von der Ausbildungsleistung der hiesigen Betriebe abhängt. Da allerdings viele dieser ausländischen Arbeitskräfte keine vergleichbare breite Berufsausbildung absolviert haben, sondern sich eher *on-the-job* qualifiziert haben, lässt sich in Teilen der Bauwirtschaft eine Rückentwicklung zu hierarchischen Modellen der Arbeitsorganisation mit einem engeren Arbeitszuschnitt und einer dichteren Qualitätskontrolle durch Führungskräfte beobachten.

Im Folgenden werden in den Abschnitten 2 bis 4 die beiden großen Reformen der gewerblichen Berufsausbildung 1975 und 1999 sowie die bei Redaktionsschluss noch laufende Neuordnung der Bauberufe (Stand Mitte 2021) vorgestellt. In Abschnitt 5 folgt eine Analyse der Entwicklung der Ausbildungszahlen und -quoten. Thema des Abschnitts 6 sind die neuen Initiativen der Branche zur Gewinnung neuer Auszubildender sowohl mit geringeren als auch mit höheren schulischen Abschlüssen. Abschnitt 7 befasst sich schließlich mit der Finanzierung und den Kostenerstattungen an die Betriebe für Auszubildende.

7.2 Reform der Berufsausbildung 1975

Die beiden zentralen Voraussetzungen für eine effektive Berufsausbildung, nämlich eine hohe Ausbildungsbereitschaft der Betriebe und eine gute Qualität der Ausbildung, waren Anfang der 1970er Jahre im Bauhauptgewerbe nicht mehr gegeben. Bis 1970 war der Anteil der Auszubildenden an allen Beschäftigten im Bauhauptgewerbe von mehr als 10 Prozent Anfang der 1950er Jahre auf nur noch 1,8 Prozent geschrumpft (Tabelle 7.1). Eine so niedrige Ausbildungsquote reichte bei weitem nicht aus, den Fachkräftestamm der Branche zu reproduzieren, geschweige denn ihn zu vergrößern. Das Ausbildungssystem im Bauhauptgewerbe stand damals vor dem Kollaps, was für die Branche existenzbedrohend war. Die tieferen Ursachen für diese Krise liegen im Versagen des Marktes in einem hochvolatilen Arbeitsmarkt mit vielen Kleinbetrieben und zunehmendem Kostendruck eine hochwertige betriebsnahe Ausbildung zu ermöglichen. Wegen der hohen Fluktuation der Beschäftigten verzichten in solchen Arbeitsmärkten selbst ausbildungswillige Betriebe auf die Ausbildung, da ihnen das Risiko eines Verlusts ihrer Ausbildungsinvestition durch eine Abwanderung der Beschäftigten zu ihren Konkurrenten oder in andere Branchen zu hoch ist (vgl. Kapitel 2). Ohne eine deutliche Kostenentlastung der ausbildenden Betriebe war die Ausbildung einer ausreichenden Anzahl von Fachkräften nicht mehr zu gewährleisten.

Ein solches Marktversagen konnte im Bauboom der Nachkriegszeit, in der auch auf Kosten der Qualität vor allem schnell gebaut werden sollte und man zudem die Ausbildungskosten ohne Probleme auf die Preise aufschlagen kann, verdeckt bleiben. Dass dieses Marktversagen dann in den 1960er Jahren sichtbar wurde, kann nicht überraschen. Die Wirtschaftskrise 1966/67 markierte das Ende des ungebrochenen Nachkriegswachstums und veranlasste die Unternehmen in der Bauwirtschaft ebenso wie im verarbeitenden Gewerbe zu einer vorsichtigeren und stärker kostenorientierten Personalpolitik. Zudem akzeptierten die Bauherren immer weniger die geringe Qualität der eilig hochgezogenen Nachkriegsbauten. Mit Verabschiedung des Berufsbildungsgesetzes im Jahre 1969 stiegen weiterhin die fachlichen Anforderungen an eine Berufsausbildung und damit auch die Kosten der ausbildenden Betriebe. In dieser Konstellation wurden die Qualitätsmängel der gewohnten Ausbildung offensichtlich. Die vielen Kleinbetriebe mit einem begrenzten Tätigkeitsfeld konnten die notwendige Breite der Ausbildung nicht sicherstellen und nutzten die Auszubildenden zudem oft auch als billige Arbeitskräfte, was den Ruf einer Berufsausbildung im Bauhauptgewerbe erheblich beschädigte. Immer weniger Jugendliche suchten eine Lehrstelle in einem Bauberuf und die Baubetriebe hatten im Wettbewerb um qualifizierte Jugendliche immer häufiger das Nachsehen.

Zu diesem Reputationsverlust hatte auch die Trägheit der Branche, die im Bauboom der Nachkriegsjahre ohne großes Zutun viel Geld verdiente und keinen Handlungsbedarf sah, beigetragen. Die Ausbildungsordnungen waren veraltet und stammten überwiegend noch aus den 1930 Jahren.[18] In

---

18 Auf der Webseite des Bundesinstitutes für Berufsbildung findet sich die Genealogie für alle Berufe. Die bis 1974 gültigen Berufsordnungen für die Bauberufe stammen meistens aus dem Jahre 1934.

der bis dahin üblichen »Beistelllehre«[19] der Klein- und Mittelbetriebe wurden zu wenig Kenntnisse über neue Baumaterialien, -verfahren und -technologien vermittelt. Gerade in diesen Betrieben wurde aber die Mehrzahl der Jugendlichen ausgebildet. Anfang der 1970er Jahre waren 87 Prozent der Auszubildenden in Handwerksbetrieben beschäftigt und nur 13 Prozent in den Betrieben der Bauindustrie. Die Jugendlichen fühlten sich durch die Ausbildung damals nicht hinreichend für künftige Anforderungen gerüstet und sahen – wie man es heute formulieren würde – ihre weitere »Beschäftigungsfähigkeit« gefährdet.

Da die Mehrzahl der Betriebe nicht alle Ausbildungsinhalte vermitteln konnte, ließen sich die notwendigen Grundlagenkenntnisse und -fertigkeiten nur in überbetrieblichen Ausbildungsstätten (ÜBS) erwerben. Die Finanzierung der überbetrieblichen Unterweisung und die damit verbundene Freistellung der Auszubildenden erhöhten die Ausbildungskosten allerdings erheblich. Es war offenkundig, dass mit einer rein betrieblichen Finanzierung und Durchführung der Ausbildung der Fachkräftenachwuchs der Branche und die Ausbildungsbereitschaft der Betriebe nicht mehr zu sichern war. Die Klein- und Mittelbetriebe, die den überwiegenden Anteil der Ausbildungslasten trugen, konnten die Kosten für eine qualitativ bessere Ausbildung nicht allein aufbringen. Selbst wenn sie im Einzelfall die Kosten hätten tragen können, wären sie wahrscheinlich nicht dazu bereit gewesen. Schließlich wechselten ausgebildete Jugendliche nach ihrer Lehre oft den Betrieb und nahmen gerne die Chance wahr, in einem größeren Betrieb mit höheren Löhnen und sicheren Arbeitsplätzen zu arbeiten. In einer Branche mit einer so hohen Fluktuation wie dem Bauhauptgewerbe konnten Trittbrettfahrer leicht auf Kosten anderer Betriebe profitieren.

Den Sozialpartnern war klar, dass die Ausbildung durch einen neuen überbetrieblichen Lernort zu ergänzen war. Verhandlungen zu einer Reform der gewerblichen Bauberufe begannen bereits Ende der 1960er Jahre. Hierzu bot das neue Berufsausbildungsgesetz von 1969 die rechtliche Grundlage (Offe 1975: 51). Erstmalig wurde in einem Gesetz die gesamte Breite der Lehrlingsausbildung geregelt (öffentliche Zuständigkeiten, Normsetzungsbefugnisse, Rechtsverhältnisse der Ausbildung). Die neuen Gestaltungsmöglichkeiten wurden von den Spitzenverbänden des Baugewerbes genutzt, um

---

19 Beistelllehre bedeutet, dass Auszubildende an der Seite von Fachkräften, Vorarbeitenden oder Polieren in die betrieblichen Arbeits- und Geschäftsprozesse integriert werden, in dem sie durch Beobachtung, Nachahmung und Einübung die berufstypischen Kompetenzen des Gewerkes erlernen.

aus eigenen Kräften eine Reform, insbesondere der gewerblichen Bauausbildung, auf den Weg zu bringen.

Die drei Spitzenverbände der Bauwirtschaft waren aus unterschiedlichen Gründen an einer Reform interessiert. Die Handwerksbetriebe litten besonders unter dem Rückgang der Zahl der Auszubildenden und wollten die Attraktivität der Bauberufe erhöhen.[20] Anders war die Situation in der Bauindustrie. Sie war für ihre großen Bauprojekte auf kompetente Subunternehmer angewiesen. Zudem rekrutierte sie vielfach Fachkräfte, die im Handwerk ausgebildet waren und konnte so die eigene Facharbeiterausbildung begrenzen. Da die traditionelle »Beistelllehre« nicht die gesamte Breite des Berufsfelds abdeckte, konnte sie die von der Bauindustrie und durch neue Technologien und Bauverfahren veränderten Qualifikationsprofile nicht mehr bereitstellen. Die IG BAU teilte die Problemsicht der Bauverbände. Sie wollte die Qualität der Berufsausbildung erhöhen und mittels einer berufsfeldübergreifenden Ausbildung eine zu weitreichende Spezialisierung vermeiden und damit die Beschäftigungssicherheit der sehr mobilen Bauarbeiter verbessern.

Es gab zwar ein gemeinsames Interesse an einer Reform und an einer langfristigen Sicherung des Fachkräftenachwuchses, die Interessenunterschiede waren aber ebenfalls unübersehbar. Das Bauhandwerk wollte für seinen Bedarf ausbilden und nicht allein der Zulieferer für die Bauindustrie mit ihren höheren Anforderungen sein. Zwischen diesen unterschiedlichen Interessen musste ein Ausgleich gefunden werden, was mit der im Einvernehmen der Sozialpartner (vgl. Kasten 7.1) verabschiedeten Reform der Berufsausbildung in der Bauwirtschaft von 1975 gelang.

Kasten 7.1: Verfahren zur Erarbeitung von Ausbildungsordnungen für die betriebliche Ausbildung und ihre Abstimmung

Die Initiative zur Neuordnung bestehender oder Schaffung neuer Berufe geht in der Regel von den beteiligten Fachverbänden der Arbeitgeber und den Gewerkschaften sowie vom Bundesinstitut für Berufsbildung (BiBB) aus. Da häufig mehrere Branchen betroffen sind und Sonderinteressen aus-

---

20 Gerade Kleinbetriebe gewinnen Fachkräfte vor allem durch die Ausbildung des eigenen Nachwuchses, da sie im Wettbewerb um qualifizierte Arbeitskräfte gegenüber großen Betrieben meistens das Nachsehen haben (von Henninges, 1994; Mendius 1988; Neubäumer 1995).

geglichen werden müssen, werden die Interessen der Arbeitgeber durch das Kuratorium der deutschen Wirtschaft für Berufsbildung (KWB) und die der Beschäftigten durch den Deutschen Gewerkschaftsbund koordiniert. Im Vorfeld des formellen Ordnungsprozesses verständigen sich die Sozialpartner auf Eckwerte der Modernisierung von Berufen, die dann die Grundlage für die Arbeiten in den Sachverständigengremien bilden und sich bei größeren Reformprojekten zum Teil auf Forschungsarbeiten des BiBB stützt.

Die Entwicklung neuer Ausbildungsordnungen für die betriebliche Ausbildung und der Rahmenlehrpläne für die Berufsschulen folgen einem geregelten Verfahren, an dem die Sozialpartner (vertreten durch die betroffenen Gewerkschaften und Arbeitgeberverbände), die Bundesregierung (vertreten durch die zuständigen Fachministerien im Einvernehmen mit dem Bundesministerium für Bildung und Forschung), die Landesregierungen (vertreten durch die Kulturministeriumkonferenz) sowie das Bundesinstitut für Berufsbildung (BiBB) beteiligt sind.

Das formelle Verfahren gliedert sich in die folgenden drei Phasen (BiBB 2017):

1) *Die Festlegung der Eckwerte für die Ausbildungsordnung in einem Antragsgespräch beim zuständigen Fachministerium*: Diese Eckwerte enthalten die Berufsbezeichnung, die Ausbildungsdauer, die Struktur der Ausbildung (Monoberuf, Beruf mit fachlichen Differenzierungen und mit Wahlbausteinen), die Prüfungsformen, die zeitliche Gliederung der Ausbildungsinhalte sowie den Katalog der Fertigkeiten, Kenntnisse und Fähigkeiten. Während es sich bei den erst genannten Eckwerten um nicht verhandelbare Positionen handelt, ist der Katalog der Fertigkeiten, Kenntnisse und Fähigkeiten Gegenstand der Beratung im Sachverständigengremium und hat Vorschlagscharakter.

2) *Die Erarbeitung und Abstimmung der Ausbildungsordnung:* Das BiBB entwickelt auf Weisung des zuständigen Fachministeriums in Zusammenarbeit mit den Sachverständigen der Sozialpartner und des Bundes einen Entwurf einer Ausbildungsordnung. Zeitgleich finden Abstimmungen mit den Ländern über die berufsbezogenen Rahmenpläne der Berufsschulen statt. »In einer gemeinsamen Sitzung am Ende des Erarbeitungsprozesses beraten die Sachverständigen des Bundes und der Länder die beiden Entwürfe abschließend und stimmen sie hinsichtlich der zeitlichen Entsprechung und inhaltlich aufeinander ab« (BiBB 2017: 28). Der Entwurf der Ausbildungsordnung wird dann im paritätisch besetzten Hauptausschuss des BiBB bera-

ten. Die Bundesregierung folgt in ihrem Erlassverfahren der Entscheidung des Hauptausschusses.

3) *Das Erlassverfahren:* Der »Bund-Länder-Koordinierungsausschuss Ausbildungsordnungen/Rahmenlehrpläne« (KOA) stimmt schließlich der neuen Ausbildungsordnung und dem damit abstimmten Rahmenlehrplan zu. Danach wird die neue Ausbildungsordnung vom zuständigen Fachministerium im Einvernehmen mit dem Bundesministerium, für Bildung und Forschung erlassen. Sie tritt in der Regel zum Beginn des nächsten Ausbildungsjahres in Kraft. Der Rahmenlehrplan wird von den Bundesländern entweder übernommen oder in länderspezifische Lehrpläne übersetzt.

Während des gesamten Verfahrens hat das zuständige Fachministerium die formale Federführung. Das BIBB steuert den Erarbeitungs- und Abstimmungsprozess. Es wird angestrebt, dass die Sozialpartner den Entwurf für neue Ausbildungsordnungen im Konsens erarbeiten. In wenigen Fällen sind in der Vergangenheit aber auch Berufsordnungen ohne die Zustimmung einer Seite erlassen worden.

Die Neuordnungsverfahren oder der Erlass von neuen Ausbildungsordnungen dauerten in der Vergangenheit wegen des komplexen Interessensausgleichs zwischen den unterschiedlichen Verbänden in einzelnen Fällen bis zu sieben Jahre. Dies war angesichts der beschleunigten technischen und organisatorischen Entwicklung viel zu langsam, so dass die Sozialpartner sich 1995 darauf verständigten, das Verfahren zu beschleunigen. Die Erstellung neuer Berufe, soll nun nicht länger als zwei Jahre in Anspruch nehmen und die Revision bestehender nicht mehr als ein Jahr. Allerdings bezieht sich dieser Zeitrahmen nur auf das formelle Verfahren. Oft – wie auch in der Bauwirtschaft – dauert schon das Vorverfahren, in dem sich die Sozialpartner auf die Eckpunkte einer Neuordnung einigen, mehrere Jahre.

Sowohl die Vorgespräche als auch das formelle Neuordnungsverfahren kann man sich als ein großes »Feilschen« vorstellen. Moderne und traditionelle, spezialisierte und eher generalistische bzw. kleine und große Unternehmen haben meist nicht die gleichen Interessen. Dass die Ausbildungsinhalte technologieoffen formuliert werden, erleichtert die Kompromisse. Ohne einen Kompromiss zwischen den divergierenden Interessen würde man einen Teil der Ausbildungsbetriebe verlieren, die sich nicht gehört und überfordert fühlen könnten. Zudem ist die engagierte Unterstützung der beteiligten Sozialpartner, die Voraussetzung für eine erfolgreiche Umsetzung in der Praxis. Die Verbände müssen die Berufe als ihr »gemeinsames

Kind«, das auch gedeihen soll, sehen. Das Resultat ist meistens viel besser als es der oft ermüdende und kleinliche Aushandlungsprozess erwarten lässt. Es sind schließlich Fachleute, die an der Sache interessiert sind, die dann die fachlichen Details der Ausbildungsordnungen formulieren und später umsetzen.

Das BiBB kann schon im Vorfeld der Neuordnungen die Sozialpartner unterstützen. Dabei muss es nicht auf Vorschläge der Sozialpartner warten, sondern kann auch durch eigene Forschungsarbeiten notwendige Änderungen in den Ausbildungsinhalten aufspüren. Ein Beispiel ist die große Untersuchung zu den Auswirkungen der Digitalisierung auf die Berufsausbildung am Beispiel des Berufs-Screenings 4.0« in 14 ausgewählten Berufen (BiBB 2019: 435ff.).

Da sich die Ausbildungsquote nicht erholte, sondern anhaltende zu bewältigende Strukturprobleme der Branche signalisierte, einigten sich die Sozialpartner Mitte der 1970er Jahre auf eine grundlegende Reform der Berufsbildung, die bis heute die Ausbildung der Branche prägt. Kernstücke dieser Reform waren die Modernisierung der Ausbildungsordnungen, der Ausbau der überbetrieblichen Ausbildung, die Einführung einer Ausbildungsabgabe und die Erhöhung der Ausbildungsvergütungen. Das Bauhauptgewerbe ist damit eine der wenigen Branchen, in denen eine hochwertige überbetriebliche Ausbildung und wesentliche Anteile der betrieblichen Ausbildungskosten über eine Abgabe aller Betriebe finanziert werden.

Diese vier Bausteine der Berufsbildungsreform von 1975 sollen im Folgenden näher betrachtet werden, wobei zuerst auf die Revision der Ausbildungsverordnungen eingegangen wird. Mit einer gestuften Ausbildung sollte nicht nur eine frühzeitige Spezialisierung auf einen Beruf vermieden, sondern auch die Kooperation zwischen den unterschiedlichen Gewerken auf der Baustelle erleichtert werden. Unabhängig vom gewählten Beruf sollten allen Auszubildenden zuerst gemeinsame breite Grundkenntnisse in den drei großen Bausparten (Tief-, Hoch- und Ausbau) vermittelt werden. Die Spezialisierung in einem der drei Schwerpunkte begann erst im zweiten Ausbildungsjahr. In der zweiten Ausbildungsstufe bzw. im dritten Ausbildungsjahr erfolgt die Ausbildung in einem der 15 Einzelberufe, die nahezu ausschließlich im Betrieb stattfindet. Der Ausbildungsabschluss nach drei Jahren entspricht dem des klassischen Facharbeiters bzw. Gesellen (z. B. als Maurer,

Straßenbauer, Stahlbetonbauer). Sofern ein zweijähriger Ausbildungsvertrag vereinbart wird, wird am Ende des zweiten Ausbildungsjahres die erste Stufe als Hochbau-, Tief- oder Ausbaufacharbeiter mit einer Prüfung abgeschlossen. Nach bestandener Abschlussprüfung der ersten Stufe kann, sofern der Betrieb eine weitergehende Ausbildung anbietet und wenn der Auszubildende es möchte, die Ausbildung in der zweiten Stufe fortgesetzt werden.

Der zweite Reformbaustein ist die überbetriebliche Ausbildung. Sie findet, jeweils in mehrwöchige Blöcke gegliedert, in den ÜBS der Branche statt. Der Anteil der überbetrieblichen Ausbildung ist in den beiden ersten Ausbildungsjahren, in denen die Grundkenntnisse vermittelt werden, höher als im letzten Ausbildungsjahr, das auf einen Einzelberuf zielt. Ideengeber waren Erfahrungen mit dieser Ausbildungsform, die bis in die 1930er Jahre zurückreichten (vgl. Kasten 7.2).

Kasten 7.2: Traditionen überbetrieblicher Ausbildung

Bereits 1927 richtete die Essener Baufirma Hochtief eine Lehrbaustelle, den »Lüscherhof« ein. Es stellte sich aber bald heraus, dass sich dies allein für Hochtief nicht rechnete. Deshalb stiftete Hochtief die Lehrbaustelle dem Bauindustrieverband Westfalen mit der Maßgabe, sie weiter zu betreiben und für weitere Firmen zu öffnen. Dies gelang in umfassender Weise erst nach 1933, als der »Reichsgruppe Industriebau« (Zwangsverband aller Bauindustriegebiete) die Sicherstellung des Facharbeiternachwuchses übertragen wurde. Die damalige Führung der Reichsgruppe oblag dem Vorsitzenden der Hochtief AG. Die Reichsgruppe verpflichtete die Bauindustrie, ihren Lehrlingsbestand auf 5 Prozent ihres Facharbeiterbestandes zu vergrößern. Firmen mit weniger Lehrlingen hatten eine »Fehlbelegungsabgabe« zu entrichten. Die Reichsgruppe veranlasste zudem, dass im ganzen Reich Lehrhöfe errichtet wurden (es gab ca. 20 Werkstätten). Die Deckung der laufenden Kosten erfolgte mit Hilfe einer betrieblichen Umlage. Nach dem Zusammenbruch des deutschen Faschismus ist dieser überbetriebliche Ausbildungsgang weitergeführt worden, allerdings ohne eine obligatorische Kostenbeteiligung, sondern auf freiwilliger Basis. Die Lehrlinge verbrachten im Schnitt rund 4 bis 6 Wochen auf einer Lehrbaustelle (Streeck 1983: 23ff.).

Im Unterschied zu den Kleinbetrieben setzen mittlere und größere Betriebe neu eingestellte Auszubildende meist nicht sofort auf den Baustellen ein. Denn die dort mit engen Zeitvorgaben durchorganisierten Produktionsabläufe erlauben es kaum, die Auszubildenden einzusetzen und dabei angemessen anzuleiten. Die Auszubildenden werden zusätzlich zur überbetrieblichen Ausbildung in den ÜBS zunächst in einer betrieblichen Ausbildungsstätte mit Arbeitsabläufen und Produktionsmitteln vertraut gemacht und in Fragen der Sicherheit unterrichtet. Der Leiter eines mittleren Bauunternehmens brachte die Unterschiede in der Ausbildung in den kleinen und größeren Betrieben so auf den Punkt:

»Also die Ausbildungszentren, die sind richtig gut [...] Wir können nicht auf einer Baustelle, wo wir jeden Tag Geld verdienen müssen, eine Pflasterfläche zehnmal legen, bis sie richtig liegt. Da kommt alles zum Stoppen. Da sagen nicht nur die Einleger: ›Seid ihr bescheuert? Das geht einfach nicht!‹ Das heißt, diese handwerklichen Dinge, ein Rohr verlegen, einen Laser einzustellen, das wird im Ausbildungszentrum trainiert. Und wegen dieses Wissens sind die ja auch im ersten Ausbildungsjahr den größten Teil erst mal im Ausbildungszentrum, dass sie erst mal einen Baustoff erkennen lernen, das Handwerkszeug kennenlernen und die Arbeitstechnik kennenlernen. Wenn sie mit dem Wissen dann auf die Baustelle kommen, dann können Sie die ganz anders entwickeln. Ich weiß natürlich, dass der Handwerksmeister, der fünf Mann hat, der sagt: ›Das ist alles Quatsch! Bei mir können sie viel mehr lernen, wenn sie bei mir sind, hier immer bei mir bei‹. Ist auch was dran. Aber in einer größeren Struktur geht das nicht. Wir haben jedem Auszubildenden einen festen Polier zugeteilt. Der nimmt den schon an dem Tag, wenn er mit den Eltern kommt, in Empfang. Der wird allerdings nach einem Jahr gewechselt, weil, es gibt auch unterschiedliche Typen und der eine kommt mal mit dem anderen gut zurecht und es gibt dann schon mal persönliche Konflikte.« (Interview Eigentümer und Geschäftsführer eines mittleren Bauunternehmens mit 450 Beschäftigten, 06/2020)

Träger der ÜBS sind in der Regel die Kreishandwerkerschaften, Handwerksinnungen sowie die Berufsförderwerke der Verbände der Bauindustrie. Auszubildende, die nicht im täglichen Pendelbereich der Ausbildungsstätte wohnen, werden bei längeren Ausbildungsmodulen gewöhnlich in den angeschlossenen Internaten untergebracht. Viele ÜBS dienen zusätzlich auch der Weiterbildung der Beschäftigten des regionalen Baugewerbes.

Durch die überbetriebliche Ausbildung wurde das duale System der Berufsausbildung mit zwei Ausbildungsorten in ein System mit drei Ausbildungsorten umgewandelt. Die Ausbildungsverordnung von 1975 sah insgesamt 37 Wochen überbetriebliche Ausbildung vor, davon entfielen allein auf das erste Ausbildungsjahr 20 Wochen. Zudem schrieb die Ausbildungsverordnung im ersten Lehrjahr insgesamt 20 Wochen Berufsschulunterricht vor. Gewöhnlich wird der zeitliche Umfang des Berufsschulunterrichts von der Kultusministerkonferenz festgelegt. Im Baugewerbe wurde für das erste Lehrjahr ein anderer Weg beschritten. Damit die überbetriebliche Ausbildung und der Berufsschulunterricht besser aufeinander abgestimmt werden konnten, wurde die zeitliche Dauer durch die Sozialpartner bestimmt und in die Ausbildungsordnung übernommen. Im Ergebnis ging die Zeit, die die Auszubildende insgesamt im Betrieb verbrachten, von ca. 85 Prozent auf ca. 50 Prozent der Ausbildungszeit zurück.

Ein ständiger Konfliktpunkt vor allem zwischen dem Bauhandwerk und den beiden anderen Sozialpartnern war die geringe Präsenz der Auszubildenden im Betrieb vor allem im ersten Ausbildungsjahr. Es war strittig, in welchem Umfang berufsübergreifende Kenntnisse in der überbetrieblichen Ausbildung vermittelt werden sollten. Recht schnell kam es zu einer Anpassung des Mischungsverhältnisses von berufsspezifischer und berufsübergreifender Ausbildung. Seit Anfang der 1980er Jahre werden im ersten Ausbildungsjahr auf Druck des ZDB bereits erste berufsspezifische Kenntnisse in dem gewählten beruflichen Schwerpunkt (Hoch-, Aus- oder Tiefbau) vermittelt. Mitte der 1980er Jahre wurde dann diese Praxis von den Tarifvertragsparteien durch eine gemeinsame Empfehlung an die ÜBS abgesegnet. Den ÜBS wurde nahegelegt, im ersten Ausbildungsjahr die berufsbezogenen Ausbildungsanteile zu stärken. Die Stufenausbildung in »Reinform« stieß auch nicht immer auf die Gegenliebe der Auszubildenden. Aus Sicht eines angehenden Maurers ist es nicht unmittelbar einsichtig, warum er sich zu Beginn der Ausbildung mit dem Straßenbau oder dem Fliesenlegen beschäftigen soll, obwohl er doch einen Ausbildungsvertrag für eine Maurerlehre unterschrieben hat.

Die hohen überbetrieblichen Ausbildungsteile verringerten den produktiven Beitrag der Auszubildenden und erhöhten damit die Ausbildungskosten der Betriebe. Da nicht alle Betriebe ausbilden, aber alle Betriebe von der Stabilisierung und Qualitätsverbesserung des Ausbildungssystems profitieren, einigte man sich auf eine Umlage zur Finanzierung eines Teils der Ausbildungskosten. Die positiven Erfahrungen der Tarifvertragspartner mit den bereits vorhandenen Sozialkassen, mit denen zudem schon funktionierende Strukturen zur organisatorischen Abwicklung der Umlage zur Verfügung standen, erleichterten diese Entscheidung (Streeck 1983: 49). »Die Tarifvertragsparteien wollen mit ihrer eigenen Finanzierungsregelung ihre langjährige Sozialpolitik fortsetzen, die angesichts der unbestrittenen Besonderheiten des Wirtschaftszweiges unter besonderen Bedingungen auftretenden Probleme in gemeinsamer Verantwortung tarifvertraglich zu regeln« (Bauindustriebrief 1975: 12).

Alle Betriebe des Bauhauptgewerbes wurden verpflichtet, einen monatlichen Beitrag von damals 1,5 Prozent der Bruttolohnsumme an den Berufsbildungsfonds der Sozialkassen abzuführen. Aus diesem Fonds wurde ein wesentlicher Anteil der Kosten für die überbetriebliche Ausbildung und die Ausbildungsvergütungen vor allem im ersten und zweiten Ausbildungsjahr, in denen der Anteil der überbetrieblichen Ausbildung sehr hoch ist, erstattet. Durch den Fonds kam es auch zu einem Finanzierungsausgleich zwischen dem Handwerk, das die meisten Jugendlichen ausbildete, und der Industrie, deren Ausbildungsleistung erheblich unter ihrem Beschäftigungsanteil lag. Die Bauindustrie war und ist sehr daran interessiert, gut qualifizierte Jugendliche, die mit neuen Technologien und Bauverfahren vertraut sind, zu gewinnen und war daher zu diesem Finanzierungsausgleich bereit, mit dem die gesamte Reform auch dem Handwerk schmackhaft gemacht werden konnte.

Um die Anreize für Jugendliche zu verbessern, eine gewerbliche Ausbildung im Baugewerbe zu beginnen, wurde die Reform viertens durch die starke Erhöhung der Ausbildungsvergütung abgerundet. Mitte der 1970er Jahre lagen die Ausbildungsvergütungen in den Bauberufen an der Spitze aller Berufe.

Mit dieser Reform unterstrichen die Sozialpartner des Bauhauptgewerbes ihren Willen, zur Sicherung des Facharbeiterbestandes eigene Wege zu gehen. Dabei zahlte sich die langjährige eingespielte lösungsorientierte Kooperation der Sozialpartner aus. Im Vergleich zu anderen Sektoren konnte die Reform der Bau-Berufsausbildung rasch verwirklicht werden.[21] Die beiden Bau-Arbeitgeberverbände mussten die Umlagefinanzierung gegen heftige Kritik der Bundesvereinigung der Deutschen Arbeitgeberverbände (BDA) verteidigen. Die BDA sah hierin einen unerwünschten Präzedenzfall für eine

---

21 Im Metall- und Elektrogewerbe wurde seit Mitte der siebziger Jahre an einer Reform der gewerblichen Berufsausbildung gearbeitet, die erst 1987 zu einem Abschluss kam. Als Ursachen für die langwierige Neuordnung werden die hohe Zahl der neu zu ordnenden Berufe (42 Berufe) sowie die heterogene Branchenstruktur genannt. Vor allem auf Seiten der Arbeitgeber war infolge der Vielzahl der betroffenen Branchen die Verbändelandschaft so komplex, dass die unterschiedlichen Interessen nicht ohne Konflikt zu vereinheitlichen waren. Auch das Gewerkschaftslager war sich nicht immer einig (Hilbert u. a. 1990: 77ff.).

von ihnen abgelehnte Umlagefinanzierung der dualen Ausbildung.[22] Doch den Bau-Arbeitgeberverbänden war die Sicherung der eigenen Berufsausbildung wichtiger als die Solidarität mit ideologischen Grundsatzpositionen der BDA, die keinen Raum für die Besonderheiten der Branche angepasste Lösungen zuließ.

7.3 Die Neuordnung der Bauberufe 1999

Die ersten Anstöße zu einer weiteren Neuordnung der Berufe kamen 1992 vom ZDB, der vor allem die Dauer der überbetrieblichen Berufsausbildung verkürzen wollte. HDB und IG BAU reagierten darauf eher ablehnend. Das BiBB gab eine Studie zu den Veränderungen der Arbeitsanforderungen auf den Baustellen in Auftrag, um den Sozialpartnern eine sachliche Grundlage für die Neuordnungen an die Hand zu geben. Die Studie belegte, dass die Unternehmen von ihren Fachkräften zunehmend selbständiges Handeln in einem breiteren Berufsfeld erwarteten, da die Beschäftigten in der Regel in unterschiedlichen Tätigkeiten eingesetzt wurden. In der Ausbildung sollten zum besseren ganzheitlichen Verständnis nicht nur Kenntnisse in der Ausführung, sondern auch in der Planung und Kontrolle vermittelt werden: »Ein Teil dieser Arbeitsschritte wurde auf der Baustelle früher ausschließlich vom Polier oder vom Meister und während der Ausbildung vom Ausbilder übernommen. Jetzt sind diese Tätigkeiten auf die Handlungsebene des Facharbeiters vorverlegt und müssen entsprechend […] vom Auszubildenden erlernt werden.« (Meyser/Uhe 2006: 17)

Bei der Einleitung des Neuordnungsverfahrens im April 1997 brach der alte Dauerkonflikt über die Präsenz der Auszubildenden in den ÜBS und der Berufsschule wieder auf, diesmal aber in verschärfter Form. Der ZDB verlangte im März 1997 vom Bundesminister für Wirtschaft, vorab die Zeitanteile der überbetrieblichen Ausbildung im gesamten Ausbildungsverlauf (von 37 auf insgesamt 25 Wochen) und der Berufsschule zu verringern, um die Anwesenheit der Auszubildenden im Betrieb zu erhö-

---

22 Damals wurde von der Bundesregierung zur Lösung der Lehrstellenkrise eine betriebliche Umlagefinanzierung für (außerbetriebliche) Ausbildungsplätze diskutiert. Die Bundesvereinigung der Deutschen Arbeitgeberverbände lehnte eine obligatorische Umlage kategorisch ab und empfahl damals ihren Mitgliedsverbänden, keine entsprechenden Vereinbarungen mit den Gewerkschaften abzuschließen.

hen. Der ZDB machte geltend, dass der hohe Anteil der überbetrieblichen Ausbildung und der lange Blockunterricht ein wesentliches Ausbildungshemmnis für die Betriebe sei (ZDB 1999: 99). Die Gewerkschaft befürchtete, dass durch die Verkürzung der überbetrieblichen Ausbildungszeit gerade im ersten Lehrjahr zu wenig für den weiteren Berufsverlauf relevantes Grundlagenwissen vermittelt werde. Der HDB sah aus den gleichen Gründen seine ausbildungspolitischen Interessen gefährdet. Zudem befürchtete er eine schleichende Entwertung der für die Schnittstellenabstimmung auf den großen Baustellen so wichtigen berufsübergreifenden Ausbildungsanteile.

Da der ZDB auf seiner ursprünglichen Forderung beharrte, die Marge der überbetrieblichen Ausbildung weiter nach unten zu verschieben, konnten die Sozialpartner keinen Konsens erzielen. »Alle haben zeitaufwendig um einzelne Stunden gefeilscht, die aber unter berufssoziologischen und inhaltlichen Gesichtspunkten nicht mehr zu begründen waren« (Vertreter eines Spitzen-Arbeitgeberverbandes 1999). Da sich die Sozialpartner blockierten, das Neuordnungsverfahren aber spätestens im Frühjahr 1999 abgeschlossen sein musste, wenn es zum Ausbildungsbeginn im August wirksam werden sollte, setzte das Bundesministerium für Wirtschaft während des Erlassverfahrens die Dauer der überbetrieblichen Ausbildung auf minimal 32 und maximal 37 Wochen fest.

Nicht durchsetzen konnte sich der ZDB mit seinem Vorschlag, die Entscheidung über die Dauer der überbetrieblichen Ausbildung den Betrieben zu überlassen. Das Ministerium folgte den Vorstellungen der Gewerkschaft und des HDB, die überbetriebliche Ausbildung in den Berufsbildungsausschüssen der Industrie- und Handelskammern und den Handwerkskammern verbindlich für alle Betriebe einer Region festzulegen, um einen Flickenteppich unterschiedlicher Zeitanteile der überbetrieblichen Ausbildung zu verhindern und die Vergleichbarkeit der überbetrieblichen Ausbildung sicher zu stellen. Für den ZDB blieb die Dauer der überbetrieblichen Ausbildung allerdings nach wie vor ein wichtiges »Ausbildungshemmnis« und die getroffene Regelung sei »weitab von den Vorstellungen des Baugewerbes« (ZDB 1999: 100).

Nach der politischen Lösung der strittigen Grundsatzfragen, einigten sich die mehr als 80 in den Prozess einbezogenen Sachverständigen sehr rasch auf die inhaltlichen Veränderungen. Durch das Neuordnungsverfahren wurde die Struktur der Bauberufe im Wesentlichen bestätigt, da sich die neuen Ausbildungsinhalte den bisherigen Berufen weitgehend zuordnen ließen (Hoch 1999; 2000). Die neuen Ausbildungsinhalte bezogen sich vor allem auf die Verwendung neuer Bau- und Bauhilfsstoffe, den Umweltschutz, die Baustellensicherung sowie den Einsatz von Geräten und Maschinen. Zudem wurden die Bereiche Sanierung und Instandsetzung sowie fachübergreifende Inhalte der Arbeits- und Aufbauplanung auf der Baustelle gestärkt. Zu den bestehenden Berufen wurde auf Wunsch der Bauindustrie im Bereich der Tiefbauberufe der Spezial-Tiefbauer neu eingeführt, der jedoch nur in Industriebetrieben gelernt werden kann. Das Prüfungswesen wurde modifiziert und Zwischenprüfungen wurden obligatorisch. Neu war die sogenannte »Rückfalloption«, dass bei nicht bestandener Abschlussprüfung nach dreijähriger Lehrzeit die Zwischenprüfung als Abschluss einer zweijährigen Ausbildung galt. Diese Regelung hatte bis dahin nur für den Bereich der Bauindustrie gegolten.

Im August 1999 wurde der Fassadenmonteur als neuer industrieller Lehrberuf eingeführt. Die Ausbildungsverordnung wurde außerhalb des parallel laufenden Neuordnungsverfahrens der gewerblichen Lehrberufe erarbeitet, weil der ZDB dafür Bedarf sah, diesen Ausbildungsgang im Handwerk anzubieten. Dieser innerhalb nur eines Jahres geschaffene neue Ausbildungsberuf hat im Kern die gleiche Struktur wie die Ausbildung in den gewerblichen Bauberufen (Umlagefinanzierung, gestufte Ausbildung, überbetriebliche Ausbildung). 2004 wurde im Zuge der wachsenden Bedeutung von Entsorgung und Recycling noch der neue Beruf des Bauwerksmechanikers für Abbruch und Betontrenntechnik hinzugefügt.

Abbildung 7.1 zeigt die fachliche Struktur der 16 Ausbildungsberufe einschließlich der überbetrieblichen Ausbildungszeiten in den drei Ausbildungsjahren, die bis zur Drucklegung dieses Buches galten. Darin ist auch die Reform der Grundausbildung erkennbar. Gegenüber früheren Schaubildern vor der Reform von 1999 (vgl. Bosch/Zühlke-Robinet 2000: 193) sind im ersten Ausbildungsjahr neben der gemeinsamen Grundausbildung auch berufsbezogene Vertiefungen vorgesehen. Die für alle Berufe gleichlautenden Ausbildungsinhalte beschränkten sich auf die überbetriebliche Ausbildung, während im Betrieb schon im ersten Ausbildungsjahr die Spezialisierung auf einen der drei Ausbildungsschwerpunkte erfolgt, was sich ohnehin aus den Tätigkeitsschwerpunkten der Betriebe ergibt.

Ein zentraler Baustein der Reform waren veränderte Lernmethoden sowohl in den ÜBS als auch in den Berufsschulen. Die klassische Lehrgangsmethode sollte durch eine handlungsorientierte Ausbildung ersetzt werden, in der die Auszubildenden an konkreten Projekten mit verwendungsfähigen

Abbildung 7.1: Fachliche Struktur der Ausbildungsberufe Bau

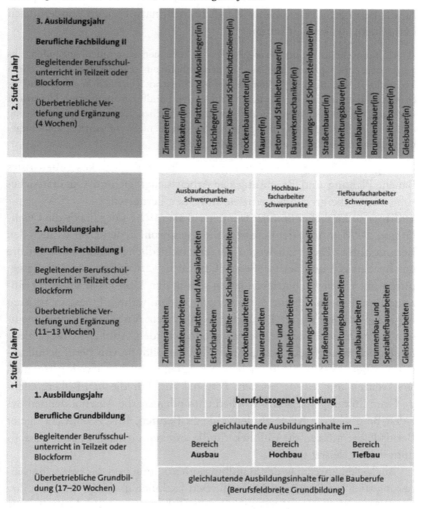

Quelle: HDB 2021a

Produkten, die sie selbst planen, durchführen, kontrollieren und bewerten, lernen (Meyser/Uhe 2006: 19–28). Die Ausbilder sollten nicht mehr, wie in der Vergangenheit, nur Wissen und Fertigkeiten vermitteln, sondern die Auszubildenden zur selbständigen Problemlösung anleiten.

Parallel zur Neuordnung der Bauberufe wurden neue Rahmenlehrpläne für die Berufsschulen erarbeitet, die nicht mehr nach Fächern, sondern nach Lernfeldern strukturiert waren:

»Der Unterricht in einem Lernfeld soll sich auf einen zusammenhängenden, abgegrenzten Arbeitsprozess beziehen, in dem Inhalte aus den traditionellen Fächern Technologie, Technische Mathematik und Technisches Zeichnen in der ganzheitlichen Aufgabenstellung verschmelzen und so den handlungsorientierten Unterricht fördern. Eine Parallele hierzu findet sich im schriftlichen Teil der Zwischenprüfung und der Gesellen- oder Abschlussprüfung, die sich ebenfalls auf ganzheitliche Aufgabenstellungen beziehen soll.« (Hoch 2000: 33)

Ökologisches Bauen, die Nutzung neuer Technologien, kostenbewusstes Bauen, Planung und Beachtung der Arbeitssicherheit und Qualitätssicherung waren übergreifende Lernziele an beiden Lernorten.

Trotz einheitlicher Standards unterschieden sich in der Praxis die Qualität und die Methoden der Berufsausbildung sowohl in den ÜBS als auch den Berufsschulen. Das kann wegen der unterschiedlichen räumlichen Dichte der Baubetriebe und der Größe der ÜBS nicht verwundern. In Ballungsgebieten mit vielen Baubetrieben lassen sich in den ÜBS Fachklassen für einzelne Berufe, etwa nur für die Zimmerer bilden, während diese in anderen Regionen mit geringerer Berufsdichte im ersten Ausbildungsjahr gemeinsam mit anderen Ausbauberufen ausgebildet werden. Ähnliche Unterschiede finden sich aus den gleichen Gründen bei der Bildung von Berufsschulklassen. Größere ÜBS bilden in mehreren Berufen parallel in jeweils getrennten Werkstätten mit jeweils eigenem Personal aus. Für die berufsübergreifende Grundbildung von sechs Wochen entsenden sie die Auszubildenden des einen Berufs in die Kurse zu den anderen Berufen. In ÜBS mit geringerer Berufsdichte müssen die Einblicke in die anderen Gewerke in einer Ausbildungshalle geleistet werden.

Auch die Umsetzung der Handlungsorientierung und der Lernfeldorientierung stieß auf Probleme. Nicht alle Berufsschulen und ÜBS änderten ihre gewohnten Methoden (Mey-ser/Uhe 2006: 8), was einer der Hauptgründe für die Einführung von Qualitätsstandards für die ÜBS war. Für die Förderung durch die SOKA-BAU reichte bis 2010 die Eintragung in eine Liste der durch die SOKA-BAU förderfähigen ÜBS auf Vorschlag einer der drei Tarifparteien. Die Unzufriedenheit mit der mangelnden Qualität einiger ÜBS und auch der deutliche Rückgang der Ausbildungszahlen (Abschnitt 5), der einen Konsolidierungszwang auslöste, veranlasste die Sozialpartner im Jahr 2010 im allgemeinverbindlichen Tarifvertrag über die Berufsausbildung im

Baugewerbe (BBTV) Mindestqualitätskriterien für die überbetriebliche Ausbildung zu definieren, die durch eine von der SOKA-BAU beauftragten Stelle zu überprüfen und zu bescheinigen sind. Die Qualitätskriterien in § 25 des BBTV reichen von Mindestvorgaben zur räumlichen Ausstattung der ÜBS sowie des Internatsbetriebs, über die Gruppengröße pro Ausbilder, Kooperationen mit Berufsschulen, die Aus- und Weiterbildung des Fachpersonals bis hin zur Anwendung der handlungsorientierten Aufgabensammlung und sozialpädagogischer Betreuung im Internatsbetrieb.

Die Zertifizierung wurde ausgeschrieben und von der DEKRA Certification GmbH in Stuttgart mit 10 Prüfern durchgeführt. Zu Beginn der Prüfungen, die zwischen September 2011 und April 2013 stattfanden, standen noch 222 ÜBS auf der Liste der Sozialpartner. Bis zur erneuten Zertifizierung (2015/2016) verringerte sich die Zahl der ÜBS von 189 auf 183 (SOKA Bau 2016). Einige ÜBS wollten nicht zertifiziert werden und zogen sich aus der Bauausbildung zurück, andere fusionierten, um gemeinsam den Kriterien zu genügen. Die Prüfberichte (SOKA-BAU 2014; 2016) dokumentieren die Ergebnisse und die festgestellten Mängel im Einzelnen. Bei Beanstandungen mussten die ÜBS die Nachbesserungen belegen. Dokumentiert wurden im ersten Prüfbericht auch vorbildliche Beispiele, die für die Weiterentwicklung der Ausbildungsqualität hilfreich sind. Während in der ersten Prüfung nur 42 Prozent der geprüften ÜBS ohne Beanstandungen blieben, waren es in der zweiten schon 76 Prozent, was auf einen erheblichen Qualitätsschub schließen lässt.

Diese Qualitätsprüfungen waren eigentlich schon lange überfällig, da letztlich nur dadurch eine Umsetzung der neugeordneten Berufsbilder gewährleistet ist. Die Verantwortlichen der Sozialpartner berichteten uns, dass zum Beispiel mehr als 20 Jahre nach der Neuordnung von 1990 die Handlungsorientierung in der Ausbildung in einigen Ausbildungsstätten nicht oder nur unzureichend umgesetzt und weiterhin wie vor der Neuordnung in Fächern unterrichtet wurde. Aus verbandspolitischen Gründen waren solche Kontrollen allerdings nicht einfach, da man sich vor allem in den sehr dezentralisierten Verbandstrukturen der beiden Arbeitgeberverbände mit vielen konkurrierenden Machtzentren leicht Konflikte einhandeln kann.

Mit den beiden Zertifizierungen erhielten die Sozialpartner nicht nur ein reelles Bild von der Qualität der überbetrieblichen Ausbildung, sondern erreichten über diese Qualitätsauslese auch eine Konsolidierung der ÜBS. Sie wollen den Prozess der kontinuierlichen Qualitätssteigerung fortsetzen nicht zuletzt, weil die »gefühlte Akzeptanz der überbetrieblichen Ausbildung«

(Interview ZDB 11/2020) gestiegen ist. Für die nächste Zertifizierung ab 2021 wurden die Prüfer allerdings zuvor geschult. Vorher waren offensichtlich einige der Prüfer nicht ausreichend »bauaffin« gewesen. Nach Aussagen in unseren Interviews verfügten sie nicht über ausreichende Kenntnisse der Finanzierung durch die SOKA-BAU und des Konzepts der Handlungsorientierung in der Berufsausbildung. Zudem hatten sie Schwierigkeiten, die Maschinenausstattung der Ausbildung in den unterschiedlichen Berufen zuzuordnen. Die Schulungen durch Referenten der SOKA-BAU und der Sozialpartner sollte dieses »Kontextwissen« sicherstellen.

7.4 Eckpunkte für eine Neuordnung 2019

Der weiter bestehende Konflikt zwischen den Sozialpartnern über die Dauer der überbetrieblichen Ausbildung, der letztlich nur durch eine politische Entscheidung gelöst werden konnte, hatte Spuren hinterlassen. Als der ZBD im Jahr 2014 die nächste Neuordnung der Berufe anstieß, wollte er unbedingt »eine politische Fremdsteuerung« (Interview ZDB 11/2020) vermeiden und sowohl die Neuordnung als auch die Umsetzung in den Händen der Sozialpartner belassen. Die politisch gesetzte Marge der überbetrieblichen Ausbildungszeiten hatte dazu geführt, dass die Kammern und nicht mehr die Sozialpartner der Branche über die Dauer der überbetrieblichen Ausbildung entschieden. Im Ergebnis wurden je nach Kammer und Bundesland sehr unterschiedliche Zeiten für die überbetriebliche Ausbildung von zwischen 32 und 37 Wochen verpflichtend.

Der ZDB stellte zunächst einen Konsens auf der Arbeitgeberseite mit dem HDB her. Ab 2015 wurde dann auch die IG BAU an den Vorgesprächen beteiligt. Um das Verfahren zu beschleunigen, verzichtete man darauf, das BiBB mit einer Studie zur Veränderung der Qualifikationsanforderungen in der Branche zu beauftragen und beschloss, den Veränderungsbedarf selbst zu eruieren. Dazu schickten ZDB und HDB Fragebögen an die Fachgruppen bzw. Fachabteilungen der Verbände. In diesen wurde gefragt, ob wesentliche Ausbildungsteile in den Berufsordnungen fehlten, bestehende Inhalte wegfallen könnten, die Gewichtungen der Inhalte verschoben werden sollten und die Berufsprofile und Berufsbezeichnungen den künftigen Anforderungen der Baupraxis noch entsprachen.

Experten beider Seiten, die den Neuordnungsbedarf diskutierten, trafen sich 2016 und 2017. Die Ergebnisse wurden dann in Arbeitsgruppen in den Feldern Ausbau, Hochbau und Tiefbau, an denen Experten aller drei Verbände der Sozialpartner beteiligt waren. Im Ergebnis dauerte dieser Prozess jedoch dann genauso lange wie Ende der 1990er Jahre als man das BiBB mit einbezogen hatte.

Im August 2019 wurden dann mit den Vertretern der zuständigen Ministerien folgende Eckwerte für das Neuordnungsverfahren festgelegt (BMWI 2019):

- Die Ausbildung erfolgt in 16 dreijährigen und drei zweijährigen Berufen, deren Bezeichnungen den alten Berufen entsprechen.
- Anstelle einer einheitlichen Ausbildungsordnung werden drei Ausbildungsordnungen für die Berufsgruppen Hochbau, Tiefbau und Ausbau erlassen, die auch bei der Beschulung in Fachklassen berücksichtigt werden sollen.
- Der Umfang der überbetrieblichen Ausbildung beträgt einheitlich 30 Wochen für alle dreijährigen Berufe.
- Die Abschlussprüfung für die dreijährigen Berufe wird in Form einer »gestreckten Abschlussprüfung« durchgeführt werden. Für die zweijährigen Berufe ist eine konventionelle Prüfung vorgesehen. Auszubildende in einem dreijährigen Beruf, die die Abschlussprüfung nicht bestehen, aber den ersten Teil ihrer Prüfung bestanden haben, erhalten einen Abschluss in einem dem jeweiligen zweijährigen Beruf.[23] Die Abschlussprüfung in den zweijährigen Berufen soll daher dem ersten Teil der gestreckten Prüfung in einem dreijährigen Beruf entsprechen.

Die Sozialpartner haben sich noch auf zusätzliche Punkte geeinigt, die aber nicht in das formelle Eckwertepapier eingegangen sind. So wollen sie den Betrieben bei der überbetrieblichen Ausbildung Wahlmöglichkeiten einräumen und leistungsschwächere Auszubildende zusätzlich fördern, wenn sie schreiben:

»Die Wochenzahl der überbetrieblichen Ausbildung wird auf 28 Pflichtwochen und zwei Wahlpflichtwochen, zuzüglich neun Wahlwochen festgelegt. Die Wahlpflichtwochen (je eine im zweiten und dritten Ausbildungsjahr) werden nach den persön-

---

23 Bislang stehen Auszubildende, die einen dreijährigen Vertrag unterschrieben haben, vor dem Nichts, wenn sie die Abschlussprüfung nicht bestehen. Ihre erfolgreiche Zwischenprüfung, die der Abschlussprüfung bei einem zweijährigen Ausbildungsvertrag entspricht zählt, nicht.

lichen und betrieblichen Erfordernissen in speziellen Lehrgängen absolviert. Auszubildende, die in Teil 1 weniger als 55 Punkte erreicht haben, haben zur persönlichen Förderung Anspruch auf eine zweiwöchige Nachqualifizierung an einem überbetrieblichen Ausbildungszentrum.« (IG BAU 2019)

Auf dieser Basis wurde die formelle Einleitung eines Neuordnungsverfahrens für die 19 Berufe des Bauhauptgewerbes beantragt. Die Eckpunkte konzentrieren sich – wie gezeigt – nur auf wenige Strukturthemen und bieten breiten Spielraum für die inhaltliche Modernisierung der Berufe, die in Arbeitsgruppen seit Ende 2019 erarbeitet werden. »Wenn man sich in den Strukturfragen einig ist, geht es dann bei der Neuordnung nur noch um inhaltliche Fragen«, formulierte einer unserer Gesprächspartner der IG BAU. Ziel der inhaltlichen Neuordnung soll u. a. sein, das Verständnis der Fachkräfte für die Schnittstellen in Bauprojekten und die digitalen Kompetenzen zu verbessern.

Mit den Eckpunkten hat der ZDB sein Ziel einer Verkürzung der Mindestdauer der überbetrieblichen Ausbildung von bisher 32 auf 30 Pflichtwochen erreicht. Im Gegenzug wurden neun zusätzliche Wahlwochen vereinbart, die ebenfalls von den Sozialkassen finanziert werden sollen. Diese Wahlwochen können für Auszubildende mit besonderem Förderungsbedarf oder für Zusatzqualifikationen genutzt werden. Diese Flexibilität kommt dem ZDB entgegen, auch in dessen Reihen durchaus verschiedene Meinungen über die notwendige Dauer der überbetrieblichen Ausbildung zu finden sind.

Die inhaltliche Überarbeitung der fachlichen Inhalte in den einzelnen Bauberufen wird den technischen Stand der Betriebe berücksichtigen müssen. Das BiBB hat in seinem großen Berufsscreening 4.0 auch die veränderten Anforderungen in einem Bauberuf untersucht (BiBB 2019: Kapitel C4). Danach ist die betriebliche Realität von der vollständigen Umsetzung von Industrie 4.0 bzw. BIM in der Bauwirtschaft noch weit entfernt. Unsere Experteninterviews lassen zudem den Schluss zu, dass die neuen digitalen Systeme die Anforderungen an die Führungskräfte noch stärker verändern werden, als die der Facharbeiter. Die Führungskräfte müssen mit diesen Systemen komplexe Prozesse planen und disponieren, die Fachkräfte müssen sich bei ihnen über ihre Teil-Aufgaben informieren, sie planen, umsetzen und ihre Qualität kontrollieren (vgl. Kasten 7.3).

Kasten 7.3: Berufsscreening 4.0: Der Ausbildungsberuf »Straßenbauer« im Screening: Veränderung der Fachkräftequalifikationen

»Im Tiefbaubereich, in dem Straßenbauer/-innen eingesetzt werden, sind erste Schritte in Richtung einer digitalen Transformation der Branche erkennbar.

Die Ergebnisse im Einzelnen:
– Building Information Modeling (BIM) wird in einigen Baufirmen angewendet. Allerdings stehen die Unternehmen am Anfang der Entwicklung.
– Auf Ebene der Straßenbaufachkräfte hat die Digitalisierung bisher wenige Auswirkungen. Vor allem sind die Führungskräfte, insbesondere Bauleiter/-innen und Poliere/Polierinnen, von digitalen Veränderungen betroffen.
– Trotz des digitalen Fortschritts bei Messinstrumenten, Baugeräten und -maschinen üben Straßenbauer/-innen auch zukünftig überwiegend manuelle Tätigkeiten aus.
– Hinsichtlich des Führens von digitalen Geräten und Maschinen verändern sich die Anforderungen an die Fachkräfte. Digitale Steuerungssysteme erleichtern die Arbeit; gleichzeitig müssen Straßenbauer/-innen zukünftig mit Daten umgehen können, um die Geräte und Maschinen führen zu können.
– Eine durch die Digitalisierung bedingte Veränderung der Beschäftigtenstruktur auf den Tiefbaustellen wird nicht erwartet. Eine Rationalisierung des Personaleinsatzes wurde in den letzten Jahren bereits vollzogen.
– Mit der fortschreitenden Digitalisierung könnte der Beruf Baugeräteführer/-in eine zentrale Rolle erhalten. Baugeräteführer/-innen sind in der Lage, eine Vielzahl von hoch technisierten Geräten und Maschinen zu bedienen. Ob es zu einer Verdrängung von Straßenbauern/Straßenbauerinnen kommt, ist bisher nicht absehbar.
– Zukünftige, in der Ausbildung zu vermittelnden Kompetenzen betreffen eine höhere Lese- und Transferleistungskompetenz, ein besseres technisches Verständnis von Baugeräten und -maschinen sowie der digitalen Planung und Durchführung eigener Arbeiten, erweiterte Kenntnisse des Datenschutzes und ein grundsätzliches Verständnis der Zusammenhänge beim digitalen Bauen.

- Durch die zunehmende Technikoffenheit werden Veränderungen in der Ausbildungsordnung zum Ausbildungsberuf Straßenbauer/-in nicht erwartet.
- Gleichzeitig wird empfohlen, die Ausbildungsinhalte an die durch die Digitalisierung veränderten Anforderungen anzupassen.« (Schreiber 2019: 5)

Eine wichtige Rolle bei der inhaltlichen Ausformulierung der modernisierten Curricula werden auch die im November 2020 vom Hauptausschuss des BiBB beschlossenen Standardberufsbildpositionen sein, die für alle dualen Berufe verbindlich sind. Sie definieren berufsübergreifende Mindestanforderungen an die Ausbildung für die vier Themen »Organisation des Ausbildungsbetriebes, Berufsbildung sowie Arbeits- und Tarifrecht«, »Sicherheit und Gesundheit bei der Arbeit«, »nachhaltige Gestaltung des Arbeitslebens und die Tätigkeit in einer digitalisierten Arbeitswelt« (BiBB 2020a). Wichtig ist, dass es sich um Querschnittsthemen handelt, die über die gesamte Ausbildung in Verknüpfung mit allen fachlichen Inhalten vermittelt werden sollen. Die zu erwerbenden Fähigkeiten und Kenntnisse zu den beiden Themen »Umweltschutz und Nachhaltigkeit« sowie »Digitalisierte Arbeitswelt« sind in Kasten 7.4 zusammengefasst. Sie bieten Raum für eine Ausrichtung der Ausbildung auf ein ökologisches Bauen mithilfe digitaler Technologien. Genau diese Anforderungen an eine zukunftsfähige Ausbildung im Bau werden in der internationalen Literatur gefordert (Clarke u. a. 2020).

Kasten 7.4: Standardberufsbildpositionen

zu »Umweltschutz und Nachhaltigkeit«
- Möglichkeiten zur Vermeidung betriebsbedingter Belastungen für Umwelt und Gesellschaft im eigenen Aufgabenbereich erkennen und zu deren Weiterentwicklung beitragen während der gesamten Ausbildung
- bei Arbeitsprozessen und im Hinblick auf Produkte, Waren oder Dienstleistungen Materialien und Energie unter wirtschaftlichen, umweltverträglichen und sozialen Gesichtspunkten der Nachhaltigkeit nutzen
- für den Ausbildungsbetrieb geltende Regelungen des Umweltschutzes einhalten

- Abfälle vermeiden sowie Stoffe und Materialien einer umweltschonenden Wiederverwertung oder Entsorgung zuführen
- Vorschläge für nachhaltiges Handeln für den eigenen Arbeitsbereich entwickeln
- unter Einhaltung betrieblicher Regelungen im Sinne einer ökonomischen, ökologischen und sozial nachhaltigen Entwicklung zusammenarbeiten und adressatengerecht kommunizieren

zu »Digitalisierte Arbeitswelt«
- mit eigenen und betriebsbezogenen Daten sowie mit Daten Dritter umgehen und dabei die Vorschriften zum Datenschutz und zur Datensicherheit einhalten während der gesamten Ausbildung
- Risiken bei der Nutzung von digitalen Medien und informationstechnischen Systemen einschätzen und bei deren Nutzung betriebliche Regelungen einhalten
- ressourcenschonend, adressatengerecht und effizient kommunizieren sowie Kommunikationsergebnisse dokumentieren
- Störungen in Kommunikationsprozessen erkennen und zu ihrer Lösung beitragen
- Informationen in digitalen Netzen recherchieren und aus digitalen Netzen beschaffen sowie Informationen, auch fremde, prüfen, bewerten und auswählen
- Lern- und Arbeitstechniken sowie Methoden des selbstgesteuerten Lernens anwenden, digitale Lernmedien nutzen und Erfordernisse des lebensbegleitenden Lernens erkennen und ableiten
- Aufgaben zusammen mit Beteiligten, einschließlich der Beteiligten anderer Arbeits- und Geschäftsbereiche, auch unter Nutzung digitaler Medien, planen, bearbeiten und gestalten
- Wertschätzung anderer unter Berücksichtigung gesellschaftlicher Vielfalt praktizieren

Quelle: BiBB 2020a

7.5 Ausbildungsquoten und Struktur der Ausbildungsverhältnisse

Der Fachkräftestamm kann in der turbulenten Baubranche auch nur durch eine überdurchschnittliche Ausbildungsquote erhalten werden, da viele der Ausgebildeten oft schon einige Jahre nach der Ausbildung in andere Branchen abwandern (vgl. Kapitel 4; Brussig/Jansen 2019). Die Abwanderung wird durch die hohe Arbeitsplatzunsicherheit in der Branche infolge der ausgeprägten Abhängigkeit von der Konjunktur und saisonalen Nachfrageschwankungen ausgelöst. Hinzu kommen zunehmend die geringe Bezahlung vor allem in den kleinen Subunternehmen und die Sorge, die schweren Arbeitsbedingungen nicht bis zur Rente durchhalten zu können.

Bereits Mitte der 1970er Jahre, also kurz nach der Neuordnung der Bauberufe, stiegen die Ausbildungsquoten wieder an und stabilisierten sich auf einem hohen Niveau. Im Branchenvergleich stand das Bauhauptgewerbe an der Spitze der Ausbildungsleistung und konnte seinen Facharbeiterstamm in der Baubranche erneuern und ausbauen. Neben technischen Änderungen, die vor allem Hilfsarbeitertätigkeiten überflüssig werden ließen, war dieses Arbeitsangebot gut ausgebildeter Fachkräfte der wichtigste Grund, die Arbeitsorganisation auf dem Bau zu dezentralisieren und den Fachkräften mehr Aufgaben zuzuweisen.

In den neuen Bundesländern war die Beschäftigung in der Branche und in der Folge auch die Ausbildung nach dem Wiedervereinigungsboom in kurzer Zeit stark gewachsen. Die Ausbildungsquote lag mit teilweise deutlich über 10 Prozent in Ostdeutschland in den 1990er Jahren erheblich höher als in den alten Bundesländern (Bosch/Zühlke-Robinet 2000: 206). Dadurch flossen überproportional viele Mittel aus der Umlage nach Ostdeutschland. Diese Finanzspritze der Sozialkassen zur Förderung der Berufsausbildung in Ostdeutschland hat die Expansion der Ausbildung, die sicherlich ein wirkungsvolles Instrument der betrieblichen Erneuerung war, unterstützt. Zudem wurde insbesondere das außerbetriebliche Ausbildungsplatzangebot in den neuen Bundesländern über öffentliche Mittel massiv ausgeweitet.

Bis in die 1990er Jahre waren die zyklischen Schwankungen der Ausbildungsquote im Baugewerbe nicht die Folge der in der Krise abnehmenden Ausbildungsbereitschaft der Betriebe, sondern der schlechten Wettbewerbsfähigkeit in der Konkurrenz um Auszubildende im Aufschwung (Pahl 1992: 62; Streeck 1983: 70). Wenn die von den Schulabgängern begehrten Ausbildungsplätze nicht mehr alle Interessenten aufnehmen konnten, wurden mehr Lehrstellen in weniger begehrten Ausbildungsberufen nachgefragt. Dieser »Sickereffekt«, wie Streeck (1983: 72) dieses Bewerberverhalten nennt, war im Wiedervereinigungsboom 1990 allerdings nicht mit einem ähnlich hohen Einbruch der Ausbildungszahlen verbunden. Die deutlich verbesserte Ausbildungsqualität und die hohen Ausbildungsvergütungen hatten sich wohl auch auf dem Arbeitsmarkt herumgesprochen.

Seit Anfang 2000 verringerte sich allerdings die Zahl in den Bauhauptberufen deutlich. Gegenüber den 1990er Jahren sank die Ausbildungsquote von 8,1 Prozent auf nur noch 5,3 Prozent. Noch deutlicher fiel der Rückgang der Ausbildungsbetriebsquote von 37 Prozent 1995 auf nur noch 20 Prozent im Jahr 2000 aus, der nicht zuletzt auch Folge der Zellteilung der Bauunternehmen in viele Miniunternehmen ist (Tabelle 7.1). Der Rückgang der Ausbildungszahlen fiel in Ostdeutschland nach Ende des Wiedervereinigungsbooms noch drastischer aus als in Westdeutschland. Im Jahr 1997 wurden in Ostdeutschland mit 50.505 fast so viele Auszubildende gezählt wie im fünffach so bevölkerungsstarken Westen (58.480). Bis 2020 fielen die Zahlen in Ostdeutschland um 86,5 Prozent gegenüber 47,3 Prozent im Westen (ZDB 2020 Tabelle 2).

Da der größte Teil dieses Rückgangs in Phasen hoher Jugendarbeitslosigkeit mit einer Unterversorgung durch Ausbildungsplätze fiel, lässt sich der Einbruch der Ausbildungsquote nur durch ein abnehmendes Ausbildungsplatzangebot erklären. Viele Ausbildungsbetriebe verschwanden vom Markt und andere haben infolge des massiven Beschäftigungseinbruchs keinen Bedarf gesehen und ihre Ausbildung zurückgefahren. Andere konnten ihren Bedarf preisgünstig durch die Einstellung entlassener Fachkräfte decken. Die abnehmende Betriebsgröße mit vielen Minibetrieben und oft nur minimaler Kapitalausstattung erklärt schließlich die starke Abnahme der Ausbildungsbetriebsquote. Hinzu kamen Sonderfaktoren wie die Abschaffung der Meisterpflicht etwa bei den Fliesenlegern, die dort die Ausbildung einbrechen ließ (Bosch 2015), sowie die wachsende Beschäftigung von ausländischen Werkvertragsnehmern als alternative Quelle der Personalrekrutierung.

Mit dem Beschäftigungsaufschwung in der deutschen Wirtschaft seit 2006 hat die Bauwirtschaft wieder mit dem Problem der mangelnden Attraktivität auf dem Ausbildungsmarkt zu kämpfen und kann viele Ausbildungsstellen nicht besetzen. Zu den bekannten Gründen der abnehmenden Attraktivität einer Bautätigkeit (wechselnde Einsatzorte, Abwesenheiten durch externe Baustellen, hohe körperliche Beanspruchung, Wetterabhängigkeit, hohe Arbeitsplatzunsicherheit vor allem in den Klein- und Mittel-

Tabelle 7.1: *Zahl der Auszubildenden, Ausbildungsquote* und Ausbildungsbetriebs-quote**im Bauhauptgewerbe 1950–2020****

Jahr	Zahl der Auszu-bildenden in Tsd.	Ausbildungsquote in %	Ausbildende Baubetriebe in %
1950	93,9	10,3	
1960	52,5	3,5	
1970	28,2	1,8	
1975	35.6	2,9	
1980	67,9	5,4	
1985	68,9	6,7	
1991	64,7	5,4	
1995	99,2	8,1	37 (1996)
2000	62,0	7,3	35
2005	37,1	6,5	25
2010	36,0	6,2	22
2015	36,4	5,6	20
2020	41,4	5,3	20

*Anteil aller Auszubildenden aller Beschäftigten der für die SOKA-BAU beitragspflichtigen Betriebe
** Anteil der ausbildenden Betriebe an allen für die SOKA-BAU beitragspflichtigen Betriebe
*** Bis 1991 nur Westdeutschland
**** 1950 und 1960 nur gewerbliche Auszubildende

Quelle: 1950–1985 nach Streeck u. a. 1987; Geschäftsberichte des ZDB, verschiedene Jahrgänge

betrieben), gefährdet die Branche durch eigenes Zutun die Attraktivität der Branche für den Nachwuchs in beträchtlichem Maß. Durch die abnehmende Tarifbindung und die Abschaffung des Mindestlohns 2 in Ostdeutschland stauchen sich die Löhne auch für qualifizierte Beschäftigte beim Mindestlohn 1 in Ost- und beim Mindestlohn 2 in Westdeutschland. Wie aber will man Jugendliche von einer Berufsbildung in einer Branche überzeugen, in der seit Jahren die Löhne für Fachkräfte nach unten rutschen (Bosch 2020)? Hinzu kommt, dass selbst in tarifgebundenen Betrieben oft nicht der zustehende Fachkräftelohn gezahlt wird. Die Ausbildungsquoten der beiden letzten Jahrzehnte reichen nicht aus, die in den Ruhestand ausscheidenden Fachkräfte zu ersetzen (Abbildung 7.2). Da ein Teil der Ausgebildeten in andere Branchen abwandert (vgl. Kapitel 4), wird der Fachkräftemangel noch viel dramatischer ausfallen, als es die statische Berechnung in Abbildung 3, die die Branchenwechsel nicht berücksichtigt, nahelegt. Es ist schwer nachzuvollziehen, warum eine Branche, die ihren Fachkräftestamm nicht mehr reproduzieren kann, diese Entwicklungen hinnimmt und nicht versucht, das Lohngitter durch eine Allgemeinverbindlicherklärung zu stabilisieren.

Es gibt aber durchaus lokal gut verankerte Baubetriebe, die nach Tarif bezahlen, die Arbeitsbelastungen durch die Nutzung neuer Technologien und einen partizipativen Führungsstil verringern und durch ihr erfolgreiches Geschäftsmodell eine hohe Beschäftigungssicherheit garantieren. Ihnen gelingt es gegen den Trend weit über dem Durchschnitt auszubilden und dann ihre Fachkräfte auch erfolgreich an sich zu binden. Eine hohe Ausbildungsquote und die Ausbildung des eigenen Nachwuchses sind Teil des Geschäftsmodells, das auf qualitativ hochwertiges Bauen und Termintreue setzt. Das folgende Zitat zeigt, dass man ein solches Modell nicht mit kurzfristigen Werbeaktionen umsetzen kann, sondern dass es in allen Facetten der Personalpolitik glaubwürdig verankert sein muss.

»Wir haben seit 1978 ganz intensiv auf Ausbildung gesetzt. ... Vor dem eigentlichen Ausbildungsbeginn, da lade ich die neuen Auszubildenden mit ihren Eltern ein. [...] Da frage ich immer die Eltern: ›Haben Sie sich mal Gedanken gemacht, warum ich Sie mit eingeladen habe‹ Dann kommt in der Regel keine Reaktion, ich sage: ›Ich möchte, dass Sie sehen, dass Ihre Kinder einen hochqualifizierten Beruf erlernen und dann auch in einem sehr ordentlichen Unternehmen anfangen und dass die Bauberufe tolle Berufe sind und dass Sie stolz darauf sind, Sie als Eltern, dass Ihr Kind einen Bauberuf lernt‹. [...] Nach zwei Jahren Ausbildungszeit, machen wir eine sogenannte Halbzeitfahrt, da laden wir die Auszubildenden mit den Eltern wieder ein und machen an einem Samstag eine Rundfahrt mit dem Omnibus über Baustellen. [...] Die Auszubildenden stellen ihren Eltern die Baustellen vor, wo sie mitarbeiten. Sie glauben gar nicht, wenn die dann schon in dem Bus vorne sitzen und den Eltern erzählen, was da gemacht wird [...]. Alle zwei Jahre gibt es auch eben einen [Firmenname]-Lehrlingstag, da ziehen wir eben alle Auszubildenden aller Firmen zusammen und machen in der Regel erst immer etwas Fachliches, da haben wir also im Sommer einen Steinbruch besichtigt, dass die lernen, alles was wir machen, muss ja irgendwo aus der Natur kommen [...] Und dann gibt es eben Teambuilding in so einem Kletterpark, war ein wunderschöner Tag. [...] Wenn wir samstagsnachmittags zurückfahren, dann bin ich in einer Hochstimmung. Wenn sie so 40, 50 junge Leute im Bus hinter sich haben, dann habe ich das Gefühl, Dir kann doch gar nichts mehr passieren. Es gibt bei uns schon seit 15 Jahren keine nicht gelernten Mitarbeiter mehr. Die Ausbildungsquote geht Richtung 20 Prozent. Auf fünf bis sechs Leute, kommt ein Auszubildender. Ich habe mir das selbst zur Aufgabe gemacht und mittlerweile wis-

Abbildung 7.2: Rentenzugänge gewerblicher Arbeitnehmer vs. Gewerbliche Auszubildende im 1. Ausbildungsjahr

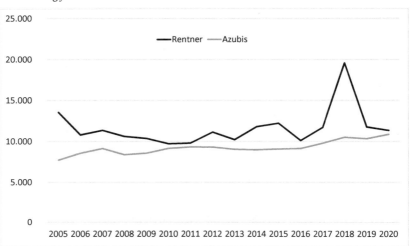

Quelle: HDB 2021b

sen meine Mitarbeiter das auch schätzen. Aber als ich so vor 15 Jahren immer wieder diese Ausbildungskiste aufgelegt habe, da habe ich gesehen in den Gesichtern meiner Führungskräfte, hat der gar nichts anderes zu bedenken als diese Auszubildenden, haben wir keine anderen Sorgen? Und jetzt haben wir keinen Facharbeitermangel, keine Überalterung, das gibt es kaum. Alle sind kurz davor umzufallen, wir haben das nicht.« (Interview Geschäftsführer eines Baubetriebes mit 450 Beschäftigten, 6/2020)

Schon immer lag die Ausbildungsquote in den Kleinbetrieben des Bauhauptgewerbes über dem Branchendurchschnitt. Das Ausbildungsgeschehen hat sich in den letzten Jahrzehnten noch stärker in die kleineren Baubetriebe des Handwerks verlagert. Dies ist die logische Folge der abnehmenden Betriebsgröße im Bauhauptgewerbe sowie des Abbaus gewerblicher Beschäftigter und des zunehmenden Einsatzes von Subunternehmen in den größeren Industriebetrieben. Während die Bauindustrie im Jahr 1996 noch 28 Prozent aller Lehrlinge in den Berufen des Bauhauptgewerbes ausbildete, waren es 2020 nur noch 23 Prozent (ZBD 2020: Tabelle 30, eigene Berechnungen). Diese Verschiebung ist sicherlich auch ein Grund für die stärkere Artikulation der spezifischen Interessen kleinerer Handwerksbetriebe im ZDB bei den Neuordnungen 1999 und 2019.

Tabelle 7.2: Anteil der zweijährigen Bauhaupt-Berufe allen Auszubildenden im Baugewerbe und der Bauindustrie (Deutschland nach Gesamt, Ost und West), 2020

	Gesamt		West		Ost	
	H	I	H	I	H	I
Tiefbaufacharbeiter	1.132	2.299	825	1.375	307	924
Hochbaufacharbeiter	1.561	531	1.165	244	396	287
Ausbaufacharbeiter	945	170	724	117	221	53
(1) Summe	3.638	3.000	2.714	1.736	924	1.264
(2) Alle Azubis	29.102	8.661	25.411	5.473	3.691	3.188
Anteil (1) an (2) in %	12,5	30,3	10,7	31,7	25,0	39,6

*H = Bauhandwerk, I = Bauindustrie
Quelle: ZDB 2020 Tabelle 29; eigene Berechnungen

Noch Anfang der 1990er Jahre war es üblich, fast nur dreijährige Ausbildungsverträge abzuschließen. In den 1990er Jahren nahm der Anteil der zweijährigen Ausbildungsverträge für die sogenannten Tiefbau-, Hochbau- und Ausbaufacharbeiter zu. Wie viele Auszubildende nach bestandener Facharbeiterprüfung in die zweite Stufe wechseln, um zum gehobenen Facharbeiter ausgebildet zu werden, bzw. wie viele dreijährige Verträge nach zwei Jahren beendet werden, wird nicht erhoben.[24] Besonders hoch ist der Anteil der zweijährigen Ausbildungen in der Bauindustrie mit ihren eher standardisierten Bauprozessen (Tabelle 7.2).

Das starke Anwachsen der zweijährigen Ausbildungsverhältnisse gegenüber Anfang der 1990er Jahre hat mehrere Gründe: Die Industrieunternehmen haben erstens auf ihren größeren Baustellen etwa im Straßen- oder Schienenbau mit einem festen Maschinenpark viele sich wiederholende Tätigkeiten, die man auch in einer zweijährigen Ausbildung erlernen kann – umso mehr, als man in großen Kolonnen schrittweise weiterlernen kann. Für die Koordination und Kontrolle der wachsenden Zahl von Nachunternehmen brauchen sie gleichzeitig eine hohe Anzahl qualifizierter Führungskräfte. Zur besseren Selektion bauen sie daher eine Schnittstelle in

---

[24] Statistisch betrachtet werden als Hochbau-, Ausbau- und Tiefbaufacharbeiter die Auszubildenden erfasst, die nach Abschluss der ersten Stufe die Ausbildung beenden. Wird nach Abschluss der ersten Stufe in die zweite gewechselt, erfolgt die statistische Erfassung nach den Berufsbezeichnungen in der zweiten Stufe (Maurer, Betonbauer, usw.) (ZDB 1999a).

die Ausbildung ein; nur die Besten werden weiterqualifiziert und gelten als Nachwuchs für Führungsfunktionen. Zweitens sollen Lohnkosten eingespart werden. Zweijährig ausgebildete Facharbeiter werden mit Berufserfahrung in die Lohngruppe 3 eingestuft, und dreijährig ausgebildet Facharbeiter nach einem Berufsjahr in die Lohngruppe 4. Der Unterschied zwischen beiden Lohngruppen lag in Westdeutschland Anfang 2021 inklusive der Wegzeitenentschädigung immerhin bei 1,80 Euro pro Stunde bzw. bei 168 Monatsstunden 302,40 Euro im Monat. In Ostdeutschland lag die Differenz mit 1,70 Euro etwas niedriger. Zum Dritten versuchen Betriebe, im Wettbewerb um Jugendliche auch die Lernschwächeren zu gewinnen, für die eine dreijährige Ausbildung eher abschreckend wirkt. Viertens schließlich hat der ZBD auch die Betriebe des Handwerks, die wegen ihrer sehr unterschiedlichen Einsatzfelder eher auf eine dreijährige Ausbildung gesetzt haben, zu kürzeren Ausbildungszeiten ermuntert.

7.6 Erschließung neuer Gruppen für die Berufsausbildung

Während die Betriebe in der Baukrise zwischen 1996 und 2005 wegen der Konkurse vieler Betriebe und angesichts des großen Pools arbeitsloser Fachkräfte noch aus dem Vollen schöpfen konnten, änderte sich die Arbeitsmarktsituation mit dem Anziehen der Baukonjunktur grundlegend. Die Rekrutierung neuer Auszubildender wurde schwieriger und eine wachsende Anzahl von Ausbildungsplätzen blieb unbesetzt. Viele Innungen und Betriebe werben inzwischen über Partnerschaften mit Schulen oder auf Bildungsmessen aktiv für eine Ausbildung in der Bauwirtschaft. Zusätzlich verabredeten die Sozialpartner neue Wege, um mit Unterstützung der SOKA-BAU neue Gruppen für eine Ausbildung zu erschließen.

Im Jahr 2013 wurde das Projekt »Berufsstart Bau« gestartet, das sich an förderbedürftige Jugendliche, die nicht direkt eine Ausbildung aufnehmen können, richtet. Die Jugendlichen verbringen während des sechs- bis zwölfmonatigen Praktikums die Hälfte der Zeit in einem Baubetrieb, wo sie einen Einblick in die Bauarbeit erhalten und praktische Erfahrungen sammeln können. In der anderen Hälfte der Zeit erwerben sie berufliche und schulische Grundkenntnisse in den ÜBS der Bauwirtschaft. Der Lernstoff orientiert sich an den Ausbildungsplänen für das erste Ausbildungsjahr und wird durch allgemeinbildende Inhalte ergänzt. Die Jugendlichen werden intensiv durch Sozialpädagogen und Ausbilder unterstützt. Bei Bedarf wird ein individueller Förderplan erstellt, um beispielsweise Rechen- und Rechtschreibkenntnisse zu verbessern. Ziel des Projekts ist, dass die Teilnehmer am Ende *ausbildungsfähig* sind und in ein Ausbildungsverhältnis übernommen werden.

Finanziert wird das Projekt aus Mitteln der Bundesagentur für Arbeit und der SOKA-BAU. Die Bundesagentur für Arbeit übernimmt über ihr Programm »Einstiegsqualifizierung« die Praktikumsvergütungen und die SOKA-BAU finanziert die überbetriebliche Unterweisung. Für die Betriebe bleiben nur geringe Kosten etwa für die Arbeitskleidung und die Unterweisungen. Seit 2013 hat die SOKA-BAU insgesamt 11 Mio. Euro für das Programm ausgeben und mehr als 2000 Jugendliche gefördert (Sutor-Fiedler 2020). Die SOKA-Bau berichtet, dass Jugendliche, die das Projekt durchlaufen haben, ihre Ausbildung seltener abbrechen als Nichtteilnehmer – obwohl ihre persönlichen Voraussetzungen häufig schwierig sind (SOKA-Bau 2019). In den vergangenen Jahren wurden für das Projekt zunehmend Flüchtlinge gewonnen, die wegen mangelnder Sprachkenntnisse nicht direkt eine Berufsausbildung aufnehmen konnten. Im Jahr 2020 wurde das Projekt entfristet.

An Jugendliche mit höheren Berufsabschlüssen richtet sich das duale Studium, in dem eine Hochschulausbildung mit einer Berufsausbildung kombiniert wird. Vor allem die großen und mittleren Unternehmen rekrutieren ihren Nachwuchs für mittlere Führungskräfte auf diese Weise. Sie schätzen die gegenüber dem reinen Hochschulstudium praxisnähere Ausbildung, die zudem den Nachwuchs frühzeitig an den Betrieb bindet, da die Voraussetzung für ein duales Studium ein Ausbildungsvertrag mit dem Unternehmen ist. Die Jugendlichen schätzen trotz der Doppelbelastung die Praxisnähe der Ausbildung, das Einkommen während des Studiums und die guten Karrierechancen (Krone 2019).

Das BiBB erfasste 2020 rund 108.000 dual Studierende in der gesamten Wirtschaft (BiBB 2020b). Man unterscheidet das ausbildungsintegrierende und das praxisintegrierende Studium. Im ausbildungsintegrierenden Studium werden zugleich ein reguläres Ausbildungs- und ein Hochschulabschluss erworben, während im praxisintegrierenden Studium nur Praxisphasen nicht aber eine komplette Berufsausbildung vorgesehen sind. Die Sozialpartner haben sich dafür entschieden, in der Bauwirtschaft nur die »echte Dualität«, die zwei Abschlüsse vorsieht, zu fördern, da nur damit vergleichbare Qualitätsstandards beim beruflichen Anteil gewährleistet sind. Die Förderung der überbetrieblichen Ausbildung der dual Studierenden sowie die Erstattung der Ausbildungsvergütung ist an die Eintragung des Berufsbildungsverhältnisses bei der zuständigen Stelle, also den Handwerks- oder Industrie- und Handelskammern, an die Zahlung der tariflichen Ausbildungsvergütung sowie an eine Ausbildungszeit von mindestens 22 Monaten gebunden. Zudem wird der duale Studiengang auf seine Förderfähigkeit geprüft.

Die Zahl der durch die SOKA-BAU geförderten dual Studierenden wuchs von 328 im Jahr 2010 auf 723 im Jahr 2019 (SOKA-BAU 2019: 6). Die meisten dieser dual Studierenden streben einen Abschluss im Bauingenieurwesen an, da die Betriebe hier den größten Nachwuchsmangel haben. Nur wenige Studiengänge zielen auf einen betriebswirtschaftlichen Abschluss. Es ist aber nicht auszuschließen, dass es weitere ungeförderte Studiengänge mit geringeren Praxisanteilen gibt.

7.7 Finanzierung der Berufsausbildung

Die Umlage zur Finanzierung der Berufsausbildung dient der Kostenentlastung der ausbildenden Betriebe, die durch ihre Ausbildung dazu beitragen, den Fachkräftenachwuchs für die gesamte Branche auszubilden. Die SOKA-BAU erstattet den Betrieben einen erheblichen Anteil der Ausbildungsvergütungen, die den größten Kostenblock der betrieblichen Ausbildungskosten ausmachen. Darüber hinaus finanziert sie die überbetriebliche Ausbildung.

Für jeden kaufmännisch/technischen Auszubildenden werden die monatlichen Vergütungen einschließlich einer Pauschale für die Arbeitgeberbeiträge zur Sozialversicherung für 14 Monate und für jeden gewerblichen Auszubildenden sogar für 17 Monate rückvergütet. Bei einer dreijährigen Ausbildung entspricht das fast der Hälfte der Ausbildungsvergütungen. Noch günstiger ist die Relation bei einer zweijährigen Ausbildung, bei der zwei Drittel der monatlichen Ausbildungsvergütungen rückvergütet werden. Der höhere Ausgleich in den ersten beiden Ausbildungsjahren begründet sich durch die gegenüber dem dritten Ausbildungsjahr längeren überbetrieblichen Ausbildungsblöcke und die geringeren produktiven Beiträge der Auszubildenden. Die beispielhafte Rechnung für die Kosten und Erstattungen einer gewerblichen Berufsausbildung (vgl. Kasten 7.5) zeigt, dass rund 56 Prozent der gesamten Ausbildungsvergütungen durch die Umlage finanziert werden.

Kasten 7.5: Erstattungen an ausbildende Betriebe (Stand 2020)

Erstattungen der monatlichen Ausbildungsvergütungen plus einem Ausgleich für Sozialaufwand (zusätzlich 20 Prozent der Brutto-Ausbildungsvergütung) nach Ausbildungsjahren

	Ausbildungsjahr	*Ausbildungsjahr*	*Ausbildungsjahr*
Gewerbliche Auszubildende	10 Monate	6 Monate	1 Monat
Techn./kaufm. Auszubildende	10 Monate	4 Monate	–

Die Kosten für die in den Ausbildungsordnungen vorgesehenen Maßnahmen übernimmt SOKA-BAU und rechnet diese direkt mit den Ausbildungszentren ab. Hierzu gehören: Kursgebühren, Fahrtkosten der Auszubildenden und Internatskosten.

Ein Rechenbeispiel für die Gesamterstattung bei einer dreijährigen Berufsausbildung

Ein Baubetrieb hat einen gewerblichen Arbeitnehmer, der durchschnittlich 3.000 EUR pro Monat verdient. Für diesen Arbeitnehmer bezahlt der Betrieb monatlich 72 EUR für das Berufsbildungsverfahren an SOKA-BAU (2,4 Prozent vom Bruttolohn des gewerblichen Arbeitnehmers). Würde der Baubetrieb ausbilden, bekäme er folgende Erstattung pro Azubi:

	Ausbildungsvergütung	*Erstattung*
1. Ausbildungsjahr	850 Euro	10.200 Euro (10 Monate x 850 Euro + 20 % Sozialaufwendungen)
2. Ausbildungsjahr	1.200 Euro	8.640 Euro (6 Monate x 1.200 Euro + 20 % Sozialaufwendungen)
3. Ausbildungsjahr	1.475 Euro	1.770 € (1 Monat x 1.475 Euro + 20 % Sozialaufwendungen)

SOKA-BAU: Gesamterstattung Ausbildungsvergütung: 20.610 Euro
+ Übernahme der Kosten für die überbetriebliche Ausbildung inkl. Fahrtkosten: ca. 17.000 Euro
= ca. 38.000 € Förderung

> Betriebliche Aufwendungen für Ausbildungsvergütungen: 30.150 Euro
> **Gesamtkosten der Ausbildung = 68.150 Euro (Anteil der Förderung 56 Prozent)**
>
> *Quelle: SOKA-BAU 2020*

Die Finanzierung der Dauer der überbetrieblichen Ausbildung für die unterschiedlichen Ausbildungsberufe ist in den Berufsordnungen und dem allgemeinverbindlichen Tarifvertrag über die Berufsausbildung im Baugewerbe (BBTV) festgehalten. Für die gewerblichen Auszubildenden in den Berufen des Bauhauptgewerbes liegt die Dauer der überbetrieblichen Ausbildung – wie bereits erwähnt – zwischen 32 und 37 Wochen. Für kaufmännische Auszubildende wurden im BBTV 50, für technische Auszubildende 90, für bestimmte Berufe wie Elektriker oder Mechatroniker 150 Tage und für sonstige gewerbliche Berufe 75 Tage festgelegt. Die ÜBS erhalten für jeden Ausbildungstag 45 € und bei einem Internatsbetrieb zusätzlich 34 Euro (Stand 2020). Sie zahlen den Auszubildenden auch die Fahrtkosten, die ihnen dann von der SOKA-BAU rückvergütet werden.

Durch das starke finanzielle Engagement der Sozialkassen bei der Förderung der Bau-Berufsausbildung in den neuen Bundesländern floss in der ersten Hälfte der 1990er Jahre über die Sozialkassen fast eine Milliarde DM aus Beiträgen der westdeutschen Baubetriebe zur Subventionierung der Berufsausbildung in die neuen Bundesländer. Ein weiterer Finanztransfer zu den ostdeutschen Baubetrieben ergab sich aus dem dortigem starken Anstieg der Ausbildungszahlen, dem ein wegen der niedrigeren Löhne in Ostdeutschland unterdurchschnittliches Beitragsaufkommen gegenüberstand. Im Ergebnis gerieten Einnahmen und Ausgaben in eine Schieflage.

Zur Finanzierung dieser zusätzlichen Ausgaben stieg die Umlage für die Berufsausbildung auf bis zu 2,8 Prozent der Bruttolohnsumme im Jahr 1998. Um die Umlage wieder zu senken, blieben nur Leistungskürzungen. 1997 wurden die Ausbildungsvergütungen in Ost- und Westdeutschland um 10 Prozent gekürzt. 1999 erfolgte in den neuen Bundesländern für die Auszubildenden des zweiten und dritten Lehrjahres eine weitere Absenkung um 10 Prozent. Weiterhin wurden die Kostenerstattungen für die Betriebe verringert. Die Zahl der Erstattungsmonate für die Ausbildung gewerblicher Lehrlinge wurde von 23 auf 17 Monate reduziert. Dies ermöglichte eine Absenkung der Umlage. Sie schwankte von 1999 und 2020 zwischen 1,6 und

2,4 Prozent. Immer wenn sich Reserven gebildet hatten, konnte man die Umlage zeitweise senken.

Bis 2020 wurde die Umlage als Prozentsatz der Bruttolohnsumme der gewerblich Beschäftigten erhoben. Das belastete die Handwerksbetriebe mehr als die Bauindustrie mit ihrem höheren Angestelltenanteil. Zur Finanzierung der erhöhten Aufwendungen für die Internatsunterbringung in der Corona-Pandemie wurde 2021 erstmals auch ein Beitrag für Angestellte vereinbart. Ab dem 1.April 2021 müssen die Betriebe für jeden Angestellten eine Berufsbildungsabgabe von 18 Euro pro Monat zahlen, um die Ungleichgewichte zwischen Bauhandwerk und -industrie zu verringern.

Die für die Attraktivität der Bauberufe aber auch für die Erstattungen wichtigen Ausbildungsvergütungen liegen in Westdeutschland seit der Reform in den 1970er Jahren an der Spitze. Ein Auszubildender im Bauhauptgewerbe erhielt dort 2019 im ersten Ausbildungsjahr 850 Euro, im zweiten 1.198 Euro und im dritten 1.473 Euro pro Monat. Allerdings hat sich in den letzten 20 Jahren der Vorsprung durch die Kürzungen in den 1990er Jahren etwas verringert. Im Jahr 1998 lagen die Ausbildungsvergütungen im metallverarbeitenden Gewerbe (Industriemechaniker) im dritten Ausbildungsjahr noch rund 40 Prozent unter dem Niveau des Bauhauptgewerbes, 2019 waren es nur noch 33 Prozent. In Ostdeutschland konnte aufgrund der dortigen Organisationsschwäche der IG BAU nach der Wiedervereinigung sowie durch die doppelten Kürzungen der Ausbildungsvergütungen Mitte der 1990er Jahre diese Spitzenstellung nicht erreicht werden. Die Vergütung für Auszubildende im Bauhauptgewerbe (am Beispiel Mauergewerbe) liegt heute leicht unter der der Industriemechaniker/in.[25]

7.8 Zusammenfassung

Die Erosion des Berufsbildungssystems im Bauhauptgewerbe in den 1960er Jahren veranlasste die Sozialpartner zu einer im Vergleich zu anderen Branchen sehr weitgehenden Berufsausbildungsreform. Die klassische Beistelllehre in den Betrieben wurde durch eine breite Grund- und Fachausbil-

---

25 Die Ausbildungsvergütungen sind auf der Webseite des BIBB zu finden unter: https://www.bibb.de/dokumente/pdf/2019_Dav_Gesamtuebersicht_Ausbildungsverguetungen_Ost_West.pdf zu finden (letzter Zugriff: 09.12.2021)

dung in den ÜBS ergänzt. Ermöglicht wurde dieser Übergang vom dualen System zu einem Ausbildungssystem mit drei Lernorten durch eine Umlagefinanzierung. Die Sozialkassen erstatteten den Betrieben hohe Anteile der Ausbildungsvergütungen sowie die Kosten für die überbetriebliche Ausbildung. Durch diesen Kostenausgleich für ausbildende Betriebe, dies waren vor allem die Klein- und Mittelbetriebe des Bauhandwerks, konnte die Ausbildungsbereitschaft der Betriebe bis in die 1990er Jahre deutlich erhöht werden. Die deutliche Anhebung der Ausbildungsvergütungen erleichterte die Rekrutierung von Auszubildenden.

Eine solche umfassende Reform, die auch nicht ausbildende »Trittbrettfahrer« zur Kasse bittet, war im Konsens nur unter den besonderen Bedingungen der Bauwirtschaft möglich. Am wichtigsten war sicherlich für alle Beteiligten die Gewähr, dass die Erträge der Ausbildung nur der Branche und nicht anderen Branchen zugutekommen. Die gewerblichen Bauberufe, bei denen die Erstattungen der Ausbildungsvergütungen und die Dauer der überbetrieblichen Ausbildung am höchsten liegen, werden fast nur in der Baubranche nachgefragt, so dass nicht nur die Finanzierungslasten, sondern auch die Erträge in der Branche verbleiben. Die zweite Bedingung war die Überschaubarkeit der Akteure und ihre Bereitschaft, divergierende Interessen auszugleichen. Letztendlich entschieden nur drei Spitzenverbände der Bauwirtschaft über die Neuordnung. Und: Die Umlage war anders als in der ideologisierten allgemeinen Diskussion über Berufsbildung nicht das trennende, sondern das einende Element, da schon langjährige Erfahrung mit den Sozialkassenverfahren vorhanden war. Der Umverteilungseffekt von nichtausbildenden zu ausbildenden Betrieben half dem Bauhandwerk, seine Einwände gegen einen zu starken Ausbau der betriebsexternen Ausbildung zurückzustellen, der den frühen produktiven Einsatz der Auszubildenden – einer der starken Anreize für die alte Beistellehre – einschränkte.

In den 1990er Jahren nahm dennoch die Kritik des Bauhandwerks an der »Betriebsferne« der überbetrieblichen Ausbildung zu. Da sich die Ausbildung zunehmend in die Klein- und Mittelbetriebe verlagert hatte, konnten sie ihre Interessen nun stärker zur Geltung bringen. Die Neuordnung der Bauberufe 1999 endete nicht im Konsens. Neben der einvernehmlich beschlossenen Modernisierung der Ausbildungsordnungen kam es zum Dissens über die Präsenz der Auszubildenden im Betrieb. Per Erlass des Wirtschaftsministeriums wurde auf Druck des Zentralverbandes des Deutschen Baugewerbes eine Öffnungsklausel eingeführt, nach der die Kammern die überbetriebliche Ausbildungszeit um fünf Wochen verkürzen können. Um sich nicht wieder die Entscheidungen aus der Hand nehmen zu lassen, wurde von allen Verbänden bei der nächsten Neuordnung 2019 wieder der Konsens gesucht und hergestellt.

Vor 20 Jahren (Bosch/Zühlke-Robinet 2000) hatten wir – wie auch andere Autoren (z. B. Syben 1999) – die offene Flanke im System der Berufsausbildung vor allem in Expansion der zweijährigen Ausbildung gesehen, die eine abgespeckte Ausbildung ermöglicht. Diese »qualifikatorische Schrumpfkur« (Syben 1999: 237) kann der Vorbote einer Auflösung des einheitlichen Systems der Berufsausbildung im Bauhauptgewerbe sein. Dies würde auch die Arbeitsorganisation stärker hierarchisieren. Im Zuge des wachsenden Einsatzes von vielfach schlecht qualifizierten Werkvertragsarbeitnehmern sammeln die Betriebe gegenwärtig reichlich Erfahrungen mit solchen Formen der Arbeitsorganisation.

Diese Veränderungen in der Ausbildung betreffen auch das gewerbliche Führungspotenzial, das überwiegend aus dem eigenen Fachkräftestamm gewonnen wird; Polier und Meister kann nur werden, wer eine dreijährige Berufsausbildung abgeschlossen hat. Wenn nun weniger ausgebildet wird, wird auch das Reservoir, aus dem Führungspersonal rekrutiert werden kann, kleiner. Aber je mehr ungelerntes oder angelerntes Personal beschäftigt wird, desto mehr gewerbliches Führungspersonal zur Anleitung, Aufsicht und Kontrolle wird benötigt.

»Wenn Unternehmen auf den Fachkräftestamm verzichten, den sie eigentlich bräuchten, um immer wieder Führungskräfte zu haben, damit sie auf einen Fachkräftestamm verzichten können, dann schnappt die Qualifikationsfalle zu. [...] Eine Arbeitskräftestrategie, die auf einen eigenen Fachkräftestamm verzichtet, zerstört selbst die Bedingungen ihres Funktionierens. Je mehr sie auf Fachkräfte verzichtet, desto mehr benötigt sie sie. Je mehr sie sich von qualifizierten Polieren abhängig macht, desto zuverlässiger verhindert sie deren Heranbildung. Je konsequenter eine solche Arbeitskräftestrategie also umgesetzt wird, umso zuverlässiger vermeidet sie, dass sie auf Dauer funktionieren kann.« (Syben 1999: 233)

An dieser Einschätzung halten wir auch heute noch fest. Allerdings ist die Situation kritischer als um die Jahrtausendwende. Damals war die Ausbildungsquote mehr als doppelt so hoch wie im Jahr 2020. Außerdem wurden – zumindest in Westdeutschland – die meisten Facharbeiter nach Tarif bezahlt, was die Branche auch finanziell attraktiv machte. Heute liegt die Ausbildungsquote so niedrig, dass der Fachkräftestamm nicht mehr reproduziert werden kann. Zudem müssen viele Facharbeiter damit rechnen, nur wenig mehr als den Branchenmindestlohn zu erhalten (vgl. Kapitel 5), was eine Ausbildung in der Branche zunehmend unattraktiv macht. Gleichzeitig verändert sich das Angebot an Auszubildenden. Durch die demografische Entwicklung, also die abnehmende Zahl von Schulabgängern und die gleichzeitige Akademisierung sinkt die Nachfrage nach Ausbildungsplätzen im dualen System. Die Bauwirtschaft ist davon stärker betroffen als die Dienstleistungsberufe und versucht, Auszubildende auch mit schwächeren Schulabschlüssen zu gewinnen. Eine zweijährige Ausbildung und die geplante Nachqualifizierung in den ÜBS kann damit einen Beitrag leisten, diese Gruppen für die Bauwirtschaft zu gewinnen.

Die neuen Förderprogramme für lernschwache und lernstarke Jugendliche sowie die Bemühungen der Verbände und Betriebe über Partnerschaften mit Schulen, zusätzliche Auszubildende zugewinnen, reichen aber nicht aus, die altersbedingt ausscheidenden Fachkräfte voll zu ersetzen. Es ist daher davon auszugehen, dass die deutsche Bauwirtschaft in Zukunft noch mehr als heute auf ausländische Werkvertragsnehmer zurückgreifen muss.

Literatur

Bauindustriebrief (1975), »Gegen den Nachwuchsmangel: Finanzierungshilfe zur Ausbildung«, in: *Bauindustriebrief* H. 12, S. 12.

Sutor-Fiedler, Maike (2020), *Bauwirtschaft setzt Projekt »Berufsstart Bau« fort*, in: Baunetzwerk.biz vom 21.09.2020, letzter Zugriff 17.08.2021, https://www.baunetzwerk.biz/bauwirtschaft-setzt-projekt-berufsstart-bau-fort.

BiBB (2017), *Ausbildungsordnungen und wie sie entstehen*, 8., aktualisierte Auflage, Bonn.

BiBB (2019), Datenreport zum Berufsbildungsbericht 2019. Informationen und Analysen zur Entwicklung der beruflichen Bildung, Bonn.

BiBB (2020a), Empfehlung des Hauptausschusses des Bundesinstituts für Berufsbildung vom 17. November 2020 zur ›Anwendung der Standardberufsbildpositionen in der Ausbildungspraxis‹, in: *BAnz AT*, H. 22.12.2020 S. 4.

BiBB (2020b), *Aufwärtstrend beim dualen Studium hält an. BIBB legt Auswertung der Datenbank »AusbildungPlus« vor*, Pressemitteilung vom 07.07.2020, Bonn., letzter Zugriff: 31.08.2021, https://www.bibb.de/dokumente/pdf/pmausbildungplusinzahlendualesstudium.pdf.

BMWI (2019), Ergebnis des Antragsgesprächs zur Modernisierung der 19 Bauberufe am 29. August 2019 im Bundesministerium für Wirtschaft und Energie, Bonn.

Bosch, Gerhard (2010), In Qualifizierung investieren: ein Weiterbildungsfonds für Deutschland, *Expertise*, in: Friedrich-Ebert-Stiftung Abt. Wirtschafts- und Sozialpolitik. Gesprächskreis Arbeit und Qualifizierung (Hg.), Bonn.

Bosch, Gerhard (2015): *Durch die abgeschaffte Meisterpflicht. Handwerk: Ausbildung bricht ein.* Pressemitteilung vom 18.12.2015, Duisburg, letzter Zugriff 30.08.2021, https://www.uni-due.de/iaq/pressemitteilung.php?pm=20151218.

Bosch, Gerhard (2020), Wirkungen und Kontrolle des Mindestlohns für qualifizierte Beschäftigte im deutschen Bauhauptgewerbe. Gutachten im Auftrag der Industriegewerkschaft Bauen-Agrar-Umwelt (IG BAU), Institut Arbeit und Qualifikation, *IAQ-Forschung*, H. 2020-03, Duisburg.

Bosch, Gerhard/Zühlke-Robinet, Klaus (2000), Der Bauarbeitsmarkt in Deutschland. Zum Zusammenhang von Produktionsstrukturen, Arbeitsmarkt und Regulierungssystem, in: *Industrielle Beziehungen*, Jg. 6, H. 3, S. 239–267.

Brussig, Martin/Jansen, Andreas (2019), Beschäftigungskontinuität und -diskontinuität bei älteren Dachdeckern, Institut Arbeit und Qualifikation, *Altersübergangs-Report*, H. 2019-01, Duisburg.

Clarke, Linda/Winch, Christopher/Brookmann, Michaela (2013), Trade-based skills versus occupational capacity: the example of bricklaying in Europe, in: *Work, Employment & Society*, Jg. 27, H. 6, S. 932–951.

Clarke, Linda/Sahin-Dikmen, Mehalat/ Winch, Christopher (2020), Transforming vocational education and training for nearly zero-energy building, in: *Buildings and Cities*, Jg. 1, H. 1, S. 650–661.

IG BAU (2019), *Einigung über die Neuordnung der Ausbildungsberufe*, in: igbau.de, 20.02.2019, letzter Zugriff: 22.10.2020, https://igbau.de/einigung-fuer-die-neuordnung-der-ausbildungsberufe.html.

HDB (Hauptverband der deutschen Bauindustrie) (2021a), Stufenausbildung im Baugewerbe, letzter Zugriff: 15.7.2021, https://www.bauindustrie.de/fileadmin/bauindustrie.de/Themen/Bildung/stufen-der-bauausbildung.png

HDB (Hauptverband der deutschen Bauindustrie) (2021b), Ausbildung in der Bauwirtschaft, letzter Zugriff: 11.10.2021, https://www.bauindustrie.de/zahlen-fakten/bauwirtschaft-im-zahlenbild/ausbildung-in-der-bauwirtschaft

Henniges, Hasso (1994), Die berufliche, sektorale und statusmäßige Umverteilung von Facharbeitern, Institut für Arbeitsmarkt- und Berufsforschung, *Beiträge zur Arbeitsmarkt- und Berufsforschung*, H. 182., Nürnberg.

Hoch, Hans-Dieter (1999), Neuordnung der Berufsausbildung in der Bauwirtschaft, in: *Berufsbildung in Wissenschaft und Praxis*, Jg. 28, H. 5, S. 43–45.

Hoch, Hans-Dieter (2000), Neuland betreten – die Neuordnung der Berufsausbildung in der Bauwirtschaft, in: *BWP*, H. 2/2000, S. 33–37.

Hogeforster, Jürgen (1997), Überbetriebliche Ausbildung: Contra, in: *fundamente* Zeitschrift der IG Bauen-Agrar-Umwelt, Bundesvorstand, H. 2, S. 8.

Krone, Sirikit (2019), Duales Studium aus der Perspektive der Studierenden, in: Hembkes, Barbara/Wilbers, Karl/Heister, Michael (Hg.), *Durchlässigkeit zwischen beruflicher und hochschulischer Bildung*, Bonn, S. 462–478.

Mendius, Hans-Gerhard (1988): Nutzung und Herstellung berufsfachlicher Qualifikation in Kleinbetrieben, Arbeitskreis Sozialwissenschaftliche Arbeitsmarktforschung, *Arbeitspapier*, H. 1988-8, Gelsenkirchen.

Meyser, Johannes/Uhe, Ernst (2006): Handelnd Lernen in der Bauwirtschaft. Handreichung für die Ausbildung, 3. Auflage, Konstanz.

Offe, Claus (1975), Berufsbildungsreform. Eine Fallstudie über Reformpolitik. Frankfurt.

Neubäumer, Renate (1995), Schwer besetzbare Arbeitsplätze als Betriebsgrößenproblem, in: Semlinger, Klaus/Frick, Bernd (Hg.), *Betriebliche Modernisierung in personeller Erneuerung*, Berlin, S. 109–122.

Pahl, Hans-Detlef (1992), Ausbildung und Beschäftigung von Facharbeitern in der Bauwirtschaft in: Syben, Gerd (Hg.), *Mamor, Stein und Computer. Beiträge zur Soziologie des Bausektors*, Berlin, S. 59–80.

Schmude, Jürgen (1979), Zehn Jahre Berufsbildungsgesetz Weiterarbeit an der Verbesserung der beruflichen Bildung, in: *BWP*, Jg. 8, Sonderheft, S. 2–4.

Schreiber, Daniel (2019), Berufsbildung 4.0 – Fachkräftequalifikationen und Kompetenzen für die digitalisierte Arbeit von morgen: Der Ausbildungsberuf »Straßenbauer/-in« im Screening, Bundesinstitut für Berufsbildung, *Wissenschaftliche Diskussionspapiere*, H. 214, Bonn.

SOKA-BAU (2014), Abschlussbericht zur Erstprüfung. Prüfung von Mindest-Qualitätsanforderungen in überbetrieblichen Ausbildungsstätten der Bauwirtschaft, Wiesbaden.

SOKA-BAU (2016), Prüfung von Mindest-Qualitätsanforderungen in überbetrieblichen Ausbildungsstätten der Bauwirtschaft – Abschlussbericht zur Wiederholungsprüfung, Wiesbaden.

SOKA-BAU (2019), Ausbildungs- und Fachkräftereport der Bauwirtschaft, Wiesbaden.

SOKA-BAU (2020), Zahlung und Erstattung der Ausbildungsvergütung, letzter Zugriff: 14.12.2020, https://www.soka-bau.de/arbeitgeber/leistungen/berufsausbildung/zahlung-und-erstattung

Streeck, Wolfgang (1983), Die Reform der beruflichen Bildung in der westdeutschen Bauwirtschaft 1969–1983. Eine Fallstudie über die Verbände als Träger öffentlicher Politik, Wissenschaftszentrum Berlin, International Institute of Management, Labour market policy, *discussions papers*, Jg.83, H. 23, Berlin.

Syben, Gerhard (1999): Die Baustelle der Bauwirtschaft. Arbeitskräftepolitik und Unternehmensentwicklung auf dem Wege ins 21. Jahrhundert, Berlin.

ZDB (1999): Baujahr '98, in: Zentralverband des Deutschen Baugewerbes (Hg.), *Jahrbuch des Deutschen Baugewerbes*. Bd. 49, Bonn.

ZDB (2020): Baumarkt 2019. Perspektiven 2020, Berlin.

8. Die Transnationalisierung des Bauarbeitsmarktes

8.1 Einleitung

Auf vielen Großbaustellen trifft man oft kaum noch heimische Arbeitskräfte an. Vor allem im Hochbau sind vielfach nur noch die Poliere und einige Fachkräfte – wie Dachdecker oder Zimmerer – Inländer; die anderen Beschäftigten sind entsandte Arbeitskräfte vor allem aus Ost und Südeuropa. Der Bauarbeitsmarkt mit seinem babylonischen Sprachgewirr ist nicht nur internationaler geworden; geändert haben sich auch die Beschäftigungsformen der ausländischen Arbeitskräfte.

Die ab Ende der 1950er Jahre wegen des Arbeitskräftemangels angeworbenen ausländischen Arbeitskräfte erhielten Arbeitsverträge nach deutschem Recht. Für sie galten die deutschen Arbeits- und Sozialgesetze und auch die Tarifverträge, sofern ihr Betrieb tarifgebunden war (Bosch u. a. 2002). Heute werden jedoch zunehmend Arbeitskräfte eingesetzt, die bei Unternehmen mit Sitz im Ausland beschäftigt sind. Diese Unternehmen führen Werkverträge auf deutschen Baustellen mit eigenen Arbeitskräften aus, die sie temporär nach Deutschland entsenden. Es hat sich fälschlicherweise eingebürgert, diese entsandten Kräfte »Werkvertragsnehmer« zu nennen, obwohl nicht sie, sondern ihr Unternehmen einen Werkvertrag abgeschlossen hat. Wenn man einmal von gesuchten Fachkräften und Spezialfirmen absieht, kommen die meisten dieser Entsandten aus Ländern, in denen erheblich niedrigere Löhne gezahlt werden als in Deutschland. Das treibende Motiv, Aufträge an ausländische Subunternehmer zu vergeben, liegt nicht in der Nutzung von Spezialisierungsvorteilen, sondern ausschließlich in den geringeren Preisen infolge der niedrigeren Löhne im Heimatland.

Zusätzlich finden sich auf Baustellen soloselbständige Ausländer, die ihr eigenes Gewerbe in Deutschland angemeldet haben. Viele von ihnen sind scheinselbständig, die Gewerbeanmeldung erfolgt über organisierte Schlepper und die Selbständigkeit dient nur der Umgehung der Bau-Mindestlöhne und der Sozialabgaben. Aufgrund fehlender Deutschkenntnisse wissen viele Scheinselbständige oftmals gar nicht, dass sie eine Anmeldung zur Soloselbständigkeit unterschrieben haben, weil sie von der Unterzeichnung eines Arbeitsvertrags für eine abhängige Beschäftigung ausgehen (Bosch/Hüttenhoff/Weinkopf 2019: 117).

Die Dynamik auf dem deutschen und den anderen europäischen Bauarbeitsmärkten lässt sich mittlerweile ohne eine nähere Kenntnis des Umfangs, der Einsatzbereiche und der Regulierungen von Entsendungen und Scheinselbständigkeit nicht mehr verstehen. Im Folgenden werden daher zunächst die rechtlichen Grundlagen für Entsendungen aus den Mitglieds- und Nichtmitgliedsländern der EU untersucht (Abschnitt 8.2). Es folgt eine Darstellung der rechtlichen Möglichkeiten, Mindestarbeitsbedingungen für Entsandte festzulegen. Von zentraler Bedeutung sind hier die europäische Entsenderichtlinie und ihre Umsetzung in deutsches Recht über das Arbeitnehmer-Entsendegesetz (AEntG), das die rechtliche Grundlage für den Abschluss von Branchenmindestlöhnen im Bauhauptgewerbe liefert (Abschnitt 8.3). Anschließend geht es um die quantitativen Dimensionen der Entsendungen und ihre Aufschlüsselung nach Dauer und Herkunftsländern (Abschnitt 8.4) sowie die durch viele illegale Praktiken gekennzeichnete Beschäftigung von entsandten Arbeitskräften (Abschnitt 8.5). Die Balance zwischen Kosten und Qualität gelingt nicht allen Betrieben und es lässt sich manch ernüchternde Erfahrung beim Einsatz scheinbar kostengünstiger ausländischer Subunternehmer beobachten. Die spürbaren Auswirkungen der Transnationalisierung des Bauarbeitsmarktes auf das Tarifgefüge und die von den Tarifpartnern bereits vereinbarten Kostensenkungen wurden bereits in Kapitel 4 angesprochen.

8.2 Die rechtlichen Grundlagen grenzüberschreitender Bauarbeit

Der Einsatz ausländischer Beschäftigter aus EU-Mitgliedsstaaten auf deutschen Baustellen und auch in anderen Branchen basiert auf der Personen- und der Dienstleistungsfreiheit, die zu den vier Grundfreiheiten des europäischen Binnenmarktes zählen. Der freie Personenverkehr erlaubt allen EU-Bürger*innen die Aufnahme einer Erwerbstätigkeit entweder in einer abhängigen Beschäftigung oder durch eine Niederlassung als Selbständiger in einem anderen EU-Mitgliedstaat. Die Dienstleistungsfreiheit ermöglicht Unternehmen, in einem anderen EU-Land Aufträge mit eigenen Arbeitskräften auszuführen und zu diesem Zwecke ihre Beschäftigten temporär in dieses Land zu entsenden. Hinzu kommen noch Entsendungen aus Drittländern, die auf besonderen Kontingentverträgen beruhen. So erlaubt etwa die sogenannte »Westbalkanregelung« den Einsatz von jährlich bis zu 25.000 Beschäftigten aus Albanien, Bosnien und Herzegowina, Kosovo, Nordmazedonien und Serbien, von denen ein Teil in der Bauwirtschaft arbeitet.

Die rechtliche Stellung dieser drei Migrationsformen (individuelle Migration, Niederlassung und Entsendung) ist sehr unterschiedlich (Tabelle 8.1). Mit der Aufnahme einer abhängigen Beschäftigung wechseln die Migranten in ein anderes Rechtssystem und unterliegen den Bedingungen des Ziellandes. Anfängliche Diskriminierungen der Gastarbeiter in den 1960er und 1970er Jahren konnten unter Verweis auf Artikel 119 des EU-Vertrages unterbunden werden, der gleichen Lohn für gleiche Arbeit für Männer und Frauen und ebenso für Aus- und Inländer festlegte. In den 1960er und 1970er Jahren vertraten die Mitgliedsstaaten noch einhellig das Ziel der Harmonisierung der Arbeitsbedingungen bei Erhalt der besseren Arbeitsbedingungen in den Ländern. Das Projekt der europäischen Einigung sollte damals durch eine Befriedung arbeitsmarktpolitischer Konfliktpotentiale der Migration nicht gefährdet werden.

Auch für die Niederlassung gelten die heimischen Gesetze. Scheinselbständigkeit, durch die die Sozialabgaben hinterzogen und Arbeitsgesetze umgangen werden können, ist nicht erlaubt und wird bei Aufdeckung sanktioniert. Im Arbeitsrecht sind Kriterien für das Erkennen von Scheinselbständigkeit festgelegt, wie etwa die Einbindung in die Arbeitsorganisation des Auftraggebers oder die Tätigkeit nur nach Anweisungen. Darüber hinaus müssen die notwendigen Qualifikationsvoraussetzungen für die Eröffnung eines eigenen Unternehmens erfüllt sein, wozu in den zulassungspflichtigen Bauberufen auch der Meisterbrief oder eine gleichwertige Befähigung gehören. Über das Wettbewerbsrecht versuchten die für den Binnenmarkt zuständigen Verantwortlichen der Europäischen Kommission allerdings mehrfach, die Zulassungspflicht im deutschen Handwerk als unzulässigen Eingriff in die Dienstleistungsfreiheit aufzuheben, ohne deren Bedeutung für die Qualität des Bauens und den Schutz der Beschäftigten und der Allgemeinheit vor Unfällen oder Gefährdungen durch unsachgemäße Bauarbeit überhaut zu reflektieren. Der damalige deutsche Wirtschaftsminister Clement hatte sich diese Lesart zu eigen gemacht, als auf seine Initiative im Jahr

2004 die Meisterverpflichtung in 53 Berufen, darunter auch dem Bauberuf des Fliesenlegers, aufgehoben wurde. Gegen die von der Europäischen Kommission geforderte gänzliche Abschaffung der Meisterzulassung kündigte die Bundesregierung 2017 jedoch heftigen Widerstand an, so dass die EU-Kommission ihren entsprechenden Vorschlag zurückzog. Die EU-Kommission wartete nach diesem kurzen Burgfrieden jedoch nur auf eine günstige Gelegenheit, ihre Forderungen nach Abschaffung der Meisterpflicht in Deutschland an anderer Stelle erneut auf den Tisch zu legen. Diese Gelegenheit bot sich 2020 im Länderbericht des Europäischen Semesters zu Deutschland, in dem die sogenannte Rückvermeisterung von 12 Handwerksberufen und die Handwerksordnung insgesamt als Wettbewerbshindernisse bezeichnet werden (Europäische Kommission 2020: 82). Dabei wird völlig übersehen, dass durch die Anerkennung vergleichbarer Qualifikationen etwa durch den Nachweis von drei bis sechs Jahren in führender Tätigkeit in einem Beruf eine Niederlassung in Deutschland schon erleichtert worden ist.

Aufgrund des Einbruchs der Ausbildung und der massenhaften Registrierung ausländischer Fliesenleger bei den Kammern, die dann als Scheinselbständige auf den Baustellen eingesetzt wurden (Kasten 8.1), wurden 12 Berufe, darunter die Fliesen-, Estrich- und Parkettleger, wieder rückvermeistert.

Kasten 8.1: Deregulierung und Rückvermeisterung des Fliesenlegerberufs

2004 wurde in 53 Berufen die Meisterpflicht abgeschafft. Betriebsgründungen waren in diesen Bereichen nunmehr nicht mehr an den Nachweis einer Qualifikation gebunden. Mit dieser Gesetzänderung sollten Existenzgründungen erleichtert, mehr Arbeitsplätze im Handwerk geschaffen und durch den größeren Wettbewerb auch die Preise gesenkt werden. Betroffen waren davon auch mehrere Bauberufe.

In der Folge kam es tatsächlich zu einer fast explosionsartigen Zunahme der Existenzgründungen in einigen der deregulierten Berufe, die sich auch nicht nur annähernd mit dem gestiegenen Bedarf an Handwerksleistungen in diesen Berufen begründen lassen. Die Expansion bei den zulassungsfreien Handwerksbetrieben erfolgte fast ausschließlich bei Soloselbstständigen.

Weiterhin brachen die Ausbildungszahlen ein, da Soloselbständige nicht ausbilden und die Anreize für eine Ausbildung und einen Meisterbrief entfielen. Der Beschäftigungszuwachs bei den zulassungsfreien Handwerksberufen betraf vor allem an- und ungelernte Beschäftigte (Müller 2018: 21). Während die Ausbildungsquote in den Berufen mit weiter bestehender Meisterpflicht im Jahr 2013 bei 10 Prozent lag, betrug sie bei den zulassungsfreien Handwerksberufen mit sinkender Tendenz nur 2,8 Prozent (Müller 2018: 29).

Ein weit überdurchschnittlicher Anteil der Neugründungen entfiel auf Ausländer aus Mittel- und Osteuropa. Sie konnten so auch die Übergangsregelungen bei der Zuwanderung bei der Osterweiterung, die zwischen 2004 und 2011 galten, umgehen. In der Praxis wurden viele dieser soloselbständigen Fliesenleger mit derselben Adresse angemeldet. Sie waren meist Scheinselbständige, die weisungsgebunden in Kolonnen auf dem Bau eingesetzt wurden. Die schlechte Entlohnung der neuen Scheinselbständigen spiegelte sich auch in den sinkenden durchschnittlichen Gewerbeerträgen wider. Zwischen 1991 und 2003 lag der Anteil der Betriebe im zulassungsfreien Handwerk mit einem jährlichen Gewerbeertrag von unter 24.500 Euro bei 65,9 Prozent. Bis 2011–2013 stieg dieser Anteil der Betriebe mit geringen Gewerbeerträgen trotz der beträchtlichen Preissteigerungen in diesen zwei Jahrzehnten sogar auf 91,8 Prozent (Müller 2018; Bizer u. a. 2019).

Eine Sonderauswertung der Gewerbestatistik durch die Handwerkskammer Düsseldorf für dieses Projekt zeigt die Folgen dieser Nutzung der Niederlassungsfreiheit für illegale Leiharbeit im Bauhauptgewerbe am Beispiel der Fliesenleger. Der Bestand der Betriebe in diesem Gewerbe wuchs um fast das zehnfache von 695 im Jahre 2003 auf 6.073 Betriebe im Jahre 2017. Gleichzeitig erhöhte sich aufgrund der oft nur kurzfristigen Tätigkeit das betriebliche Fluktuationsgeschehen. Während 2003 nur 59 neue Betriebe angemeldet wurden, waren es zwischen 2004 und 2019 zwischen 914 und 1.576 pro Jahr. Die Zahl der Abmeldungen, die im Jahr 2003 nur bei 47 lag, erhöhte sich bis 2012 auf über 1.000 und blieb danach auf diesem Niveau.

Die Reform der Handwerksordnung von 2003 ist gründlich gescheitert. Im Ergebnis hat man illegaler Beschäftigung die Tür geöffnet und gleichzeitig auch das duale Ausbildungssystem beschädigt. Vor allem war die Grundannahme falsch, dass es aufgrund der Meisterpflicht zu wenig Wettbewerb gäbe. Durch das Aufstiegs-BAföG, das früher Meister-BAföG genannt wurde, fördert der Staat die Meisterausbildung sehr großzügig, so dass auf der Angebotsseite – wie von neoliberalen Ökonomen auf nationaler (z. B. Monopolkommission 2001) und internationaler Ebene (z. B. Kleiner/Ming

2020) behauptet – keine künstlichen Knappheiten entstanden, die die Anzahl von Existenzgründungen verringerten und damit Monopolpreise ermöglichten.

Es war nur folgerichtig, dass die Meisterpflicht für die Fliesenleger und weitere 11 Berufe im Februar 2020 wiedereingeführt wurde. Es bleibt abzuwarten, ob sich die Gewerbeanmeldungen für Scheinselbständige nun auf andere zulassungsfreie Berufe verlagern werden.

Im Arbeits- und Sozialrecht gilt für die zugewanderten Beschäftigten heimisches Recht nach dem Territorialprinzip. Mit den genannten Einschränkungen durch das Wettbewerbsrecht der EU ist das Territorialprinzip auch bei den Niederlassungen immer noch maßgebend. Im Wettbewerbsrecht der EU dominiert jedoch das Ursprungslandprinzip, das seit Anfang der 1990er Jahre durch die Beseitigung so genannter nicht-tarifärer Handelshemmnisse schrittweise ausgeweitet wurde. Mit der Umsetzung des Weißbuchs zur »Vollendung des Binnenmarktes« (Europäische Kommission 1985) können seit Anfang der 1990er Jahre alle Güter, die in einem Land zugelassen worden waren, ohne weitere Prüfung auch in andere Länder exportiert werden. Da im Wettbewerbsrecht zwischen dem Export von Gütern und Dienstleistungen kein grundlegender Unterschied gesehen wird, prägt dieser Grundsatz des internen EU-Marktes auch die Regulierung der Beschäftigungsbedingungen von Entsendeten. Ausländische Unternehmen können daher zeitlich befristete Tätigkeiten in anderen Mitgliedstaaten mit eigenen Arbeitskräften unter den Beschäftigungsbedingungen des Entsendelands erbringen. Der Grundsatz »gleicher Lohn für gleiche Arbeit« innerhalb der Nationalstaaten wurde damit ausgehebelt und es entstanden »Inseln fremden Arbeitsrechts« (Hanau 1997: 145), in denen die Arbeitsverhältnisse – wie in Freihandelszonen – zwar nicht räumlich, wohl aber juristisch exterritorialisiert wurden.

Anders als vielfach vermutet, wurde die Dienstleistungsfreiheit nicht erst mit der Umsetzung des Weißbuches der Europäischen Kommission zur Vollendung des Binnenmarktes (Europäische Kommission 1985) Anfang der 1990er Jahre eingeführt, sondern sie gilt bereits seit 1970. Mehrere Urteile des Europäischen Gerichtshofes (EuGH) aus den Jahren 1982 und 1990 bekräftigten die Möglichkeiten von Entsendungen innerhalb der EU (Eichhorst 1998: 107). Richtig ist allerdings, dass Werkverträge mit ausländischen Unternehmen in großem Maßstab erst mit der Süd- und dann der Oster-

Tabelle 8.1: Form und Regulierung der Tätigkeit ausländischer Beschäftigter

Form der Migration	Regulierungssystem
Individuelle Migration	*Territorialprinzip*: Arbeits- und Sozialrecht des Bestimmungslandes gilt
Niederlassung	*Territorialprinzip:* Niederlassungsrecht des Bestimmungslandes gilt, darf allerdings nach EU-Wettbewerbsrecht keine unzulässige Handelsbarriere darstellen
Entsendung	*Ursprungslandprinzip:* Arbeits- und Sozialrecht des Herkunftslandes gilt, Bestimmungsland kann seit 1996 nach der Entsenderichtlinie Mindestbedingungen festlegen, nach der revidierten Entsenderichtlinie von 2020 gesetzliche (nicht unbedingt tarifliche) Gleichbehandlung

Quelle: Eigene Darstellung

weiterung der EU sowie dem Abschluss von Kontingentverträgen mit Nicht-EU-Ländern genutzt wurden. Erst dadurch erhielten deutsche Bauunternehmen freien Zugang zu einem großen Pool gering entlohnter Arbeitskräfte oder – juristisch genauer formuliert – zu ausländischen Unternehmen, die kostengünstige Kräfte nach Deutschland entsenden konnten.

Durch Kontingentvereinbarungen mit den künftigen neuen Mitgliedsländern in Mittel- und Osteuropa wurde der deutsche Arbeitsmarkt schon vor der formellen EU-Mitgliedschaft der neuen Mitgliedsländer geöffnet (Bosch u. a. 2002). Die damaligen Bundesregierungen argumentierten, damit einer unkontrollierbaren Zuwanderung aus den ehemaligen Ostblockstaaten vorzubeugen. Viel wichtiger dürfte jedoch das deutsche Interesse an der Erschließung der osteuropäischen Exportmärkte gewesen sein. Als Gegenleistung für die Öffnung ihrer Märkte wurden den osteuropäischen Ländern auch »Exportchancen« für ihre Arbeitskräfte eingeräumt.

Als die ersten weit unter deutschen Tariflöhnen bezahlten entsandten Arbeitskräfte auf deutschen Baustellen arbeiteten, waren sich die Sozialpartner noch in ihrem Ziel, die Tarifverträge durch Lohnunterbietung zu schützen, einig. Sie forderten in ihrer Frankfurter Erklärung von 1993 (vgl. Kasten 8.2) die Entsendungen durch befristete Einstellungen nach heimischem Recht zu ersetzen, um die Tarife zu schützen. Zu einem solchen Schutz der Tarifverträge war die Bundesregierung durch eine entsprechende Ausgestaltung der Kontingentverträge nicht bereit. Die Frankfurter Erklärung ist heute noch aus zwei Gründen interessant. Sie verdeutlicht erstens, wie man durch die Wahl der Beschäftigungsformen eine Unterbietung der nationalen Tarifverträge verhindern kann. Zweitens wird im Kontrast sichtbar, wie sehr sich die Positionen der Sozialpartner seit 1993 voneinander entfernt haben, da die Arbeitgeber mittlerweile nicht mehr das gesamte Lohngitter, sondern nur noch den untersten Mindestlohn verteidigen wollen.

excursion start

Kasten 8.2: Frankfurter Erklärung der Tarifvertragsparteien des Baugewerbes zur Tätigkeit osteuropäischer Werkvertragsunternehmen vom 30. März 1993 (Auszug)

»Die Tarifvertragsparteien des Baugewerbes fordern die Bundesregierung, Bundesrat und die in ihm vertretenen Parteien zu sofortigem Handeln auf. Die Tarifvertragsparteien erwarten die vollständige Ersetzung der Kontingente für Werkvertragsarbeitnehmer durch die Zulassung befristeter Arbeitsverhältnisse der osteuropäischen Arbeitnehmer zu den Bedingungen, die für alle dort Beschäftigten gelten. Nur bei einer solchen Beschäftigung kommt auch die Ordnungsfunktion der Tarifvertragsparteien für die Gestaltung der Arbeitsbedingungen zur Geltung. Die Zielsetzung der Bundesregierung, den osteuropäischen Ländern bei der Umgestaltung ihrer Volkswirtschaft zu helfen, steht die Forderung der Tarifvertragsparteien nicht entgegen.« (Kohl 1993: 311)

Im Unterschied zu den Anfangsjahren der Europäischen Union fand das Gleichbehandlungsprinzip auch auf europäischer Ebene keine ausreichende Unterstützung unter den EU-Mitgliedern mehr. Die Europäische Kommission formulierte 1991 einen ersten Richtlinienvorschlag zu den Arbeitsbedingungen von entsandten Beschäftigten. Der Kommissionsvorschlag sah vor, dass für alle Entsendefälle ein »harter Kern« (Sahl/Stang 1996: 659) von Mindestarbeitsbedingungen des jeweiligen Mitgliedlandes entweder in Tarifverträgen oder Gesetzen festgelegt sein sollte. In den Beratungen über die Europäische Entsenderichtlinie, die sich bis 1996 hinzogen, wurden die starken Interessenkonflikte zwischen den unterschiedlich entwickelten Mitgliedsländern deutlich (Eichhorst 1998, 1999; Sörries 1999). Während die Zielländer für Entsendungen zum Schutz ihrer Arbeitsstandards in der Regel für die Gleichbehandlung entsandter Kräfte votierten, sahen die geringer entwickelten Länder in diesem Dienstleistungsexport mit niedrigen Löhnen und damit auch niedrigen Preisen eine Exportchance, die sie sich nicht beschneiden lassen wollten. Hinzu kam die wachsende Dominanz marktliberalen Denkens, dass auch die Regierungen einiger Zielländer – wie etwa das Vereinigte Königreich – zu Gegnern jeder Arbeitsmarktregulierung werden ließ. Im Ergebnis wurde es mit der 1996 verabschiedeten Entsenderichtlinie den Mitgliedsländern selbst überlassen, die Arbeitsbedingungen entsandter Beschäftigter national zu regeln. Das konnten sie allerdings nur in den durch die Entsenderichtlinie fixierten engen Grenzen der Festlegung von Mindestbedingungen. Eine wirkliche Gleichstellung entsandter Beschäftigter wurde vom europäischen Gerichtshof in mehreren Entscheidungen als nicht proportionaler Eingriff in die Dienstleistungsfreiheit gesehen.

In Erwartung einer europäischen Regulierung einigten sich die Sozialpartner der deutschen Bauwirtschaft mit der Bundesregierung über die Grundzüge einer nationalen Regelung, so dass das »Gesetz über zwingende Arbeitsbedingungen bei grenzüberschreitenden Dienstleistungen« (Arbeitnehmer-Entsendegesetz, AEntG) sofort nach der Verabschiedung der Europäischen Entsenderichtlinie beschlossen werden konnte. Das AEntG bezog sich damals im Unterschied zu umfassenderen Regelungen in anderen Ländern nur auf das Baugewerbe und die Schifffahrtsassistenz. Es sah vor, dass ein allgemeinverbindlicher Tarifvertrag zu Mindestlöhnen für alle auf deutschen Baustellen Beschäftigten, also auch für entsandte Arbeitnehmer, gilt. Weiterhin mussten für entsandte Arbeitnehmer – unabhängig davon, aus welchen Ländern sie kommen – Urlaubskassenbeiträge an die deutsche Sozialkasse des Baugewerbes oder, falls im Entsendeland eine entsprechende Einrichtung existiert, im Heimatland abgeführt werden. Verstöße gegen das AEntG (also gegen Mindestlohn-, Urlaubs- und Urlaubsgeldbestimmungen) sollten als Ordnungswidrigkeit mit Geldstrafen und dem Ausschluss von der Vergabe öffentlicher Bauaufträge sanktioniert werden. Geldbußen von damals bis zu 1 Million DM sollten den wirtschaftlichen Vorteil, den die Täter aus dem Verstoß gezogen haben, übersteigen. Zusätzlich zu einem Bußgeld sollte der durch illegale Beschäftigung erzielte wirtschaftliche Vorteil bei den Tätern abgeschöpft werden. Auftraggeber mussten damit rechnen, in Haftung genommen zu werden, wenn sie illegale Praktiken ihrer Subunternehmen fahrlässig duldeten.

In den Folgejahren wurde erkennbar, dass man mit einem Branchenmindestlohn die Lohnkonkurrenz in einem Fachkräftearbeitsmarkt mit einem differenzierten Lohngitter nicht eindämmen konnte. Die niedersächsische Landesregierung führte daher eine Tariftreueklausel für öffentliche Aufträge ein. Danach wurden alle Auftragnehmer verpflichtet, ihre Beschäftigten und die ihrer Subunternehmen nach dem gesamten Tarifgitter zu entlohnen. Das Bundesverfassungsgericht bestätigte im Sommer 2006 ausdrücklich die Zulässigkeit solcher Regeln. Das Land Niedersachsen kündigte den Bauauftrag für die Justizvollzugsanstalt Rosdorf, da die polnischen Subunternehmer des deutschen Auftraggebers nicht nach Tarif bezahlt wurden. Der Europäische Gerichtshof urteilte, dass dies ein Verstoß gegen die Entsenderichtlinie sei. Entscheidender Punkt war die Auslegung der Aufzählung in Art. 3 Abs. 1 Uabs. 1 Entsenderichtlinie. Dort werden die Arbeits- und Beschäftigungsbedingungen aufgezählt, auf die Mitgliedsstaaten die in ihr Land entsendenden Werkvertragsfirmen verpflichten können. Zuvor wurden sie als Mindeststandards verstanden, über die die Mitgliedsstaaten hinausgehen durften. Der EuGH interpretierte sie jedoch als Maximalbedingungen. Daraufhin mussten Niedersachsen und etliche weitere Bundesländer ihre Tariftreuegesetze ändern, die dann nur noch Mindestlöhne vorsahen (Seikel/Absenger 2015).

Diese Interpretation ist selbst aus der Perspektive der Sicherung gleicher Wettbewerbsbedingungen im Binnenmarkt nicht nachvollziehbar. Tariftreuegesetze benachteiligen ausländische Unternehmen nicht, da sich schließlich alle Anbieter unabhängig von ihrer Herkunft an die Tarifverträge halten müssen. Ein Tariftreuegesetz ist sozusagen eine Allgemeinverbindlicherklärung für alle öffentlichen Aufträge. Der Schutz der Tarifverträge, der aus sozialen Gründen und wegen der negativen Folgen für die Sozialsysteme auch im Allgemeininteresse liegt, zählte jedoch für den EuGH nicht zu den schutzbedürftigen Gütern. Dieses Urteil reihte sich in eine Reihe vergleichbarer Urteile des EuGHs ein, die unter dem Namen »Laval-Quartett« bekannt geworden sind. Im Fall Laval erklärte der EuGH einen Streik der schwedischen Baugewerkschaft gegen die Beschäftigung lettischer Werkvertragsnehmer, die unter Tarif bezahlt wurden, ebenfalls als nichtproportionalen und damit illegalen Eingriff in die Dienstleistungsfreiheit.

Diese Urteile haben die Koordinaten in der europäischen Rechtsprechung weit in Richtung eines unregulierten Wettbewerbs auf Kosten der Tarif- und Sozialsysteme verschoben. Der frühere EU-Kommissar Mario Monti schrieb zu Recht, dass diese Eingriffe in die nach den EU-Verträgen eigentlich vor extraterritorialem Recht geschützten nationalen Lohnsysteme das Potential haben »to alienate from the Single Market and the EU a segment of public opinion, workers' movements and trade unions, which has been over time a key supporter of economic integration« (Monti 2010: 68). Der französische Präsident Emmanuel Macron ging noch weiter und bezeichnete 2017 die Entsenderichtlinie als »Verrat am Geiste Europas« (NTV

2017) und forderte eine Gleichstellung von heimischen und entsandten Beschäftigten. Vor allem auf seinen Druck wurde eine Revision der Entsenderichtlinie im Jahr 2018 gegen die Stimmen von Polen und Ungarn verabschiedet. Die wichtigsten Änderungen lassen wie folgt zusammenfassen:

- Es können nicht nur allgemeinverbindliche, sondern auch »allgemein wirksame« (»most representative«) Tarifverträge auf Entsandte erstreckt werden.
- Der Begriff der Mindestlohnsätze wurde durch »Entlohnung« ersetzt. Dies bedeutet, dass Entsandte auch Anspruch auf andere in allgemeinverbindlichen oder repräsentativen Tarifverträgen geregelten Lohnbestandteile wie etwa Zuschläge haben.
- Zulagen für Reise-, Unterbringungs- und Verpflegungskosten dürfen nicht mehr auf den Mindestlohnanspruch angerechnet werden.
- Überschreitet die Entsendezeit zwölf Monate, gilt nicht mehr das Herkunftslandprinzip, sondern das nationale Arbeitsrecht des Bestimmungslandes, allerdings mit Ausnahme aller Regelungen zum Arbeitsvertrag (z. B. Kündigungsschutz) und zur Alterssicherung, was die Gleichstellung relativiert. Für begründete Ausnahmen kann eine Verlängerung auf 18 Monate beantragt werden.

Die Rechtsgrundlage der Entsenderichtlinie bleibt allerdings weiterhin die Dienstleistungsfreiheit. Das Europaparlament wollte als zweite Rechtsgrundlage die Referenz zu den sozialpolitischen Kompetenzen des EU-Vertrags einführen (Art. 151 und Art. 153), um die sozialen Rechte der Dienstleistungsfreiheit gleichzustellen, konnte sich damit aber nicht gegen den Ministerrat durchsetzen. Damit bleibt der Vorrang des Wettbewerbsrechts bestehen.

Die Umsetzung der Entsenderichtlinie in deutsches Recht erfolgte außerordentlich restriktiv. Das im Jahr 2020 revidierte AEntG nimmt die über Mindestentgelte hinausgehenden Lohnbestandteile ausdrücklich von einer Erstreckung aus. Dies bedeutet, dass entgegen der Europäischen Entsenderichtlinie Entsandte keinen Anspruch auf die im allgemeinverbindlichen Bundesrahmentarifvertrag der Bauwirtschaft vereinbarten Zuschläge haben. Ebenfalls richtlinienwidrig werden maximal drei Entgeltgruppen, nicht aber das gesamte Tarifgitter erstreckbar. Bedeutsam für Entsendungen in der Bauwirtschaft ist auch die Vorschrift, dass nur bundesweite Tarifverträge für allgemeinverbindlich erklärt werden können. Der DGB schrieb in seiner Stellungnahme zum mittlerweile verabschiedeten Gesetzesentwurf dazu: »So hat jüngst das Land Schleswig-Holstein einen wichtigen Lohntarifvertrag für das Steinmetzhandwerk mit einem vierstufigen Lohngitter in diesem Bundesland für allgemeinverbindlich erklärt. Im Maler- und Lackiererhandwerk gelten die allgemeinverbindlichen Regelungen zum Urlaubskassenverfahren für alle Bundesländer bis auf das Saarland. Nach dem derzeit vorliegenden Gesetzesentwurf würden diese Tarifverträge in der Entsendepraxis nicht bzw. nicht voll zur Anwendung kommen, denn statt den im Steinmetzhandwerk-Tarifvertrag vorgesehenen vier Entgeltstufen wären laut Gesetzesentwurfes in unionsrechtswidriger, aber auch in verfassungsrechtlich bedenklicher Weise nur drei Entgeltstufen anwendbar und der für 15 Bundesländer geltende AVE-Tarifvertrag des Maler- und Lackiererhandwerks würde aufgrund des im Gesetzesentwurf unionsrechtswidrig vorgesehenen Erfordernisses des »bundesweiten« Tarifvertrages keine Anwendung finden im Entsenderecht, da er in einem von 16 Bundesländern nicht gilt, den Zielen der Entsenderichtlinie eklatant« (DGB 2020). Schließlich sind keinerlei Versuche unternommen worden, die Allgemeinverbindlichkeitserklärung von repräsentativen Tarifverträgen zu erleichtern.

Durch die Entsenderichtlinie und ihre restriktive Auslegung durch den EuGH wird nicht nur massiv in die nationale Souveränität der Regulierung von Arbeitsbedingungen eingegriffen, sondern die Eingriffe zielen auch auf die Schwächung der Kontrollverfahren. Es ist hinreichend belegt (Bosch/Hüttenhoff/Weinkopf 2019: 166–177), dass es gerade im Bau mit seinen wandernden Baustellen und dem oft nur kurzfristigen Einsatz von entsandten Arbeitskräften zu massiven Verletzungen der Mindestbedingungen kommt, die nur durch effektive Kontroll- und Sanktionsverfahren begrenzt werden können. Erforderlich sind dazu strategische Kontrollverfahren, die die begrenzten Ressourcen der Kontrollbehörden gezielt bei der Überwachung der besonders missbrauchsanfälligen Branchen und Beschäftigungsformen einsetzen (Bosch/Hüttenhoff/Weinkopf 2019, Kapitel 4). Aufgrund der hohen Anzahl der Verstöße sind in vielen Ländern Sonderregelungen für die Baubranche festgelegt worden, die die Kontrolle und Durchsetzung von Mindeststandards erleichtern sollen. In Deutschland gehören im Bau dazu die Haftung der Auftraggeber für die Mindestlöhne sowie für die Sozialversicherungsbeiträge und darüber hinaus besondere Dokumentationspflichten zur Arbeitszeit nach dem Schwarzarbeitsbekämpfungsgesetz. Im Ergebnis kommt es zu einer »Ungleichbehandlung« der Betriebe und Beschäftigten, da am ehesten dort kontrolliert wird, wo der größte Missbrauch vermutet wird. Das kann aus einer engen Sicht der »Dienstleistungsfreiheit«, in der alle Sozialstandards sowieso nur als Handelshindernis gelten, als unproportionaler Eingriff gedeutet werden. Genau zu diesem Schluss kommt die Europäische Kommission, als sie von der Schweiz die Aufhebung der mit der Dienstleistungsfreiheit angeblich nicht vereinbarenden flankierenden Maßnahmen zur Kontrolle der Arbeitsbedingungen von entsandten Arbeitskräften forderte (vgl. Kasten 8.3).

Kasten 8.3: Die Schweizer flankierenden Maßnahmen

Die Schweiz ist nicht Mitglied der EU, dem Binnenmarkt aber über bilaterale Abkommen beigetreten. Sie ist damit verpflichtet, die EU-Regelungen auch über die Dienstleistungsfreiheit zu übernehmen, die von deutschen Unternehmen insbesondere aus Baden-Württemberg intensiv genutzt werden. Im Jahr 2015 wurden allein in diesem Sektor fast 20.000 Entsendungen aus Deutschland gezählt. Da sich die meisten Einsätze auf die Ostschweiz in Grenznähe konzentrieren, haben deutsche Unternehmen in einzelnen Marktsegmenten Anteile bis zu einem Viertel erobert (Unia 2019).

Zur Kontrolle der Mindestbedingungen für Entsandte führte die Schweiz die sogenannten flankierenden Maßnahmen (FlaM) ein. Um Arbeitskräfte in die Schweiz entsenden zu können, müssen die Entsendungen 8 Tage vorher registriert werden. Bei größeren Bauaufträgen muss eine Kaution oder eine Bankbürgschaft hinterlegt werden, um sicher zu gehen, dass eventuelle Bußen bei Verstößen gegen die allgemeinverbindlichen Tarifverträge auch bezahlt werden. Zudem werden die Baustellen von paritätischen Kommissionen der Sozialpartner intensiv kontrolliert. Diese Kommissionen werden über eine Umlage und einen staatlichen Zuschuss finanziert. Bei Verstößen können die Kommissionen Bußgelder verhängen.

Die Kontrolldichte ist durch die Selbstregulierung der Sozialpartner größer als in Deutschland und aufgrund der besonderen Branchenkenntnisse vermutlich auch effektiver. Die Kommissionen haben zahlreiche Verstöße deutscher Unternehmen gegen die Schweizer Tarifverträge aufgedeckt, wofür diese Bußen entrichten mussten (Unia 2019).

Der Baden-Württembergische Handwerkstag stört sich nicht an den Verstößen deutscher Unternehmen gegen das Tarif- und Arbeitsrecht im Nachbarland, sondern organisierte eine erfolgreiche Kampagne gegen die angeblich protektionistischen FlaM (Unia 2019; BWHT 2020). Bei der Neuverhandlung strittiger Binnenmarktfragen, darunter der Anerkennung der Schweizer Börsenäquivalenz, verknüpfte der Rat der EU diese Frage mit der ultimativen

> Forderung, die FlaM aufzuheben. Im Einzelnen heißt es: »In diesem Zusammenhang ersucht der Rat die Schweiz mit Nachdruck, den einschlägigen Besitzstand der EU, insbesondere auf dem Gebiet entsendeter Arbeitnehmer, zu übernehmen und im Einklang mit den EU-Grundsätzen von Verhältnismäßigkeit und Nichtdiskriminierung die Begleitmaßnahmen aufzuheben oder anzupassen, die die Schweiz gegenüber Wirtschaftsteilnehmern aus der EU, die Dienstleistungen in ihrem Hoheitsgebiet erbringen, anwendet.«[26]
>
> Ein legitimes Anliegen, bürokratische Prozeduren zu vereinfachen, wird hier vom Rat unzulässig mit der systematischen Schwächung nationaler Kontrollbefugnisse verknüpft. Das ist Beihilfe zu illegaler Arbeit.

Von den vollmundigen Versprechungen der Gleichstellung entsandter Beschäftigter ist auf dem langen Weg zur revidierten Europäischen Entsenderichtlinie und ihrer Umsetzung in deutsches Recht für die überwiegende Zahl der Entsandten nicht viel übriggeblieben. Die weitaus meisten von ihnen werden für einen Zeitraum von weniger als einem Jahr eingesetzt, so dass sie nicht von der Gleichstellungsregelung von langfristig Entsandten profitieren. Die juristischen Fachexperten unterschiedlicher Couleur (z. B. Franzen 2019; Santagata de Castro 2019) sind sich einig, dass der Vorrang des Wettbewerbsrechts ungebrochen ist und in Ländern ohne eine Tradition allgemeinverbindlicher Tarifverträge mit so geringer Tarifbindung wie in Deutschland weiterhin nur Mindestbedingungen gelten und die bestehenden Tarife unterboten werden können. Deshalb ist es nicht nachzuvollziehen, dass die neue Entsenderichtlinie als »Protektionismus« (Franzen 2019; Sachverständigenrat 2020: 327) bezeichnet wird.

8.3 Die kontroverse Debatte über Branchenmindestlöhne im Bauhauptgewerbe

Gesetzliche Regelungen zu Branchenmindestlöhnen sowie zu ihrer Kontrolle und den Sanktionen bei ihrer Nichteinhaltung waren 1996 ein Novum im deutschen Arbeitsmarkt. Zuvor war es ausschließlich Aufgabe der Sozi-

---

26 https://www.consilium.europa.eu/de/press/press-releases/2019/02/19/council-conclusions-on-eu-relations-with-the-swiss-confederation/

alpartner gewesen, Löhne zu vereinbaren und die Umsetzung der Tarifverträge zu kontrollieren. Diese staatliche Intervention traf vor allem bei den Arbeitgeberverbänden außerhalb der Baubranche auf heftigen Widerstand. Die Tarifvertragsparteien des Bauhautgewerbes, auf deren Initiative das AEntG verabschiedet worden war, unterzeichneten bereits im April 1996 einen dreistufigen Mindestlohn-Tarifvertrag, der in der Endstufe 18,60 DM in West- und 17,11 DM pro Stunde in Ostdeutschland vorsah. Dieser Tarifvertrag konnte erst nach der Billigung durch den Tarifausschuss für allgemeinverbindlich erklärt werden. Die Bundesvereinigung der Deutschen Arbeitgeberverbände (BDA), die die Arbeitgebervertreter im Tarifausschuss benennt, sah in einem solchen über den Tariflöhnen anderer Branchen liegenden Mindestlohn eine Wettbewerbsverzerrung und auch ein unerwünschtes Signal für weitere Arbeitsmarktregulierungen. Die BDA signalisierte, dass sie diesem Vertrag auf keinen Fall zustimmen könne, und forderte die Bauverbände auf, sich auf einen niedrigeren Tarif zu einigen. Im September 1996 wurde ein Tarifvertrag von den Bau-Arbeitgebern und der IG BAU mit leicht abgesenkten Tarifen und einer Befristung von weniger als einem Jahr unterschrieben. Die BDAVertreter im Tarifausschuss billigten diesen Tarifvertrag erst auf massiven Druck der Bauarbeitgeberverbände, die beschlossen hatten, anderenfalls aus der BDA auszutreten. Da die Laufzeit des für allgemeinverbindlich erklärten Tarifvertrages bereits Ende August 1997 wieder endete, musste schon im Sommer 1997 erneut verhandelt werden. Wiederum wurden auf Druck der BDA die Mindestlöhne befristet, diesmal bis Mitte 1999, und sie wurden auf 16,00 DM in den alten und 15,14 DM in den neuen Bundesländern erneut abgesenkt (Worthmann 1999).

Dieser Grundsatzkonflikt im Arbeitgeberlager wurde von der ersten rot-grünen Regierung durch eine Veränderung der Allgemeinverbindlichkeitserklärungen nach dem AEntG entschärft. Seit 1999 kann der Bundesarbeitsminister nach Auswertung der Stellungnahmen der betroffenen Tarifvertragsparteien sowie nach der Feststellung eines öffentlichen Interesses einen Mindestlohntarifvertrag nach dem AEntG durch Rechtsverordnung für allgemeinverbindlich erklären. Mit diesem neuen Verfahren verlor die BDA ihre bisherige Veto-Position gegen Branchenmindestlöhne und die Sozialpartner in der Baubranche konnten unabhängig von den Interventionen der BDA verhandeln (Bosch u. a. 2002).

Die Mindestlohntarifverträge setzten nur Lohnuntergrenzen und das in einem Fachkräftearbeitsmarkt, in dem den meisten Beschäftigten nach dem differenzierten Tarifgitter ein erheblich höherer Lohn zustand. Die Erosion der Lohntarifverträge war damit vorprogrammiert. Vor allem im Hinblick auf die wachsende Lohnkonkurrenz infolge der bevorstehenden Osterweiterung der EU[27] wurde 2002 ein zusätzlicher höherer Mindestlohn II für qualifizierte Beschäftigte in West- und Ostdeutschland vereinbart, der 2003 rechtsverbindlich wurde. Im gemeinsamen Antrag auf Allgemeinverbindlichkeit an das Bundesministerium für Arbeit und Soziales (BMAS) schrieben die Sozialpartner: »Der bisherige Mindestlohn zeigt die gewollte stabilisierende Wirkung nur beschränkt. Deshalb wird zukünftig hinsichtlich des Mindestlohns zwischen zwei Qualifikationsstufen unterschieden« (ZDB 2002: 8).

Die wichtigsten Argumente für die Einführung eines Mindestlohns II, die von den drei Sozialpartnern des Bauhauptgewerbes 2002 gemeinsam in ihrem Antrag auf AVE der Mindestlöhne einschließlich des neuen Mindestlohns II angeführt wurden, lassen sich wie folgt zusammenfassen (ZDB 2002):

— Nicht tarifgebundene Betriebe können sich erhebliche Lohnvorteile verschaffen, wenn sie sich nicht mehr an die Lohntarifverträge halten müssen, und so letztlich die tarifliche Normsetzung im Baubereich erschüttern.
— Die Verhinderung der Verdrängung organisierter Arbeitnehmer aus dem Arbeitsmarkt und die Erhaltung des Tarifgefüges für das Baugewerbe liegen im öffentlichen Interesse.
— Aufgrund der geringen Tarifbindung ist diese Gefahr besonders stark in den neuen Bundesländern ausgeprägt. Dort lag der tatsächlich gezahlte Durchschnittslohn mit 10,12 Euro pro Stunde deutlich unter dem Tariflohn des Spezialfacharbeiters in Lohngruppe III mit 12,47 Euro.
— Die ostdeutsche Entwicklung kann auch in Westdeutschland eintreten, wenn man ihr nicht mit einem höheren Mindestlohn für Fachkräfte zumindest Grenzen setzt.

---

27 »Die deutsche Bauwirtschaft braucht den zweiten Mindestlohn, um sich auf die bevorstehende EU-Osterweiterung vorzubereiten.« Mit diesen Worten kommentierte am 1. September in Berlin der Vizepräsident des Hauptverbandes der Deutschen Bauindustrie, Prof. Thomas Bauer, die zum 1. September 2003 anstehende Einführung eines zweiten Mindestlohns auf deutschen Baustellen. Mindestlöhne seien ein geeignetes – und auch in Europa anerkanntes – Instrument, um in einer Branche, in der die Lohnkosten der zentrale Wettbewerbsfaktor sind, für faire Wettbewerbsbedingungen zu sorgen. Bei Stundenlöhnen von etwa 5 Euro für einen portugiesischen Bauarbeiter oder 2,50 Euro für seinen polnischen Kollegen könne kein deutsches Unternehmen mehr mithalten (https://www.baulinks.de/webplugin/2003/0964.php4 letzter Zugriff am 4.1.2022).

– Die hohe Zahl von Entsendungen in das Bauhauptgewerbe sowie der hohe Anteil illegaler Beschäftigung verschärft die Gefahr einer solchen Entwicklung.

Dieser Konsens der Tarifparteien, das gesamte Tarifgefüge durch eine Ausdifferenzierung der Mindestlöhne zu schützen, wurde bald darauf infrage gestellt (Bosch 2020). Auf massiven Druck der beiden Arbeitgeberverbände wurde der höhere Mindestlohn II in Ostdeutschland wieder abgeschafft. Die Abschaffung wurde damit begründet, dass der Mindestlohn II in Ostdeutschland keine Wirkung entfaltet habe und außerdem vom Zoll nicht wirkungsvoll kontrolliert werden könnte. Dabei wurde darauf hingewiesen, dass ein Anspruch auf den Mindestlohn II nur bei Ausübung der entsprechenden qualifizierten Tätigkeiten bestehe. Da die Tätigkeiten auf den Baustellen jedoch ständig wechselten, könne man nur durch aufwendige Befragungen der Beschäftigten den Nachweis einer Nichteinhaltung des Mindestlohns II erbringen.

Die umfangreiche Evaluation der Branchenmindestlöhne in der Bauwirtschaft im Jahr 2011 zeigte, dass die Mindestlöhne und insbesondere der Mindestlohn II in der Praxis jedoch eine hohe Wirksamkeit entfaltet haben. Hierzu heißt es: »Die zunehmende Konzentration der Löhne am Mindestlohn II spricht auch dafür, dass sich die Entlohnung in den neuen Bundesländern grundsätzlich nach dieser Untergrenze richtet. Die Abschaffung des Mindestlohns II wird von einem Experten u. a. mit dessen geringer Bedeutung begründet. Auf Basis der Lohnverteilungen kann dies jedoch nicht bestätigt werden« (Möller u. a. 2011: 174). Und an anderer Stelle heißt es: »Eine Aussage aus den Experteninterviews, dass der Mindestlohn II in Ostdeutschland keine Bedeutung hatte, kann nicht bestätigt werden. Er scheint sogar eine stärkere Bedeutung als der Mindestlohn I zu haben« (Möller u. a. 2011: 198).

Auch das Argument, der Mindestlohn II lasse sich nicht kontrollieren, kann nicht überzeugen. Zwar ist die Kontrolle der Einhaltung des Mindestlohns II im Bauhauptgewerbe in der Tat schwierig. Um festzustellen, ob eine überwiegende fachliche Tätigkeit ausgeübt wird, reichen keine Momentaufnahmen, sondern es sind umfangreiche Befragungen und Prüfungen der Geschäftsunterlagen vorzunehmen. Aufwendige Kontrollen sind allerdings keine Besonderheit bei der Kontrolle des Mindestlohns II im Bauhauptgewerbe. Auch beim Mindestlohn I oder beim gesetzlichen Mindestlohn können falsche Angaben zur Arbeitszeit oft nur durch umfangreichere Prüfungen festgestellt werden. Aus den offensichtlichen Kontrollproblemen wird aber nicht die Schlussfolgerung gezogen, diese Mindestlöhne abzuschaffen. Stattdessen hat der Bundestag eine Personalaufstockung bei der FKS beschlossen und es wird über Verbesserungen der Kontrollbedingungen nachgedacht.

Die Sozialpartner haben zudem eine Mitwirkungspflicht bei den Kontrollen durch die FKS. Die Allgemeinverbindlichkeit der Mindestlohntarife dient ja nicht nur einem öffentlichen Interesse, sondern auch der Durchsetzung von Verbandsinteressen. Um der FKS die Kontrollen zu erleichtern, könnten sie die Zuordnung der Beschäftigten zu den Lohngruppen vereinfachen, wie es z. B. die Maler, Lackierer und Dachdecker getan haben. Auch sie arbeiten überwiegend auf wechselnden Baustellen und üben dort unterschiedliche Tätigkeiten aus. Um Unsicherheiten der richtigen Einstufung zu beseitigen, erfolgt in beiden Gewerben die Einstufung nach der Qualifikation. Falls ein Gesellenbrief oder ein gleichwertiger Berufsabschluss vorliegt, wird vorausgesetzt, dass überwiegend auch Facharbeit geleistet wird. Davon ist in der Praxis auch auszugehen, da schließlich ein Berufsabschluss im deutschen System der dualen Berufsausbildung zur autonomen Handlungsfähigkeit in einem definierten Berufsfeld befähigt (Bosch 2018). Die überwiegende Zahl der Unternehmen nutzt daher in dezentralen Formen der Arbeitsorganisation, die den Fachkräften Autonomie einräumen, diese Potentiale, die im übrigen auch Ressourcen für Anweisungen, Überwachung und Qualitätskontrolle sparen.

Hinter dem Streit um den Mindestlohn II scheint sich eher ein grundlegender Strategiewechsel im Arbeitgeberlager zu verstecken. Offensichtlich soll eine Absenkung des Lohnniveaus bei der Vergabe an heimische und auch ausländische Subunternehmer ermöglicht werden. Eine solche Strategie, die eigenen Tarifverträge zu unterlaufen, kann natürlich nach außen schlecht kommuniziert werden.

Dass die Abschaffung des Mindestlohns II eine Sogkraft der Löhne nach unten auslöst, wurde in Kapitel 5 (Abbildungen 5.7 und 5.8) schon thematisiert. Im Jahr 2008 waren noch 50,5 Prozent der Beschäftigten in der Lohngruppe 2, die dem Mindestlohn II entspricht, eingruppiert. In den beiden untersten Lohngruppen fanden sich 2008 61 Prozent der ostdeutschen Beschäftigten, 2019 waren es schon 77 Prozent. Darüber hinaus sind die Facharbeiter mit einer dreijährigen Ausbildung und Berufserfahrung in die Lohngruppe, die nur für einfachere Facharbeiter auf Anweisung gilt, abgerutscht. In Westdeutschland wird die Lohnstruktur durch den Mindestlohn II hingegen erkennbar stabilisiert (Kapitel 5 Tabelle 5.8). Aber auch in Westdeutschland wird ein wachsender Teil der Fachkräfte nur noch nach den Lohngruppen 2a und 2b, also unterhalb des Fachkräfteecklohns entgolten. An diesem Abwärtstrend in den Lohngruppen für die erfahrenen Baufacharbeiter ist der Druck auf das Tarifgefüge auch in Westdeutschland zu erkennen. Es ist zu vermuten, dass die Abschaffung des Mindestlohns II in Westdeutschland eine ähnliche Entwicklungsrichtung wie in Ostdeutschland auslösen könnte, wenngleich sie wegen der insgesamt höheren Löhne und Tarifbindung in Westdeutschland zumindest kurzfristig nicht ganz so drastisch ausfallen würde. In unseren Betriebsinterviews im Jahr 2020 ließen mehrere der befragten Geschäftsführer von mittelständischen westdeutschen Bauunternehmen durchblicken, dass sie keine Probleme mit einer Anhebung der Mindestlöhne hätten, da sie aufgrund des Fachkräftemangels ohnehin deutlich über den Mindestlöhnen zahlen würden.

8.4 Umfang der Entsendungen

Eine genaue Statistik der Entsendungen in der EU liegt nicht vor. Hilfsweise greift die Europäische Kommission auf die Auswertung der Zahl der meldepflichtigen PD A1 Bescheinigungen zurück, die entsandten Werkvertragsnehmern bestätigen, dass sie in ihrem Heimatland sozialversichert sind.[28] Nach dieser Statistik hat sich deren Zahl allein zwischen 2012 und 2018 von rund 1,5 auf rund 3,0 Millionen verdoppelt (European Commission 2020: 9). Deutschland ist branchenübergreifend das EU-Mitgliedsland, in das mit Abstand die meisten Arbeitskräfte entsendet werden. 2018 waren es knapp 428.000, gefolgt von Frankreich (262.126) und Belgien (156.695) (European Commission 2020: 24). Auffällig ist dabei, dass etwa 75 Prozent der nach Deutschland entsandten Arbeitskräfte aus den Niedriglohnländern in

---

28 Diese Bescheinigungen geben die Zahl der entsandten Beschäftigten nur ungenau wieder. Werkvertragsnehmer können im Jahr mehrfach und auch in mehrere Länder entsandt werden. Zudem werden nicht alle Entsendungen gemeldet und es können auch Bescheinigungen ausgestellt werden, ohne dass die beabsichtigte Entsendung zustande kommt. Allerdings verhängen die EU-Mitgliedsstaaten zunehmend Sanktionen, wenn sie Verstöße gegen die Meldepflicht feststellen, so dass nach Auffassung der EU-Kommission die Statistik auf der Basis der PD A1 Bescheinigungen die Zahl der tatsächlichen Entsendungen im Jahre 2018 genauer als in der Vergangenheit widerspiegelt. Die rasche Zunahme der Bescheinigungen in den letzten Jahren wird auch darauf zurückgeführt (European Commission 2020: 14).

Abbildung 8.1: Für Bauarbeiter verbindliche Löhne in ausgewählten EU-Ländern 2021

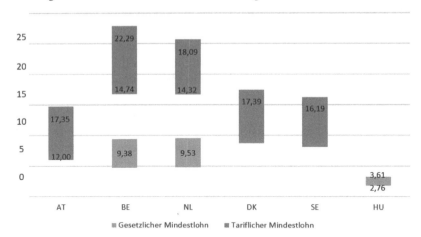

Quelle: eigene Darstellung nach Angaben der STRABAG SE

Mittel- und Osteuropa stammen, was deutlich höher liegt als in anderen westeuropäischen Ländern. In Belgien z. B. waren es hingegen nur 30 Prozent. Das liegt vermutlich daran, dass sich durch Entsendungen nach Belgien deutlich weniger Lohnkosten sparen lassen als in Deutschland, da dort fast alle Lohntarifverträge mit dem gesamten Tarifgitter nicht nur für heimische sondern auch für entsandte Beschäftigte für allgemeinverbindlich erklärt wurden.[29] Auch in den Niederlanden und Österreich ist das gesamte Tarifgitter allgemeinverbindlich und in Dänemark und Schweden liegen die unteren tariflichen Lohngruppen, die auch für die Entsandten gelten, weit über den Mindestlöhnen anderer Ländern (Abbildung 8.1).

Deutschland war lange Jahre ein Nettoempfänger von Entsendungen, d. h. es wurden weit mehr Arbeitskräfte nach Deutschland entsendet, als deutsche Unternehmen in andere Länder entsendeten. 2018 war die Bilanz fast ausgeglichen, da auch deutsche Unternehmen etwas mehr als 400.000

---

29 In Frankreich wie auch in Belgien und den Niederlanden, wurde die europäische Entsenderichtlinie nicht so restriktiv wie in Deutschland umgesetzt. Während in Deutschland selbst nach der Revision des AentG im Jahre 2020 nur maximal drei Lohngruppen für allgemeinverbindlich erklärt werden können (vgl. Abschnitt 8.2), war es in den genannten drei Nachbarländern schon vor der Revision der Entsenderichtlinie selbstverständlich das gesamte Tarifgitter auf Entsandte zu erstrecken (Bosch u. a. 2011, Kapitel 5).

Arbeitskräfte in andere EU-Staaten entsendeten. Allerdings war die Richtung der deutschen Entsendungen eine andere. Rund 75 Prozent gingen in die westlichen EU-Länder. Die meisten Arbeitskräfte wurden dabei nach Österreich (60.653), Frankreich (54.575), die Schweiz (52.322) und die Niederlande (47.502) entsendet (European Commission 2020: 24).

Nach Paragraph 2a des Schwarzarbeitsbekämpfungsgesetzes gelten für Branchen, in denen in der Vergangenheit bei Kontrollen überdurchschnittlich hohe Verstöße gegen Mindestarbeitsbedingungen festgestellt wurden, besondere Meldepflichten. Das Baugewerbe gehört aufgrund zahlreicher von der FKS aufgedeckter Verstöße zu diesen »üblichen Verdächtigen«. Unternehmer mit Sitz im Ausland, die Beschäftigte vorübergehend für eine Tätigkeit im Baugewerbe nach Deutschland entsenden, müssen im zentralen Meldeportal des Zolls die Namen und Geburtsdaten der Entsendeten, den Beginn und die voraussichtliche Dauer des Einsatzes, den Ort der Beschäftigung, den Ort, an dem die Dokumente zur geleisteten Arbeitszeit bereitgehalten werden, sowie die Namen und Anschriften des verantwortlich Handelnden und des Zustellungsberechtigten angeben. Weiterhin sind ausländische Dienstleister verpflichtet, für ihre nach Deutschland ins Baugewerbe entsandten Beschäftigten Beiträge an die Urlaubskasse der SOKA-BAU abzuführen. Um eine korrekte Beitragszahlung ebenso wie auch die spätere Auszahlung der Urlaubsgehälter zu gewährleisten, sind die ausländischen Unternehmen nach Paragraph 6 des allgemeinverbindlichen Tarifvertrags über das Sozialkassenverfahren im Baugewerbe (VTV) verpflichtet, der SOKA-BAU die Bruttolohnsummen und die geleisteten Arbeitsstunden der Entsandten zu melden.

Auf der Basis dieser Daten, die bei der SOKA-BAU zusammengeführt werden, sind die legalen Entsendungen in das Baugewerbe gut dokumentiert. Abbildung 8.2 zeigt die hohe Konjunkturabhängigkeit der Entsendungen. Mit dem Bauboom nach der Wiedervereinigung erreichte die Zahl der Entsendungen 1999 ein Rekordniveau von über 126.000, um dann nach Auslaufen des Baubooms und den tiefen Einschnitten in die öffentlichen Investitionen sich bis 2009 zu halbieren. Mit dem erneuten Anziehen der Baukonjunktur nach 2009 (vgl. Kapitel 3) stieg die Zahl der Entsendungen wieder auf rund 100.000. Während die Gesamtbeschäftigung seit 2009 nur um knapp 8 Prozent gewachsen ist, hat sich die Zahl der entsandten Beschäftigten bis 2019 nahezu verdoppelt.

Falls die entsandten Beschäftigten jeweils nur einige Tage auf einer Baustelle in Deutschland beschäftigt wären und dann wieder nach Hause zurückkehrten, wäre das gesamte Arbeitsvolumen der fast 100.000 Entsandten sehr überschaubar. Die Statistiken der SOKA-BAU belegen jedoch, dass im Jahr 2019 auf 86.000 gewerbliche Arbeitnehmer rund 218.000 Entsendungen kamen (SOKA-BAU 2020: 41). Das bedeutet, dass die meisten Betroffenen mehrfach entsendet wurden und auf unterschiedlichen Baustellen arbeiteten. Dass es sich meist auch nicht nur um Einsätze von wenigen Tagen handelt, ist an der Dauer der Entsendungen zu erkennen. 2019 wurden 45 Prozent der Entsandten an bis zu 91 Tagen eingesetzt, 20 Prozent zwischen 92 und 179 Tagen, 22 Prozent an zwischen 180 und 300 Tagen und 12 Prozent zwischen 301 und 365 Tagen (SOKA-BAU 2020: 41).

Bemerkenswert ist, dass entsandte Beschäftigte nicht mehr – wie in den 1990er Jahren – in Deutschland sozialversicherungspflichtige beschäftigte Ausländer ersetzten (Bosch u. a. 2002). Von 2009 bis 2019 stieg der Anteil der Ausländer an den sozialversicherungspflichtig Beschäftigten im Baugewerbe von knapp unter 8 Prozent auf 18 Prozent. Fast der gesamte Beschäftigungszuwachs in diesem Zeitraum entfiel auf die zusätzliche Einstellung ausländischer Arbeitskräfte (HDB 2019: 27). Es ist zu vermuten, dass viele der Entsandten ihre Kontakte in Deutschland nutzten, um eine besser bezahlte sozialversicherungspflichtige Beschäftigung zu finden oder dass die Bauunternehmen gezielt Entsandte, mit denen sie gute Erfahrungen gemacht hatten, rekrutierten. Hinzu kommen neue Rekrutierungsmöglichkeiten im Ausland vor allem durch die sogenannte Westbalkanregelung. Danach können pro Jahr bis zu 25.000 Staatsangehörige aus Albanien, Bosnien und Herzegowina, Kosovo, Nordmazedonien, Montenegro und Serbien mit Erlaubnis der Bundesagentur für Arbeit eine Beschäftigung in Deutschland aufnehmen. Die Erlaubnis wird nach der sogenannten Vorrangprüfung (Prüfung, ob geeignete heimische Bewerber zur Verfügung stehen) erteilt. Die Regelung galt für den Zeitraum 2016 bis 2020 und wurde bis 2023 verlängert. Im Unterschied zu den Kontingentvereinbarungen der 1990er Jahre geht es hier um die Aufnahme einer sozialversicherungspflichtigen Beschäftigung in Deutschland.

Eine Analyse der Beschäftigungsverläufe von 36.000 Arbeitskräften aus dem Westbalkan, die bis Ende 2017 eine Beschäftigung in Deutschland aufgenommen hatten, zeigt, dass das Baugewerbe mit einem Anteil von 44 Prozent die bei weitem wichtigste Zielbranche war (Brücker u. a. 2020: 48). Der Helferanteil ist mit 31 Prozent zwar höher als bei den heimischen Beschäftigten (16 Prozent). Die überwiegende Mehrheit der Entsandten hat aber

Abbildung 8.2: Nach Deutschland entsandte Beschäftigte im Bauhauptgewerbe, 1999–2019

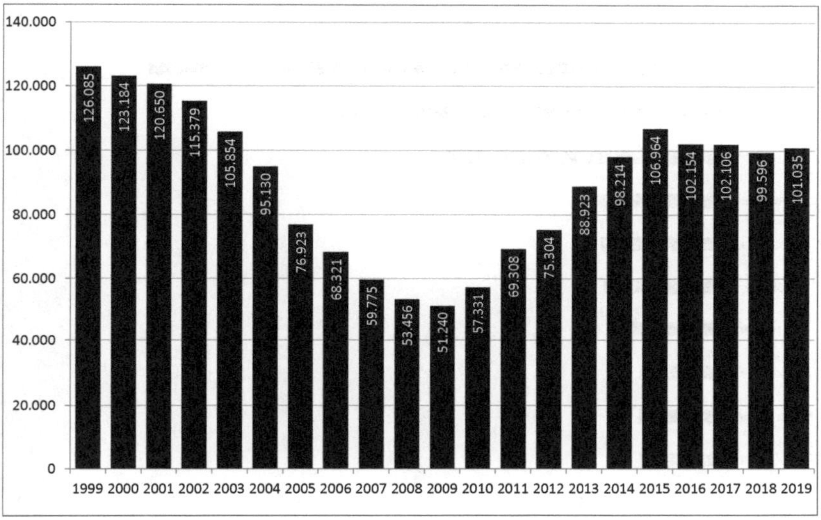

[Bar chart with values: 1999: 126.085; 2000: 123.184; 2001: 120.650; 2002: 115.379; 2003: 105.854; 2004: 95.130; 2005: 76.923; 2006: 68.321; 2007: 59.775; 2008: 53.456; 2009: 51.240; 2010: 57.331; 2011: 69.308; 2012: 75.304; 2013: 88.923; 2014: 98.214; 2015: 106.964; 2016: 102.154; 2017: 102.106; 2018: 99.596; 2019: 101.035]

Quelle: SOKA-BAU 2020

eine Berufsausbildung (59 Prozent) oder eine Hochschulbildung (10 Prozent) und wurde auch für qualifizierte Tätigkeiten eingesetzt (ebenda 42). In der Evaluation der Westbalkanregelung heißt es: »Ein Vertreter des Zentralverbands des Deutschen Baugewerbes betonte, dass die Anzahl der über die Westbalkanregelung Beschäftigten etwa einem halben Ausbildungsjahrgang gleichkomme. Vor dem Hintergrund, dass es nicht gelingt, alle Ausbildungsplätze zu besetzen, hätte das Auslaufen der Westbalkanregelung deutliche Konsequenzen für das Baugewerbe, so der Befragte weiter« (Brücker u. a. 2020: 92). Angesichts der Schwierigkeiten nach der großen Baukrise und der Erosion des Tarifsystems, heimischen Nachwuchs für eine Ausbildung und Beschäftigung in der Bauwirtschaft zu interessieren, haben Rekrutierungen aus dem Ausland, sei es über eine direkte Anstellung oder über Entsendungen, erheblich an Bedeutung gewonnen.

Von der SOKA-BAU werden auch die Entsendeländer nach Beschäftigten und Unternehmen erhoben. Abbildung 8.3 zeigt zwar, dass die weitaus meisten Entsendungen aus Mittel- und Osteuropa kommen. Selbst diese Zahlen unterschätzen allerdings die Entsendungen aus Niedriglohnländern. Denn viele Mittel-, Ost- und auch Südeuropäer werden über etwa in den Niederlanden oder in Österreich ansässige Firmen nach Deutschland entsendet. Der

Abbildung 8.3: Top Ten der Entsendeländer nach Arbeitnehmern und Arbeitgebern 2019

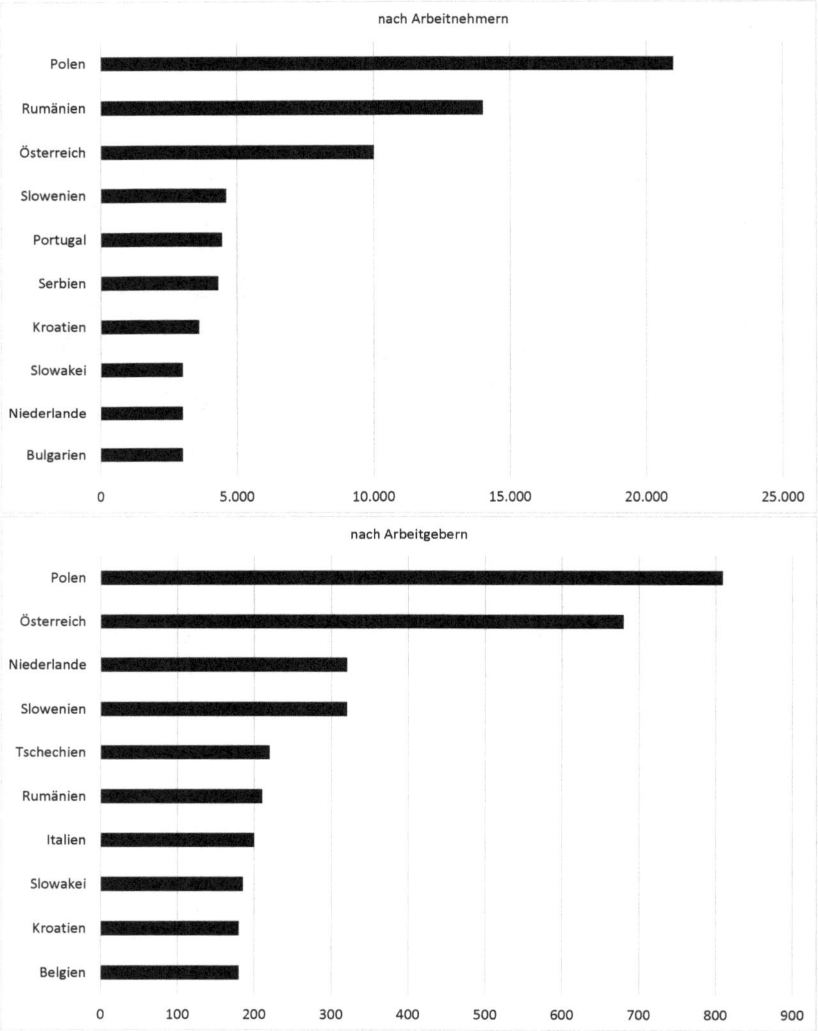

nach Arbeitnehmern

Land	Wert
Polen	~21.000
Rumänien	~14.000
Österreich	~10.000
Slowenien	~4.000
Portugal	~4.000
Serbien	~4.000
Kroatien	~3.500
Slowakei	~3.000
Niederlande	~3.000
Bulgarien	~3.000

nach Arbeitgebern

Land	Wert
Polen	~820
Österreich	~680
Niederlande	~320
Slowenien	~320
Tschechien	~220
Rumänien	~210
Italien	~200
Slowakei	~190
Kroatien	~185
Belgien	~180

Quelle: SOKA BAU 2020: 40

wichtigste Grund für die Beauftragung ausländischer Unternehmen dürfte also in den geringeren Lohnkosten liegen. Aufträge an ausländische Unternehmen aus Hochlohnländern mit besonderen Spezialkompetenzen spielen im deutschen Bauarbeitsmarkt demgegenüber nur eine zweitrangige Rolle.

Abbildung 8.4: Lohngruppen von heimischen und entsandten Beschäftigten im westdeutschen Baugewerbe 2019

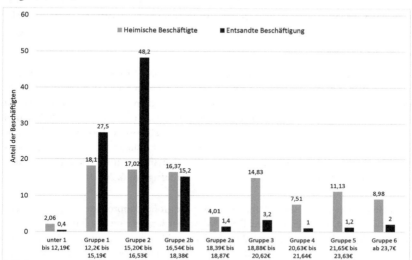

Quelle: SOKA BAU 2020: 47

Da die entsandten Beschäftigten sich am Urlaubskassenverfahren beteiligen müssen, verfügt die SOKA-BAU über Daten zu ihren Stundenlöhnen. Ungefähr drei Viertel der entsandten Bauarbeiter gegenüber etwas mehr als einem Drittel der heimischen Beschäftigten sind in Westdeutschland in den beiden unteren Lohngruppen, also nach den Branchenmindestlöhnen 1 und 2 eingestuft (Abbildung 8.4) zeigt. Nur wenige Entsandte sind in den höheren Lohngruppen zu finden. Es dürfte sich um Spezialisten handeln, die nicht unbedingt aus einem Niedriglohnland kommen.

Unsere betrieblichen Fallstudien zeigen, dass sich die kostengetriebene Vergabe von Tätigkeiten an Subunternehmen vor allem auf den Hochbau konzentriert, wo der Lohnkostenanteil besonders hoch ist, während im kapitalintensiven Straßen- oder Gleisbau oder bei hochspezialisierten und gefährdungsgeneigten Tätigkeiten, etwa in Kraftwerken oder Chemieanlagen, die Unternehmen auf eigene Beschäftigte setzen. In diesen Marktsegmenten sind tarifgebundene Unternehmen mit ihrem Stammpersonal konkurrenzfähig geblieben, da Entsendeunternehmen nicht über die dort geforderten Kompetenzen verfügen.

Ganz auf eigene Fachkräfte können die Unternehmen aber auch im Hochbau nicht verzichten. Die Risiken, für Qualitätsmängel haften zu müssen, wären viel zu groß. Zur Qualitätssicherung beschäftigen sie daher Poliere und Vorarbeiter, die alle Arbeitsschritte überprüfen und die Nachbesserungen koordinieren. Typisch für die Praxis in betriebswirtschaftlich sehr erfolgreichen tarifgebundenen mittelständischen Unternehmen sind folgende Vergabemodelle:

»Im Hochbau beschäftigen wir Kaufleute, Ingenieure, Projektentwickler. Auf den Baustellen aber nur noch Poliere und Vorarbeiter. Rohbauarbeiten wickeln wir nicht mehr ab. Das ist anders in anderen Bereichen, wie dem Straßenbau, wo jeder auf einer Maschine sitzt. Da sind wir komplett durchbesetzt bis zum Facharbeiter und Azubi. Im Rohbau haben wir einen Lohnkostenanteil von 50 Prozent, im Straßenbau von nur 24 Prozent. Der Rohbau wird an EU-Unternehmen vergeben, der Ausbau an regionale Handwerker.« (Interview Geschäftsführer und Besitzer eines tarifgebundenen Bauunternehmens mit ca. 450 Beschäftigten, 6/2020)

»Mit unseren eigenen Gewerblichen sind wir für große Bauprojekte in der Lohnleistung bei weitem nicht konkurrenzfähig. Wenn wir jetzt ein großes Bauvorhaben von dreißig, vierzig Millionen Euro haben und 15 Millionen Euro auf den Rohbau entfallen, dann planen wir mit 500.000 Stunden. Lohnleistungen kann ich für 30 bis 35 Euro die Stunde kaufen. Das ist eine Differenz von zehn Euro zu unseren eigenen Sätzen, also eine Ersparnis von 5 Millionen. Wir könnten das gar nicht mehr mit deutschen Handwerkern machen. Die sind gar nicht mehr da.« (Interview Geschäftsführer eines tarifgebundenen Bauunternehmens mit 340 Beschäftigten, 7/2020)

Kleinere tarifgebundene Bauunternehmen, die früher selbst im Neubau z. B. von Eigenheimen tätig waren, können nur überleben, wenn sie ihr Geschäftsmodell ändern. Die dramatische Entwicklung dieser Unternehmen beschrieb uns der Inhaber eines kleinen Bauunternehmens, der sich als Überbleibsel einer sterbenden Zunft sieht, wie folgt:

»Wir waren vor allem im Neubau tätig, schwenken aber langsam um in den Sanierungsbereich, weil es im Hochbau mittlerweile einen relativ ruinösen Wettbewerb gibt und unbedingter Einsatz von Nachunternehmen erforderlich ist. Und da muss man sich auf einem Nachunternehmermarkt bedienen, den ich eigentlich gar nicht haben will. Da sind Kräfte, denen ich fachlich nicht viel zutraue und wo auch eine soziale Schieflage besteht und wo das Thema sozialversicherungspflichtige Beschäftigung ziemlich weit hinten steht. Ich komme auf einen Lohnanteil von ungefähr 1.100 Euro fürs Eisenverlegen bei einer Tonne. Dann kommt noch Material von 800 Euro dabei, dann bin ich bei 1.900 Euro die Tonne. Das heißt unter 2.000 Euro die Tonne kann ich eigentlich nicht anbieten. Der Marktpreis gibt ungefähr die Hälfte vor. Und das kann ich nur realisieren, wenn ich die Eisen von entsprechenden Nachunternehmen legen lasse. Der Nachunternehmer kriegt für die Tonne Eisen verlegen irgendwas zwischen 400 Euro und 600 Euro, je nachdem wie der aufgestellt ist. Dann haben sie entsprechend Materialpreis dabei. Wenn Sie 1.400 Euro kriegen, dann ist das schon viel, aber immer noch deutlich unter den 2.000 Euro, die ich gerade genannt habe. Aber der Subunternehmer kann das Eisen nicht so viel schneller legen und ist nicht besser in der Ausführung. Sondern da geht es ausschließlich über den Lohn.

Im Bereich der Sanierung ist das was anderes, weil in diesem Bereich können Sie keine Horden von ungelernten Kräften einsetzen. Wir arbeiten viel für die Wohnungsgenossenschaft hier bei uns in der Umgebung, und da haben Sie recht kleinteilige Aufgaben mit hohen technischen Anforderungen. Sie müssen Köpfe dafür haben, die das können. Und dann sind in einer Wohnung 2 oder 3 Leute im Einsatz und die müssen schon genau wissen, was die machen. Der Sanierungsmarkt geht Richtung unendlich, weil es ist ein so wahnsinniger Sanierungsstau vorhanden, weil so viel Pfuscherei nach dem Krieg stattgefunden hat bis Mitte der 60er.

Wir hatten vor 20, 25 Jahren noch ungefähr 130 Mitglieder in der Handwerksinnung und haben an die 10.000 Mitarbeiter repräsentiert. Da waren einige Firmen bei, die deutlich mehr als 200 Mitarbeiter hatten. Die sind alle vom Markt verschwunden, die gibt es nicht mehr. Aufgrund des Preisdruckes haben die sich verabschiedet. Mittlerweile sind wir selbst nach der Fusion mit der benachbarten Innung nur noch 50 Mitgliedsbetriebe mit ungefähr 1.000 Leuten. Das ist dem großen Preiskampf geschuldet. Wir sind hier sehr zusammengeschrumpft und das gilt auch für die Ausbildung, für die überbetrieblichen Lehrwerkstätten. Wir haben ja nur noch 10 Prozent der Ausbildungszahlen wie vor 30 Jahren.« (Interview Eigentümer und Geschäftsführer eines Bauunternehmens mit 24 Beschäftigten, 10/2020)

Ein zentrales Problem des Subunternehmereinsatzes ist die Sicherung der Qualität, für die das beauftragende Unternehmen gegenüber dem Kunden haftet. Lohnkostenvorteile können sich durch teure Nacharbeiten schnell in Luft auflösen. Das Nachunternehmermanagement bekommt daher schon aus betriebswirtschaftlichen Gründen einen zentralen Stellenwert in den Unternehmen. Dazu gehören neben der schon erwähnten dichten Kontrolle der Subunternehmerarbeiten, die systematische Bewertung der Arbeit der Subunternehmen und der Aufbau und die Pflege eines zuverlässigen Pools an Subunternehmen. Zwei der von uns interviewten Geschäftsführer mittelständischer Unternehmen sprachen wegen der angestrebten kooperativen Zusammenarbeit nachdrücklich von Mitunternehmen anstelle von Nachunternehmern.

»Wenn man eigene Gewerbliche nicht mehr auf der Baustelle hat, kann man die Qualität nicht garantieren. […] Dann machen wir eine Mitunternehmer-Bewertung nach jedem Bauvorhaben. Unser Oberbauleiter bewertet nach Kriterien wie Qualität, Bauleitung und Termintreue. Wenn die Mitunternehmer eine Bewertung bekommen von besser als 2,5 im Schnitt der letzten drei Jahre, also das sind Schulnoten, dann bekommen sie bei der nächsten Vergabe einen Bonus. Und wenn sie besser als 1,5 ist, ist der Bonus doppelt so hoch. Der Bonus wird dann beim nächsten Auftrag ausgeschüttet, da man am Ende eines Bauvorhabens ja noch gar nicht weiß, ob noch ein Mangel kommt. Im letzten Jahr haben wir 700.000 Euro oder so an Boni gezahlt. Also das sind ein oder zwei Prozent seines Auftragsvolumens, was er draufbekommt.« (Interview Geschäftsführer eines tarifgebundenen Bauunternehmens mit 340 Beschäftigten, 7/2020)

»In unserem Unternehmen ist das Wort Subunternehmer oder das macht der Subi absolut verboten. Das ist eine Frage der Wertschätzung! Bei uns heißt das der Mitunternehmer. Der ist ja für uns sehr maßgeblich für die Erstellung des Auftrages oder Projektes. Und der soll sich mit uns auf Augenhöhe fühlen. Und wenn er sich mit uns auf Augenhöhe fühlt, dann werden wir auch immer die besten Mitarbeiter von dem kriegen. Das heißt, wir müssen ihn ordentlich behandeln, müssen ordentlich bezahlen. Wenn ich da nur drauf rumkloppe, muss ich jedes Mal einen anderen suchen. Das heißt, man hat sozusagen einen Stamm von Nachunternehmern, den man sich aufgebaut hat. Aber wenn wir, sagen wir mal, fünf oder sechs Firmen fragen, dann sehen wir auch zu, dass sie alle mal einen Auftrag kriegen, so dass sie nicht sich ausgenutzt fühlen. Und mir hat ein Installationsmeister bei der Einweihung eines Projekts im Mietwohnungsbau gesagt: ›Also das hat sehr gut geklappt mit der Zusammenarbeit mit Ihnen und Ihren Leuten und so weiter‹. Ich sage: ›Was ist Ihnen da aufgefallen?‹ ›Ja‹, sagt er, ›wie Sie mit uns umgegangen sind‹. Ich sage: ›Wir sind noch ein echtes Bauunternehmen. Wie wir nicht behandelt werden wollen, behandeln wir unseren Nachunternehmer und Mitunternehmern auch nicht‹. Ich habe mit Firmenvertretern gesprochen, die haben mir gesagt: ›Ah, ach, wenn bei so einem großen Projekt nicht ein, zwei Subis kaputtgehen, dann haben wir doch was falsch gemacht‹. Da habe ich mich umgedreht, da habe ich gedacht: ›Mit so einem Arschloch will ich nichts zu tun haben‹.« (Interview Geschäftsführer und Besitzer eines tarifgebundenen Bauunternehmens mit ca. 440 Beschäftigten, 6/2020)

Wie wir im Folgenden sehen werden, gilt ein solches auf Qualitätsbewusstsein, Langfristigkeit und Fairness basierendes Nachunternehmermanagement bei weitem nicht für die gesamte Branche.

8.5 Schwarzarbeit und organisierte Kriminalität

Das Baugewerbe war mit seinen vielen kleinen und regional verstreuten Unternehmen, ständig wechselnden Einsatzorten sowie den Grauzonen zwi-

Tabelle 8.2: Kontrolle, Ermittlungen und Strafen im Baugewerbe

	2014	2015	2016	2017	2018	2019
Prüfung von Arbeitgebern	30.729	16.681	13.473	14.005	12.943	13.855
Eingeleitete Ermittlungsverfahren wegen Nichtgewährung des Mindestlohns	1.756	1.484	1.332	1.401	1.298	1.419
Festgesetzte Geldbußen wegen Nichtgewährung des Mindestlohns (in €)	10.014.401	18.394.589	20.493.168	30.668.240	19.509.981	15.521.079
Abgeschlossene Ermittlungsverfahren nach § 266a des Strafgesetzbuches	4.257	4.731	4.492	4.558	4.235	4.864
Geldstrafen nach § 266a (in €)	1.979.880	3.058.190	2.463.075	2.814.335	3.072.802	3.881.830
Freiheitsstrafen nach § 266a (in Jahren)	315	397	345	343	334	508

Quelle: Deutscher Bundestag 2016, 2018, 2020.

schen regulärer Beschäftigung, Eigenarbeit und Nachbarschaftshilfe schon lange vor dem Einsatz ausländischer Werkvertragsnehmer ein idealer Nährboden von Schwarzarbeit (Wolff 1991: 75). Die Schwarzarbeit war allerdings lokal organisiert, was ihre Dimensionen begrenzte.

Das hat sich in den letzten drei Jahrzehnten grundlegend geändert. Es geht längst nicht mehr nur um Steuerhinterziehung und Sozialversicherungsbetrug bei kleinen Bauvorhaben, sondern um grenzüberschreitende organisierte Kriminalität in großem Maßstab mit illegaler Arbeit auf großen Baustellen direkt unter den Augen der Öffentlichkeit. Die Verdienstchancen mit illegaler Arbeit sind durch das große Lohngefälle in Europa und die überschaubaren Risiken, bei illegalen Praktiken erwischt und dann auch noch sanktioniert zu werden, viel zu verlockend, als dass sich internationale Schlepperbanden diese Verdienste entgehen ließen.

Die traditionelle Schwarzarbeit im Bau beruhte überwiegend auf persönlichen Kontakten und der meist einvernehmlichen Verschwiegenheit der Beteiligten gegenüber den Behörden. Heute werden von Schlepperbanden ausländische Arbeitskräfte für Subunternehmertätigkeiten angeboten, die systematisch ausgebeutet werden. Ihre mangelnden Sprachkenntnisse, ihre Unkenntnis der deutschen Rechtslage, ihre Isolation in besonderen Unterkünften und direkte Einschüchterung durch mafiöse Praktiken erschweren die Durchsetzung ihrer Rechte auf eine Mindestvergütung.

Diese Praktiken werden hinter einem legalen Mantel verschleiert. Die Aufdeckungschancen sind gering, da die Arbeitskräfte in der Regel nicht gegen ihre Auftraggeber aussagen. Zudem laufen die Sanktionen, die eigentlich abschreckend wirken sollen, vielfach ins Leere, da die Unternehmen ebenso schnell, wie sie gegründet wurden auch wieder liquidiert werden. Zudem werden Sanktionen gegen ausländische Werkvertragsfirmen – anders als bei Verkehrsdelikten – im Ausland kaum vollstreckt. Schließlich haben die Herkunftsländer kein Interesse, ihre Exportchancen durch eine zu strikte Kontrolle ihrer Unternehmen zu beeinträchtigen. Die EU ist durch die vier Grundfreiheiten, einschließlich der Dienstleistungsfreiheit, zwar zu einem einheitlichen Wirtschaftsraum geworden, aber lange noch nicht zu einem einheitlichen Rechtsraum. Diese Ungleichzeitigkeit der Verwirklichung von grenzüberschreitenden Wirtschafts- und Rechtsräumen ist eine Einladung an die organisierte Kriminalität.

Das IAB schätzt den Anteil des im Baugewerbe schwarz erbrachten Bauvolumens auf 30 bis 40 Prozent (Möller u. a. 2011: 163), von dem nur der geringere Teil aufdeckt wird. Zwar entfallen die meisten Kontrollen des Finanzkontrolle Schwarzarbeit beim Zoll auf das Baugewerbe. Die Zahl der kontrollierten Betriebe im Baugewerbe ist seit 2014 jedoch deutlich zurückgegangen. Im Jahr 2019 wurden nicht einmal halb so viele Betriebe kontrolliert wie vor der Einführung des gesetzlichen Mindestlohns (Tabelle 8.2). Es ist nicht bekannt, welcher Anteil der festgesetzten Geldbußen tatsächlich gezahlt wurden. Es ist auch nicht feststellbar, wie viele betrügerische Unternehmen tatsächlich vom Markt verschwunden sind.

Vertreter*innen der IG BAU, der beiden Arbeitgeberverbände ZDB und HDB sowie der SOKA-BAU beschrieben uns in einem früheren Projekt zur Umsetzung und Kontrolle von Mindestlöhnen (Bosch u. a. 2019: 166–178) die vielfältigen Strategien, mit denen die Branchenmindestlöhne oder die Umlagen für die Sozialkassen umgangen werden. Am häufigsten sind Manipulationen der geleisteten Arbeitszeit durch falsch ausgefüllte Stundenzettel. Zum Teil werden die Beschäftigten auch genötigt, die Stundenzettel blanko zu unterschreiben. Im Nachhinein werden dann acht Stunden pro Tag eingetragen, obwohl 10 oder 12 Stunden geleistet wurden.

»Das ist die größte Schwachstelle, dass die Leute 12 Stunden auf der Baustelle sind und für 8 Stunden kriegen sie den Mindestlohn. Und die Schwachstelle kriegen wir auch nicht so richtig weg.« (Interview IG BAU, 10/2015)

Solche falschen Arbeitszeitangaben lassen sich nur mithilfe von Arbeitszeit-Richtwerten widerlegen:

»Die Betriebe behaupten, sie hätten eine Tonne Betonstahl in zwei bis fünf Stunden verlegt. Dann wurde dementsprechend nur für diese Zeit der Mindestlohn gezahlt. Aus Arbeitszeituntersuchungen ist aber bekannt, dass für die Verlegung von einer Tonne Betonstahl mindestens 10 Stunden benötigt werden. Das sind Fälle, die ständig vorkommen.« (Interview ZDB, 11/2015)

Vor allem in Berlin ist es verbreitet, Bauarbeiter in Teilzeit einzustellen, sie aber tatsächlich in Vollzeit arbeiten zu lassen.

Wie es am Beispiel der Fliesenleger schon beschrieben wurde, stellt die Scheinselbständigkeit ein wachsendes Problem dar. Strohmänner/-frauen melden für ganze Gruppen von Beschäftigten unter derselben Adresse ein selbständiges Gewerbe an. Die Scheinselbständigen erhalten lediglich einen Werklohn für erbrachte Werkleistungen, der meistens unter dem Branchenmindestlohn für das Baugewerbe liegt. Sie erhalten jedoch keine Urlaubs- und Krankheitsvergütung, obwohl sie de facto abhängig beschäftigt sind. Vor allem bei osteuropäischen Beschäftigten ist diese Variante sehr verbreitet.

»Bei den Scheinselbständigen aus Osteuropa gibt es einen permanenten Drehtüreffekt. Es sind immer die gleichen Organisatoren, die solche Beschäftigungsformen ansetzen, die betroffenen Personen aber wechseln nach paar Monaten. Viele von denen haben auch schlechte Erfahrungen gemacht und kommen nicht wieder. Das reicht aber nicht aus, dass sich das richtig herumspricht.« (Interview IG BAU, 10/2015)

Eine andere mit hoher krimineller Energie organisierte Variante der Scheinselbständigkeit ist die Gründung von Arbeitsgemeinschaften (ARGE) zwischen einem deutschen Baubetrieb und 40 oder 50 ausländischen Bauarbeitern. Der Bauunternehmer tritt als Subunternehmer auf und behauptet, polnische oder rumänische Selbständige zu vermitteln. Die Scheinselbständigen arbeiten dann bis zu fünf oder sechs Monate, bekommen aber nur zwei oder drei ausgezahlt. Die Agentur selbst, die eigentlich der Bauunternehmer ist, tritt als Dienstleister auf und berechnet den Scheinselbständigen 150 bis 300 Euro pro Monat Agenturdienstleistungen etwa für Formalitäten mit Behörden. Sie meldet die Scheinselbständigen beim örtlichen Gewerbeamt an, ohne dass diese dort persönlich erscheinen müssen. Oft werden unzulässige Abzüge für Unterkunft, Verpflegung und Transportmittel in Rechnung gestellt. Die Gewerbeämter sind seit Anfang 2015 dazu verpflichtet, Verdachtsfällen auf Scheinselbständigkeit nachzugehen und gleichzeitig der FKS zu melden. Die Sozialpartner kritisieren jedoch, dass die Gewerbeämter Verdachtsfällen kaum nachgehen oder dem Zoll melden (Interview ZDB, 11/2015).

Zur Generierung von Schwarzgeld über Scheinfirmen wird von einem Bauunternehmen zunächst eine Scheinfirma gegründet, die Scheinrechnungen für nicht geleistete Bauarbeit ausstellt. Nach Abzug von Gebühren fließt der größte Teil des Geldes in bar an die Baufirma zurück. Die Übergabe des Bargelds erfolgt zum Teil – wie im Film – in Koffern auf Autobahnraststätten. Die Baufirma verfügt damit über nicht nachweisbares Geld und kann damit Bauarbeiter bar bezahlen und deshalb Bauleistungen billiger anbieten (Interview FKS 10/2020).

Eine deutlich höhere Komplexität mit gefälschten Ausweispapieren dokumentiert das Bundeskriminalamt als Beispiel für Schleuserkriminalität auf dem Arbeitsmarkt (vgl. Kasten 8.4).

Kasten 8.4: Schleuserkriminalität im Baugewerbe

»Die Bundespolizei ermittelte seit August 2017 gegen lettische und ukrainische Staatsangehörige wegen des Verdachts des gewerbsmäßigen Einschleusens von Ausländern, Verschaffen falscher amtlicher Ausweise sowie der Ausbeutung der Arbeitskraft. Die Täter standen im Verdacht, innerhalb einer für Bauleistungen gegründeten Firma ukrainische Staatsangehörige unerlaubt und unterhalb des gesetzlichen Mindestlohnes zu beschäftigen. Im Rahmen von Kontrollen wurden ukrainische Staatsangehörige festgestellt, die sich mit total gefälschten litauischen und rumänischen Identitätskarten auswiesen und sich offensichtlich unerlaubt im Bundesgebiet aufhielten, um einer Erwerbstätigkeit nachzugehen. Die Arbeitskräfte wurden zuvor über eine Zeitungsannonce in der Ukraine angeworben. Der ukrainische Hauptbeschuldigte und seine Lebensgefährtin boten Generalunternehmen in Deutschland Bauleistungen unterhalb der üblichen Preise an und beschäftigten anschließend die Drittstaatsangehörigen ohne Abführung von Sozialbeiträgen. Keiner der Arbeitnehmer wurde offiziell angemeldet. Die Vergabe der Folgeaufträge durch die Baufirma der beiden Beschuldigten erfolgte lediglich gegenüber den lettischen Beschuldigten als sog. Scheinselbständige. Die lettischen Beschuldigten erhielten auf Grundlage falsch erstellter Rechnungen zunächst Überweisungen. Anschließend zahlten sie dieses Geld in bar an die beiden Firmeninhaber als Auftraggeber zurück.

Es wurden keinerlei Gewinne angegeben und versteuert. Weiterhin beschäftigten die beiden ukrainischen Firmeninhaber Drittstaatsangehörige zum Schein über eine in Polen gegründete Firma und setzten sie mittels der in Polen durch die fingierte Beschäftigung erhaltenen, nationalen polnischen Aufenthaltstitel zur Erwerbstätigkeit auf den Baustellen in Deutschland ein. Zudem täuschten die Beschuldigten mittels gefälschter Urkunden deutsche Finanz-, Gewerbe- und Einwohnermeldeämter und manipulierten über einen Büroservice entsprechende Buchführungen. Mittlerweile erfolgten die Umsetzung von zehn Durchsuchungsbeschlüssen sowie die Vollstreckung mehrerer Haftbefehle, auch gegenüber dem ukrainischen Hauptbeschuldigten« (BKA 2020: 47)

Ausländische Briefkastenfirmen sind für die SOKA-BAU ein großes Problem. Die Einforderung von Beitragsrückständen ist schwierig, weil die Firmen keine klassischen Baubetriebe mit festem Firmensitz, eigenen Maschinen und Beschäftigten und eigener Bautätigkeit im Herkunftsland sind. Sie vermitteln lediglich Beschäftigte und lassen sich leicht auflösen. Nur wenn der Auftrag bzw. die Entsendung noch andauert, besteht eine Chance, die Beiträge einzutreiben:

»Es gibt dann immer schon Erfahrungswerte, wenn dann immer derselbe Name des Geschäftsführers auftaucht. Oder wenn wir was zustellen wollen und dem Bearbeiter auffällt, dass 10 Firmen aus Bulgarien unter derselben Adresse gemeldet sind. Dann guckt man sich das bei Google Maps an und ist mitten in einem Wohngebiet. Und so fällt das halt auf.« (Interview SOKA-BAU, 5/2016)

Kritisch wird weiterhin das so genannte »van der Elst-Visum« bewertet. Drittstaatsangehörigen müssen ein solches Visum einholen, um eine Arbeitsberechtigung innerhalb der EU zu erhalten. Diese Arbeitserlaubnis kann in jedem EU-Mitgliedsstaat ausgestellt werden und gilt im Zuge der Arbeitnehmerfreizügigkeit dann in der gesamten EU. Auf dieser Basis finden sich auf deutschen Baustellen z. B. bosnische Beschäftigte mit einer slowenischen Arbeitserlaubnis oder Mazedonier mit einer bulgarischen Erlaubnis.

Möller u. a. (2011: 162) haben in ihrer Evaluation der Bau-Mindestlöhne zwei weitere Umgehungsstrategien festgestellt: Zum einen vergeben tarifgebundene Betriebe Aufträge für umlagepflichtige Bautätigen an Nachunternehmen aus Gewerken des Baunebengewerbes, um die Mindestlöhne und die Beiträge zur SOKA-BAU zu umgehen. Zum anderen werden den Beschäftigten Kosten für beschädigtes Arbeitsmaterial oder angebliche Mängel in der Ausführung vom Lohn abgezogen.

Während sich die meisten Branchen allein darauf verlassen müssen, dass die FKS durch ihre Kontrollen Verstöße gegen Mindestarbeitsbedingungen aufdeckt, verfügt das Bauhauptgewerbe mit den Sozialkassen des Baugewerbes (SOKA-BAU) über eigene Kontrollmöglichkeiten. Anhand der arbeitnehmerbezogenen Meldungen der Löhne und lohnzahlungspflichtigen Arbeitsstunden der Baubetriebe prüft die SOKA-BAU, ob den Beschäftigten der tarifliche Mindestlohn 1 gezahlt wurde. Dabei werden sowohl die eingehenden Meldungen der inländischen Baubetriebe als auch der ausländischen Entsendebetriebe kontrolliert und Verfehlungen an den Zoll gemeldet. Bei Mindestlohnunterschreitungen fordert die SOKA-BAU die entsprechenden Sozialkassenbeiträge und die Winterbeschäftigungs-Umlage nach. Es wird auch überprüft, ob das angegebene Verhältnis des Mindestlohns 1 zum Mindestlohn 2 angesichts des üblichen Qualifikationsmies auf Baustellen realistisch ist:

»Wenn zum Beispiel alle 20 von 20 Arbeitnehmern Lohngruppe 1 erhalten, alle Hilfsarbeiter sind, fragen wir kritisch beim Arbeitgeber nach und akzeptieren das in der Regel auch nicht.« (Interview SOKA-BAU, 5/2016)

Die SOKA-BAU akzeptiert bei Firmen, die aus Ländern ohne Werkvertragsabkommen stammen, ein Verhältnis von 50 Prozent Facharbeitern zu 50 Prozent Hilfskräften. Wenn sich das Verhältnis zu mehr Hilfskräften verschiebt, erfolgt eine automatisierte Nachfrage beim betreffenden Betrieb. Bei Betrieben aus Staaten mit Werkvertragsabkommen gilt als Orientierungsmarke ein Anteil von 85 Prozent Fachkräften zu 15 Prozent Hilfskräften.

In unseren Gesprächen bei der SOKA-BAU wurde die Zusammenarbeit mit dem Zoll positiv bewertet. Das liegt insbesondere daran, dass der Zoll viel enger mit der SOKA-BAU kooperiert als mit den Verbänden der Tarifpartner und Rückmeldungen über festgestellte Verstöße weiterleitet. Die Finanzkontrolle Schwarzarbeit sendet der SOKA-BAU alle Prüfberichte mit festgestellten Verstößen und den genauen Betriebsangaben zu. Dafür ist jeweils ein Mitarbeiter ausschließlich für die Betreuung eines FKS-Standortes zuständig. Zudem nehmen die Mitarbeiter direkt an gemeinsamen Konferenzen beim Zoll teil und beraten gemeinsam, wie die Prüfverfahren weiterentwickelt und verbessert werden können:

»Da findet ein sehr intensiver Austausch statt, der letztlich auch in dieses Thema Zusammenarbeit mit dem Risikomanagement gemündet ist, weil der Zoll dafür auch seine Arbeit verändert, um stärker die wichtigen und prüfrelevanten Bereiche besser festzustellen, als eine flächendeckende Prüfung zu organisieren.« (Interview SOKA-BAU, 1/2016)

Darüber hinaus haben die Sozialpartner im Bauhauptgewerbe weitere Maßnahmen ergriffen, die zu einer besseren Einhaltung der Arbeitsbedingungen führen sollen. So wurde etwa in Berlin das Pilotprojekt »Weißbuch Bau« von den regionalen Sozialpartnern im Herbst 2015 eingeführt, das bei der Sozialkasse des Berliner Baugewerbes angesiedelt ist und auf eine Initiative der Fachgemeinschaft Bau zurückgeht. Dabei werden diejenigen Betriebe in ein öffentlich einsehbares Weißbuch aufgenommen, die keine Verstöße aufweisen. Auftraggeber erhalten so eine transparente Möglichkeit der Auswahl von »ehrlichen« Bauunternehmen. Die Berechtigung zur Eintragung in das Weißbuch ergibt sich aus den Plausibilitätsprüfungen der SOKA-BAU, wenn keine Verfehlungen festgestellt werden. In den Expertengesprächen wurde betont, dass das Pilotprojekt zwar klare Vorteile, aber auch Nachteile hat. Da es das Weißbuch bislang nur in Berlin gebe, könnten auch nur Berliner Bauunternehmen aufgenommen werden. Wenn bei der Auftragsvergabe nur Betriebe aus dem Weißbuch berücksichtigt werden, habe ein Betrieb aus einem anderen Bundesland keine Chance, an den Auftrag zu kommen.

Eine weitere Besonderheit in Berlin sind die so genannten Baustellenläufer, die jeweils von der Berliner Sozialkasse, der IG BAU sowie von der Fachgemeinschaft Bau getrennt voneinander eingeführt wurden, allerdings miteinander kooperieren. Die Baustellenläufer – es handelt sich pro Einrichtung um zwischen zwei und sechs Personen – überprüfen die Baustellen auf vor Gericht verwertbare Verstöße. Dafür führen sie auch Gespräche mit den Beschäftigten auf der Baustelle.

Diese Maßnahme wurde in den Expertengesprächen unterschiedlich eingeschätzt. Während sich die beiden Arbeitgeberverbände eher zurückhaltend dazu äußerten, wird das Modell von der IG BAU unterstützt und finanziell gefördert. Aus Sicht der Gewerkschaft ist der Ansatz erfolgreich, da die Baustellenläufer bereits zahlreiche Verstöße aufdecken konnten. Allerdings wurde bemängelt, dass dieses Vorgehen bislang nicht institutionalisiert worden und lediglich mit ehrenamtlichen Personen besetzt ist.

8.6 Zusammenfassung

Der deutsche Bauarbeitsmarkt ist internationaler geworden. Fast der gesamte Zuwachs an sozialversicherungspflichtiger Beschäftigung seit 2009 entfiel auf Ausländer. Hinzu kam im gleichen Zeitraum eine Verdoppelung der Entsendungen aus dem Ausland. Die Ausbildungsquote in der Bauwirtschaft war in den Jahren zuvor so stark gesunken, dass der Beschäftigungszuwachs dadurch nicht annähernd gedeckt werden konnte. Hinzu kommt, dass aufgrund des massiven Reputationsverfalls körperlich beanspruchender Arbeit in der heutigen Dienstleistungsgesellschaft, der Erosion des Tarifgefüges, der hohen Konjunkturanfälligkeit und der langanhaltenden Baukrise viele Arbeitskräfte in andere Branchen abwanderten und nicht wiedergewonnen werden konnten.

Anders als die früheren »Gastarbeiter«, die nach deutschem Arbeitsrecht und Tarifen entgolten wurden, gelten heute für viele Ausländer andere Regeln. Viele von ihnen werden als Scheinselbständige beschäftigt, was im Baugewerbe insbesondere durch die Abschaffung der Meisterpflicht im Jahr 2003 bei den Fliesenlegern begünstigt wurde. Entsendungen beruhen auf der sogenannten Dienstleistungsfreiheit der EU, nach der ausländische Firmen zu den Bedingungen ihres Herkunftslandes Dienstleistungen in Deutschland anbieten können. Erst mit der europäischen Entsenderichtlinie von 1996 hatten die Bestimmungsländer die Möglichkeiten, Mindestarbeitsbedingungen für Entsandte festzulegen, um die Lohnkonkurrenz aus den Niedriglohnländern der erweiterten EU zu begrenzen. Infolge der restriktiven Rechtsprechung des EuGHs kann das gesamte Tarifgitter nur auf entsandte Kräfte erstreckt werden, wenn diese in Deutschland für allgemeinverbindlich erklärt werden. Da im deutschen Baugewerbe anders als in Frankreich, Belgien oder den Niederlanden aber nur der Bundesrahmentarifvertrag (BRTV) und der Tarifvertrag über das Sozialkassenverfahren im Baugewerbe (VTV), nicht aber die Entgelttarifverträge für allgemein verbindlich erklärt worden sind, konnten die Sozialpartner das Tarifgefüge nur über branchenspezifische Mindestlöhne schützen. Zunächst wurde auf dieser Basis ein Mindestlohn 1 eingeführt, der angesichts der damals bevorstehenden Osterweiterung der EU im Jahr 2003 durch einen zweiten Mindestlohn für Qualifizierte ergänzt wurde.

Die Revision der Entsenderichtlinie änderte kaum etwas am Vorrang des Wettbewerbsrechts. Die Bundesregierung engte den etwas erweiterten Spielraum Handlungsspielraum sogar noch ein, indem sie das im Jahr 2020 revidierte AEntG die Anzahl der möglichen Mindestlöhne auf drei Stufen begrenzte. Durch die Parallelität unterschiedlicher Mechanismen der Lohnfindung ist im Baugewerbe die Lohnhöhe wieder zum Wettbewerbsparameter geworden. Wollen die Unternehmen im verschärften Preiswettbewerb um Aufträge mithalten, sind sie vor allem im Rohbau gezwungen, kostengünstigere ausländische Nachunternehmen einzusetzen. Dadurch gingen zahlreiche Arbeitsplätze für heimische Arbeitskräfte verloren. Insbesondere größere und mittlere Betriebe bauen ihr gewerbliches Personal stark ab und ersetzen es durch ausländische Werkvertragsarbeitnehmer. Im Sog der legalen Entsendung expandierte auch die illegale Beschäftigung, die inzwischen über organisierte Kriminalität in großem Maßstab kontrolliert wird.

In der Hochlohnbranche Bau mit seinem ausgebauten Sozialsystem kann man durch illegale Praktiken besonders hohe Kosteneinsparungen erzielen; bei einem Gesetzesbruch riskierte man zudem wenig, da der Arbeitseinsatz auf den ständig wechselnden Baustellen und Nachunternehmen nur schwer zu kontrollieren ist. Hinzu kommt, dass Sanktionen, die eigentlich abschrecken sollen, grenzüberschreitend kaum vollstreckt werden. Der Rechtsraum wurde nicht in gleichem Tempo wie der Wirtschaftsraum in der EU erweitert. Wenn aber Rechtsverstöße in anderen EU-Ländern ungeahndet bleiben, ist das geradezu eine Einladung zum Gesetzesbruch.

Der intensive Lohnkostenwettbewerb hat zu einer deutlichen Erosion des Tarifgefüges geführt. In Ostdeutschland erhalten auch die heimischen Arbeitskräfte oft nur wenig mehr als den Mindestlohn. In Westdeutschland sind die oberen Lohngruppen trotz des Baubooms inzwischen erheblich dünner besetzt als noch vor 12 Jahren. Auf Druck der Arbeitgeberverbände wurde der Mindestlohn II 2009 in Ostdeutschland abgeschafft und wird auch in Westdeutschland in Frage gestellt. Ganz überraschen kann das nicht! Denn in allen Branchen, in denen die Löhne nicht für alle Unternehmen gelten, werden die Positionen im Arbeitgeberlager heterogener. Ein Teil der Unternehmen sieht die Chance, den Mindestlohn 1 zur »going rate« für Subunternehmer auf dem Bauarbeitsmarkt werden zu lassen und das als zu hoch angesehene Tarifgefüge insgesamt abzusenken. Ein anderer Teil der Unternehmer hat begriffen, dass die Kostenvorteile, die man erzielen kann, nur kurzfristiger Natur sind, da die anderen Unternehmen nachziehen werden, und sieht in einem engen Arbeitsmarkt für Fachtätigkeiten ohnehin keine Spielräume für Lohnsenkungen.

Beim Einsatz ausländischer Subunternehmer mussten deutsche Unternehmen Lehrgeld zahlen. Die vielfach unzureichend qualifizierten ausländischen Bauarbeiter lieferten oft nur geringe Qualität, so dass ihre Kosten in der Endabrechnung wegen Nacharbeiten oder Preisabzügen nach Mängelrügen über denen deutscher Fachkräfte lagen. Aufgrund dieser Erfahrungen haben viele Unternehmen ihr Nachunternehmermanagement verbessert. Sie kontrollieren durch eigene Fachkräfte deren Arbeit engmaschig, setzen auf langfristige Kooperationen und bewährte Partnerschaften und zahlen Prämien für mängelfreie Arbeit.

Literatur

Bizer, Kilian/Haverkamp, Katarzyna/Proeger, Till (2019), Stellungnahme zur Wiedereinführung der Meisterpflicht im Handwerk, in: ifh Göttingen (Hg.), *Göttinger Beiträge zur Handwerksforschung*, H. 31, Göttingen.

BWHT (Baden-Württembergischer Handwerkstag) (2020), Hemmnisse im EU-Binnenmarkt, Stuttgart.

BKA (Bundeskriminalamt) (2020), Organisierte Kriminalität. Bundeslagebild 2019, Wiesbaden.

Bosch, Gerhard (2018), Die duale Berufsausbildung – das Geheimnis der deutschen Wettbewerbsfähigkeit, Institut Arbeit und Qualifikation, *IAQ-Report*, H. 2018-05, Duisburg.

Bosch, Gerhard (2020), Wirkungen und Kontrolle des Mindestlohns für qualifizierte Beschäftigte im deutschen Bauhauptgewerbe. Gutachten im Auftrag der Industriegewerkschaft Bauen-Agrar-Umwelt (IG BAU), Institut Arbeit und Qualifikation, *IAQ-Forschung*, H. 2020-03, Duisburg.

Bosch, Gerhard/Hüttenhoff, Frederic/Weinkopf, Claudia (2019), *Kontrolle von Mindestlöhnen*, Wiesbaden.

Bosch, Gerhard/Worthmann, Georg/Zühlke-Robinet, Klaus (2002), Das deutsche Baugewerbe im europäischen Wettbewerb, in: Sadowski, Dieter/Walwei, Ulrich (Hg.), *Die ökonomische Analyse des Arbeitsrechts: IAB-Kontaktseminar vom 12.–16. November 2001 im Institut für Arbeitsrecht und Arbeitsbeziehungen in der Europäischen Gemeinschaft (IAAEG) der Universität Trier*, Beiträge zur Arbeitsmarkt- und Berufsforschung Bd. 259, Berlin, S. 107–143.

Bosch, Gerhard/Weinkopf, Claudia/Worthmann, Georg (2011), Die Fragilität des Tarifsystems: Einhaltung von Entgeltstandards und Mindestlöhnen am Beispiel des Bauhauptgewerbes, *Forschung aus der Hans-Böckler-Stiftung*, Bd. 128, Berlin.

Brücker Herbert/Falkenhain, Mariella/Fendel, Tanja/Promberger, Markus/Raab, Miriam/Trübswetter, Parvati (2020), Evaluierung der Westbalkanregelung: Registerdatenanalyse und Betriebsfallstudien – Abschlussbericht, Bundesministerium für Arbeit und Soziales, *Forschungsbericht*, Bd. 544, Berlin.

Bühler, Joël/Rieger, Andreas/Stötzel, Michael (2019), *Der Angriff der süddeutschen Arbeitgeber auf den Schweizer Lohnschutz*, Bern. Zugriff: 16.09.2021, https://www.unia.ch/fileadmin/user_upload/Kampagnen/Lohndumping/2019-10-17-Angriff-der-S%C3%BCddeutschen-Arbeitgeber-auf-den-Lohnschutz.pdf.

Deutscher Bundestag (2016), *Finanzkontrolle Schwarzarbeit – Kontrolle von Mindestlöhnen 2015. Antwort der Bundesregierung auf die Kleine Anfrage der (…) der Fraktion BÜNDNIS 90/DIE GRÜNEN – Drucksache 18/7405*. Drucksache 18/7525 vom 15. Februar 2016, Berlin, letzter Zugriff: 26.08.2021, https://dserver.bundestag.de/btd/18/075/1807525.pdf.

Deutscher Bundestag (2018), *Finanzkontrolle Schwarzarbeit – Kontrolle von Mindestlöhnen 2017. Antwort der Bundesregierung auf die Kleine Anfrage der (…) Fraktion BÜNDNIS 90/DIE GRÜNEN – Drucksache 19/660*. Drucksache 19/875 vom 22. Februar 2018, Berlin, letzter Zugriff: 26.08.2021, https://dserver.bundestag.de/btd/19/008/1900875.pdf.

Deutscher Bundestag (2020), *Mindestlöhne – Kontrollen der Finanzkontrolle Schwarzarbeit im Jahr 2019. Antwort der Bundesregierung auf die Kleine Anfrage der (…) Fraktion BÜNDNIS 90/DIE GRÜNEN – Drucksache 19/17481*. Drucksache 19/18583 vom 07. April 2020, Berlin, letzter Zugriff: 26.08.2021, https://dip21.bundestag.de/dip21/btd/19/185/1918583.pdf.

DGB (Deutscher Gewerkschaftsbund) (2020), *Stellungnahme des Deutschen Gewerkschaftsbundes zu dem Gesetzentwurf der Bundesregierung zum Entwurf eines Geset-*

zes zur Umsetzung der Richtlinie (EU) 2018/957 des Europäischen Parlaments und des Rates vom 28. Juni 2018 zur Änderung der Richtlinie 96/71/EG über die Entsendung von Arbeitnehmern im Rahmen der Erbringung von Dienstleistungen Drucksache 19/19371 vom 20.05.2020, dem Antrag der Fraktion DIE LINKE Drucksache 19/19231 vom 14.05.2020 sowie dem Antrag der Fraktion der FDP Drucksache 19/19259 vom 15.05.2020, Abschlussdrucksache 19(11)696 vom 10. Juni 2020, Berlin, letzter Zugriff: 26.08.2021, https://www.bundestag.de/resource/blob/70 0216/62a8335da6081081277e524092f06c7e/19-11-696-data.pdf.

Eichhorst, Werner (1998), *Europäische Sozialpolitik zwischen nationaler und supranationaler Regulierung: Die Entsendung von Arbeitnehmern im Rahmen der Dienstleistungsfreiheit innerhalb der europäischen Union*. Dissertation Universität Konstanz, Fakultät für Verwaltungswissenschaft (Hg.), Konstanz.

Europäische Kommission (1985), *Vollendung des Binnenmarktes: Weißbuch der Kommission an den Europäischen Rat*. KOM (85) 310, bestätigt 28-29.06.1985, Mailand, letzter Zugriff: 26.08.2021, http://europa.eu/documents/comm/white_papers/pdf/com1985_0310_f_de.pdf.

Europäische Kommission (2020), *Länderbericht Deutschland 2020. Das Europäische Semester 2020: Bewertung der Fortschritte bei den Strukturreformen, Vermeidung und Korrektur makroökonomischer Ungleichgewichte und Ergebnisse der eingehenden Überprüfung gemäß Verordnung (EU) Nr. 1176/2011 vom 26. Februar 2020*. SWD(2020) 504 final, Brüssel.

European Commission (2020), *Posting of workers. Report on A1 Portable Documents issued in 2018*, Brüssel.

Franzen, Martin (2019), Die geänderte Arbeitnehmer-Entsenderichtlinie, in: *Europäische Zeitschrift für Arbeitsrecht*, H. 1/2019, S. 3–23.

Hanau, Peter (1997), Sozialdumping im Binnenmarkt. In: Baur, Jürgen F./Watrin, Christian (Hg.), Recht und Wirtschaft der Europäischen Union, in: R.I.Z.Schriften, Bd. 6, S. 145–156.

HDB (Hauptverband der deutschen Bauindustrie) (2019), Bauwirtschaft im Zahlenbild, Ausgabe 2019, Berlin.

Kleiner, Morris M./Ming, Xu (2020), »Occupational Licensing and Labor Market Fluidity«, *Working Paper*, H. 27568, Juli 2020, DOI: https://doi.org/10.3386/w27568.

Kohl, Heribert (1993), *Auf Vertrauen bauen. 125 Jahre Baugewerkschaft*. Köln.

Möller, Joachim/Bender, Stefan/König, Marion/Vom Berge, Philipp/Umkehrer, Matthias/Wolter, Stefanie/Schaffner, Sandra/Bachmann, Ronald/Kröger, Hanna/Janßen-Timmen, Ronald/Paloyo, Alfredo/Tamm, Marcus/Fertig, Michael/Apel, Helmut 2011), Evaluation bestehender gesetzlicher Mindestlohnregelungen – Branche: Bauhauptgewerbe. Forschungsauftrag des Bundesministeriums für Arbeit und Soziales (BMAS), Institut für Arbeitsmarkt- und Berufsforschung/Rheinisch-Westfälisches Institut für Wirtschaftsforschung/Institut für Sozialforschung und Gesellschaftspolitik, *Endbericht*, Berlin, letzter Zugriff:

26.08.2021, http://doku.iab.de/grauepap/2011/evaluation-mindestlohn-bauhauptgewerbe.pdf.

Monti, M. (2010), A new strategy for the single market. At the service of Europe's economy and society, European Commission, *Report to the President of the European Commission José Manuel Barroso*, Brussels.

Müller, Klaus (2018), Neue Daten zu den Auswirkungen der Teilderegulierung des Handwerks, Deutsches Handwerksinstitut, *Göttinger Beiträge zur Handwerksforschung*, H. 19, Göttingen.

Monopolkommission (2001), *Reform der Handwerksordnung Sondergutachten der Monopolkommission gemäß § 44 Abs. 1 Satz 4 GWB*, Bonn.

NTV (2017): EU-Entsenderichtlinie: Macron geht gegen Lohndumping vor. NTV vom 24.08.2017, letzter Zugriff: 03.03.2022, https://www.n-tv.de/politik/Macron-geht-gegen-Lohndumping-vor-article19998590.html.

Sachverständigenrat (2020), Corona-Krise gemeinsam bewältigen, Resilienz und Wachstum stärken. Jahresgutachten 2020/21, Wiesbaden.

Sahl, Karl-Heinz/Stang, Brigitte (1996), Das Arbeitnehmer-Entsendegesetz und die Europäische Entsenderichtlinie, in: *Arbeitsrecht im Betrieb*, H. 11, S. 652–661.

Santagata de Castro, Raffaello (2019), EU Law on Posting of Workers and the Attempt to Revitalize Equal Treatment, in: *Italian Labour Law e-Journal*, Bd. 12, H. 2 , S. 149–169.

Sörries, Bernd (1999), *Europäisierung der Arbeitsbeziehungen. Der Soziale Dialog und seine Akteure*, München/Mering.

SOKA-BAU (2020), *Kennzahlen SOKA-BAU, Geschäftsjahr 2019*, Wiesbaden.

Seikel, Danile/Absenger, Nadine (2015), Die Auswirkungen der EuGH-Rechtsprechung auf das Tarifvertragssystem in Deutschland, in: *Industrielle Beziehungen*, Bd. 22, H. 1, S. 51–71.

Wolff, Klaus (1991), *Schwarzarbeit in der Bundesrepublik Deutschland: eine mikroanalytische Untersuchung*, Frankfurt/New York.

Worthmann, Georg (1999), Implementation of the EU Posting Directive and Posting of Workers Act in Germany, in: European Institute for Construction Labour Research (Hg.), *CLR-News*, Bd. 2, S. 27–33, Brüssel.

ZDB (Zentralverband Deutsches Baugewerbe) (2002), *Antrag auf Allgemeinverbindlicherklärung des Tarifvertrags zur Regelung der Mindestlöhne im Baugewerbe im Gebiet der Bundesrepublik Deutschland (TV Mindestlohn) vom 4. Juli 2002*, Berlin.

9. Zur Ökonomie und Soziologie des Bauarbeitsmarktes

9.1 Einleitung

Ziel dieses Buches ist es, ein aktuelles Gesamtbild des deutschen Bauarbeitsmarktes, seiner Umbrüche und seiner Neugestaltung zu zeichnen. Dabei ging es uns nicht nur um eine chronologische Beschreibung der Veränderungen in den letzten Jahrzehnten auf diesem Arbeitsmarkt, sondern auch um das Verständnis der Besonderheiten dieser Branche sowie der Entwicklung, Veränderungen und Auswirkungen ihrer branchenspezifischen Regulierungen. Einzelne Fakten vergisst man schnell. Eine gute dem Gegenstand angemessene Theorie hilft, ihren Zusammenhang und die Handlungsmotive der Akteure in dieser Branche nachzuvollziehen und ein einprägsames Bild des Bauarbeitsmarktes zu entwickeln. Nachdem wir in den einzelnen Kapiteln mit vielen Einzelheiten in die Tiefe gegangen sind, wollen wir daher zum Schluss versuchen, den roten Faden, der sich durch unsere Teilanalysen zieht, noch einmal deutlich zu machen.

Ausgangspunkt unserer Untersuchung war die Analyse der Besonderheiten des Bauarbeitsmarktes. Sie ermöglicht uns zu verstehen, warum nicht nur in Deutschland, sondern auch in vielen anderen Ländern die Sozialpartner meist mit Hilfe des Staates besondere Regulierungen entwickelt haben, die in anderen Branchen nicht zu finden sind (Abschnitt 9.2). Da sich sowohl der Produkt- als auch der Arbeitsmarkt der Branche ständig ändert, stehen die Sozialpartner immer wieder vor der Aufgabe, auf neue Herausforderungen zu reagieren und das Regulierungssystem weiterzuentwickeln. Diese neuen Herausforderungen und die Antworten darauf waren Kern unserer umfangreichen empirischen Untersuchungen dieser Branche in den vergangenen 25 Jahren. Wir konnten dabei auf frühere Arbeiten, wie die erste Auflage dieses Buches und mehrere andere große Forschungsprojekte zur Bauwirtschaft an unserem Institut zurückgreifen (Bosch/Zühlke-Robinet 2000; Bosch/Philips 2003; Bosch/Rehfeld 2006; Kümmerling u. a. 2008; Bosch/

Weinkopf/Worthmann 2011; Kümmerling/Worthmann 2011; Bromberg u. a. 2012; Bosch/Hüttenhoff/Weinkopf 2019). Darüber hinaus haben wir Daten der der amtlichen Statistik und der SOKA-BAU sowie der Stichprobe der Integrierten Arbeitsmarktbiografien (SIAB) ausgewertet und 30 Experteninterviews mit den wichtigsten Akteuren der Branche durchgeführt. Schließlich haben wir Baubeschäftigte online nach ihrer Beschäftigungssituation und ihrer subjektiven Bewertung einer Beschäftigung im Bauhauptgewerbe befragt.[30] Die wichtigsten Ergebnisse unserer Studie werden in Abschnitt 9.3 zu einem Branchenbild des Bauarbeitsmarktes in Deutschland zusammengefasst.

Die Erfahrungen mit Branchenumlagen zur Finanzierung der Berufsausbildung und unterschiedlicher sozialer Leistungen sowie zur Kofinanzierung arbeitsmarktpolitischer Leistungen sind auch von übergeordnetem Interesse. Seit langem wird die Einführung einer Umlage zur Finanzierung der Berufsausbildung in Deutschland diskutiert und in einzelnen Branchen wurde sie inzwischen eingeführt, wie etwa in der Pflege. Die Künstlersozialkasse ist ein Beispiel für eine andere Branche, in der die Auftraggeber über eine Umlage einen Teil der kranken- und Rentenversicherungsbeiträge an die Kassen abführen. Für neue Tätigkeiten in der digitalen Welt mit vielen unterschiedlichen Auftraggebern und häufigen Betriebswechseln werden überbetriebliche Lösungen mit gemeinsamen Sozialeinrichtungen, die die Rolle als »ideeller Gesamtunternehmer« übernehmen, diskutiert. Daher ist es wichtig, die Funktionsbedingungen von Branchenarbeitsmärkten besser zu verstehen. In Abschnitt 9.4 wird die Funktionsweise von regulierten Branchenarbeitsmärkten am Beispiel des Baugewerbes herausgearbeitet. Zum Abschluss geben wir in Abschnitt 9.5 einen Ausblick auf mögliche Entwicklungsszenarien des Bauarbeitsmarktes.

9.2 Die Besonderheiten des Bauarbeitsmarktes

Bauarbeit weist im Unterschied zur stationären Produktion viele Besonderheiten auf. Bauprojekte werden überwiegend für konkrete Standorte geplant, so dass in wandernden Betrieben gearbeitet wird. Sobald ein Bauprojekt fer-

---

30 Eine detaillierte Auswertung der Ergebnisse unserer Beschäftigtenbefragung findet sich in Kümmerling u. a. 2022.

tiggestellt ist, ändern sich die Einsatzorte der Beschäftigten. Bauen ist nicht nur in hohem Maße wetterabhängig, sondern auch besonders konjunkturempfindlich. Bauten zählen zu den besonders langlebigen Gütern, deren Anschaffung in Krisen als erstes zurückgestellt werden. All dies führt zu hohen saisonalen und konjunkturellen Schwankungen der Nachfrage nach Arbeitskräften, die in den vielen mittleren- und kleinen Baubetrieben mit ihren geringen finanziellen Reserven nicht intern aufgefangen werden können. Eine hohe Arbeitsmarktdynamik mit häufigen Betriebswechseln und unterschiedlich langen Phasen der Arbeitslosigkeit ist daher typisch für Bauarbeit.

Obwohl die Arbeitsbelastungen durch den Einsatz von Maschinen vielfach deutlich verringert wurden, bleibt Bauen weiterhin körperlich harte Arbeit und kann vielfach nicht bis zur gesetzlichen Altersgrenze ausgeübt werden. Hinzu kommt eine überdurchschnittliche Unfallgefährdung. Die Risiken des Ausrutschens, des Fallens, der Verletzung durch herabfallende Gegenstände, der Maschinen- und Verkehrsunfälle, der Verschüttung, der Gehörbeeinträchtigung durch großen Lärm oder der Exposition gegenüber schädlichen Stoffen sind im Baugewerbe höher als in den meisten anderen Branchen.

Die Unstetigkeit der Bauarbeit, die starke körperliche Beanspruchung sowie die überdurchschnittliche Unfallgefahr waren schon immer Gründe für die hohe Abwanderung der Bauarbeiter in andere Branchen. Aufgrund ihrer hohen Flexibilität und Fähigkeit, auch autonom mit wechselnden Anforderungen fertig zu werden, waren Bauarbeiter in anderen Branchen auch immer willkommen. Nach jeder Krise fehlten Arbeitskräfte und Arbeitskräftemangel im Aufschwung war typisch für das Baugewerbe. In einer zunehmend durch Dienstleistungstätigkeiten geprägten Gesellschaft werden die bauspezifischen Arbeitsplatzrisiken und Belastungen negativer als in der Industriegesellschaft bewertet. Für die Baubranche ist es daher schwieriger geworden, Arbeitskräfte zu gewinnen und zu halten.

Schließlich ist Bauarbeit zunehmend Facharbeit geworden, da viele einfache Tätigkeiten von Maschinen übernommen wurden, zum Teil (vor allem im Tiefbau) teure und komplexe Maschinen eingesetzt werden und von den Beschäftigten autonomes Handeln mit geringer Fehlerquote in einer sich ständig ändernden Arbeitsumgebung mit wechselnden Schnittstellen zu anderen Gewerken bei gleichzeitig wachsendem Termindruck erwartet wird.

Für die Unternehmen ist Bauen betriebswirtschaftlich riskant. Sie könnten nicht, wie stationäre Produzenten, große Stückzahlen in kontinuierlicher Fertigung produzieren. Bauen ist durch die vielen Gewerke sehr arbeitsteilig und kein Unternehmen kann Personal in allen Gewerken auf Vorrat halten. Große Bauprojekte entstehen immer durch die Kooperation vieler kleiner Unternehmen, die auf jeder Baustelle neu kombiniert werden. Ausnahmen finden sich mittlerweile in Teilen des Tiefbaus, in dem wie etwa beim Straßen- oder Gleisbau mit eigenen Stammbelegschaften und eigenem Maschinenpark gebaut wird, da die Maschinen nicht durch austauschbares Personal bedient werden können und der Personalbedarf sich bei diesen über viele Kilometer ähnlichen Arbeiten kaum ändert.

Neben der kompetenzorientierten Vergabe von Aufträgen an andere Gewerke und an auf bestimmte Tätigkeiten spezialisierte Unternehmen, werden Lohnarbeiten zunehmend auch zur Kostensenkung vergeben. Die kostenorientierte Vergabe ist für mittlere und größere Unternehmen besonders attraktiv, wenn große Pools von Arbeitskräften zur Verfügung stehen, die zu geringeren Löhnen als die der Stammbeschäftigten der Auftraggeber arbeiten. Solche Subunternehmerreserven können kleine und kleinste Unternehmen im eigenen Land sein, die nicht die gleichen Löhne wie ihre Auftraggeber zahlen. Es können aber auch ausländische Subunternehmer sein, die ihre Arbeitskräfte zu Konditionen ihres Heimatlandes entsenden. Überall in der Welt ist die jeweilige nationale Bauwirtschaft auf der Suche nach neuen Quellen temporär einsetzbarer billiger Arbeitskräfte vor allem dann, wenn die Nachfrage durch große Bauprojekte plötzlich ansteigt und durch den regionalen Markt nicht gedeckt werden kann (Franghi/Bosch 2022). Die starken Auftragsschwankungen in der Bauwirtschaft und der Einsatz vieler unterschiedlicher Gewerke sind der Grund für die die immer schon hohe Fragmentierung der Bauwirtschaft, die durch die rein kostenorientierte Vergabe von Tätigkeiten an billige Subunternehmen einen neuen mächtigen Schub bekommt.

Aufgrund der vielen Betriebswechsel in der Bauwirtschaft teilen sich die Unternehmen der Branche die Fachkräfte, nicht aber notwendigerweise auch die Kosten ihrer Ausbildung. Wenn die Betriebe die Kosten der Ausbildung allein tragen müssten, käme es zu einer Unterinvestition in Ausbildung. Für den einzelnen meist kleinen oder mittleren Betrieb wäre eine Investition in eine breite Berufsausbildung betriebswirtschaftlich sehr riskant, da ihre Konkurrenzbetriebe die Ausgebildeten abwerben und die Früchte dieser Investition ernten könnten. Zur Sicherung des Fachkräftenachwuchses bedarf es daher einer Branchenlösung, in die Ausbildungskosten auf alle potentiell davon profitierenden Betriebe verteilt werden. Das gleiche Marktversagen ist in der sozialen Sicherung zu beobachten. Um die Fachkräfte in der Branche zu halten, muss ihnen eine vergleichbare soziale Sicherheit wie in anderen Branchen geboten werden, die aber die einzelnen Betriebe nicht anbieten können. Die hohe Mobilität und Phasen der Arbeitslosigkeit reißen Lücken in die Altersvorsorge und auch der bei stetiger Beschäftigung bei einem Unternehmen übliche Urlaubsanspruch ist nicht gesichert, wenn mehrfach im Jahr der Betrieb gewechselt wird. Die Branche hingegen kann über kollektive Lösungen die betriebliche Beschäftigung stabilisieren und für einen Ausgleich der Nachteile von häufigen Betriebswechseln sorgen.

Diese Besonderheiten des Bauarbeitsmarktes, die wir in Kapitel 2 herausgearbeitet haben, sind der Grund, warum in vielen entwickelten Ländern die Sozialpartner zusammen mit dem Staat für diese Branche besondere kollektive Lösungen für die genannten Probleme entwickelt haben. Selbst in Ländern mit deregulierten Arbeitsmärkten, wie den USA, finden sich in der Bauwirtschaft tarifliche Umlagesysteme zur Finanzierung der Ausbildung, die durch Tariftreuegesetze bei öffentlichen Bauaufträgen in vielen US-Staaten sogar noch gesetzliche Rückdeckung bekommen.

9.3 Branchenbild des deutschen Bauarbeitsmarktes

In Deutschland haben die Sozialpartner des Bauhauptgewerbes in der Nachkriegszeit über allgemeinverbindliche Tarifverträge sowie eine branchenspezifische Arbeitsmarktpolitik in enger Abstimmung mit dem Staat ein dichtes Netz von Regulierungen mit gemeinsamen Sozialkassen entwickelt, das nicht nur helfen sollte, den Fachkräftenachwuchs zu sichern, sondern auch die Abwanderung ihrer Beschäftigten in andere Branchen zu verringern.

Dieses bauspezifische Regulierungssystem ist in den letzten Jahrzehnten unter massiven Druck geraten. Nach der Wiedervereinigung musste die ostdeutsche Bauwirtschaft integriert werden, die sich zwar nach einer Übergangsphase mittlerweile an allen Leistungen der Sozialkassen beteiligt, aber weiterhin geringere Löhne zahlt. Mit dem infolge der neoliberalen Wende in der Politik weitgehenden Rückzug des Staates aus der bauspezifischen Arbeitsmarktpolitik Mitte der 1990er Jahre, stand die Rückkehr der traditionell hohen Winterarbeitslosigkeit im Raum. Die Sozialpartner entwickelten mehrere umlagefinanzierte Ersatzlösungen, die aber ihre Kräfte überspannten und nicht gut funktionierten, bevor dann mit dem Saison-Kurzarbeitergeld im April 2006 eine neue tragfähige Lösung mit angemessener staatlicher Beteiligung in Kraft trat. Durch die Erweiterung der EU erst nach Süden und dann nach Osten vergrößerte sich das Potenzial kostengünstiger Arbeitskräfte für die Bauwirtschaft. Während die ersten Wellen der ausländischen »Gastarbeiter« noch von den heimischen Unternehmen eingestellt wurden und sie damit unter die heimischen Beschäftigungsstandards fielen, wurden im Zuge der Dienstleistungsfreiheit in der EU zunehmend ausländische Firmen beauftragt, mit eigenen Arbeitskräften Bauleistungen in Deutschland zu erbringen. Für diese entsandten Arbeitskräfte galten zunächst nur die Arbeitsbedingungen ihres Heimatlandes. Damit kam es zur direkten Kostenkonkurrenz zwischen heimischen Beschäftigten und deutlich kostengünstigeren ausländischen Werkvertragskräften, die durch die Branchenmindestlöhne im Bauhauptgewerbe und die Urlaubsumlage auch für Werkvertragsnehmer nur unwesentlich gemildert wird. »Inseln fremden Arbeitsrechts« (Hanau 1997: 145) sind im deutschen Bauarbeitsmarkt längst etabliert und haben in vielen Tätigkeiten vor allem im Hochbau heimische Beschäftigte dauerhaft ersetzt.

Unsere Analyse des Produktmarktes (vgl. Kapitel 3) beschreibt die großen Strukturveränderungen der Branche, die direkte Auswirkungen auf den Bauarbeitsmarkt haben. Am markantesten ist die zunehmende Zellteilung der Branche in immer kleinere Unternehmen. Während im Jahr 1975 nur etwas mehr als die Hälfte (54 Prozent) aller Baubeschäftigten in Betrieben mit weniger als 10 Beschäftigten arbeiteten, waren es 2020 schon 72 Prozent. Für Lohnarbeiten, also die Vergabe von Tätigkeiten an Subunternehmer wurden im Jahr 1976 nur 13 Prozent der Wertschöpfung ausgegeben, während es im Jahr 2018 schon 32,7 Prozent waren. Beide Trends sind eng verknüpft. Viele der neuen Klein- und Kleinstbetriebe leben von den Aufträgen mittlerer und größerer Unternehmen. Hinzu kommt die hohe Zahl ausländischer Werkvertragsnehmer, die per Definition Lohnarbeiten ausüben.

Gleichzeitig war die Branche nach Auslaufen des Wiedervereinigungsbooms und der öffentlichen Sparpolitik mit teilweise negativen öffentlichen Investitionsraten Opfer eines makroökonomischen Schocks. Die Beschäftigung im Bauhauptgewerbe halbierte sich fast zwischen 1995 und 2005. Ein solcher Kahlschlag in einer Branche verändert nicht nur die Konkurrenzbedingungen, sondern auch die Handlungsfähigkeit und das Verhalten der Akteure. Bei hohen Überkapazitäten wird der Preis zum entscheidenden Konkurrenzparameter und viele Unternehmen empfinden Tarife und Abgaben an die Sozialkassen als Einschränkung ihrer Handlungsfreiheit, im Unterbietungswettbewerb zu überleben. Der Widerstand gegen Lohnerhöhungen und neue Regulierungen wächst. Die Unternehmerverbände, vor allem der ZDB mit seinen vielen Klein- und Mittelbetrieben, die häufig als Subunternehmer eingesetzt werden und damit direkt mit ausländischen Anbietern konkurrieren, haben wachsende Probleme mit der Folgebereitschaft ihrer Mitgliedsverbände.

Der schwindende Gegendruck der IG BAU, der die Unternehmerschaft und ihre Verbände zusammenschweißen könnte, verschärft diese Probleme. Die Organisationsquote der IG BAU im Bauhauptgewerbe ist von beachtlichen 40 Prozent Mitte der 1990er Jahre mittlerweile deutlich gesunken. In den vielen durch die Fragmentierung der Branche gestiegenen Zahl der kleinen Unternehmen ist die Gewerkschaft kaum noch vertreten. Ihre weiterhin starken Bastionen konzentrieren sich in den Stammbelegschaften der mittleren und größeren Betriebe. Wie in anderen deregulierten Branchen lässt sich die Masse der Beschäftigten in kleinen Unternehmen, die mit kostengünstigeren ausländischen Werkvertragskräften konkurrieren, kaum noch organisieren. Das ist nicht überraschend. Der rationale Kern von Produktmarktderegulierungen liegt ja gerade in der Abschaffung nicht tarifärer Wettbewerbsregulierungen, wozu auch Flächentarifverträge und Sozialkassen gezählt werden, um die Löhne und Preise zu senken. Durch die Zulassung ausländischer Subunternehmen aus Niedriglohnländern zu den Bedingungen der Herkunftsländer spaltet sich der Arbeitsmarkt. Die Beschäftigten der vielen kleinen Unternehmen auf einer Baustelle haben wenig miteinander gemein und können sich wegen des Sprachengewirrs oft noch nicht einmal verständigen geschweige denn in einer Gewerkschaft organisieren. Durch die Verständigung auf der Vorgesetztenebene (Vorarbeiter, Poliere und Bauingenieure) sowie sprachübergreifend lesbare Pläne verhindert das Sprachengewirr aber nicht, wie beim Turmbau von Babel, das gesamte Bauprojekt.

Die Erosion der Flächentarife, der gewerkschaftlichen Mitgliederbasis und in der Folge auch der Mitgliedschaft in den Arbeitgeberverbänden ist keine unbeabsichtigte Nebenwirkung der europäischen Dienstleistungsfreiheit, sondern war vorhersehbar und intendiert. Das wird auch in den Verbänden so gesehen. In mehreren Interviews haben hochrangige Unternehmervertreter die Schwäche der IG BAU beklagt, die zunehmend nicht mehr in der Lage sei, die Einhaltung der vereinbarten Löhne auf betrieblicher Ebene sicher zu stellen, was die internen Willensbildungsprozesse in ihren Unternehmerverbänden beträchtlich erschwere.

Zu den bereits genannten großen Herausforderungen kommen noch die ständigen Aufgaben der Sozialpartner, ihre Regulierungen und gemeinsamen Sozialkassen auf neue Anforderungen auszurichten und zu modernisieren. Dazu zählen die Digitalisierung der Verwaltungsvorgänge bei den Sozialkassen, die Neuausrichtung der Altersvorsorge, die Absicherung von Arbeitszeitkonten, die Modernisierung der Berufsausbildung, die Erschließung neuer Gruppen für die Berufsausbildung und die Mitgestaltung von nationalen und internationalen Arbeitsmarktregulierungen.

Für viele dieser Themen wurden von den Sozialpartnern gemeinsame zukunftsfähige Lösungen entwickelt, bei anderen – wie etwa der Beeinflussung und Bewertung der europäischen und deutschen Regulierungen zu Entsendungen oder zu den branchenspezifischen Mindestlöhnen – schwindet hingegen der Konsens und der gemeinsame Handlungswille.

9.3.1 Tarifpolitik und Sozialkassen

Wesentliches Charakteristikum der Arbeitsbeziehungen im Bauhauptgewerbe sind die bundesweit verhandelten und abgeschlossenen Flächentarifverträge. Die Allgemeinverbindlichkeit soll einheitliche Tarifstandards auf den Baustellen zusichern, auf denen Arbeitskräfte aus unterschiedlichen Betrieben und Regionen kooperieren. Zu den wichtigsten allgemeinverbindlich erklärten Tarifverträgen im Bauhauptgewerbe zählen der Bundesrahmentarifvertrag für das Baugewerbe, der Tarifvertrag über die Berufsausbildung, die Sozialkassentarifverträge und der Mindestlohntarifvertrag. Anders als etwa in Frankreich, Belgien und den Niederlanden unterstützen die deutschen Arbeitgeberverbände jedoch nicht Anträge auf eine Allgemeinverbindlichkeit der Entgelttarifverträge, die somit nur für tarifgebundene Unternehmen gelten. Hinzu kommen weiterhin Unterschiede in der Tarifentlohnung zwischen Ost- und Westdeutschland, die allerdings bis 2026 abgebaut werden sollen.

Man kann also von einer unvollständigen Standardisierung der Entlohnung auf den Baustellen sprechen. Die Relationen zwischen Lohnhöhe und den an die Sozialkassen abzuführenden Umlagen und viele Arbeitsbedingungen, wie etwa die Dauer der Arbeitszeit, sind zwar vereinheitlicht und dürfen vom einzelnen Betrieb nicht unterschritten werden. Bei den Löhnen hingegen ist ein Kostenwettbewerb möglich. In der alten Bundesrepublik hatte diese Regelungslücke keine großen praktischen Auswirkungen. Die meisten Baubetriebe waren tarifgebunden und zahlten ebenso wie die nicht tarifgebundenen Betriebe in der Regel nach Tarif. Die häufigen Betriebswechsel wirkten sich deshalb in der Regel auch nicht negativ auf den Lohn aus. Zu große Lohnunterschiede wurden auch von den Unternehmern als unerwünschte Störquelle des Betriebsfriedens gesehen. Sie sprachen sich schnell auf den Baustellen herum und führten bei dem damals hohen gewerkschaftlichen Organisationsgrad schnell zu Konflikten. Dies erklärte die damals hohe Wertschätzung der friedensstiftenden Funktionen von Tarifverträgen im Arbeitgeberlager. Die Bauwirtschaft war zudem zu dieser Zeit ein Verkäufermarkt, in dem die Baubetriebe ihre Lohnkosten auch über entsprechende Preise refinanzieren konnten.

Das änderte sich mit der Wiedervereinigung und dem wachsenden Einsatz ausländischer Subunternehmen. Die westdeutschen Tarife konnten in Ostdeutschland nicht durchgesetzt werden und für Ost- und Westdeutschland sowie Berlin wurden unterschiedliche Lohntabellen vereinbart. 1996 einigten sich die Sozialpartner auf die Einführung eines nach Ost- und Westdeutschland differenzierten Branchenmindestlohns, um den Unterbietungswettbewerb durch ausländische Subunternehmer zu begrenzen. Angesichts der bevorstehenden EU-Osterweiterung wurde 2003 ein zweiter höherer Mindestlohn für qualifizierte Beschäftigte zwischen den Tarifpartnern ausgehandelt, der allerdings auf Druck der Arbeitgeberverbände 2009 in Ostdeutschland wieder abgeschafft wurde.

Es zeigte sich bald, dass die Branchenmindestlöhne nicht nur der Regulierung des Wettbewerbs mit ausländischen Subunternehmen, sondern auch des innerdeutschen Wettbewerbs vor allem in Ostdeutschland dienten. Während der Durchschnittslohn in Westdeutschland Anfang der 1990er Jahre noch über dem Facharbeitereklohn lag, ist er heute – wie in Ostdeutschland – unter diesen Wert gesunken. Die abnehmende Bindungskraft der Tariflöhne betrifft schon lange nicht mehr nur die tarifgebundenen Betriebe. Auch in den tarifgebundenen Betrieben ist die Kluft zwischen Tarifanspruch und Tarifrealität gewachsen. Sie stufen ihre Beschäftigten immer häufiger nicht qualifikationsgerecht ein und zahlen längst nicht alle vereinbarten Zuschläge (Bosch u. a. 2011). Eine Sonderauswertung der SOKA-BAU veranschaulicht das Abrutschen der Beschäftigten in der Lohntabelle in den Jahren zwischen 2008 und 2019 – also einer Phase der Hochkonjunktur in der Bauwirtschaft, in der sich eigentlich die Verhandlungsmacht der Beschäftigten verbessert haben sollte. Im Jahr 2019 waren in Ostdeutschland fast 77 Prozent der Baubeschäftigten in die beiden untersten Lohngruppen eingestuft gegenüber 61 Prozent im Jahr 2008. Die Abschaffung des Mindestlohns 2 hat in Ostdeutschland also zu einer sprunghaften Zunahme des Anteils der Beschäftigten geführt, die nur noch den Mindestlohn 1 erhalten. In Westdeutschland mit seiner höheren Tarifbindung erhielten 2008 47,3 Prozent weniger als den Facharbeitereckloh, während es 2019 schon 54,6 Prozent waren (vgl. Abbildungen 5.6 und 5.7 in Kapitel 5).

Das differenzierte Tarifgitter spielt also in Ostdeutschland in der betrieblichen Praxis kaum noch eine Rolle und der Branchenmindestlohn ist die »going rate«, an der sich die Unternehmen orientieren und nach Marktlage aufstocken. In Westdeutschland stabilisiert der Mindestlohn 2 weiterhin die Löhne, allerdings gewinnen die unteren Etagen in der Einstufung an Bedeutung, obgleich der Anteil der Fachkräfte in der Branche unverändert hoch ist.

In der Bauwirtschaft zeigt sich, wie auch in anderen gewerkschaftlich nur noch schwach organisierten Branchen (zum Beispiel Pflege, Logistik oder Gastronomie), dass Arbeitskräfteknappheit sich nicht automatisch in höhere Löhne übersetzt, wie es ökonomische Lehrbücher nahelegen. Gerade die in vielen Kleinbetrieben vereinzelten Beschäftigten können allein nur schwer Lohnerhöhungen aushandeln, umso mehr als ihnen täglich auf den Baustellen geringer bezahlte Werkvertragsnehmer begegnen, die Ihnen ihre Ersetzbarkeit vor Augen führen.

Der früher homogene Bauarbeitsmarkt ist inzwischen stark segmentiert. Am oberen Ende stehen die tariflich bezahlten Stammbelegschaften oft in Betrieben mit Betriebsrat, in der Mitte die heimischen Beschäftigten in tarifungebundenen Betrieben und am unteren Ende die legalen und illegalen ausländischen Werkvertragsnehmer mit Ausnahme der gut bezahlten Spezialisten. Vor allem im mittleren Segment sind die Löhne in den letzten beiden Jahrzehnten nach unten gerutscht. Die Spannbreite reicht hier von leichten Tarifunterschreitungen, über systematische Fehleinstufungen bis zur Bezahlung nur nach Mindestlohn vor allem in Ostdeutschland. In den flächendeckenden Tarifverhandlungen zu den Entgelten sind die Tarifunterschreitungen in vielen Betrieben längst stillschweigend eingepreist. Positiv sind allerdings die Vereinbarungen von Entschädigungen für Wegezeiten, zur Sicherung des Urlaubsanspruchs auch bei Kurzarbeit und Krankheit, in der keine Beiträge für das Urlaubsgeld an die Sozialkassen abgeführt werden, und zur Angleichung der Entgelt ein Ost- und Westdeutschland bis 2026 in der Tarifrunde 2021 zu bewerten. Finanziert werden die »beitragslosen« Urlaubszeiten solidarisch über die SOKA-BAU (IG BAU 2021).

Die Sozialkassen des Bauhauptgewerbes sind die Träger der überbetrieblichen Tarifleistungen. Das Direktionsrecht bei der Gewährung oder Nichtgewährung bestimmter sozialer Leistungen ist kollektivrechtlich vom Betrieb auf die Sozialkassen übertragen worden. Die Kassen kontrollieren zur Not auch mit durch die Allgemeinverbindlicherklärung legitimierten Durchgriffsrechten, dass alle Betriebe ihre Beiträge zahlen und stellen damit die wettbewerbspolitisch notwendige Gleichbehandlung aller Betriebe sicher.

Die Ursprünge der Sozialkassen reichen bis in die 1920er Jahre zurück, an die in der Nachkriegszeit angeknüpft wurde. Ende 1948 wurde per Tarifvertrag die erste Sozialkasse zur Bezahlung des Lohnes während des Urlaubs in der damaligen britischen Zone gegründet, die dann ab 1951 auch in den anderen Teilen der Bundesrepublik galten. Die Betriebe zahlen seitdem einen bestimmten Prozentsatz der Löhne an die Kasse, und die Urlaubsvergütung wird dann von der Kasse übernommen. Die Bauarbeiter erwerben damit auch bei mehreren Arbeitsplatzwechseln im Jahr den vollen Urlaubsanspruch. 1957 wurde eine zusätzliche überbetriebliche Alterssicherung eingeführt, die das infolge unstetiger Beschäftigung niedrige Rentenniveau der Bauarbeiter aufstocken sollte. Im Jahr 1959 kamen die Umlagen zur Förderung der ganzjährigen Beschäftigung und 1974 die Umlage zur Ko-Finanzierung der Berufsausbildung hinzu.

Träger der beiden Sozialkassen, die in der SOKA-BAU zusammengefasst wurden, sind die drei Tarifvertragsverbände (die Gewerkschaft und die beiden Arbeitgeberverbände); sie verwalten die Kassen paritätisch. Die Leistungen der Sozialkassen werden aus Beiträgen der Baubetriebe finanziert, die in den Geltungsbereich der für allgemeinverbindlich erklärten Sozialkassentarifverträge fallen. Die meisten Leistungen der Sozialkassen wurden nur für gewerbliche Arbeitnehmer vereinbart, die das größere Beschäftigungsrisiko haben und branchenspezifisch ausgebildet werden. Die Angestellten waren nur in das Zusatzversorgungssystem der ZVK einbezogen. Neuerdings müssen die Betriebe für sie aber auch einen Pauschalbeitrag zur Finanzierung der Berufsausbildung abführen. Die Aufgabenerweiterung der Sozialkassen lässt sich an der Entwicklung der Beiträge gut ablesen. Die Beiträge lagen 1960 noch bei gut 11 Prozent der Bruttolohnsumme und erreichten Ende der 1970er Jahre 20 Prozent. Seitdem schwanken sie um diese Größe. Im Arbeitgeberlager gilt diese Marke von 20 Prozent als Obergrenze, die nur in Ausnahmesituationen zeitweise überschritten werden sollte. In Berlin sind die Beiträge höher, da die Kassen den Betrieben auch die Sozialabgaben während des Urlaubs auszahlen. Obgleich die ostdeutschen Betriebe sich mittlerweile an der Finanzierung aller Leistungen einschließlich der Zusatzversorgung beteiligen, sind ihre Beiträge niedriger als in Westdeutschland. Sie müssen die Umstellung der Zusatzversorgung auf ein kapitalgedecktes Verfahren nicht mitfinanzieren, da sie sich an der alten Zusatzversorgung nicht beteiligt haben (vgl. Tabelle 5.11 in Kapitel 5).

Die oft spannungsreiche Reformdynamik in den Sozialkassen in den letzten Jahrzehnten kann nicht überbewertet werden. Wenn man auf die letzten Jahrzehnte zurückblickt, sind die Komplementärfinanzierung zum Saison-Kurzarbeitergeld, die Einführung einer kapitalgedeckten Zusatzvorsorge, die ein erheblich höheres Versorgungsniveau bis zu 400 Euro pro Monat gegenüber dem früheren Höchstbetrag von rund 90 Euro pro Monat ermöglicht, die Absicherung von Arbeitszeitguthaben sowie die regelmäßige Qualitätsprüfung der durch die Kassen finanzierten überbetrieblichen Ausbildungszentren Beleg für diese Reformdynamik. Für die Akzeptanz der Kassen in der Branche in einer digitalen Welt sind auch die Vereinfachung des Beitrags- und Leistungsverfahren durch den sogenannten Spitzenausgleich, mit dem Beiträge und Erstattungen zeitnahe verrechnet werden, sowie die Umstellung der Verfahren auf transparente portalgestützte Dienstleistungen, in der jeder Kunde (Betriebe, Beschäftigte, Rentner) Zugriff auf seine Daten hat, zentral. Der nicht unwichtige Nebeneffekt sind auch erhebliche Einsparungen bei den Personal- und Verwaltungskosten. Eine Kundenakzeptanz von 80 Prozent bis 2022 wurde zur strategischen Größe der Geschäftspolitik der SOKA-BAU, deren Erreichen auch gemessen wird. Insbesondere die hohe Kompromissbereitschaft der IG BAU hat die großen Reformen erst ermöglicht. Zur Finanzierung der Wintergelder bei Einführung des Saison-Kurzarbeitergeldes hat sie erstmalig eine Umlage in Höhe von 0,8 Prozent vom Bruttolohn der Beschäftigten akzeptiert. Bei der Umstellung von der umlage- zur kapitalgedeckten Zusatzversorgung stimmte die IG BAU einer Kürzung der Rentenbeihilfen um fünf Prozent zu. Zudem läuft die Haftung der Arbeitgeber für die alte umlagefinanzierte Zusatzversorgung schrittweise aus und wird auf die Beschäftigten verlagert.

Die Entwicklung der Sozialkassen ist im Unterschied zur konfliktbeladenen Aushandlung der Lohnhöhe Ausdruck der weiterhin beachtlichen Handlungsfähigkeit der Sozialpartner auf Branchenebene. Mit dem von ihnen gemeinsam unterstützten »Gesetz zur Sicherung der Sozialkassenverfahren im Baugewerbe« wurde 2017 die Allgemeinverbindlichkeit der Sozialkassentarifverträge dauerhaft und sogar rückwirkend auf rechtlich stabile Füße gestellt, nachdem das Bundesarbeitsgericht die Allgemeinverbindlichkeit mehrerer Sozialkassentarifverträge für ungültig erklärt hat.

Den Umlagen stehen für die Betriebe und die Beschäftigten erkennbare Gegenleistungen gegenüber, was die hohe Akzeptanz der Sozialkassen erklärt. Allerdings bleiben auch die Sozialkassen nicht von den wachsenden Kontroversen um die Höhe der Arbeitskosten verschont. Ein Teil der Unternehmen kritisiert das Urlaubsverfahren als zu bürokratisch. Wenn die Betriebe die Gehaltszahlung im Urlaub selbst übernähmen, müssten sie allerdings die Gehälter während des Urlaubs in gleicher Höhe zahlen und hätten zusätzliche Verwaltungskosten. Da sie bei korrektem Verhalten finanziell nichts gewinnen können, versteckt sich hinter der Kritik eine andere Agenda. Eigentlich geht es um mehr betriebliche Freiräume, um von der allgemeinverbindlichen Urlaubsdauer abweichen zu können. Wenn in der Praxis nur der gesetzliche Mindesturlaub von vier Wochen und nicht mehr der tarifliche Urlaub von sechs Wochen gewährt werden müsste, ließe sich viel Geld einsparen.

Die SOKA-BAU hat ihre hohe Stabilität neben der Akzeptanz ihrer Leistungen auch ihren »Ewigkeitskosten« zu verdanken. In unseren Interviews wurde uns bestätigt, dass die Arbeitgeberverbände geprüft haben, ob sie evtl. auch aus der Kassenfinanzierung aussteigen könnten. Das wäre bei den jährlich abgerechneten Kassenleistungen möglich, nicht aber bei der umlagefinanzierten Zusatzversorgung. Bei Beendigung der Sozialkassenverfahren wären die Baubetriebe für die Ansprüche der Beschäftigten und Rentner in Regress genommen worden. Mit der Umstellung auf eine kapitalgedeckte Finanzierung eröffnet sich nach der allerdings noch langen Übergangszeit, in der Ansprüche aus der umlagefinanzierten Alterssicherung bedient werden müssen, eine Ausstiegsoption, da die »Ewigkeitskosten« wegfallen. Umso wichtiger wird dann für die Stabilität der SOKA-BAU der Konsens der Tarifparteien und die Akzeptanz ihrer Leistungen in der Branche.

9.3.2 Berufsausbildung – Beispiel für eine erfolgreiche Umlage

Anfang der 1970er Jahre war die Ausbildungsquote in der Bauwirtschaft auf einen historischen Tiefpunkt von nur noch 1,8 Prozent gesunken. Immer mehr Betriebe hatten sich aus der Ausbildung zurückgezogen, da die Kosten einer Ausbildung infolge der höheren Qualifikationsanforderungen gestiegen waren, und zudem viele der Ausgebildeten nach Beendigung der Lehre in Konkurrenzbetriebe abwanderten. Gleichzeitig wurde es immer schwieriger, Jugendliche für eine Ausbildung in der Bauwirtschaft zu gewinnen.

Zu dem Reputationsverlust einer Bauausbildung hatte auch die Trägheit der Branche beigetragen, die im Bauboom der Nachkriegsjahre viel Geld verdiente und keinen Handlungsbedarf sah. Die Ausbildungsordnungen waren veraltet und stammten überwiegend noch aus den 1930er Jahren. Es war offensichtlich, dass der Markt allein die Reproduktion des Fachkräftestamms der Branche nicht mehr gewährleisten konnte.

Diese existenzbedrohende Erosion der Berufsausbildung veranlasste die Sozialpartner im Bauhauptgewerbe zu einer im Vergleich zu anderen Branchen sehr weitgehenden Berufsbildungsreform, in der auch die ansonsten im Arbeitgeberlager tabuisierte Umlagefinanzierung eine Schlüsselrolle spielte. Bei der Reform ging es nicht allein um eine quantitative Erhöhung der Ausbildungszahlen, sondern gleichzeitig auch um einen Qualitätsschub in der Berufsausbildung. Die klassische Beistelllehre in den Betrieben wurde durch eine breite Grund- und Fachausbildung in überbetrieblichen Ausbildungsstätten ergänzt, die ohne zusätzliche Mittel nicht finanzierbar waren. Die neue Umlage war so hoch bemessen, dass man den ausbildenden Betrieb nicht nur einen beträchtlichen Teil der Ausbildungskosten erstatten, sondern gleichzeitig noch eine hochwertige überbetriebliche Ausbildung finanzieren konnte. Zudem wurde eine deutliche Anhebung der Ausbildungsvergütungen zur Erhöhung der Attraktivität einer Ausbildung in der Branche finanzierbar. Durch den Kostenausgleich für ausbildende Betriebe, dies waren vor allem die Klein- und Mittelbetriebe des Bauhandwerks, konnte die Ausbildungsbereitschaft der Betriebe bis in die 1990er Jahre deutlich erhöht werden.

Eine solche umfassende Reform, die auch nicht ausbildende »Trittbrettfahrer« zur Kasse bittet, ist nur durchsetzbar, wenn auch der Nutzen der Umlage den Baubetrieben zugutekommt, die sich an der Finanzierung beteiligen, und nicht in andere Branchen abfließt. Ein solcher erkennbarer Zusammenhang zwischen Finanzierung und Nutzen, die sogenannte »Gruppennützigkeit«, ist nicht nur für die Konsensbildung in der Branche erforderlich, sondern nach Auffassung des Bundesverfassungsgerichts auch Grundlage der Zulässigkeit einer Ausbildungsumlage (zum Beispiel Barczak/Pieroth 2021: 26ff.). Diese Bedingung ist in der Bauwirtschaft gegeben. Denn die gewerblichen Bauberufe, bei denen die Erstattungen der Ausbildungsvergütungen und die Dauer der überbetrieblichen Ausbildung am höchsten liegen, werden fast nur in der Baubranche nachgefragt. Der Nutzen dieser Ausbildung bleibt somit weitgehend in der Branche. Erleichtert wurde die Einführung der Ausbildungsumlage, da die Branche schon langjährige Erfahrung mit den Sozialkassenverfahren zu anderen Leistungen gesammelt hatte. Der größte Widerstand kam aus dem kostensensitiven Bauhandwerk mit seinen zahlreichen Kleinbetrieben. Der hohe Umverteilungseffekt von der weniger ausbildungsintensiven Bauindustrie zum Bauhandwerk half dem Bauhandwerk, seine Einwände gegen den Ausbau der betriebsexternen Ausbildung zurückzustellen, der den frühen produktiven Einsatz der Auszubildenden auf den Baustellen einschränkte.

Die durch technologische Veränderungen notwendige Neuordnung der Bauberufe endete 1999 nicht im Konsens. Vor allem im Bauhandwerk wurden die hohen Anteile der überbetrieblichen Ausbildung kritisiert. Zwar wurde die fällige Modernisierung der Ausbildungsordnungen im Einvernehmen beschlossen. Über die Dauer der überbetrieblichen Ausbildung einigte man sich jedoch nicht. Es kam zu der im deutschen Berufsbildungssystem seltenen Konstellation, dass aufgrund des Dissenses zwischen den Sozialpartnern die Politik entscheiden musste. Auf Druck des Zentralverbandes des Deutschen Baugewerbes gestattete das Bundesministerium für Wirtschaft den Kammern schließlich, die überbetriebliche Ausbildungszeit um fünf Wochen zu verkürzen.

Um sich nicht wieder die Entscheidung aus der Hand nehmen zu lassen und damit auf Dauer auch die Delegation der Entscheidungsbefugnisse in der Berufsausbildung an die Sozialpartner zu delegitimieren, wurde von allen Verbänden bei der nächsten Neuordnung 2019 der Konsens gesucht und auch gefunden. Die gemeinsamen verabschiedeten Eckpunkte der Neuordnung sehen einen einheitlichen Umfang der überbetrieblichen Ausbildung von 30 Wochen für alle dreijährigen Berufe vor. Zudem wird die Ausbildung stärker nach Berufsgruppen differenziert. Anstelle einer einheitlichen Ausbildungsordnung werden drei Ausbildungsordnungen für die Berufsgruppen Hochbau, Tiefbau und Ausbau erlassen.[31]

Die Akzeptanz der überbetrieblichen Ausbildung, deren künftige Dauer 2019 im Konsens geregelt wurde, hat sich sicherlich auch durch die seit 2010 regelmäßige Zertifizierung der überbetrieblichen Ausbildungsstätten erhöht. Durch die Zertifizierungen erhielten die Sozialpartner erstmals ein reelles Bild von der Qualität der überbetrieblichen Ausbildung und konnten über verbindliche Standards eine Qualitätsverbesserung und -auslese durchsetzen. Es ist kaum nachvollziehbar, warum die Branche, die ansonsten erbittert

---

31 Zu Redaktionsschluss dieses Buches war die Neuordnung noch nicht beendet, so dass eine Bewertung noch nicht möglich ist.

über kleine Beträge feilscht, bereit war, die überbetriebliche Ausbildung über viele Jahrzehnte jährlich mit dreistelligen Millionenbeträgen ohne jede Qualitätskontrolle zu finanzieren.

Kritisch sehen wir die Expansion der zweijährigen Ausbildung, die nur eine abgespeckte Ausbildung ermöglicht. Eine zweijährige Ausbildung ergibt Sinn für lernschwächere Jugendliche, die eine dreijährige Ausbildung möglicherweise überfordert oder abschreckt. Als Regelausbildung für bestimmte standardisierte Tätigkeiten, wie in Teilen der Bauindustrie, ist sie eher lohnpolitisch motiviert, da man die Ausgebildeten niedriger einstufen kann.

Die Ausbildungsquote hat sich in den letzten Jahrzenten in der Bauwirtschaft deutlich verringert. Sie sank von über 8 Prozent Mitte der 1990er Jahre auf etwas über 5 Prozent im Jahre 2020. Diese Quote reicht nicht mehr aus, um den Fachkräftestamm in den nächsten Jahren zu reproduzieren. In der Baukrise war der Rückgang der Ausbildungsquote vor allem Folge der abnehmenden Ausbildungsbereitschaft der Betriebe. Mit Anziehen der Baukonjunktur wird der Reputationsverlust der Baubranche auf dem Ausbildungsmarkt zum Problem, so dass viele Ausbildungsstellen unbesetzt bleiben. Die Ursachen sind sicherlich vielfältig. Körperlich belastende Arbeit gilt in einer Dienstleistungsgesellschaft weniger als in einer Industriegesellschaft. Weiterhin hat sich die Baukrise mit ihren vielen Entlassungen tief ins kollektive Gedächtnis eingeprägt. Trotz guter Konjunktur sehen die Jugendlichen weiterhin hohe Arbeitsplatzrisiken vor allem in den vielen Klein- und Mittelbetrieben. Schließlich lässt sich kaum verbergen, dass selbst Facharbeiter oft nur wenig mehr als den Branchenmindestlohn erhalten (vgl. Kapitel 5). Es ist schon erstaunlich, wie beharrlich die Arbeitgeberverbände den Zusammenhang zwischen Löhnen und Ausbildungsbereitschaft ignorieren. Die neuen Förderprogramme für lernschwache und lernstarke Jugendliche sowie die Bemühungen der Verbände und Betriebe über Partnerschaften mit Schulen, zusätzliche Auszubildende zu gewinnen, werden nicht ausreichen, die altersbedingt ausscheidenden Fachkräfte voll zu ersetzen, wenn nicht gleichzeitig Facharbeitern auch Facharbeiterlöhne garantiert werden.

Unsere Datenanalyse hat gezeigt, dass viele ausgebildete Fachkräfte die Branche nach kurzer Zeit verlassen und auch nur in den wenigsten Fällen wieder in die Branche zurückkehren. Die Instabilität der Beschäftigung vor allem in den vielen Kleinstbetrieben und die körperliche Belastung, die nach Ansicht der Baubeschäftigten nicht bis zum normalen Rentenalter durchzuhalten ist, sind wichtige Gründe hierfür. Besonders hoch sind die Wechselabsichten auch bei Baubeschäftigten, die sich nicht qualifikationsgerecht bezahlt sehen (vgl. Kapitel 4).

Aufgrund dieser Kombination einer unzureichenden Ausbildungsquote mit hohen Wechselraten in andere Branchen ist davon auszugehen, dass die deutsche Bauwirtschaft in Zukunft noch mehr als heute auf ausländische Arbeitskräfte, die sie entweder direkt einstellt oder über Subunternehmen beschäftigt, zurückgreifen muss. Diese Tendenz ist schon seit dem Anziehen der Baukonjunktur ab 2007 zu erkennen. Der gesamte Beschäftigungszuwachs beruhte auf der Zunahme des Anteils ausländischer Arbeitskräfte. Hinzu kamen die in der deutschen Beschäftigungsstatistik nicht abgebildeten Werkvertragsnehmer, deren Zahl sich seit 2009 verdoppelte. Ob in Zukunft aber zusätzliche ausländische Arbeitskräfte in ausreichender Zahl zu finden sind oder ob der Fachkräftemängel chronisch wird, ist völlig offen.

Die Umlagefinanzierung ist trotz dieser Probleme gleichwohl ein Erfolgsmodell. Ohne sie wäre die Ausbildungsquote erheblich niedriger, als sie es ohnehin ist. Vor allem wäre die verpflichtende überbetriebliche Ausbildung nicht finanzierbar. Unsere Interviews haben gezeigt, dass die Umlagefinanzierung der Berufsausbildung die höchste Anerkennung aller Leistungen der Sozialkassen genießt und in der Branche unumstritten ist. Strukturprobleme der Branche an anderer Stelle, wie die Folgen großer Baukrisen, die hohe körperliche Belastung oder die lohnpolitische Polarisierung des Bauarbeitsmarktes, kann jedoch auch eine Umlage nicht lösen.

9.3.3 Die bauspezifische Arbeitsmarktpolitik

Hohe Arbeitslosigkeit im Winter prägte die Erwerbsbiographien von Bauarbeitern in der Vergangenheit. Bis Ende der 1950er Jahre waren Kündigungen beim ersten Kälteeinbruch üblich. Wegen der hohen Wetterabhängigkeit ermöglichte der Bundesrahmentarifvertrag für das Bauhauptgewerbe Kündigungen in der Schlechtwetterperiode ohne Einhaltung einer Kündigungsfrist nur mit der vagen Verpflichtung, die Beschäftigten im Frühjahr wieder einzustellen. Die extremen Dimensionen der Winterarbeitslosigkeit werden an den Arbeitslosenzahlen für 1956 sichtbar. Damals waren im Februar über 800 000 Bauarbeiter arbeitslos gemeldet, im Sommer waren es nur noch rund 20 000 (Schade 1994: 118). Die unstetige Beschäftigung führte nicht nur zu Einkommenseinbußen, sondern auch zu geringeren Renten, die im Durchschnitt zehn Prozent unter dem von Industriearbeitern lagen.

Während der hohen Nachkriegsarbeitslosigkeit arrangierten sich die meisten Bauarbeiter mit dieser Situation, zumal sie oft einen Teil der Einkommensverluste im Sommer durch Überstunden wettmachen konnten. Als aber infolge hoher Wachstumsraten fast Vollbeschäftigung erreicht wurde und die gesamte Wirtschaft dringend Arbeitskräfte suchte, wurde diese Unstetigkeit zum Wettbewerbsnachteil des Baugewerbes. Viele Bauarbeiter wanderten in die Industrie ab, die nicht nur Arbeit im Schutz von Gebäuden, sondern auch eine stabile Beschäftigung übers Jahr bei vergleichbaren Stundenlöhnen bieten konnte.

Sowohl die Branche als auch der Staat wollten die starken saisonalen Beschäftigungsschwankungen verringern. Es war bald klar, dass sich auch der Staat an einer Lösung finanziell beteiligen musste. Schließlich wurden auch die öffentlichen Kassen durch die Zahlung von Arbeitslosengeld belastet. Diese Gelder konnte man in die 1959 eingeführten Instrumente zur Förderung der ganzjährigen Beschäftigung einbringen. Durch das neue Schlechtwettergeld erhielten Bauarbeiter für ihren witterungsbedingten Arbeitsausfall in der gesetzlichen Schlechtwetterzeit eine Lohnersatzleistung aus der Arbeitslosenversicherung in Höhe des Arbeitslosengeldes. Die Bauunternehmen finanzierten über eine Umlage den Lohnausgleich für die Feiertage zwischen Weihnachten und Neujahr, sowie die sogenannte produktive Winterbauförderung, die ein Wintergeld für geleistete Arbeitsstunden in der Schlechtwetterperiode und Mehrkostenzuschüsse für den Winterbau an die Betriebe enthielt. Gleichzeitig wurden witterungsbedingte Kündigungen im Bundesrahmentarifvertrag ausgeschlossen, damit die Regelungen auch in Anspruch genommen wurden. In der Folge reduzierte sich die Winterarbeitslosigkeit der Bauarbeiter deutlich. Anders als etwa in Schweden gelang es aber in Deutschland nicht, die Winterbautätigkeit nennenswert auszubauen, so dass der passive Einkommensersatz durch das Schlechtwettergeld dominierte. Der beträchtliche Einsatz von Beitragsgeldern aus der Arbeitslosenversicherung für nur eine Branche konnte mit dem Argument gerechtfertigt werden, dass die Finanzierung von Beschäftigung sinnvoller und sparsamer war als die der regelmäßigen Winterarbeitslosigkeit.

Als aber infolge der zunehmenden Arbeitslosenzahlen in den 1980er Jahren und nach der Wiedervereinigung die Defizite bei der damaligen Bundesanstalt für Arbeit stiegen, wollte die konservativ-liberale Bundesregierung die Branche bei der ganzjährigen Beschäftigung stärker in die Pflicht nehmen und kürzte zwischen 1986 und 1995 mehrfach den öffentlichen Anteil an der bauspezifischen Arbeitsmarktpolitik. Die Sozialpartner bemühten sich, die hierdurch gerissenen Finanzierungslücken über das obligatorische Ansparen von Arbeitszeitguthaben für die Schlechtwetterzeit und eine Erhöhung der Umlage zu schließen. Die Finanzlücke war jedoch zu groß, um sie ohne staatliche Unterstützung ausgleichen zu können. Die Betriebe mussten zusätzlich in die Pflicht genommen werden. Da ihnen die neuen Regelungen zu teuer waren, kehrten sie zu den alten Verhaltensmustern zurück und die Winterarbeitslosigkeit stieg wieder an.

Die prekäre Übergangszeit nach Abschaffung des Schlechtwettergeldes, die rund zehn Jahre andauerte, wurde im April 2006 beendet, als das Gesetz zur Förderung ganzjähriger Beschäftigung (Saison-KUG) in Kraft trat. Der Staat war nunmehr wieder bereit, sich in Höhe der Aufwendungen für die Finanzierung der Winterarbeitslosigkeit – also unter Vorgabe der Kostenneutralität – an einer neuen Lösung zu beteiligen. Die IG BAU ebnete durch die Konzession, erstmals auch eine Umlage von den Beschäftigten zu akzeptieren, den Weg für eine bis heute tragfähige und von allen Akteuren akzeptierte Lösung. Das Saison-KUG wird von der Bundesagentur für Arbeit von der ersten Ausfallstunde an gewährt. Es ist für die Betriebe kostenneutral, da die Sozialversicherungsbeiträge über die Umlage finanziert werden. In der Schlechtwetterperiode wird nicht mehr zwischen auftrags- und schlechtwetterbedingten Ausfallstunden unterschieden, was die Inanspruchnahme erleichtert. Zudem ist es lebensnäher, da der Auftragsmangel im Winter häufig Folge des erwarteten schlechten Wetters ist, bei dem die Auftraggeber nicht bauen lassen wollen. Die Entnahme von Stunden von Arbeitszeitkonten in Schlechtwetterperioden wird durch das umlagefinanzierte Zusatz-Wintergeld belohnt, um auch den Winterbau zu fördern. Schließlich wurde das Saison-KUG auch für andere Branchen geöffnet, so dass es in Politik und Wirtschaft breiter legitimiert ist als zuvor.

Die beiden Evaluationen des Saison-KUG durch das Institut Arbeit und Qualifikation belegten einen deutlichen Rückgang der Winterarbeitslosigkeit, so dass der Bundesagentur für Arbeit keine Mehrausgaben entstanden. Befürchtungen, dass der vereinfachte Zugang zum Saison-KUG die Beschäftigten und die Betriebe dazu veranlassen würden, die Eigenbeiträge über Arbeitszeitkonten zu verringern, bestätigten sich nicht. Die Winterbauumlage war so hoch, dass bei der Bundesagentur eine Rücklage aufgebaut werden konnte, aus der sich auch die Kosten einer Baukrise finanzieren ließen.

Seit 2010 hat sich die Inanspruchnahme des Saison-KUG pro Baubeschäftigten verringert, da die Betriebe ihre Beschäftigung aus mehreren Gründen stabilisiert haben. Der erste Grund ist die gute Baukonjunktur, die nicht nur die Ausfallstunden wegen Auftragsmangel verringert, sondern auch das Interesse der Betrieb an einer Winterbautätigkeit wegen der guten Gewinnchancen erhöht. Zweitens werden die Winterrisiken zunehmend auf ausländische Werkvertragsnehmer abgewälzt, die kein Saison-KUG beantragen können. Drittens erleichtern neue Technologien und neue Werkstoffe eine kontinuierlichere Winterproduktion als früher. Viertens schließlich verringerten sich die Ausfallzeiten in den wärmeren Wintern der letzten Jahre infolge des Klimawandels. Auf der Gegenseite wird die Bautätigkeit durch eine Zunahme extrem heißer Sommertage beeinträchtigt.

9.3.4 Transnationalisierung

Ausländer stellten schon in den 1970er Jahren bis zu 15 Prozent der Beschäftigten (Gross 1992). Die ausländischen Arbeitskräfte wurden damals von den heimischen Betrieben zu regulären tarif-, sozial- und arbeitsrechtlichen Standards angestellt. Mittlerweile werden Baufirmen mit Betriebssitz im Ausland mit ihren Arbeitskräften auf der Basis von Werkverträgen mit deutschen Bauunternehmen in Deutschland tätig. Grundlage dafür sind die Dienstleistungsfreiheit in der EU und bilaterale Abkommen der Bundesregierung mit Nicht-EU-Staaten, wie über die sogenannte Westbalkan-Regelung. Entsandte Arbeitskräfte aus EU- Mitgliedsländern konnten bis zur Verabschiedung des Arbeitnehmer-Entsendegesetzes 1996 und der Vereinbarung der ersten Branchenmindestlöhne im Bauhauptgewerbe nach den Löhnen des Herkunftslandes arbeiten. Die ausländischen Werkvertragskräfte sind somit zwar nicht räumlich, wohl aber juristisch exterritorialisiert (Bosch u. a. 2000). Der ohnehin schon scharfe legale Arbeitskostenwettbewerb auf inländischen Baustellen wurde noch zusätzlich durch die im »Windschatten« der legal tätigen ausländischen Subunternehmen sprunghaft steigende illegale Beschäftigung verstärkt. Mit seinen regional verstreuten und ständig wechselnden Einsatzorten sowie großen Überschneidungen mit Eigenarbeit und Nachbarschaftshilfe ist der Bausektor überaus schwierig zu kontrollieren und damit idealer Nährboden für illegale Praktiken. In der Hochlohnbranche Bau mit seinem ausgebauten Sozialsystem kann man zudem durch illegale Praktiken besonders hohe Kosteneinsparungen erzielen. Selbst wenn man erwischt wird, ist das Risiko für die ausländischen Subunternehmen gering. Denn die Sanktionen, die eigentlich abschrecken sollen, werden grenzüberschreitend kaum vollstreckt. Der Rechtsraum wurde nicht in gleichem

Tempo wie der Wirtschaftsraum in der EU erweitert. Wenn aber Rechtsverstöße in anderen EU-Ländern ungeahndet bleiben, ist das geradezu eine Einladung zum Gesetzesbruch (Bosch u. a. 2019).

Die Sozialpartner der Bauwirtschaft waren sich schnell einig, dass dem Lohnkostenwettbewerb Grenzen gesetzt werden mussten. Infolge der restriktiven Rechtsprechung des EuGHs kann das gesamte Tarifgitter nur auf entsandte Kräfte erstreckt werden, wenn diese in Deutschland für allgemeinverbindlich erklärt werden. Die Revision der Entsenderichtlinie änderte kaum etwas am Vorrang des Wettbewerbsrechts. Die Bundesregierung engte den etwas erweiterten Handlungsspielraum sogar noch zusätzlich ein, indem sie im revidierten AEntG im Jahr 2020 die Anzahl der möglichen Mindestlöhne auf drei Stufen begrenzte.

Da im deutschen Baugewerbe – wie bereits erwähnt – die Entgelttarifverträge nicht für allgemein verbindlich erklärt worden sind, konnten die Sozialpartner das Tarifgefüge nur über branchenspezifische Mindestlöhne schützen. Sie vereinbarten als erste deutsche Branche gegen den heftigen Widerstand der Bundesvereinigung der deutschen Arbeitgeberverbände schon 1996 den ersten Branchenmindestlohn und handelten vor der Osterweiterung der EU 2003 einen zweiten Mindestlohn für Fachkräfte aus. Zugleich mussten die ausländischen Subunternehmer Beiträge an die SOKA-BAU für das Urlaubsverfahren zahlen.

Zusätzliche Umgehungsmöglichkeiten des Mindestlohns wurden 2003 durch die Deregulierung der Handwerksordnung geschaffen. Nach der Abschaffung der Meisterpflicht bei den Fliesenlegern explodierten in diesem Beruf die Gewerbeanmeldungen. Dahinter stand allerdings nicht ein Gründungsschub innovativer Unternehmer, sondern die massive Umgehung der Mindestlöhne durch den organisierten Einsatz von Scheinselbständigen.

Der wachsende Einsatz ausländischer Werkvertragskräfte und die Abnahme der Tarifbindung vor allem bei der wachsenden Zahl der heimischen Klein- und Kleinstbetriebe führte zu einer Erosion des tariflichen Lohngefüges. In der Folge änderte sich die Haltung der Arbeitgeberverbände zu den Branchenmindestlöhnen. Man wollte durch Abschaffung des Mindestlohns 2 mehr Spielraum bei der Lohnsetzung gewinnen (vgl. Abschnitt 9.3.1).

Beim Einsatz ausländischer Subunternehmer mussten deutsche Unternehmen Lehrgeld zahlen. Die vielfach unzureichend qualifizierten ausländischen Bauarbeiter lieferten oft nur geringe Qualität, so dass mitunter ihre Kosten in der Endabrechnung wegen Nacharbeiten oder Preisabzügen nach Mängelrügen über denen deutscher Fachkräfte lagen. Aufgrund dieser Erfahrungen haben viele Unternehmen ihr Nachunternehmermanagement verbessert. Sie kontrollieren durch eigene Fachkräfte deren Arbeit engmaschig, setzen auf langfristige Kooperationen und bewährte Partnerschaften und zahlen Prämien für mängelfreie Arbeit.

9.4 Brancheninterne Arbeitsmärkte – ein eigener Arbeitsmarkttyp

Der deutsche Bauarbeitsmarkt mit seinen branchenübergreifenden Regulierungen ist ein besonderer Arbeitsmarkttypus, der in der Forschung kaum beachtet wurde. Im Folgenden sollen die Strukturprinzipien dieses Arbeitsmarktes im Unterschied zu anderen Typen herausgearbeitet werden, um unsere Analyse auch für die Arbeitsmarkttheorie und die Entwicklung von Branchenarbeitsmärkten in anderen Bereichen nutzbar zu machen.

In der Arbeitsmarktliteratur werden gewöhnlich unstrukturierte, betriebsinterne und fachliche Arbeitsmärkte unterschieden (Sengenberger 1987). In unstrukturierten Arbeitsmärkten besteht keine enge Bindung zwischen Arbeitskräften und Unternehmen. Auf ihren einfachen Arbeitsplätzen werden Arbeitskräfte mit leicht austauschbaren Jedermannsqualifikationen eingesetzt. Entscheidend für die Beschäftigung ist der Lohn, der je nach Arbeitsmarktlage neu festgesetzt wird. Die wechselseitige Bindung von Beschäftigten und Unternehmen ist gering und die Beschäftigungsdauer gewöhnlich sehr kurz. In betriebsinternen Arbeitsmärkten kommt es hingegen zu längerfristigen Vertragsbeziehungen zwischen Unternehmen und Arbeitskräften. Aufgrund dieser längeren Beschäftigungsperspektive versuchen die Beschäftigten nicht ihren Lohn – eventuell auch durch einen Betriebswechsel – kurzfristig zu maximieren, sondern haben eher Aufstiegsperspektiven und Einkommen über einen längeren Zeitraum im Blick. Für die Unternehmen lohnt es sich, in die betriebsspezifische Qualifikation der Beschäftigten zu investieren und ihren Qualifikationsbedarf betrieblich zu decken, da sie davon ausgehen können, dass diese Investitionen nicht durch einen Betriebswechsel ihrer Beschäftigten verloren gehen. In fachlichen Arbeitsmärkten werden Arbeitskräfte mit standardisierten und betriebsübergreifend anerkannten Qualifikationen eingesetzt. Durch ihre breite berufliche Kompetenz und ihre anerkannten Zertifikate sind sie nicht an einen Betrieb gebunden. Die Unternehmen haben ihre Arbeitsplatzprofile entlang dieser

Berufe geschnitten, so dass sie jederzeit einschlägige Fachkräfte aus dem externen Arbeitsmarkt einstellen können.

Die Mobilitätsmuster der Beschäftigten und die Flexibilitätsprofile der betrieblichen Arbeitsorganisation unterscheiden sich in den drei Idealtypen deutlich. In den unstrukturierten Arbeitsmärkten wechseln die Beschäftigten häufig den Betrieb. Die Betriebe beziehen ihre Flexibilität aus einer schnellen Anpassung des Personalstands an den jeweiligen Bedarf. Auch die Löhne reagieren schnell auf die jeweilige Marktsituation, was auch die Beschäftigten veranlasst, schon wegen geringer Lohnunterschiede den Arbeitsplatz zu wechseln. Kennzeichnend für betriebsinterne Arbeitsmärkte ist eine lange Betriebszugehörigkeit. Die Betriebsbindung wird durch innerbetriebliche Aufstiegsketten, die dem Stammpersonal vorbehalten sind, gefördert. Die Flexibilität liegt in der guten Kenntnis betrieblicher Abläufe und der betriebsinternen Mobilität. Bei einem Betriebswechsel ist allerdings das Risiko hoch, sich wieder erneut von unten hocharbeiten zu müssen. Berufliche Arbeitsmärkte basieren hingegen auf einer überbetrieblich standardisierten Ausbildung für ein bestimmtes Berufsfeld. Die Qualifikationen und auch die erreichte Position sind daher transferierbar. Betriebswechsel sind oft sogar vorteilhaft, da man so die ganze Breite des Berufsfelds kennengelernt.

Da der Wechsel zwischen den drei Arbeitsmarkttypen eingeschränkt ist, spricht man auch von Arbeitsmarktsegmenten, die unterschiedlich strikt voneinander abgegrenzt sind (Weingärtner 2019; Köhler/Weingärtner 2022). Unstrukturierte Arbeitsmärkte sind offen für alle Beschäftigten, da außer der Erwerbsfähigkeit keine weiteren Zugangsvoraussetzungen bestehen. Mit steigenden kulturellen Mindestanforderungen, etwa an die sprachlichen und rechnerischen Grundkenntnisse oder die gesundheitlichen Voraussetzungen, können sich die geforderten Jedermannsqualifikationen verändern. In den entwickelten Ländern wird heute kaum noch einfache, spracharme Muskelarbeit nachgefragt. Selbst einfache Arbeit setzt jetzt Schreib- und Rechenfähigkeiten und das Verstehen von abstrakten Symbolen, etwa bei der Bedienung digitaler Arbeitsinstrumente und Maschinen, voraus. Wer diese Voraussetzungen nicht mitbringt, hat es heute selbst in den unstrukturierten Arbeitsmarktsegmenten schwer, eine Beschäftigung zu finden.

Betriebliche und fachliche Arbeitsmarktsegmente sind durch unterschiedlich starke Mobilitätsbarrieren abgegrenzt. In geschlossenen betrieblichen Arbeitsmärkten sind Aufstiegsmöglichkeiten ausschließlich der Stammbelegschaft vorbehalten. In offenen betrieblichen Arbeitsmärkten werden Betriebsangehörige zwar bevorzugt, es werden aber auch Seiteneinsteiger von außen rekrutiert. In Deutschland dominieren offene betriebliche Arbeitsmärkte. Gut geführte Unternehmen sind allerdings gut beraten, die Aufstiegserwartungen ihrer Stammbeschäftigten nicht ständig zu enttäuschen. Auch die starke betriebliche Mitbestimmung in Deutschland fördert den Aufbau betrieblicher Arbeitsmärkte in mittleren und größeren Betrieben. Der Zugang zu geschlossenen fachlichen Arbeitsmärkten ist an eine standardisierte fachliche Qualifikation gebunden, wie in den freien Berufen oder den zulassungspflichtigen Gewerken. Offene fachliche Arbeitsmärkte haben keine strikten Zulassungsregeln bzw. keine in Dauer und Qualität standardisierte Berufsausbildung, wie etwa in den nicht zulassungspflichtigen Gewerken.

In der Segmentationstheorie, in der diese Typologien entwickelt wurden, ging man ursprünglich davon aus, dass schlechte Jobs nur in den unstrukturierten Arbeitsmarktsegmenten und gute nur in den beiden anderen Arbeitsmarktsegmenten zu finden sind. Mit der wachsenden sozialen Ungleichheit vor allem infolge der abnehmenden Tarifbindung haben sich jedoch auch Niedriglohnsegmente in den betrieblichen und fachlichen Arbeitsmärkten entwickelt (Kalina 2012; Bosch 2014). Mangels anderer Jobperspektiven arbeiten inzwischen selbst qualifizierte Beschäftigte für einen geringen Lohn und in manchen Branchen werden auch Teile der Stammbelegschaften schlecht bezahlt. Wir haben es also mit einer Polarisierung nicht nur im gesamten Arbeitsmarkt, sondern auch in seinen Teilsegmenten zu tun (Bosch/Kalina 2018).

Reale Arbeitsmärkte entsprechen nur selten den Idealtypen, die ja der Gewinnung trennscharfer Begriffe dienen und einzelne Merkmale besonders herausstellen (Weber 1968: 191). In konkreten Arbeitsmärkten mischen sich die Typen und damit auch die beschriebenen unterschiedlichen Mobilitätsmuster. So können auch Beschäftigte mit einfachen Tätigkeiten zur Stammbelegschaft zählen, wenn die Unternehmen aufgrund des gesetzlichen Kündigungsschutzes nicht einfach heuern und feuern können, oder wenn das Arbeitskräftereservoir so begrenzt ist, so dass die Unternehmen auch ungelernte Kräfte an sich binden wollen. Das gleiche gilt auch für berufliche Arbeitsmärkte. Bei Fachkräfteknappheit wächst das Interesse der Unternehmen, ihre ausgebildeten Beschäftigten möglichst lange zu halten. Die Treiber einer Verbetrieblichung von unstrukturierten und Fachkräftemärkten sind Arbeitskräfteknappheit, eine hohe Kapitalintensität der Betriebe, die sich nur bei hoher Maschinenauslastung mit eingespielten Stammbelegschaften rechnet, und vor allem auch staatliche oder tarifliche Arbeitsmarktregulierungen, die die Beschäftigung stabilisieren, wie der Kündigungsschutz oder die Mitbestimmung.

Wie passt nun der deutsche Bauarbeitsmarkt in diese Typologie und kann uns die neuere Segmentationstheorie, die auch die Polarisierung der Arbeitsbedingungen innerhalb der Teilsegmente im Blick hat, helfen, die Veränderungen auf diesem Arbeitsmarkt in den letzten Jahrzehnten besser zu verstehen?

Die beiden Idealtypen der unstrukturierten und fachlichen Arbeitsmärkte fanden sich in der Vergangenheit in fast reiner Form in der Bauwirtschaft. Die ungelernten und die ausgebildeten Bauarbeiter wurden für bestimmte Projekte angeheuert und waren dann bis zur nächsten Beschäftigung oft arbeitslos. Die komplexeren Tätigkeiten erforderten schon früh eine Berufsausbildung. Die Grundberufe in der Bauarbeit, wie etwa Maurer, Steinmetz, Maler, Stuckateure, Dachdecker oder Zimmerleute, bildeten sich schon vor der Industrialisierung heraus. Die Ausbildung wurde in einer von den Zünften festgelegten Zahl von Lehrjahren erworben und musste in einzelnen Berufen durch die Wanderschaft der Gesellen vertieft werden (zum Beispiel Hobsbawm 1965; Wadauer 2005), womit die für das berufliche Lernen wichtige zwischenbetriebliche Mobilität sogar institutionalisiert wurde. Die fachlichen Arbeitsmärkte wurden zudem vielfach schon früh geschlossen. So kontrollierten die Zünfte die Zahl der Lehrlinge und Gesellen in ihrem Beruf, um ihren Mitgliedern einen angemessenen Lebensstandard zu sichern.

Unsere Analyse des deutschen Bauarbeitsmarktes zeigt, dass in der Nachkriegszeit vor dem Aufbau der Branchenregulierungen die unstrukturierten und fachlichen Segmente im Bauarbeitsmarkt dominierten. Die Stammbelegschaften waren klein. Auf einen Facharbeiter kam damals ein Un- bzw. Angelernter. Die geforderten Jedermannsqualifikationen im unstrukturierten Segment waren wegen der vielen noch nicht technisierten einfachen Hilfstätigkeiten niedrig. Die meisten Gewerke des Bauhauptgewerbes waren und sind zulassungspflichtig. Bei Betriebsgründung war und ist ein Meisterbrief oder eine gleichwertige Befähigung nachzuweisen. Diese Zugangsbeschränkungen zu den fachlichen Teilarbeitsmärkten dienten dem Schutz der Qualität der Bauarbeit und waren der Grund für den in Deutschland im Unterschied zu anderen Ländern traditionell hohen Fachkräfteanteil im Baugewerbe. Sowohl die An- und Ungelernten als auch die Facharbeiter litten unter der hohen Winterarbeitslosigkeit und Konjunkturabhängigkeit ihrer Beschäftigung. Damit hatte selbst Facharbeit auf dem Bau das Stigma der instabilen Gelegenheitsarbeit.

Anders als in der stationären Produktion war es nicht möglich, die Beschäftigungsverhältnisse in dieser Branche über den Ausbau des Kündigungsschutzes zu normalisieren. Dazu waren die Betriebe zu klein und ihre Auftragslage zu instabil. Auch die Gewerkschaft akzeptierte dies damals und stimmte einer Lockerung des Kündigungsschutzes bei schlechtem Wetter mit einer vagen Wiedereinstellungszusage der Betriebe zu. Ein rigider betrieblicher Kündigungsschutz hätte in dieser Situation den Konkurs vieler Betriebe zur Folge gehabt, woran die Gewerkschaft, ebenso wie der Staat, der tarifliche Abweichungen vom Kündigungsschutz ausdrücklich zugelassen hatte, verständlicherweise kein Interesse hatte.

Die einzige Chance der Normalisierung der Bauarbeit lag in der Entwicklung eines neuen Arbeitsmarkttyps, nämlich eines Branchenarbeitsmarktes, in dem die Branche als Ganzes unter Kostenbeteiligung aller Betriebe die mit der Gründung der Sozialkassen Funktionen als »ideeller Gesamtunternehmer« übernahm, die die Betriebe allein nicht erfüllen konnten. Diese Funktionen, wie die Zahlung des Urlaubsgelds sowie einer Zusatzversorgung, die zur staatlichen Bauarbeitsmarktpolitik komplementäre Finanzierung der ganzjährigen Beschäftigung in seinen verschiedenen Varianten seit 1959 und die Umlage zur Förderung der Berufsausbildung, haben wir im Einzelnen hinreichend dargestellt. Das gilt auch für die allgemeinverbindlichen Tarifverträge zur Regulierung der Arbeitsbedingungen und die bis zur Wiedervereinigung hohe Tarifbindung, die eine qualifikationsadäquate Bezahlung garantierte. Wir begrenzen uns im Folgenden daher auf die Erläuterung der Strukturprinzipien dieses neuen Typs eines Branchenarbeitsmarktes.

Die erste Voraussetzung für die Entwicklung des Branchenarbeitsmarktes Bau war der Aufbau der Sozialkassen, also von den Tarifpartnern gemeinsam verwalteter Einrichtungen. Sie sind zum einen für die Einnahmen verantwortlich, also die Einziehung der Umlagen und die Kontrolle, dass auch alle Betriebe im Geltungsbereich des Sozialkassentarifvertrags die Umlage ordnungsgemäß abführen. Zum anderen verwaltet sie die Ausgaben für die vereinbarten Zwecke und über die vereinbarten Verfahren. Mit dem Übergang zur kapitaldeckten Zusatzversorgung ist die Anlage des angesparten Vermögens hinzugekommen. Ähnlich wie eine betriebliche Personalabteilung, deren Funktionen sie ja zum Teil auf Branchenebene übernimmt, müssen sie dazu Konten für alle anspruchsberechtigten Betriebe, aktuelle und ehemalige Beschäftigte und Rentner führen.

Für die Akzeptanz bei den Beitragszahlern und denen sie vertretenden Sozialpartnern ist zweitens die »Gruppennützigkeit« der Umlagen zentral.

Die aus den Umlagen finanzierten Ausgaben müssen der Gruppe, die sie finanziert, wieder zufließen, und dürfen nicht für andere Zwecke verwendet werden. Durch die genaue Definition des räumlichen, betrieblichen und persönlichen Geltungsbereichs im Tarifvertrag über das Sozialkassenverfahren im Baugewerbe (VTV) wird die Gruppe der Beitragszahler und potentiellen Leistungsempfänger trennscharf von anderen Gruppen abgegrenzt.

Die dritte Voraussetzung ist die Effektivität und Effizienz der gruppennützigen Ausgaben, d. h. die gesetzten Ziele müssen mit möglichst geringem Aufwand erreicht werden. In einem Branchenarbeitsmarkt, der auf Tarifverträgen beruht, geht es dabei nicht um ein Benchmarking von außen. Viel wichtiger ist, dass die erreichte Effektivität und Effizienz von den Sozialpartnern und ihren Mitgliedern akzeptiert wird. Unsere Analyse zeigt, dass die Erhöhung der Effizienz ein ständiges Thema war und ist. Man denke nur an die Einführung der Qualitätskontrollen bei den überbetrieblichen Ausbildungsstätten oder die digitale Neugestaltung des Beitrags- und Leistungsverfahrens. Auch die Ziele wurden wiederholt verändert, nicht zuletzt um die Beiträge der Betriebe aus Akzeptanzgründen nicht über 20 Prozent steigen zu lassen. Durch die beschriebenen Reformen konnte immer wieder die Akzeptanz der Effektivität und Effizienz der Regulierungen neu etabliert werden. Durch einen geschickten Zuschnitt der Instrumente wurde bei den Regulierungen vor allem an den unmittelbaren Eigeninteressen der Akteure angesetzt, weniger aber an einer abstrakten Branchensolidarität, die weder für die Betriebe noch für die Beschäftigten eine materielle Bedeutung hat.

Die vierte Voraussetzung ist die Handlungsfähigkeit der Akteure auf Branchenebene. Arbeitgeberverbände und Gewerkschaft müssen branchenweit organisiert sein und den gesamten Geltungsbereich des Tarifvertrags abbilden. Darüber hinaus müssen sie auch das Mandat zu zentralen Verhandlungen und Abschlüssen haben und ihre Mitglieder auf die Verhandlungsergebnisse verpflichten können. Darüber hinaus müssen sie über ein Verhandlungsmonopol auf dem Branchenarbeitsmarkt verfügen, da sich ansonsten Außenseiter durch Lohnunterbietungen oder ein Ausscheren bei der Beitragszahlung an die Sozialkassen Konkurrenzvorteile verschaffen können. Die wichtigsten Instrumente zur Gewährleistung dieses Handlungsmonopols sind die Allgemeinverbindlicherklärung wichtiger Tarifverträge und die Zugangsbeschränkungen in den Bauarbeitsmarkt für Außenseiter. Das faktische Verbot der Leiharbeit und die Mindestlöhne für entsandte ausländische Arbeitnehmer dienen der Eingrenzung der Außenseiterkonkurrenz.

Wenn der Staat, wie im Baugewerbe über die Allgemeinverbindlichkeit der Tarifverträge, die Zulassungspflicht von Bauberufen, das Verbot der Leiharbeit aus anderen Branchen oder die Mitfinanzierung des Saison-KUG oder das Sozialkassensicherungsgesetz in die Pflicht genommen wird, muss fünftens auch ein öffentliches Interesse an solchen Regulierungen vorliegen. Dieses öffentliche Interesse wurde in der Phase neoliberaler Politik zwischen 1985 und 2004 infrage gestellt. Damals wurden regulierte Branchenarbeitsmärkte eher als Pakte zulasten Dritter, wie etwa der Konsumenten über ein überhöhtes Preisniveau, gesehen. Der Zusammenbruch der Berufsausbildung im 2003 deregulierten Fliesenlegerberuf, die entgangenen Steuer- und Sozialversicherungseinnahmen durch illegale Arbeit und die Zunahme der für die Bundesagentur für Arbeit kostenträchtigen Winterarbeitslosigkeit haben die Sichtweise wieder geändert und Reformen wie die Einführung des Saison-KUG oder die Rückvermeisterung des Fliesenlegerberufs ermöglicht. Der politische Konsens, dass ein regulierter Bauarbeitsmarkt im öffentlichen Interesse liegt, da hohe Ausgaben für die Winterarbeitslosigkeit eingespart werden können und die Ausbildung und der Verbleib der Fachkräfte in einer für die Gesellschaft zentralen Branche gesichert wird, ist wieder hergestellt. Zudem ist unübersehbar, da die Baupreise bei einer durch eine Deregulierung des Bauarbeitsmarktes verstärkten Fachkräftemangel stark ansteigen. Eine Deregulierung führt in diesem hochvolatilen Markt allenfalls kurzfristig zu Preissenkungen.

Die Ziele der Sozialpartner bei der Schaffung des Branchenarbeitsmarktes Bau konnten überwiegend erreicht werden. Es kam zu einer deutlichen Normalisierung von Bauarbeit. Die Fluktuation auf dem Bauarbeitsmarkt liegt zwar weiterhin über dem Durchschnitt in der Gesamtwirtschaft. Sie hat sich jedoch in den letzten Jahrzehnten mit Zunahme des Fachkräfteanteils und nach Einführung des Saisonkurzarbeitergelds deutlich verringert, während gleichzeitig die Dauer der durchschnittlichen Betriebszugehörigkeit stieg. In den Tiefbauberufen liegt die Fluktuation mittlerweile unter dem Durchschnitt der Gesamtwirtschaft. Der deutsche Bauarbeitsmarkt ist inzwischen ein Facharbeitermarkt geworden, was ohne die Umlagefinanzierung nicht möglich gewesen wäre. Heute kommen drei Facharbeiter auf einen An- oder Ungelernten. Die Arbeitsanforderungen auch an die An- und Ungelernten haben sich durch die Technisierung der Arbeit und den Wegfall vieler einfacher spracharmer Tätigkeiten erhöht, so dass das Interesse der Betriebe an einer ganzjährigen Beschäftigten auch ihrer Werker gewachsen ist. Man kann zwar nicht mit Gewissheit sagen, wie sich der Bauarbeitsmarkt ohne seine Regulierungen entwickelt hätte. Ein Blick auf die turbulenten nicht regulierten Bauarbeitsmärkte in anderen Ländern (Bosch/Philips 2003), kann aber als hinreichender Beleg für die positiven Wirkungen der Branchenregulierungen in Deutschland gelten.

Stabile Beschäftigung bedeutet aber, wie die neuere Segmentationsforschung belegt, nicht unbedingt auch gute Bezahlung. Die Ausbreitung geringer und nicht qualifikationsgerechter Bezahlung hat seit der Wiedervereinigung auch den deutschen Bauarbeitsmarkt erreicht. Infolge der abnehmenden Tarifbindung sind die Lohnunterschiede bei gleicher Arbeit heute im heimischen Bauarbeitsmarkt deutlich größer als noch vor 30 Jahren. Am unteren Rand des Bauarbeitsmarktes sind neue Segmente mit Gelegenheitsarbeitern entstanden. Für das schwach regulierte Segment der legal entsandten Arbeitskräfte aus anderen Ländern gelten die Branchenmindestlöhne des Bauhauptgewerbes und die Betriebe müssen für sie das Urlaubsgeld an die SOKA-BAU abführen. Im unregulierten Segment der illegalen Arbeit werden die Regeln von den Schleppern diktiert. Die Wiederkehr des traditionellen Heuerns und Feuerns in diesen Segmenten sollte aber nicht darüber hinwegtäuschen, dass die Qualifikationsanforderungen deutlich gestiegen sind. Ausländische Subunternehmen übernehmen zunehmend auch fachliche Tätigkeiten und die Hilfstätigkeiten sind meist auch nicht mehr ohne bauspezifische Kenntnisse zu bewältigen. Diese beiden unteren nicht in die Regulierungen des Bauarbeitsmarktes eingeschlossenen Segmente hebeln das Regulierungsmonopol der Sozialpartner aus. Eine der zentralen Funktionsvoraussetzungen für Branchenarbeitsmärkte entfällt damit. Da schlechtere Arbeitsbedingungen in einer Marktwirtschaft über den Preis bessere verdrängen, entfalten diese beiden unteren Segmente starke Sogeffekte, die die Löhne im wachsenden Segment der nicht-tarifgebundenen Unternehmen selbst im wirtschaftlichen Aufschwung der letzten Jahre nach unten zieht. Der Branchenarbeitsmarkt ist damit instabil geworden, umso mehr als der Handlungswille auf der Arbeitgeberseite fehlt, die Erosion der Löhne durch einen Mindestlohn für Fachkräfte aufzuhalten.

9.5 Ein Ausblick

In unserem Rückblick auf die 70-jährige Nachkriegsgeschichte des deutschen Bauarbeitsmarktes lassen sich vier große Etappen unterscheiden. Die erste Etappe bis 1959 markierte den Übergang von einem instabilen Bauarbeitsmarkt mit vielen Betriebswechseln und hoher Winterarbeitslosigkeit zu einem Branchenarbeitsmarkt mit geringerer Fluktuation und höherer sozialer Sicherheit.

Die zweite Etappe zwischen 1959 bis zur Wiedervereinigung charakterisierte die Periode eines inklusiven Branchenarbeitsmarktes Bau. Alle Baubeschäftigten fielen in den Geltungsbereich des Sozialkassentarifs und wurden zudem wegen der damals starken Gewerkschaft und der hohen Tariftreue entsprechend ihrer Qualifikation bezahlt. Zwischen der Politik und den Sozialpartnern bestand Einigkeit, die Inklusivität dieses Arbeitsmarktes, d. h. die Geltung der gleichen Standards für alle Baubeschäftigte zu verteidigen. Das Verbot der Leiharbeit aus anderen nicht an das Sozialkassenverfahren gebundenen Branchen ist ein Bespiel hierfür.

In der dritten Phase von 1990 bis 2006 wurde das gesamte System infrage gestellt. Der Staat zog sich weitgehend aus der bauspezifischen Arbeitsmarktpolitik zurück und die tariflichen Ersatzlösungen konnten die Wiederkehr der Winterarbeitslosigkeit nicht verhindern. Das Lohnsystem erodierte durch die sinkende Tarifbindung zunächst in Ost- und dann auch in Westdeutschland sowie den wachsenden Einsatz ausländischer Werkvertragskräfte. Der Fachkräftemarkt wurde durch die Deregulierung des Fliesenlegerberufes und seine Öffnung für den massenhaften Einsatz von Scheinselbständigen geschwächt. Die Fragmentierung der Branche, mit der Zunahme kleiner und kleinster Betriebe sowie Soloselbständiger, schwächte die Gewerkschaft und in der Folge auch die Arbeitgeberverbände. Zugleich untergrub die wachsende Polarisierung der Löhne auf der Arbeitgeberseite den Konsens, den Lohnwettwettbewerb über Mindestlöhne auch auf der Fachkräfteebene einschränken zu wollen. Der Bauarbeitsmarkt verlor durch die wachsenden Segmente gering bezahlter ausländischer Werkvertragskräfte und die Zunahme nicht qualifikationsgerechter Bezahlung nicht nur in Ost-, sondern zunehmend auch in Westdeutschland seine frühere hohe Inklusivität.

Die vierte Phase eines prekären Gleichgewichts in einem polarisierten Branchenarbeitsmarkt begann 2006 mit der Einführung des Saison-Kurzarbeitergeldes, die die Winterarbeitslosigkeit wieder wirkungsvoll eindämmte. Zudem konnten wichtige Reformen bei den Sozialkassen, wie die Einführung der höheren kapitalgedeckten Zusatzversorgung, ausgehandelt werden. Die Politik setzte ein Signal gegen die Expansion der Scheinselbständigkeit durch die Rückvermeisterung der Fliesenleger und sicherte 2017 die Allgemeinverbindlichkeit der Sozialkassentarifverträge rechtlich ab. In der Tarifpolitik konnten Entschädigungen für die immer längeren Wegezeiten, eine Angleichung der Entgelte in Ost- und Westdeutschland bis 2026 und garantierte Urlaubsansprüche selbst für Phasen der Kurzarbeit und Krankheit vereinbart werden. Gleichzeitig gewann aber nicht qualifikationsgerechte Entlohnung an Bedeutung, obwohl die Branche im Aufschwung seit 2010 dringend Fachkräfte sucht. Diese letzte Phase bezeichnen wir als prekäres Gleichgewicht, da in ihr nicht nur der Mindestlohn 2 in Westdeutschland, sondern auch die Vereinbarung von bauspezifischen Mindestlöhnen, die über dem Niveau des gesetzlichen Mindestlohns liegen, generell in Frage gestellt werden. Weiterhin kommt es durch die sinkende Tarifbindung und die zunehmende Nichteinhaltung der Tarifverträge zu einer geräuschlosen Deregulierung der Entgelttarifverträge. Die IG BAU ist zu schwach, um diese Entwicklung aufzuhalten. Ihre Bastionen liegen in den größeren und mittleren Betrieben, während sie in den durch die Zellteilung der letzten Jahrzehnte wachsenden Zahl der Klein- und Kleinstbetriebe kaum vertreten ist. Die Arbeitgeberseite hat mit den gleichen Organisationsproblemen zu kämpfen und kann angesichts des fehlenden Gegendrucks einer starken Gewerkschaft, die eigenen Reihen nur schwer zusammenhalten.

Sind die bauspezifischen Regulierungen unter diesen Bedingungen ein Auslaufmodell, die sich auf Dauer gegen politische oder innere Auflösungstendenzen nicht mehr aufrechterhalten lassen oder kommt es in Zukunft zu einer Re-Regulierung, durch die die frühere Inklusivität wiederhergestellt werden kann? Angesichts des Baubooms, der wegen Unterinvestitionen in den letzten 20 Jahren noch lange anhalten wird, der Reformen in den Sozialkassen und der weiterhin hohen Akzeptanz der meisten ihrer Leistungen sowie dem politisch breit verankerten Konsens über die positiven Wirkungen des Saison-Kurzarbeitergeldes ist ein Szenario völliger Deregulierung in absehbarer Zeit unwahrscheinlich. Das Spektrum der möglichen Entwicklungen liegt eher zwischen einem »Polarisierungs-« und einem »Re-Regulierungsszenario«.

Im »Polarisierungsszenario« werden der Mindestlohn 2 in Westdeutschland und dann der bauspezifische Mindestlohn 1 in beiden Landesteilen abgeschafft. Der gesetzliche Mindestlohn wird zur neuen Lohnuntergrenze. Die Tarifbindung sinkt weiter und die Entgelttarifverträge gelten fast nur noch für mittlere und große Baubetriebe. Es ist nicht auszuschließen, dass die Entgelttarifverträge für das Bauhandwerk ganz aufgekündigt werden und nur noch für das obere Segment der mittleren und größeren Baubetriebe Entgelttarifverträge vereinbart werden. Für den Rest der Branche haben die

Entgelttarifverträge dann nur noch eine lockere Orientierungsfunktion. Je nach regionaler Arbeitsmarktlage werden ortsübliche Zuschläge gezahlt, die in einer Krise aber auch wieder kassiert werden können. Die Arbeitgeberverbände setzen sich mit der Forderung nach Abschaffung des Urlaubskassenverfahrens durch. Begründet wird die Forderung mit der erhöhten Beschäftigungsstabilität, die Sonderregelungen im Vergleich zur stationären Produktion überflüssig mache. In der Praxis kommt es aber in einem Teil der Unternehmen zu Urlaubskürzungen auf das Niveau des gesetzlichen Mindesturlaubs. Die mittleren und größeren Unternehmen werden aufgrund ihrer guten Löhne und höheren Arbeitsplatzsicherheit ihre offenen Stellen besetzen können. In den kleinen und mittleren Unternehmen verschärft sich die ohnehin schon beträchtliche Fachkräftelücke. Die Arbeitgeberverbände werden sich massiv für neue Kontingentverträge für Werkvertragskräfte aus zusätzlichen Nicht-EU-Ländern einsetzen.

Ein »Re-Regulierungsszenario« ist angesichts der Schwäche der Verbände sowohl auf der Gewerkschafts- als auch auf der Arbeitgeberseite ohne starke politische Rückendeckung nicht möglich. Der Einstieg erfolgt über ein Tariftreuegesetz des Bundes, das in der Koalitionsvereinbarung der rot-grün-gelben Bundesregierung 2021 vereinbart wurde. Die neuere Rechtsprechung des EuGHs erlaubt, das gesamte Tarifgitter repräsentativer Tarifverträge für alle Aufträge der Bundesregierung verpflichtend zu machen (Krause 2019), so dass die Entgelttarife zum Standard für Bundesaufträge werden können. Die für viele Beschäftigte dann offensichtlichen Lohndifferenzen bei der Durchführung öffentlicher und privater Aufträge bieten der IG BAU gute Chance für die Mitgliederwerbung. Die Bundesländer, viele Kommunen und »Gute« Unternehmer folgen dem Vorbild des Bundes. Um die eigene Wettbewerbsfähigkeit vor Lohndumping zu schützen, wächst im Arbeitgeberlager das Interesse, die branchenspezifischen Mindestlöhne zu revitalisieren. Die Möglichkeiten des revidierten Arbeitnehmerentsendegesetzes werden ausgeschöpft und es werden drei nach Qualifikation und Führungsverantwortung gestufte Branchenmindestlöhne vereinbart. Um die Kontrolle der drei Branchenmindestlöhne durch den Zoll zu erleichtern, werden die Einstufungskriterien geändert. Die Beschäftigten werden, wie bei den Dachdeckern sowie den Malern und Lackierern nach ihrer Qualifikation und Verantwortung und nicht nach ihrer aktuellen Tätigkeit eingestuft (Bosch 2020). Das insgesamt höhere Lohnniveau veranlasst die Branche mit Hilfe des Staates zu einer Innovationsinitiative. Die ökologische Transformation des Bauens geht einher mit einer massiven Effizienzsteigerung, die den

Anstieg der Baupreise dämpft. Die Fachkräftelücke vermindert sich durch den Reputationsgewinn der Branche auf dem Arbeitsmarkt. Gleichwohl wird Zuwanderung in die Baubranche in unserer alternden Gesellschaft notwendig sein.

Unsere Sympathie gehört dem Re-Regulierungsszenario, das allerdings nur schrittweise über einen längeren Zeitraum durchzusetzen sein wird. Eine Akzeptanz im Unternehmerlager wird nur zu finden sein, wenn die Durchsetzung der höheren Lohnstandards auch wirkungsvoll kontrolliert wird. Dabei haben allerdings die Arbeitgeber auch eine Mitwirkungspflicht, indem sie die Kontrolle der Branchenmindestlöhne durch kontrollsichere Einstufungskriterien erleichtern.

Zentral ist auch die Unterstützung durch die Politik. 2009 gelang es dem damaligen Minister für Verkehr, Bau und Stadtentwicklung, Wolfgang Tiefensee, alle Verbände entlang der Wertschöpfungskette Bau einschließlich der planenden Berufe an einen Tisch zu bringen und ein gemeinsames Leitbild Bau zu entwickeln. In diesem Leitbild wird unterstrichen, dass alle großen gesellschaftlichen Zukunftsprojekte nicht ohne eine innovative und leistungsfähige Bauwirtschaft zu bewältigen sind. Zur Zusammenarbeit in der Branche heißt es: »Grundlage der Zusammenarbeit sind Partnerschaft auf Augenhöhe, Fairness und Sicherung auskömmlicher Preise und Löhne auf allen Stufen der Wertschöpfungskette« (Leitbild Bau 2009: 5). Davon ist man – wie wir gezeigt haben – ein ganzes Stück abgekommen und das Leitbild ist in Vergessenheit geraten. Heute ist die zentrale Rolle der Bauwirtschaft beim Erreichen der ehrgeizigen Ziele im Klimaschutz und bei der Ressourcenschonung noch deutlicher zu erkennen. Ohne einen gut funktionierenden Bauarbeitsmarkt mit kompetenten und gut bezahlten Fachkräften werden diese Transformationen kaum gelingen.

Literatur

Barczak, Tristan/Pieroth, Bodo (2021), *Rechtliche Rahmenbedingungen der Umsetzung eines Landesausbildungsfonds im Land Bremen*, Rechtsgutachten erstattet der Senatorin für Wirtschaft, Arbeit und Europa der Freien Hansestadt Bremen, Passau/Münster.

Bosch, Gerhard (2014), Facharbeit, Berufe und berufliche Arbeitsmärkte, in: *WSI-Mitteilungen*, Jg. 67, H. 1, S. 5–13.

Bosch, Gerhard, (2020), Wirkungen und Kontrolle des Mindestlohns für qualifizierte Beschäftigte im deutschen Bauhauptgewerbe – Gutachten im Auftrag der Industriegewerkschaft Bauen-Agrar-Umwelt (IG BAU), Duisburg: Institut Arbeit und Qualifikation, *IAQ-Forschung,* H. 2020-03.

Bosch, Gerhard/Zühlke-Robinet, Klaus (2000), *Der Bauarbeitsmarkt. Soziologie und Ökonomie einer Branche,* Frankfurt Campus.

Bosch, Gerhard/Worthmann, Georg/Zühlke-Robinet, Klaus (2000), Die Entstehung von ›Freihandelszonen‹ im Arbeitsmarkt: die Transnationalisierung des deutschen Bauarbeitsmarktes, in: *WSI-Mitteilungen,* Jg. 53, H. 10, S. 671–680.

Bosch, Gerhard/Philips, Peter (Hg.) (2003), *Building Chaos. An international comparison of deregulation in the construction industry,* London.

Bosch, Gerhard/Rehfeld, Dieter (2006), Zukunftschancen für die Bauwirtschaft – Erkenntnisse aus der Zukunftsstudie NRW, in: Bundesamt für Bauwesen und Raumordnung (Hg.), *Bauwirtschaft und räumliche Entwicklung. Informationen zur Raumentwicklung.* Bonn, H. 10, S. 539–552.

Bosch, Gerhard/Weinkopf, Claudia/Worthmann, Georg (2011), *Die Fragilität des Tarifsystems: Einhaltung von Entgeltstandards und Mindestlöhnen am Beispiel des Bauhauptgewerbes,* Berlin.

Bosch, Gerhard/Hüttenhoff, Frederic/Weinkopf, Claudia (2019), *Kontrolle von Mindestlöhnen,* Wiesbaden.

Bosch, Gerhard/Kalina, Thorsten (2018): Understanding rising income inequality and stagnating ordinary living standards in Germany, in: Nolan, Brian (Hg.), I*nequality and inclusive growth in rich countries: Shared challenges and contrasting fortunes,* Oxford, S. 153–187.

Bromberg, Tabea/Gerlmaier, Anja/Kümmerling, Angelika/Latniak, Erich (2012), Bis zur Rente arbeiten in der Bauwirtschaft – Tätigkeitswechsel als Chance für eine dauerhafte Beschäftigung, Institut Arbeit und Qualifikation (Hg.), *IAQ-Report,* H. 2012-05. Duisburg.

Frangi, Lorenzo /Bosch, Gerhard (2022), Immigrants in construction labour markets, in: Meardi, Guglielmo *(Hg.), Handbook of Migration and Employment,* Cheltenham.

Gross, Edith (1992), Arbeitsbedingungen in der Bauwirtschaft Europas, in: Syben, Gerd (Hg.), *Marmor, Stein und Computer. Beiträge zur Industriesoziologie des Bausektors,* Berlin, S. 43–58.

Hanau, Peter (1997), Sozialdumping im Binnenmarkt, in: Baur, Jürgen F./Watrin, Christian (Hg.), Recht und Wirtschaft der Europäischen Union, in: R.I.Z. Schriften, Bd. 6, S. 145–156.

Hobsbawm, Eric J. (1965), Tramping Artisan, in: Hobsbawm, Eric J., (Hg.), *Labouring Men. Studies in the History of Labour.* 2. Imprint, London.

IG BAU (2021), *Tarifabschluss 2021 West. Höhere Einkommen, Wegezeiten, Ost-West-Angleich,* Frankfurt.

Kalina, Thorsten (2012), *Niedriglohnbeschäftigte in der Sackgasse? – Was die Segmentationstheorie zum Verständnis des Niedriglohnsektors in Deutschland beitragen kann*, Dissertation, Universität Duisburg-Essen.

Köhler, Christoph/Weingärtner, Simon (2022), Arbeitsmarktsegmentation, in: Hirsch-Kreinsen, Hartmut/Pfeiffer, Sabine/Will-Zocholl, Mascha (Hg.), *Lexikon der Arbeits- und Industriesoziologie*, 3. aktualisierte Auflage, Berlin.

Krause, Rüdiger (2019), Weiterentwicklung des Tariftreuerechts, in: *Schriften zum Bürgerlichen Recht*, Bd. 501, Berlin.

Kümmerling, Angelika/Schietinger, Marc/Voss-Dahm, Dorothea/Worthmann, Georg (2008), Evaluation des neuen Leistungssystems zur Förderung ganzjähriger Beschäftigung, Endbericht, Institut Arbeit und Qualifikation, Duisburg.

Kümmerling, Angelika/Worthmann, Georg (2011), Fortführung und Vertiefung der Evaluation des Saison-Kurzarbeitergeldes, *Schlussbericht*, Institut Arbeit und Qualifikation, Duisburg.

Kümmerling, Angelika/Bosch, Gerhard/Hüttenhoff, Frederic/Weinkopf, Claudia (2022), Die Situation der Baubeschäftigten – Ergebnisse einer Online-Beschäftigtenbefragung, *IAQ-Report (im Erscheinen)*, https://www.uni-due.de/iaq/iaq-report.php

Leitbild Bau (2009). *Zur Zukunft des Planens und Bauens in Deutschland. Eine gemeinsame Initiative der deutschen Bauwirtschaft*, Berlin.

Schade, Andreas (1995), *Ganzjährige Beschäftigung in der Bauwirtschaft – Eine Wirkungsanalyse. Analyse und Ansätze für eine Reform der Winterbauförderung*, Frankfurt/M.

Sengenberger, Werner (1987), *Struktur und Funktionsweise von Arbeitsmärkten. Die Bundesrepublik Deutschland im internationalen Vergleich*, Frankfurt.

Wadauer, Sigrid (2005), *Die Tour der Gesellen. Mobilität und Biographie im Handwerk vom 18. bis zum 20. Jahrhundert*, Frankfurt/New York.

Weber, Max (1968), *Gesammelte Aufsätze zur Wissenschaftslehre*, 3. Auflage, Tübingen.

Weingärtner, Simon (2019), *Soziologische Arbeitsmarkttheorien. Ein Überblick*. Wiesbaden.

Abkürzungen

AEntG	Arbeitnehmerentsendegesetz
AÜG	Arbeitnehmerüberlassung
AVE	Allgemeinverbindlicherklärung
BA	Bundesagentur für Arbeit
BBTV	Tarifvertrag über die Berufsbildung im Baugewerbe
BDA	Bundesvereinigung der Deutschen Arbeitgeberverbände
BiBB	Bundesinstitut für Berufsbildung
BR	Betriebsrat
BRTV	Bundesrahmentarifvertrag für das Baugewerbe
DGB	Deutscher Gewerkschaftsbund
EU	Europäische Union
HDB	Hauptverband der Deutschen Bauindustrie
IG BAU	Industriegewerkschaft Bauen-Agrar-Umwelt
Saison-KUG	Saison-Kurzarbeitergeld
SOKA-BAU	Sozialkassen des Bauhauptgewerbes
ULAK	Urlaubs- und Lohnausgleichskasse
VTV	Tarifvertrag über das Sozialkassenverfahren im Baugewerbe
ZDB	Zentralverband des Deutschen Baugewerbes
ZVK	Zusatzversorgungskasse des Baugewerbes

Abbildungen und Tabellen

Abbildungen

Abbildung 2.1: Organisation von Großunternehmen in der Bauwirtschaft im Vergleich zum verarbeitenden Gewerbe 30

Abbildung 2.2: Informationsbasis in Bauprojekten – traditionell und mit BIM 32

Abbildung 2.3: Zweipolige Unternehmensstrukturen in der Bauwirtschaft und anderen Branchen 40

Abbildung 2.4: Integration vor- und nachgelagerter Wertschöpfungsstufen 44

Abbildung 3.1: Bauinvestitionen in Deutschland nach Produzentengruppen. Anteil an den gesamten Bauinvestitionen in Prozent, in jeweiligen Preisen 59

Abbildung 3.2: Anteil der Bauinvestitionen am Bruttoinlandsprodukt und Anteil des Baugewerbes an der gesamten Bruttowertschöpfung (in Prozent) 61

Abbildung 3.3: Bauinvestitionen je Einwohner in Ost- und Westdeutschland (in Euro) 63

Abbildung 3.4: Gesamtumsatz im Bauhauptgewerbe (in Mrd. Euro), 1995–2020 65

Abbildung 3.5: Bruttoinlandsprodukt und Bauinvestitionen von 1971 bis 2020, preisbereinigt, Veränderungen gegenüber dem Vorjahr in Prozent 66

Abbildung 3.6: Nettoanlageninvestitionen der Gebietskörperschaften in Bauten in Milliarden Euro 1991–2020 67

Abbildung 3.7: Veränderungen der Verbraucherpreise und Preisveränderungen für Wohngebäude gegenüber dem Vorjahr von 1963 bis 2020, in Prozent 70

Abbildung 3.8:	Insolvenzhäufigkeit im Bauhauptgewerbe und der Gesamtwirtschaft, Insolvenzen bezogen auf 10.000 Unternehmen	72
Abbildung 3.9:	Anteil Fertigteilbau bei Wohngebäuden und Nichtwohngebäuden, in Prozent	73
Abbildung 3.10:	Auslandsgeschäfte deutscher Baufirmen (in Milliarden Euro)	76
Abbildung 3.11:	Betriebsgrößenstruktur des deutschen Bauhauptgewerbes, Anteil der Betriebe mit ... Beschäftigten an der Gesamtzahl der Betriebe, in Prozent – verschiedene Jahre	79
Abbildung 4.1:	Altersstruktur in Hoch-/Tiefbauberufen und in der Gesamtwirtschaft	95
Abbildung 4.2:	Labour-Turnover-Rate, Eintritts- und Austrittsrate in der Gesamtwirtschaft (Westdeutschland, Vollzeitbeschäftigte, in Prozent)	100
Abbildung 4.3:	Labour-Turnover-Rate nach Berufen (Westdeutschland, Vollzeitbeschäftigte, in Prozent)	101
Abbildung 4.4:	Labour-Turnover-Rate nach Berufen (Ostdeutschland, Vollzeitbeschäftigte, in Prozent)	102
Abbildung 4.5:	Betriebszugehörigkeitsdauer in verschiedenen Berufsgruppen in Westdeutschland (Vollzeitbeschäftigte, in Tagen)	103
Abbildung 4.6:	Betriebszugehörigkeitsdauer in verschiedenen Berufsgruppen in Ostdeutschland (Vollzeitbeschäftigte, in Tagen)	104
Abbildung 4.7:	Verbleib von Beschäftigten in den Berufen des Bauhauptgewerbes (Ausgangsjahr 2008–2012, Anteil in %)	104
Abbildung 4.8:	Durchschnittliches Zugangsrisiko im Monat von Arbeitslosen aus sozialversicherungspflichtiger Beschäftigung (inkl. Auszubildende) nach ausgewählten Wirtschaftszweigen, in Prozent	109
Abbildung 4.9:	Zugangsrisiko von Arbeitslosen aus Beschäftigung am 1. Arbeitsmarkt (inkl. Auszubildende) im jeweiligen Monat, in Prozent	109
Abbildung 4.10:	Arbeitslose in den Bauberufen in West- und Ostdeutschland, 1954 bis 2021	111
Abbildung 4.11:	Einschätzung von Arbeitsbedingungen gewerblicher Beschäftigter im Bauhauptgewerbe	117

Abbildung 4.12:	Einschätzung der Zukunftsfähigkeit des eigenen Betriebes	119
Abbildung 5.1:	Landes- und Bezirksverbände der IG BAU (Stand: 2020)	134
Abbildung 5.2:	Verbandsstruktur der beiden Arbeitgeberverbände (Stand: 2020)	135
Abbildung 5.3:	Entwicklung der tariflichen Mindestlöhne im Bauhauptgewerbe 1996 bis 2021 (Gesamttarifstundenlöhne inklusive Bauzuschläge)	154
Abbildung 5.4:	Entwicklung der Ecklöhne im Bauhauptgewerbe in Ost- und Westdeutschland, 1991 bis 2021	164
Abbildung 5.5:	Entwicklung von Durchschnittslohn und Ecklohn (GTL), West- und Ostdeutschland, 2009–2019 (in Euro pro Stunde, Werte jeweils für November)	165
Abbildung 5.6:	Differenz von Durchschnittslohn und Ecklohn (GTL), West- und Ostdeutschland, 2009–2019 (in Prozent, Werte jeweils für November)	166
Abbildung 5.7:	Besetzung der Lohngruppen des BRTV in Ostdeutschland, 2008–2019	167
Abbildung 5.8:	Besetzung der Lohngruppen des BRTV in Westdeutschland, 2008–2019	168
Abbildung 5.9:	Die Sozialkassen im Bauhauptgewerbe	171
Abbildung 6.3:	Bestand von Arbeitslosen aus dem Bauhauptgewerbe 1998–2007/08	210
Abbildung 6.4:	Verringerung der saisonalen Schwankungen der Beschäftigtenzahl und der geleisteten Arbeitsstunden im Bauhauptgewerbe nach Einführung des Saison-Kurzarbeitergeldes, 4/2006-12/2016 bzw. 3/2020	211
Abbildung 6.5:	Zahl der Beschäftigten im (zeitweiligen) Bezug des Saison-Kurzarbeitergeldes in der deutschen Bauwirtschaft in den Schlechtwetterperioden 2012–2020	212
Abbildung 6.6:	Anteil der Beschäftigten im (zeitweiligen) Bezug von Saison-Kurz-arbeitergeld in den Schlechtwetterperioden 2012–2020, in % der jeweiligen Beschäftigtenzahl im Baugewerbe	213
Abbildung 7.1:	Fachliche Struktur der Ausbildungsberufe Bau	235
Abbildung 7.2:	Rentenzugänge gewerblicher Arbeitnehmer vs. Gewerbliche Auszubildende im 1. Ausbildungsjahr	248

Abbildung 8.1:	Für Bauarbeiter verbindliche Löhne in ausgewählten EU-Ländern 2021	280
Abbildung 8.2:	Nach Deutschland entsandte Beschäftigte im Bauhauptgewerbe, 1999–2019	283
Abbildung 8.3:	Top Ten der Entsendeländer nach Arbeitnehmern und Arbeitgebern 2019	284
Abbildung 8.4:	Lohngruppen von heimischen und entsandten Beschäftigten im westdeutschen Baugewerbe 2019	285

Tabellen

Tabelle 2.1:	Anteil der Bauwirtschaft an den Erwerbstätigen, der Bruttowertschöpfung und den Bauinvestitionen in der EU 27 und ausgewählten Ländern 2020 in Prozent	34
Tabelle 2.2:	Bauinvestitionen nominal nach Produzenten in € und nach Anteilen in Prozent für die Jahre 1991, 1995, 2000, 2005, 2010, 2015, 2020	35
Tabelle 2.3:	Meldepflichtige Unfälle nach Berufsgenossenschaft (BG) bzw. Unfallversicherung (UV) je 1000 Vollarbeiter 2019 und 2020	38
Tabelle 3.1:	Anteile ausgewählter Kostenarten im Bauhauptgewerbe nach Beschäftigtengrößenklasse, in Prozent des Bruttoproduktionswertes 1975, 1998 und 2018	81
Tabelle 4.1:	Beschäftigungsentwicklung im Bauhauptgewerbe und Anteil der Beschäftigung im Bauhauptgewerbe an der Beschäftigung in der Gesamtwirtschaft 1950–2020	89
Tabelle 4.2:	Arbeitskräftestruktur im deutschen Bauhauptgewerbe 1952–2020 (in Prozent) (bis 1973 Westdeutschland, ab 1991 Deutschland insgesamt)	90
Tabelle 4.3:	Anteil der Beschäftigten ohne abgeschlossene Berufsausbildung (ohne Auszubildende)	91
Tabelle 4.4:	Durchschnittliches querschnittsbezogenes berufliches Austrittsalter im Kohortenvergleich	96
Tabelle 4.4:	Berufsrückkehrer in den Hochbauberufen, Ausgangsjahre 2008–2012 (in Prozent)	105
Tabelle 4.5:	Arbeitslosigkeit in den Bauberufen	113

Tabelle 4.6:	Zielberufe bei Wechseln aus den Hochbauberufen (Deutschland insgesamt bzw. 1985–89 Westdeutschland, alle Beschäftigten, Anteil an allen Wechseln in %)	126
Tabelle 4.7:	Zielberufe bei Wechseln aus den Tiefbauberufen (Deutschland insgesamt bzw. 1985–89 Westdeutschland, alle Beschäftigten, Anteil an allen Wechseln in %)	128
Tabelle 5.1:	Entwicklung der Gesamtmitgliedschaft der IG BAU	133
Tabelle 5.2:	Wichtige allgemeinverbindliche Regelungen im Bauhauptgewerbe	145
Tabelle 5.3:	Höhe der tariflichen Stundenlöhne im Bauhauptgewerbe nach Lohngruppen, Stand 1. Januar 2021 (Gesamttarifstundenlohn inklusive Bauzuschläge und Wegstreckenentschädigung), in Euro	149
Tabelle 5.4:	Wegezeitentschädigung für Baustellen mit täglicher Heimfahrt	151
Tabelle 5.5:	Wegezeitentschädigung für Baustellen ohne tägliche Heimfahrt	151
Tabelle 5.6:	Verhältnis Mindestlöhne und Tariflöhne (jeweils GTL)	157
Tabelle 5.7:	Tarifbindung der <u>Beschäftigten</u> im Baugewerbe und insgesamt, ausgewählte Jahre (in Prozent)	159
Tabelle 5.8:	Tarifbindung der <u>Betriebe</u> im Baugewerbe und insgesamt, ausgewählte Jahre (in Prozent)	160
Tabelle 5.9:	Verbreitung von Betriebsräten im Baugewerbe und insgesamt, ausgewählte Jahre in Prozent (Basis: privatwirtschaftliche Betriebe ab fünf Beschäftigte)	162
Tabelle 5.10:	Tarifbindung und Betriebsräte im Baugewerbe und Privatwirtschaft insgesamt, 2019 (Anteile der Beschäftigten in Prozent; Basis: privatwirtschaftliche Betriebe ab fünf Beschäftigten)	163
Tabelle 5.11:	Gesamter Sozialkassenbeitrag für gewerbliche Beschäftigte im Baugewerbe (in Prozent der Bruttolohnsumme)	178
Tabelle 6.1:	Produktive Winterbauförderung in der gesetzlichen Förderzeit*	198
Tabelle 6.2:	Vergleich des Winterausfall- und des Saison-Kurzarbeitergeldes	207
Tabelle 6.3:	Finanzierung der bauspezifischen Arbeitsmarktpolitik, 2007–2020 (in Millionen Euro), 2007–2020	208

Tabelle 7.1:	Zahl der Auszubildenden, Ausbildungsquote* und Ausbildungsbetriebsquote**im Bauhauptgewerbe 1950–2020***.	246
Tabelle 7.2:	Anteil der zweijährigen Bauhaupt-Berufe allen Auszubildenden im Baugewerbe und der Bauindustrie (Deutschland nach Gesamt, Ost und West), 2020.	249
Tabelle 8.1:	Form und Regulierung der Tätigkeit ausländischer Beschäftigter.	267
Tabelle 8.2:	Kontrolle, Ermittlungen und Strafen im Baugewerbe.	289